는 메시지가 있을 때 글을 썼고, 그 메시지는 그가 자신의 삶에 적용해보고, 좋은 것이라는 것을 알았을 때에만 메시지가 되었다. 그는 실천을 통해 증명한 사실을 글로 남기고자 한 것이다."

『제임스 앨런 운의 법칙』은 제임스 앨런 콜렉션의 세 번째 책으로 그의 유작인 『행복과 성공의 초석』을 포함하여 앨런이 직접 독자들의 내면 훈련을 돕기 위해 작성한 31일 간의 명상집 『아침과 저녁의 생각 *Morning and Evening Thoughts*』 같은 실용적이고 영감 넘치는 글과 삶의 통찰로 가득한 운문으로 구성되어 있다.

옮긴이 박은영

이화여자대학교 국어국문학과를 졸업했으며, 다양한 분야의 책 번역과 집필 활동을 해왔다. 번역 에이전시 엔터스코리아와도 작업하고 있다. 옮긴 책으로 『최소 저항의 법칙』, 『위대한 파괴자들』, 『침묵, 삶을 바꾸다』, 『마음은 어떻게 오작동하는가』 등이 있고, 『북극의 눈물』 등을 집필했다.

옮긴이 이미숙

계명대학교 영어영문학과를 졸업하고 동 대학원 영어영문학과 석사학위를 취득했으며, 한국외국어대학교 통번역대학원에서 수학했다. 현재 번역 에이전시 엔터스코리아에서 번역가로 활동하고 있다. 옮긴 책으로 『데일카네기의 인간관계론』, 『무엇이 당신을 최고로 만드는가』, 『성공과 내적 평화를 위한 10가지 비결』, 『무조건 달라진다』 등 다수가 있다.

제임스 앨런

운의 법칙

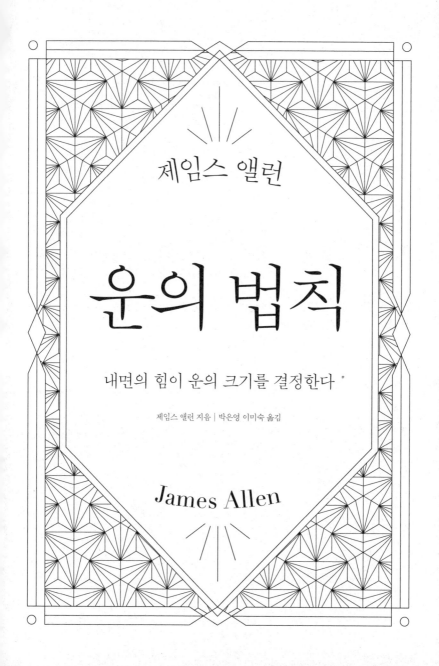

제임스 앨런

운의 법칙

내면의 힘이 운의 크기를 결정한다

제임스 앨런 지음 | 박은영 이미숙 옮김

James Allen

자기 인생의 주인이 되는 연습

사람의 마음 속에는 강력한 힘이 존재한다. 이 강력한 힘은 우리가 간절히 원한다면 무엇이든 이룰 수 있게 우리를 기꺼이 돕는다. 다만 주의해야 할 한 가지는 진실한 마음과 진실한 행동으로 소망해야 한다는 점이다.

우리가 스스로 내면의 혼란을 다스리고 진실된 소망을 찾아 그것을 간절히 원할 때, 우리 마음 속에 존재하던 강력한 힘은 하늘이 내리는 '운'이라는 축복을 만난다. 그렇게 우리는 비로소 부와 평화, 행복을 누리게 된다.

이 책을 통해 우리가 명상해야 할 것은, 이 세상에는 생동하는 원칙이 있고 그 원칙은 바른 마음으로 바른 행동을 하는 사람에게 예외 없이 작동하므로 우리는 원칙과 일치된 삶을 살기만 하면 된다는 사실이다.

원칙과 일치된 삶이란 꿈과 이상을 소중히 여기는 삶이다. 마음을 울리는 세상의 아름다움에 감동하는 삶이며 나의 마음 속 순수한 생각과 타인을 향한 사랑을 소중히 여길 줄 아는 삶이다. 그리고 받은 바에 대해 진정으로 고마움을 표현하는 삶이다.

지은이 제임스 앨런은 1864년 영국 레스터에서 태어났다. 아버지의 죽음으로 15세에 학교를 그만두고 가족의 생계를 책임져야 했던 그는 38세가 되었을 때부터는 인생 연구에 전념했다. 제임스 앨런은 톨스토이, 원시 기독교, 불교, 노자, 공자, 탈무드를 읽고 소박한 생활을 실천하면서 깨달은 사상을 여러 권의 책으로 발표했는데 그중 인간 본성을 회복하기 위한 명상과 명상을 통해 회복한 바른 마음, 바른 삶을 유지하며 사는 이가 누릴 수 있는 축복에 대한 내용을 담은 8권을 골라 이 책으로 엮었다.

이 책에 포함되는 작품들은 다음과 같다.

1. 『승리하는 삶(The life triumphant: Mastering the heart and mind)』 (1908)

2. 『운명의 지배(The mastery of destiny)』 (1909)

3. 『삶의 소용돌이를 넘어(Above life's turmoil)』 (1910)

4. 『삶이 어려울 때 비추는 빛(Light on life's difficulties)』 (1912)

5. 『인간: 마음, 몸, 환경의 주인(Man: king of mind, body and circumstance)』 (1911)

6. 『행복과 성공의 초석(Foundation Stones to Happiness and Success)』 (1913)

7. 『서정적이고 극적인 시「에올라우스」를 포함한 평화의 시(Poems of Peace, including the lyrical-dramatic poem Eolaus)』 (1907)

8. 『아침과 저녁의 생각(Morning and Evening Thoughts)』 (1909)

제임스 앨런은 이 책을 통해 우리에게 바른 길을 선택할 수 있는 영감과 원하는 것을 이룰 수 있는 강력한 힘을 선물했다. 운의 법칙을 당신의 것으로 만들어 부와 번영, 행복과 평화가 함께하는 삶을 살 것인가, 지금 상태로 만족할 것인가? 선택은 당신의 몫이다.

2장 자기 운명의 주인이 되기

2부 ✦ 인생의 난관에 부딪혔을 때

3장 세상의 소용돌이를 넘어

4장   삶이 흔들릴 때 기준점을 비춰주는 지혜

3부 ✦ 행복과 성공을 부르는 운의 법칙

5장 내 안의 힘을 이끌어내기

8장   마음, 몸, 영혼을 회복하는 31일의 명상

1부

♣

원하는 삶에
주파수를 맞추는 법

♣

1장

--- ♣ ---

승리한 인생 그리기

--- ♣ ---

The life triumphant
: Mastering the heart and mind, 1908

모든 존재는 각자 자신의 정신세계에서 살아간다.
기쁨과 슬픔은 자신의 마음이 창조해 낸 것이며,
이것들이 어떻게 존재하느냐 하는 것도 마음에 달려 있다.
우리 대부분은 숱한 죄악과 슬픔으로 어두워진
세상 한가운데서 살아가지만, 그 속에도 빛나는 미덕과
오염되지 않은 기쁨으로 환히 밝혀진 또 다른 세상이 있다.
그곳에 사는 사람들은 완벽하고 승리한 삶을 영위한다.
우리도 이 밝은 세상을 찾아내어, 그리로 들어갈 수 있을까?
우리도 이 밝은 세상으로 가는 축복과 운을 누릴 수 있을까?
완벽한 삶은 어두운 세상에 머무는 사람들의 상상처럼
아득하고 불가능하지 않다. 지극히 실현 가능하며,
대단히 가깝고, 현실적이다. 누군가는 이런저런
취약한 조건에 매달린 채로 욕망하고, 울고, 죄짓고,
회개하는 삶을 반복하기도 하겠지만, 어느 순간
어두운 꿈을 떨치고 일어나려고 마음을 먹으면
누구든 분연히 일어날 수 있고, 이루어 낼 수 있다.
- 제임스 앨런

James Allen

믿음과 용기

'용감히 싸우며 굴복하지 않는 사람들'에게는 인생의 온갖 어둠을 극복하는 승리가 있다. 이 말을 제일 먼저 하는 것은 독자 여러분에게 확신을 드리기 위해서이다. 그런 다음 평온하고도 강인한 가운데 뛰어난 승리를 거두는 데 필요한 성격과 행동을 설명하려 한다.

진실을 마주하는 것, 수많은 방황과 고통 끝에 지혜와 행복에 이르는 것, 패배하여 쫓겨가는 게 아니라 끝내 내부의 온갖 적을 상대로 승리하는 것, 이것이 인간에게 주어진 거룩한 운명이며, 영광스러운 목표다. 모든 성인과 현자, 구원자들이 한결같이 이렇게 선언했다.

삶을 영위하는 단계에서 이 승리의 지점에 도달하는 사람은 비교적 적다. 물론 마지막에는 모두가 도달한다고 할 수 있겠지만 그건 미래의 일이다. 다행인 건 이미 이런 삶을 이룬 완벽한 사람들이 영광스러운 무리를 이루고 있으며, 여기에 새로운 세대도 속속 참여하여 그 수가 점점 늘고 있다는 것이다. 대개의 인간이 여전히 삶이라고 하는 학교에서 배우는 중이며 배움을 끝마치지 못하고 생을 마감하지만, 그들은 이 삶에서 확고한 목표를 세우고 어둠과 고통, 무지와 격렬한 싸움을 벌여 삶에 관한 올바른 지식을 얻고 배움의 단계를 가뿐히 뛰어넘었다.

인간은 언제까지 우주라는 학교의 학생으로 남지 않는다. 어리석다고, 잘못을 저질렀다고 회초리를 맞는 삶을 계속할 수는 없다. 의지와 바람만 있으면 제 할 일에 대한 마음을 굳건히 하고 인생의 교훈을 터득하여 자신감에 찬 노련한 학자가 될 수 있다. 더는 무지와 불행이 아닌 이해와 평화 속에서 살아갈 수 있다.

슬픔은 심오하고 뿌리 깊지만 깊이를 헤아려 뿌리를 뽑아낼 수 있다. 인간의 본성인 열정과 감정은 제어되지 않으면 휘몰아쳐 고통스럽게 맞부딪치지만 누그러뜨려 조화롭게 다듬고, 지혜롭게 이끌어가며 이해하면 우리가 터득한 삶의 목적에 도움이 되는 순종적인 도구가 된다.

인생은 크나큰 고난의 연속이며, 싸움은 치열하다. 바라는 것들은 불확실하고 파악하기도 어렵다. 남자건 여자건 누구 할 것 없이 매 순간 압박감에 굴복하고 만다. 그러나 이런 조건들은 객관적이지 않으며, 임의적이지도 않다. 이것들의 본성은 주관적이며, 순수하게 정신적이다. 또한 얼마든지 초월할 수 있다. 보편적 질서에는 본질적으로 불변의 악이란 것이 존재하지 않으며, 우리의 정신과 도덕심은 악이 도달할 수 없는 높이까지 끌어올려질 수 있다.

영원하고 보편적인 정의, 선한 질서를 향한 확고한 믿음이야말로 삶에서 승리하기 위한 필수 요소이다. 강하고 평온하며, 확고한 마음을 지니고 싶으면 무엇보다 삶의 근본이 선하다는 사실을 의심해서는 안 된다.

우주의 질서를 응시하며 해방의 기쁨을 경험하고 싶으면, 삶에는 무질서란 것이 원래 존재하지 않는다는 사실을 깨달아야 한다. 무질서란 순전히 자신의 창조물일 뿐이기 때문이다. 그러나 이것을 깨닫기가 쉽지는 않다. 마음이 불완전한 단계에 머물고 있을 동안에는 자기 연민과 자기 정당화에 빠지기 십상이다.

하지만 우리는 분명히 깨달음을 성취할 수 있다. 더욱이 자유롭게 살고 싶어 하는 사람에게는 이 깨달음이 필수이다. 그러려면 일단 믿는 일부터 시작하라. 그리고 믿음을 굳건히 지켜나가라. 어느 순간 깨달음과 앎이 믿음을 완숙시켜 줄 것이다.

믿음이 있는 사람은 삶의 고통을 크게 경감할 수 있다. 우리가 겪는 모든 일을 좋게 받아들이면 삶의 고통을 뛰어넘을 수 있고, 물리쳐버릴 수도 있으며, 심지어 고통을 자양분으로 삼아 인격을 형성할 수 있다. 깨달음을 얻은 사람은 고통을 이런 식으로 받아들여 삶에 활용한다.

믿음은 온전하고 완벽한 깨달음의 날이 밝아오기 전에 드리우는 회색빛 새벽과도 같다. 이 새벽이 없이는 힘을 얻을 수 없으며, 영속적인 마음의 안정도 기대할 수 없다. 믿음을 지닌 사람은 어려움에 맞닥뜨려도 무릎을 꿇지 않는다. 고난이 닥쳐와도 절망하지 않는다. 앞에 놓인 길이 얼마나 가파르고 어두워 보이든 좀 더 가면 더 밝은 길이 나타나리라고 믿는다. 어둠 넘어 환하게 불이 밝혀진, 휴식할 수 있는 목적지를 보는 것이다.

선이 승리한다는 믿음이 없는 사람은 사악한 것들에 비굴하게 굴복한다. 그럴 수밖에 없는 것이 선을 높이 들어올리지 않는 사람은 그 손으로 악을 떠받들며, 악을 삶의 주인으로 삼아 악이 주는 삯을 받기 때문이다.

인생의 싸움에서 패배하고서 다른 사람들의 손에 놀아나 일이 잘못된 거라고 함부로 말하는 이들이 있다. 이들은 주변 사람들의 배신과 악행만 아니었다면 자기가 성공하거나 부자가 되거나 유명해질 수 있었을 거라고 믿으며, 다른 사람들도 그렇게 믿게 만들려고 애쓴다. 그들은 자기가 어떻게 속았는지, 다른 사람들이 어떤 식으로 자신을 나락으로 떨어뜨렸는지 수천 번 이야기한다. 그런 사람들은 자기만 성실하고, 순진하며, 정직한 좋은 성품을 지니고 있으며, 그 외 사람들은 대부분 나쁘고 악의적이라고 여긴다. 만약 자신들이 다른 사람들처럼 이기적이기만 했더라도 대단히 성공하여 아주 잘나갔을 것이라고 말한다. 자기들의 치명적인 결점, 실패의 가장 큰 요인은 타고나기를 너무 이기적이지 못해서라는 것이다.

이렇게 자화자찬을 일삼는 불평가들에게는 선과 악을 구별하는 눈이 없다. 이들에게 인간 본성과 세상의 선함에 대한 믿음은 죽은 것이나 마찬가지다. 이들의 눈에 다른 사람은 오로지 악이며, 자신은 고통받는 순진한 영혼이다. 자신에게도 악한 구석이 있으리라고는 여기지 않고 그저 인간 모두가 나쁘다고 여긴다. 그들은 마음속으로 참담한 악마를 왕좌에 앉혀 삶의 주인으로 모시며, 세상에서 벌어지는 일을 모두 이기적인 아귀다툼으로만 본다. 그들에게 그 다툼의 결과는 뻔하다. 선은 어김없이 짓밟히며, 악이 승리를 거머쥔다. 그렇게 그들은 자신의 어리석음, 무지, 나약함에 눈이 먼 채, 자신의 운명이 불의에 휘둘린다고, 현실은 비참하고 초라하다고만 여긴다.

유익하고 성공적인 인생을 영위하고자 하며 동시에 영적으로 고귀하고 승리하는 삶이기를 바라면, 선과 순수를 부정하고 비틀리고 불순한 것들을 떠받드는 이런 비참한 마음을 즉시 뽑아내 던져버려야 한다. 성공적인 인생을 위해 부정직함, 기만, 이기심을 무기로 삼아야 한다고 믿는 사람들에게는 예외 없이 불운, 비참함, 패배가 기다린다. 남들과 발맞추기 위해 자신의 본성에서 좋은 부분들을 끊임없이 부정하고 억누르는 사람이 어떻게 용기와 힘을 기르며, 어떻게 평온과 행복을 누릴 수 있을까? 악이 선보다 강하며 나쁜 이들이 더 잘산다고 믿는 한, 악의 요소에서 벗어나지 못하고 끝내 고통 속에서 패배하는 삶을 살게 된다.

물론 세상이 악의 손아귀에 넘어간 것처럼 보일 수 있다. 나쁜 이들이 잘살고, 좋은 사람들은 실패하며 요행과 불의, 무질서만 활개 친다고 여길 수 있다. 그러나 이것은 교묘하게 꾸며진 겉모습일 뿐이라서 믿을 게 못 된다.

그렇게 보이는 것은 삶을 있는 그대로 보지 못해서이다. 아직 사물의 원인을 헤아리지 못하는 것이다. 더 순수한 마음가짐과 더 지혜로운 눈으로 들여다볼 수 있게 되면 삶이 공평무사하다는 것을 이해할 수 있을 것이다. 진심으로, 삶을 제대로 바라보는 눈이 생기면 지금 악을 보는 곳에서 선을 발견할 수 있을 것이며, 무질서하다고 여긴 곳에서 질서를 보게 될 것이며, 지금 불의가 만연한 것처럼 보이는 곳에 정의가 있다는 것을 알게 될 것이다.

우주는 혼돈이 아니라 질서이며, 나쁜 사람들이 승승장구하지 않는다. 물론 세상에 악이 많은 건 사실이다. 그렇지 않다면 도덕적 목적이 필요하지도 않았을 것이다. 그런데 세상에 더 많이 존재하는 건 불행이며, 안타깝게도 악과 불행은 원인과 결과로 연결되어 있다. 다행인 건 세상에는 선 또한 풍부하며, 기쁨 또한 선 만큼이나 풍부하다는 점이다. 선과 기쁨 역시 원인과 결과로 연결되어 있다. 명백한 불의, 엄청난 고통과 재앙도 선의 힘과 우월성을 흔들 수 없다는 믿음을 얻은 사람은 그 어떤 위급 상황이나 시련, 어려움도 탁월한 용기로 헤쳐나가 의심과 절망이라는 악마를 물리친다.

그가 모든 계획을 다 성취하지는 못할 수 있다. 심지어 수많은 실패를 겪을 수도 있다. 그러나 그는 실패하면 더 고귀한 목표를 세워 더 높은 성취를 향해 나아간다. 그가 실패하는 것은 오로지 처음 꿈꾸었던 것보다 더 큰 성공에 도전할 때만이다. 그러므로 그의 인생이 실패하는 일은 없다. 실패할 수가 없다. 일부 세부 사항들은 실패할지도 모르지만, 이것은 전체가 더 강하게 완성되도록, 약한 연결 고리가 끊어지는 것일 뿐이다.

'동물적 용맹함'이란 게 있다. 전투에서 적의 화염이나 맹수의 격노에 맞서 침착하게 맞서는 용기다. 동물적 용맹함은 삶의 전투에서 패배하며, 자신의 내면에서 일어나는 야수 같은 분노 앞에서는 무너진다. 우리에게는 동물적 용맹함보다 더 높고 고결한 용기가 필요하다. 박탈과 불행의 시간에도 전투의 화염 대신 침착함을 유지하며, 다른 누구 아닌 자신을 극복하는 용기다. 그리고 이 고결한 용기는 믿음과 함께한다.

단순한 신학적인 신앙(흔히 믿음과 혼동되는)으로는 부족하다. 신, 예수, 창조주 등을 믿는 것은 피상적 의견(주로 관습에서 비롯되는)일 뿐 실제 삶까지 닿지는 않으며 우리가 바라는 믿음을 부여하는 힘은 없다. 신앙이 믿음을 동반할 수는 있지만 분명히 다르다. 신, 예수, 성경 등의 특정 신앙을 대단히 완고하게 지켜나가는 사람 중에 믿음이 유독 부족한 경우가 더 많다. 이들은 사소한 문제만 닥쳐도 금세 불평불만을 일삼고 순식간에 낙담과 슬픔에 빠진다.

일상적이고 간단한 일에도 조급해하고 근심, 절망, 비탄에 빠진다면 그가 아무리 종교적 신앙이나 형이상학적 철학을 지니고 있다고 해도 믿음이 부족한 것이다. 믿음에는 반드시 용기가 따르고 불굴의 의지가 동반되며, 굳건함과 강인함이 함께하기 때문이다.

사람들의 의견이란 새로운 사상의 바람이 불 때마다 바뀌므로 무겁게 받아들이지 않는 편이 좋다. 이것들은 사물의 실체와는 거의 관련이 없으며 그저 잠깐 표면에 붙은 거품이나 마찬가지다. 그러나 온갖 의견들의 뒤를 보면 거기에는 한결같은 인간의 마음이 자리 잡고 있다. 교회를 열심히 다니고 숱한 신앙 고백을 한다 해도 선함이 없는 사람은 *신을 부정하는* 사람이다. 선한 사람은 종교적 선언을 하지 않아도 *신심이 있는* 사람이다. 불평을 늘어놓고 통탄만 하는 사람은 믿음이 없는 회의론자일 뿐이다. 선을 부정하거나 선의 힘에 대드는 사람들은 삶 속에서 자신들의 행동으로 악의 힘을 확인하고 증폭시킨다. 정말 무신론자들은 이런 사람들이다.

믿음은 삶의 사소하고 이기적인 실망과 고난을 뛰어넘는 숭고한 용기를 부여하며, 승리를 향한 발걸음 외에는 어떤 패배도 인정하지 않는다. 강인한만큼 더 인내할 줄 알며, 기다림을 감내하며, 필요할 때는 힘껏 맞서 싸운다. 세상의 만물에서 진리의 자애로운 법칙을 발견해내며, 결국 마음이 승리할 것을 믿어 의심치 않는다. 마음에는 왕과도 같은 힘이 있으므로.

마음에 믿음의 등불을 밝히고 그 빛을 길잡이로 어둠 속을 걸어가라. 그 빛은 비록 햇살처럼 환한 깨달음의 빛과는 비교할 수 없을 정도로 희미하지만, 의심의 안개와 절망의 암흑을 안전하게 헤쳐 나가기에는 충분하다.

아픔과 슬픔으로 가득한 좁은 가시투성이 길을 따라, 유혹과 불확실성이 널려 있는 위험한 들판을 건너 나아가라. 믿음의 불빛이 마음속 정글에서 포효하는 무도한 짐승으로부터 우리를 보호하고 물리쳐 줄 것이다. 그리하여 더는 믿음의 희미한 등불이 필요하지 않은 순수한 삶의 탁 트인 평원, 정복해야 할 산 정상에 안전하게 다다르게 해줄 것이다. 이제 우리는 온갖 어둠과 의심, 오류, 슬픔을 뒤로하고 새로운 의식으로 무장한 채 한 차원 높은 삶 속에서 일하고 행동할 것이며, 깨달음의 충만하고 영광스러운 빛속에서 온전하고 평화로운 삶을 살아갈 것이다.

인간다움과 성실

정말 신심이 있는 사람이 되려면 **인간다움**이 있어야 한다. 진정한 선은 도덕적인 힘과 별개일 수 없다. 헤실거리면서 시치미나 떼고, 가식적인 행동에 아첨과 불성실로 일관하며 위선적인 미소를 짓는 일은 우리 마음에서 영원히 추방되어야 할 것들이다.

악은 본질적으로 약하고 무능하며 비겁하다. 그러나 선은 근본적으로 강하고 효과적이며 용맹하다. 나는 누구에게든 선한 사람이 되기 위해 강해지라, 자유로워지라, 자립적인 사람이 되라고 한다. 한편으로는 온화함과 순수함, 인내도 가르친다. 그것은 연약한 나약함과는 다르다. 활발한 도덕적 자질과 높은 순수함, 명예와 더불어 정상적인 인간의 강한 동물적 본능을 지닌 사람들이야말로 승리의 삶을 성취하는 데 가장 적합하다.

다양한 형태로 인간의 내면에서 솟아오르는 동물적 힘은, 흥분한 상태에서 솟구칠 때는 사람을 맹목적으로 몰아가 본성을 망각시키고 인간다운 존엄성과 명예를 잃게 만든다. 그러나 이 힘을 통제하고 충분히 익혀 올바른 방향으로 나아가게 하면 참된 삶에서 가장 높고 고귀하며 행복한 승리를 이룰 수 있는 신성한 힘을 부여해 준다.

그러므로 각자의 내면에 있는 야만을 들볶고 훈육하여 순종하게 만들어야 한다. 우리가 우리 심장, 우리 마음, 우리 자신의 주인이 되어야 한다. 고결한 정신으로 하여금 저열한 정신에게 방향을 제시할 수 있게 해야지, 저열한 정신에 자신을 다스릴 수 있는 권리를 쥐어 준 채 포기해 버리면 약하고 비참해질 수밖에 없다.

마찬가지로 열정을 주인 자리에 모셔서는 안 된다. 열정은 주인이 아닌 하인이나 노예의 자리가 알맞다. 맞는 자리를 지정해 주고 적절히 통제하고 명령을 내리면, 이것들은 충실하고 강력하게 우리에게 봉사할 것이다.

우리는 *사악하지* 않다. 우리 몸 또는 마음에는 사악한 부분이 없다. 자연은 실수하지 않는다. 우주는 진실의 틀 위에 이루어져 있다. 우리의 기능과 능력, 힘은 전부 선하다. 이것들을 올바르게 이끄는 것이 지혜, 신성함, 행복이며, 잘못 이끌면 어리석음과 죄악, 비참함에 빠지게 된다.

사람들은 더러 자기 자신을 과도하게 소모한다. 성마른 기질을 함부로 드러내거나 증오, 폭식 등 무가치하고 쓸모없는 쾌락에 빠져든다. 그러고는 인생을 비난한다. 비난해야 할 대상은 오히려 자기 자신인데도 말이다. 어떤 식으로든 본성을 남용할 일이 아니라 좀 더 자기를 존중할 필요가 있다. 언제 어디서든 자신을 통제하고, 흥분하거나 서두르지 않도록 해야 하며, 화내거나 남의 행동과 의견에 격분하지 않아야 하며, 욕설을 앞세우는 고약한 공격자와 쓸데없이 다투지 않아야 한다. 그러기에는 우리의 마음이 너무 고결하므로.

조용하면서 삼가는 태도와 공격적이지 않은 기품을 갖추는 게 성숙하고 완벽한 인간다움의 표상이다. 인간다운 인간은 남을 존경으로 대하고 자신을 존중한다. 자신의 길을 택해 단호하고 흔들림 없이 나아가며, 쓸데없이 남의 일에 끼어들지 않는다.

진실한 인간은 서로 반대되는 성격이 섞여 조화를 이루고 있다. 친절하게 양보하는 정신과 굽히지 않는 강인함을 동시에 지닌다. 인간다움을 확립하는 확고부동한 원칙을 훼손하지 않고도 부드럽고 지혜롭게 다른 사람들과 어울린다. 진실 앞에 양보하지 않고 차라리 침착하게 죽음을 맞이할 수 있는 강인함과 적조차도 보호해 줄 수 있는 부드러운 동정심을 함께 지니는 것이야말로 범접하지 못할 진정한 인간다움이다.

양심이 가리키는 방향에 충실하며, 똑같이 양심을 지키는 사람들을 존경하라. 이것은 그 사람들의 양심이 우리와 반대 방향을 향할 때도 마찬가지다. 가장 인간답지 못한 성향으로 손꼽히는 것이, 누군가 자신의 자아와 반대되는 의견 또는 종교를 택하는 걸 보면서 그를 딱하게 여기는 것이다. 그 사람이 불가지론자이거나 무신론자, 불교도, 기독교도라는 이유로 딱하게 여길 이유가 있는가? 그가 이런 의견, 저런 종교를 택하지 않았다는 게 이유가 될까? 그런 식의 마음을 정확한 표현으로 바로잡으면 '경멸'이라고 한다. 동정은 약한 자, 고통받는 자, 의지가 없는 자들에게 보내야 마땅하다.

동정심이 인다고 해서 "나는 너를 동정해"라고 말하지는 않는다. 말하지 않고 그냥 친절하게 행동한다. 더구나 강하고 자립적인 사람들, 갈 길을 정해 담대하게 걸어가는 용기를 지닌 사람들에게 딱하다고 표현하는 것은 오만한 짓이다. 그 사람이 나나 당신의 의견을 받아들여야 할 이유가 어디에 있단 말인가?

나의 말과 행동이 그 사람의 이성과 양심에 옳다고 느껴지면 자연스럽게 그는 나와 하나가 되어 함께 손잡고 나아갈 것이다. 그러나 내 의견이 받아들여지지 않는다고 해도 그는 여전히 한 인간이다. 그에게는 그의 의무가 있고 그게 내 의무가 아닐 뿐이다. 나라면 자기를 존중하는 생각이 담대한 사람을 만났을 때 그를 인간으로서 깍듯이 대하고, 단지 내 결정을 거절했다는 이유로 불쌍하다는 등의 천박한 동정심을 품지 않을 것이다.

우리가 우주의 법칙 위에 살면서 책임감을 지니고 독립적으로 행동하는 존재라면 자기 의지의 주인이 되는 것은 물론 다른 이의 자유 의지 또한 존중해야 한다. 강하고 인간다워진다는 건 넓은 마음을 가지고 관대해진다는 것이다. 우리가 지닌 본성의 옹졸한 부분들을 뛰어넘어야 삶의 고난을 헤쳐 나갈 수 있다.

인간은 나약할 때 눈물을 흘리고, 마음이 비참하고 정신이 무너져내릴 때 울부짖는다. 이는 나약함과 비참함에서 놓여날 길이 뚜렷하게 있으며, 그것을 찾아 헤매고 있다는 뜻이다. 그 길은 다름 아닌 자신이 자신의 주인이 되는 것이다! 나약함을 잘라내고, 온갖 나약함과 비참함을 품고서 우리를 조롱하는 악마, 즉 이기심을 몰아내면 된다. 부자연스러운 갈망, 불법적인 욕망, 병적인 자기애와 자기 연민에 영합하지 않고 즉시 근절하는 것이다.

말하자면, 사람은 자신을 자기 손안에 쥐고 있어야 한다. 무엇이든 원할 때 시작하고 그만둘 수 있어야 한다. 사물을 이용할 줄 알아야 하며, 이용의 대상이 되어서는 안 된다. 사치의 무기력한 포로가 되거나 궁핍의 노예가 되어서도 안 되며, 자기 충족적이어서 어떤 상황에서도 자신의 주인이어야 한다.

자신만이 자기를 지배할 수 있도록 의지를 단련하는 한편, 의지가 자기 본성의 법칙에 순응하도록 길들여야 한다. 이 법칙을 거스르는 것이야말로 인간 최고의 악덕이며, 온갖 죄와 슬픔의 근원이다. 무지한 사람은 법을 뛰어넘고 다른 사람의 의지를 나의 뜻대로 할 수 있다고 착각하기도 하는데, 이것은 결국 자신의 힘을 파괴하는 결과를 가져올 뿐이다.

인간은 불순응, 무지, 죄, 이기심, 무도함을 이겨 자기를 정복할 수 있으며, 자기를 정복할 때 인간다운 힘과 신성한 힘이 발현된다. 이것은 자기 존재의 법칙을 이해하고 아이가 아버지의 뜻을 따르듯이 법칙에 순응하는 것이다.

자신의 기능과 능력을 왕좌에 앉혀 두고 그 권능을 이기심과 탐욕의 도구로 쓰지 않고 사심 없이, 지혜롭게 봉사하는 일에 쓰는 것이다. 뿌리 뽑지 못할 나쁜 습관은 없고, 억제하지 못할 죄는 없으며, 이해하고 극복할 수 없는 슬픔은 없다. "그러므로 사람으로 하여금 자신의 가치를 알아 사물을 발아래 두게 하라. 자신을 위해 존재하는 세상이니 굳이 엿보거나 훔치는 일이 없게 할 것이며, 자선 학교에 다니는 아이 또는 침입자나 된 듯 숨어서 기어 다니지 않게 하라."

인간답게 스스로 일어서는 일은 훌륭한 겸양이 조화를 이루었을 때 가능하며, 둘은 동반자 관계이다. 다른 이에게 권위를 남용하는 행위는 오만과 이기심에서 비롯된다. 강한 자기 통제력과 다른 이에 대한 온유한 배려가 합쳐질 때 진정한 인간, 인간다운 인간이 만들어진다.

무엇보다 인간은 정직하고, 바르고, 성실해야 한다. 남을 속이는 것은 가장 눈먼 어리석음이며, 세상에서 가장 나약한 것이 위선이다. 남을 속이려는 사람은 결국 누구도 아닌 자신을 속이게 된다. 교활함, 비열함, 기만으로부터 자유로운 사람만이 수치스러움과 혼란스러움, 내면의 위축이나 불안감 없이 맑고 개방적이며 올곧은 시선으로 모든 사람을 바라볼 수 있다.

성실하지 않으면 사람은 속이 빈 가면에 불과하며, 그가 무슨 일을 하려고 해도 생명이 없고 효과가 없을 것이다. 속이 빈 그릇에서는 속이 빈 소리가 나올 수밖에 없듯이 불성실한 사람은 공허한 말만 할 수 있을 뿐이다.

별생각 없이 저지르는 사소한 불성실 역시 행복을 훼손하고 품성의 도덕 구조를 파괴한다는 점에서는 똑같다. 이런 사람들 중 일부는 정기적으로 예배를 드리러 다니기도 한다. 매일, 해마다 더 순결한 마음과 삶을 살 수 있게 해달라고 기도하기 위해서다. 그러나 동시에 툭하면 싫은 사람을 헐뜯거나 심지어 멀리 있는 친구를 조롱하고 비방하는 일을 아무렇지도 않게 한다. 막상 그들 앞에서는 좋은 말과 부드러운 미소를 앞세우면서 말이다. 안타까운 건 이사람들이 자신의 불성실함을 전혀 깨닫지 못한다는 것이다. 그리하여 어느 날 친구들로부터 버림받으면 오로지 세상과 세상 사람들이 불성실하고 공허하다고 한탄하면서 진정한 친구가 없다는 하소연만 늘어놓는다. 이런 사람들에게 지속적인 우정을 나눌 친구가 없는 건 사실이다. 왜냐하면 불성실함은 눈에 보이지 않지만 느낌으로 전해지며, 신의와 진실을 베풀 줄 모르는 사람에게 주어질 우정은 없기 때문이다. 다른 사람을 진심으로 대하면 그들도 나를 그렇게 대한다. 그러므로 적에게도 좋은 태도를 보이며, 자리에 없는 친구를 감싸야 한다. 인간의 본성에 대한 민음을 잃었다면, 왜 그렇게 됐는지 자신에게서 문제를 찾아야 한다.

유교 윤리에서는 성실함이 '다섯 가지 큰 덕' 중 하나이며, 공자는 이에 대해 이렇게 말한다.

우리 삶에 왕관을 씌우는 것은 성실함이다. 성실하지 않으면 최선의 행동을 해도 아무런 가치가 없다. 겉보기만의 미덕은 위선에 지나지 않는다. 화려하게 우리를 현혹하며 빛을 뿜어도 열정의 작은 숨결에 쉽사리 사라져버릴 가련한 한순간의 빛일 뿐이다 … 마음이 순수해지려면 자기기만을 떨쳐내야 한다. 역한 냄새를 대하듯 악덕을 미워해야 하며, 아름다운 것을 대하듯 미덕을 사랑해야 한다. 그러지 않고서는 자기를 존중할 수 없다. 그래서 군자는 혼자 있는 시간에 더욱 몸가짐을 바로 해야 한다.
비루한 사람은 한가한 시간에 은밀한 악행을 저지르며, 그 사악함은 날로 깊어진다. 그런 사람은 순수한 사람 앞에서는 위선을 연기해 보이며, 좋은 성품을 가진 척한다. 그러나 세심한 눈을 가진 사람에 의해 처음부터 진짜 인격이 드러날 때는 변장을 어떻게 감출 것인가? 성실한 사람은 자기가 부끄러워할 일을 하지 않으며 입에 담지도 않는다. 그는 영혼이 올곧아서 바른길을 걸으며, 동료들 사이에 신망이 두텁다. 그의 존재는 주변 이들의 강한 보호막이 되며, 그가 하는 말은 옳으므로 에두르는 법이 없고 힘이 있다. 또한 그는 하는 일마다 다 좋은 결과를 얻는다. 때때로 그의 말이 귀에 달게 들리지 않을 수 있지만, 결국 그는 사람들의 마음을 얻는다. 사람들은 그를 의지하고, 신뢰하며, 존경한다.

용기, 자립, 성실, 관용, 친절, 이것이 바로 모자람 없이 인간의 됨됨이를 구성하는 미덕이다. 이것들이 없이는 인간은 환경의 손에 놀아나는 진흙 덩어리일 뿐이며, 끝내 참된 삶의 자유와 기쁨을 누릴 수 없는 나약하고 흔들리는 존재로 전락한다. 그러므로 젊은 사람들은 누구든 이 덕목들을 배양하고 육성하며, 그것들을 생활에서 실천함으로써 승리의 삶을 이룰 준비를 갖추어야 할 것이다.

나는 새로운 인간다움을 갖춘 종이 이 땅에 도래하고 있다는 것을 알고 있다. 강하고 올곧으며 고결한 이들, 그들의 지혜는 노여움과 불결함, 다툼과 증오를 불식시킨다. 상냥하고, 진실하며, 순수한 이들, 그들의 측은지심은 험담이나 비방, 속임수를 무력하게 만든다. 이들에게서 자신들과 똑같이 고결한 유형의 훌륭한 사람들이 태어날 것이며, 오류와 악덕의 어두운 악마들은 점차 물러날 것이다. 이런 성품을 지닌 고결한 인간들이 이 땅을 재건할 것이다.

그들은 인간을 존엄하게 하고 자연을 옹호하며 인류에게 사랑과 행복과 평화를 회복시켜 줄 것이다. 그리하여 죄와 슬픔을 이기는 삶이 이 땅에 세워질 것이다.

에너지와 파워

우주의 에너지는 얼마나 놀라운가. 결코 지치지 않고, 무궁무진하며, 영원히 움직임을 멈추지 않는다. 또한 원자와 별 속을 오가며 끊임없이 열렬하게 맥동하는 힘으로 찰나에 스쳐가는 조화로움의 양상을 전해준다.

인간은 이 창조적 에너지의 한 부분이다. 인간 안에서 우주의 에너지는 애정, 열정, 지성, 도덕성, 이성, 이해 및 지혜와 같은 정신적 능력의 조합을 통해 발현된다. 인간 은 에너지를 무작정 휘두르는 것이 아니라 의식적으로 사용하고 통제하며 지시한다. 인간은 천천히, 그러나 확실하게 이 외부 에너지의 통제력을 획득하면서 그것들이 순종적으로 봉사하도록 만든다. 동시에 자신의 내부 힘, 즉 사고의 미묘한 에너지 역시 통제하여 조화와 행복의 통로로 이끌어간다.

조화로운 우주에서 인간의 자리는 노예가 아니라 왕이며, 악의 통치 아래에 있는 무력한 도구가 아니라 선의 법칙에 따르는 지휘관이다. 인간은 자신의 몸과 마음을 함께 다스리는 권능을 지녔으며, 진실의 지배자, 자신의 주인, 순수하고 영원하며 창조적인 에너지 저장고를 지혜롭게 사용하고 통제하는 자이다. 그런 이는 부끄러움 없이 강하고 용맹하며, 온유하고 친절하게 이 땅 위를 걸을 자격이 있다. 그러므로 더는 자기 비하에 굴하지 않고 완벽한 인간다움의 위엄 안에서 스스로 꼿꼿하게 걸어야 한다. 이기심과 회한에 몸부림치지 않고 죄 없는 삶의 숭고한 위용 속에 굳건하고 자유롭게 서야 한다.

인간은 오랫동안 자신을 사악하고 나약하며 무가치한 존재로 여기며, 그 상태에 만족해 왔다. 그러나 세상에 새로운 시대가 열렸다. 이제 인간은 떨치고 일어나 자신이 순수하고 강력하며 고귀한 존재라는 영광스러운 발견을 하게 될 것이다. 여기서 떨치고 일어난다는 것은 외부의 적에 대항하는 것이 아니다. 이웃, 정부, 법률, 정신, 공권력에 맞서는 것이 아니라, 자신의 마음을 지배하며 괴롭히는 무지와 어리석음, 비참함에 대항하는 것이다. 왜냐하면 인간을 노예화하는 것은 오로지 무지와 어리석음이기 때문이다. 따라서 깨우침과 지혜가 인간에게 왕국을 되돌려 줄 수 것이다.

굳이 인간이 나약하고 무력하다고 외치고 싶은 사람은 그렇게 하라고 두고, 나는 인간의 강인함과 힘을 가르치겠다. 어린이가 아니라 성인인 사람들을 대상으로, 배우기를 열망하고 성취하기를 간절히 원하는 사람들을 위해서. 나는 세상이 좋아지기를 바라는 마음으로 사소한 개인의 방종, 이기적인 욕망, 비열한 생각을 버리고 탐욕과 후회 없이 살아가려는 사람들을 위해 이 글을 쓴다. 진실은 경박하고 사려 깊지 못한 사람들과는 맞지 않는다. 삶에서 승리하는 일은 하찮은 것, 주변을 맴돌거나 어슬렁거리는 사람들과는 상관없다.

인간이 주인이다. 그렇지 않다면 법을 거스르는 행동 따위는 할 수 없을 것이다. 나약함은 인간이 강하다는 표시이며, 죄를 짓는다는 건 성스러운 능력을 반대로 쓴다는 것이다. 그렇다면 인간이 지닌 약점, 인간이 저지르는 죄는 에너지를 잘못된 방향으로, 힘을 잘못되게 쓰는 게 아니면 무엇일까? 이런 의미로 악행을 저지르는 사람은 약한 게 아니라 강한 게 맞다. 다만 무지할 뿐이다. 자신의 힘을 옳은 방향이 아니라 잘못된 방향으로 행사하며, 사물의 법칙을 따르기보다 역행하는 것일 뿐이다.

고통은 잘못된 방향으로 비틀린 힘이 그 반동으로 되튀는 것이므로, 악인이라 해도 행동을 바로잡으면 선해질 수 있다. 죄를 지어 비통해하고 있다면 악행을 멈추고 그 반대의 미덕을 갖추면 된다. 이렇게 하면 나약함에서 벗어나 강해지며, 무력함이 힘으로, 고통이 행복으로 전환된다. 에너지를 악덕의 옛 통로에서 끄집어내어 미덕의 새로운 통로로 옮기면 죄인도 성인이 될 수 있다.

우주 에너지는 무한하지만, 특정 형태를 띨 때는 총량이 엄격히 제한된다. 사람에게 일정한 양의 에너지가 있는 건 이런 이유다. 사람은 자신에게 주어진 에너지를 잘 사용할 수도, 잘못 사용할 수도 있으며, 보존하면서 집중시키거나 낭비하여 흐트려버릴 수도 있다.

에너지를 이로운 목적에 사용하는 것이 지혜다. 영향력과 힘을 가진 사람은 모든 에너지를 한 가지 위대한 목표에 맞추고, 목표를 성취하기 위해 인내하고 노력하면서 기다린다. 이런 사람은 다른 방향에 있는 더 즐거운 것들은 기꺼이 외면한다. 어리석고 나약한 사람은 대개 당장 욕망을 충족시키는 쾌락에 생각이 맞춰져 있다. 그들은 일시적인 변덕과 충동에 따라 살기 때문에 쉽사리 짜증을 내며 마음이 피폐해진다.

한 방향으로 사용된 에너지는 다른 방향으로 사용할 수 없다. 이것은 정신과 물질 모두에서 보편적인 법칙이다. 랄프 왈도 에머슨*은 이것을 '보상의 법칙'이라고 불렀다. 특정 방향에서 무언가를 얻으면 반대 방향에서 반드시 손실을 본다는 것이다. 자연은 항상 균형을 잡으려 한다. 빈둥거리며 흘려보낸 에너지가 다시 일에 쓰이는 법은 없으며, 쾌락을 좇으면서 동시에 진실을 추구할 수는 없다.

기분이 나쁘다는 이유로 성질을 부리는 데 쓰는 힘은 미덕의 저장고에서 주로 인내를 끌어다 쓰는 것이다. 영적 차원에서 보상의 법칙은 희생의 법칙이다. 순수함을 얻고 싶으면 이기적인 쾌락을 희생시킬 수밖에 없다. 사랑을 얻고 싶으면 증오를 버려야 한다. 미덕은 악덕을 포기해야 얻어진다.

착실한 사람은 세속적, 지적, 영적 분야에서 성공적이고 강력하며 지속적인 성취를 이루려면 욕망을 억누르고 달콤해 보이는 것, 심지어 중요해 보이는 것들까지 많은 것

---

* Ralph Waldo Emerson, 1803~1882. 미국의 시인이자 사상가-옮긴이

을 희생해야 한다는 사실을 금방 알아차린다. 결심이 굳은 사람은 취미, 신체적 및 정신적 탐닉, 유쾌한 동료 관계, 매력적인 즐길 거리뿐만 아니라 인생의 중심 목적에 걸맞지 않은 것은 모두 다 희생해야 함을 안다. 그들은 시간과 에너지가 엄격하게 제한되어 있다는 사실을 직시하고서 하나를 줄여 다른 하나에 집중한다.

어리석은 이들은 무위도식, 탐욕스러운 방종, 하잘것없는 쾌락, 공허한 잡담, 증오에 찬 생각, 열정의 성마른 폭발, 헛된 논쟁과 오지랖 넓은 참견에 에너지를 낭비한다. 그러면서 다른 사람들이 "운이 좋아서 유리하고 성공적인 삶에 필요한 것들을 갖춘 것"이라고 불평하고, 의무를 다하기 위해 스스로 희생하고 인생의 과업을 충실히 수행하는 데 모든 에너지를 쏟아온 품위 있는 이웃을 질투한다.

공정하며, 진실을 말하고, 자기 일을 묵묵히 해내는 사람. 세상은 그런 사람을 귀하게 여긴다. 자기 일에 충실하며, 인생의 과업을 완벽하게 성취하는 데 온 에너지를 집중하라. 다른 이의 일을 질책하거나 간섭하지 않도록 한 걸음 물러나라. 그러면 삶이 단순하고 강력하며 행복하다는 걸 알게 될 것이다.

우주의 본질은 선하고 강하다. 따라서 우주는 강하고 선한 자들을 보호한다. 그래서 악함과 나약함은 스스로 붕괴하고, 결국 흩어져 소멸하고 만다. 강한 것이 살아남는 '적자생존'은 절대로 잔인하지 않다. 이것은 자연법칙이면서 또한 영적인 법칙이기도 하다. 더 강한 짐승이 더 높은 유형으로 진화하는 것이다. 더 고결한 도덕적 자질을 지닌 사람이 속박에서 놓여나는 것과 같다. 이들의 도덕적 자질은 저열한 성향들을 압도하여 끝내 파괴해 버린다.

가장 확실한 것은, 지열한 쪽에 지배권을 넘겨주면 파멸이 초래되며 외부의 삶, 내면에서 벌어지는 진실의 싸움에서 모두 살아남지 못한다는 것이다. 저열한 삶에 주도되면 고결한 삶을 잃어버리며, 더 저열한 곳에 이르면 아예 모든 것을 잃게 된다. 악의 궁극은 '존재하지 않음'이기 때문이다.

반면에 고결한 쪽에 헌신하면 삶이 보존되며 아무것도 잃지 않는다. 세상이 소중하다고 하는 많은 것들을 희생하는 것처럼 보이지만 정말 소중한 것은 희생되지 않는다.

진실이 아닌 것, 가치 없는 것들은 멸망한다. 선과 진실에 헌신하는 사람은 이것들의 멸망에 만족해하면서 결국 희생의 날이 끝나고 모든 걸 성취하는 지점에 서게 된다. 외부의 삶의 투쟁에서 살아남고 내면에서 벌어지는 진실의 싸움에서 승리하는 것이다.

그러므로 강해져라. 강함은 '삶의 승리'라는 전당을 짓는 확고한 기반이다.

동기와 확고한 결심이 없는 삶은 초라하고 빈약한 상태로 불안정하게 떠다니게 된다. 그러므로 매 순간 마음속 깊은 곳에 간직한 목적에 따라 행동을 결정해야 한다. 그 행동이 때에 따라 다르기는 하겠지만 마음이 옳으면 행동이 그릇될 일은 없다. 때로, 특히 큰 스트레스를 받을 때 넘어지고 길을 잃을 수 있겠지만 그럴 때도 내면의 도덕적 나침반에 따르는 한 빠르게 자신을 회복하며, 오히려 더 현명해지고 강해질 것이다. 도덕적 나침반을 버리고 불확실한 표류에 자신을 내맡기며 탐닉에 빠지지 않으면 된다.

양심을 따라가라. 신념에 충실해라. 지금 옳다고 여기는 일을 하고, 미루는 버릇, 우유부단, 두려움은 모두 버려라.

단호한 조치가 필요하다고 판단되는 상황에서 의무를 다하기 위해 해야 할 일이라는 확신이 들 때는 그 일을 해라. 불확실성에 휘둘릴 필요가 없다.

실수를 저지를 수 있다고 해도 약한 쪽보다 강한 쪽을 선택해라. 우리가 취한 조치가 최선이 아닐 수는 있지만 그게 우리가 아는 한 최선이라면 그 일을 하는 것이 우리의 명백한 의무다. 진심으로 발전하고 싶어 하며, 배울 의지가 있다면 우리가 한 그 일에서 더 나은 방법을 터득하게 될 것이므로. 행동하기 전에 심사숙고하고, 실천 단계에서는 망설이면 안 된다.

화와 완고함, 색욕, 탐욕을 멀리하라. 화를 내는 사람은 약한 사람이다. 배움을 거부하거나 자기 방식을 바꾸지 않겠다고 우기는 이는 어리석은 자다. 그는 어리석은 채 늙어갈 것이며, 검은 머리가 희게 변해도 존경과 명예를 얻지 못한다. 색욕을 앞세우는 이는 에너지를 오로지 쾌락에만 쏟을 뿐 인간다움과 자기 존중에는 전혀 힘을 기울이지 않는다. 또한 탐욕스러운 이는 인간 본성의 고결함과 참된 삶의 영광은 보지 못하며, 천국의 행복을 누리는 대신 지옥의 비참함을 영속시키는 데 에너지를 모두 써버린다.

모든 인간에게는 힘이 있다. 이 힘을 아래로 파고드는 데 쓸 수도, 위로 올라가는 데 쓸 수도 있다. 이기심에 차서 헛되이 날려버릴 수도, 선을 실천하며 보존할 수도 있다. 우리를 짐승으로 만들 수도, 신으로 만들 수도 있다.

어떤 방향으로 힘을 발휘하는가에 따라 효과가 달라진다. '나는 마음이 약해' 같은 생각은 금물이다. 정신적 힘의 방향을 다시 설정하여 약점을 강점으로, 에너지를 힘으로 바꿔야 한다. 생각을 고결한 통로로 돌려라. 헛된 갈망과 어리석은 후회를 버리고, 불평불만과 자기연민을 끊어내고, 사악한 것들과 어울리지 말아라. 얼굴을 들어라. 성스러운 힘으로 일어나 마음과 삶에서 온갖 저열함과 나약함을 몰아내라. 그렇게 징징대는 노예의 거짓된 삶이 아닌, 승리의 주인이 되어 진정한 삶을 살아라.

절제와 행복

정신 에너지가 저항이 가장 적은 곳으로 흘러 손쉬운 통로로 빠지도록 내버려 두는 것을 '나약하다'고 한다. 반면에 이 에너지를 한데 모아 뭉쳐서 위로 또는 다른 방향으로 몰아가면 힘이 생긴다. 이렇게 에너지를 집중해서 힘을 얻으려면 자기 절제를 해야 한다.

절제는 *파괴적일 정도로 나를 억압하는 것*이라 오해하기 쉽지만 그렇지 않다. 절제는 오히려 건설적인 표현으로 이해되어야 한다. 절제하는 것은 죽음이 아니라 삶의 과정을 지나는 것이다. 우리는 절제를 통해 약점을 강점으로 바꾸고, 조악한 부분을 세련되게 다듬으며, 저열한 것을 고상하게 바꿀 수 있다. 악덕이 미덕으로 바뀌고, 어두운 정염은 밝은 지성 속으로 사그라진다. 그야말로 성스럽고도 기막히게 완벽한 변환이다.

다른 사람에게 성품이 좋은 사람이라는 인상을 주기 위해 본성을 억눌러 감출 뿐 더 높은 목적에는 아무런 관심이 없다면, 이것은 단지 위선에 지나지 않으며, 자기 절제라고 할 수 없다.

기계공은 석탄을 가스로, 물을 증기로 바꾸는 일만 하는 것이 아니다. 그는 자신의 일을 통해 다른 사람들을 편안하고 안락하게 만든다. 마찬가지로 지성인답게 절제하는 사람은, 자신에게 있던 저열한 성향을 지성과 도덕의 정제된 자질로 변환시켜 본인은 물론 세상의 행복을 증진한다.

인간은 자기를 절제할수록 행복하고 지혜로우며 위대해진다. 반대로 내면의 동물적 본성이 사고와 행동을 지배하도록 내버려 두면 그만큼 점점 더 비참하고, 어리석으며, 비열해진다.

절제하는 사람은 자신의 인생, 자신을 둘러싼 환경, 운명을 통제하며, 어디에 가든지 행복을 곁에 동반한다. 절제가 안 되는 사람은 격정, 환경, 비운에 일일이 휘둘리며, 순간순간 자신의 욕망이 채워지지 않으면 낙담하고 비참해한다. 그의 찰나적인 행복은 오로지 외부적인 것에 달려 있다.

이 우주에 파괴되거나 사라지는 힘이란 없다. 에너지는 변환될 뿐 없어지지 않는다. 그러므로 낡고 나쁜 습관의 문을 닫으면 새롭고 더 나은 습관의 문이 열린다.

폐기해야 재생이 이루어진다. 모든 탐닉, 금지된 쾌락, 증오에 찬 생각을 폐기하면 이것들이 더 순수하고 영원한 아름다움으로 변환된다. 사람을 시들게 하는 흥분과 자극을 끊으면 회복의 기쁨이 솟아오른다. 씨앗이 죽어 꽃이 피고, 굼벵이가 죽은 자리에서 잠자리가 태어난다.

물론 변환이 곧장 이루어지는 것은 아니며, 그 과정이 즐겁기만 하거나 고통이 없지는 않다. 자연은 성장의 대가로 노력과 인내를 요구한다. 발전의 행렬에서 얻어지는 승리에는 반드시 투쟁과 고통이 따른다. 그러나 일단 승리하면 그 승리는 계속된다. 투쟁은 지나가고 고통은 일시적이다.

단단히 뿌리내린 습관을 고치고, 오래 써서 자동화되어 버린 행동을 타파하여 훌륭한 성품 또는 고상한 미덕을 낳고 성장시키려면 고통스러운 우화의 과정, 즉 어두운 전환기를 겪어야 한다. 여기에 필요한 것이 인내심, 즉 **견디는 일**이다.

많은 이들이 실패를 겪는다. 그들은 쉽사리 예전의 쉽고 동물적인 습성으로 되돌아가, 너무 어렵고 호되다면서 절제를 포기해 버린다. 그렇게 하여 그들은 지속적인 행복에 다다르지 못하고 악을 제압하는 승리의 삶을 눈앞에서 버린다.

방탕, 흥분, 방종의 무가치한 쾌락에 빠져 살면서 영속적인 행복을 추구해봤자 헛일이다. 행복은 이것들과는 반대의 삶, 절제하는 삶에서만 찾을 수 있기 때문이다. 완벽한 자기 조절에서 멀어질수록 완벽한 행복에는 미치지 못하며, 비참함과 나약함에 빠져 가장 밑바닥으로 떨어지면 광기, 정신 통제의 완전한 상실, 책임지지 못할 상태에까지 이르게 된다. 반대로 완벽한 자기 조절에 가까워질수록 완전한 행복에 아주 가까이 다가가 기쁨과 힘이 솟구친다. 존엄한 인간다움을 회복하는 일은 그 무엇보다 영광스러우며, 그 위엄과 행복에는 한계가 없다.

절제와 행복이 얼마나 친밀하며, 더 나아가 분리될 수 없는 관계인지를 이해하고 싶으면, 자신의 마음속을 들여다보고 이어 주변의 세상을 둘러보라. 조절되지 않는 성품들이 어떤 식으로 파괴적인 결과를 가져오는지 쉽게 발견할 수 있을 것이다. 남자든 여자든 그들의 삶을 관찰하면 성마르게 뱉는 말들, 모진 앙갚음, 속임수, 막무가내식 선입견, 미련한 적개심 등이 어떻게 그들 자신을 비참한 상황으로 몰아가며 끝내 망쳐버리는지 알 수 있다. 마찬가지로 자신의 삶을 들여다보면 절절한 회한과 끝없는 불안, 짓눌리는 슬픔의 날들, 바로 자기 조절의 결핍으로 인해 겪어야 했던 격렬한 고통의 기간이 마음속에서 떠오를 것이다.

그러나 바른 삶, 잘 통제되는 삶, 승리하는 삶에서는 이것들이 전부 사라진다. 새로운 상황들이 마련되고, 더 순수하며 한층 영적인 도구들이 등장하여 해피엔드를 이룰 수 있게 뒷받침해 준다. 잘못을 저지르지 않으므로 더는 후회할 일도 없고, 이기적으로 굴지 않으므로 불안해할 일도 생기지 않는다. 진실이 행동의 원천이 되므로 더는 슬플 일 또한 없다.

완벽하게 절제하며 일하고 기다리는 사람은 힘들여 자기를 통제하지 않아도 숨이 턱에 차도록 열심히 좇아도 따라잡지 못한, 너무 간절히 바라는 일이 제 발로 찾아와 받아들여달라고 간청한다. 증오, 조급함, 탐욕, 방종, 헛된 야망, 맹목적인 욕망 등은 부실한 존재를 이루는 도구들이며, 한결같이 조악하기 이를 데 없다. 그러니 이 도구들을 가져다 쓰는 사람은 얼마나 무지하며 서투르다는 것일까? 사랑, 인내, 친절, 자기 단련, 다듬어진 욕망은 진실의 도구로서 완성된 존재를 이룬다. 그러니 이것들은 얼마나 완벽한 도구이며, 이것들을 사용하는 사람은 얼마나 현명하고 능숙하다는 것일까!

열광적인 성급함과 이기적인 욕망으로 얻은 것은 그게 무엇이든 조용하게 내려놓을 때 제대로 채워진다. 자연은 서두르는 법이 없다. 자연은 모든 걸 알맞은 계절에 완벽하게 준비해 내놓는다.

진실은 누구의 명령도 받지 않는다. 진실이라 하려면 진실이 될 만한 조건을 갖추었기 마련이며, 우리는 여기에 순응하는 수밖에 없다. 따라서 서두르거나 분노하는 것이야말로 가장 의미 없는 일이다.

우리가 알아야 할 것은 인간은 사물을 상대로 명령할 수 없지만 자기 자신에게는 명령할 수 있다는 것이다. 누구든 다른 이들의 뜻을 강요할 수 없지만 자기 뜻을 형성하고 지배할 수는 있다.

외부에서 오는 스트레스가 극심할 때 자신을 통제하지 못하는 사람은 다른 이들을 이끌거나 일을 처리하기에 부적합하다. 이것은 단순하고 심오한 진실이지만 사람들에게 잘 알려지지 않았다. 공자의 도덕적, 정치적 가르침의 근본 원칙은 '정사에 나서기 전에 먼저 자신을 다스려야 한다'는 '수신제가修身齊家 치국평천하治國平天下'이다. 압력을 받으면 습관적으로 신경질을 부리며 주변을 의심하거나 분노를 폭발시키고, 머리끝까지 화를 내는 방식으로 무너지는 사람은 무거운 책임과 중대한 임무를 맡기에 부적합하며, 결국은 자기 가족이나 사업을 관리하는 것 같은 삶의 일상적인 의무에서조차 늘 그러듯 실패하게 된다.

절제가 부족하다는 것은 어리석다는 것이며, 어리석음이 지혜를 앞설 수는 없다. 자신의 광포하고 종잡을 수 없는 생각을 가라앉히고 통제하는 법을 배우는 사람만이 나날이 현명해진다. 기쁨의 성전이 쉽사리 완성되지는 않더라도 꾸준히 힘을 모아 기초를 다지고 성벽을 쌓는 사람은 결국 자신이 지은 아름다운 보금자리에서 평화롭게 지내게 될 것이다. 지혜는 절제에 깃들어 있으며, 지혜 안에 즐거움과 평화가 깃들어 있다.

절제하는 삶은 메마른 궁핍이 아니며 끝없이 단조롭게 펼쳐진 황무지도 아니다.

절제에는 포기가 따르지만 모두 덧없고 거짓된 것들을 포기하는 것이며, 이것은 오히려 오래가는 진실을 실현하기 위한 과정일 뿐이다. 즐거움을 끊어내는 것이 아니라 더 강화하는 것이다.

욕망의 노예가 되는 것은 즐거움을 죽이는 것이다. 늘 새로운 감각을 갈망하는 사람보다 더 불쌍한 사람이 있을까? 절제할 줄 알아서 만족할 줄도 알며, 평온하고, 깨달음을 얻은 사람보다 더 축복받은 사람이 있을까? 폭식하고, 술에 절어 살며, 감각적인 쾌락만 추구하는 사람이 있고, 몸이 필요로 하는 것을 고려하고 쓰임에 맞게 몸을 관리하며 절제하는 삶을 사는 사람이 있다. 어느 쪽이 육체적인 삶과 기쁨을 더 많이 누릴까?

언젠가 잘 익어서 과즙이 풍부한 사과를 나무에서 따먹고 있는데, 근처에 있던 남자가 말을 걸어온 적이 있다. "당신처럼 사과를 맛있게 먹을 수만 있다면 뭐든지 내놓을 수 있을 것 같습니다." 내가 물었다. "그렇게 하시면 되지 않나요?" 그랬더니 그는 이렇게 대답했다. "너무 지독하게 위스키를 마시고 담배를 피웠더니 그런 것들에서 느끼는 즐거움을 모두 잃어버렸어요." 이처럼 인간은 가망 없는 즐거움을 오래 추구하다가 삶의 지속적인 기쁨을 잃어버리고 만다.

감각을 다스릴 줄 아는 사람이 육체적인 삶, 기쁨, 강인함을 누리듯 생각을 다스리는 사람이 영적인 삶, 행복, 능력을 누리고 산다. 지식과 지혜 역시 자기 통제를 통해 드러나기 때문이다. 무지와 이기심의 길에서 벗어날 때 지식과 깨달음으로 가는 문이 보인다. 지식과 미덕과 깨달음을 추구하는 이의 마음은 순수하다. 자신을 잘 다스려 세상에 숨어 있는 진실을 깨닫는 사람은 행복해진다.

'선함의 단조로움'을 이야기하는 사람들이 있다. 현실에서 포기한 것을 정신적으로 추구하는 것을 선이라고 여기는 사람들의 눈으로 보면 그럴 수도 있을 것이다. 그러나 절제한다는 건 저열한 쾌락을 포기하는 데 그치지 않고, 그것들을 향한 갈망 자체를 버린다는 것이다. 그런 사람은 단호하게 앞으로 나아가며 뒤돌아보지 않는다. 그가 내딛는 발걸음마다 신선한 아름다움, 새로운 영광, 더 고귀한 전망이 그를 기다리고 있기 때문이다.

나는 절제에 숨겨진 계시들에 늘 놀라며, 진실의 무한한 다양성에 매혹된다. 진실이 펼쳐 보여주는 전망의 장엄함은 나를 기쁨으로 가득 채우고, 그 찬란함과 평화로움에 나는 행복해진다.

절제하는 삶의 길에는 승리의 기쁨이 있다. 그 길을 걸으면 힘이 확장되고 증대된다는 걸 인식하게 된다. 신성한 지식을 영속적으로 얻게 되며, 인류에게 봉사하는 행복이 내내 함께한다. 심지어 이 여정의 일부만 따라가도 힘을 키우고, 성공을 이루며, 다양한 기쁨을 경험할 수 있다. 게으르고 분별없는 사람들은 알지 못할 것들이다.

여정을 완수하는 사람은 영적인 정복자가 되며, 온갖 악을 물리쳐 티끌조차 없이 소멸시킬 것이다. 그는 우주 질서의 위엄을 우러르며, 진실의 불멸함을 누릴 것이다.

단순함과 자유

우리는 필요 이상의 짐 때문에 육체적으로 부담이 된다는 게 뭔지 알고 있다. 또한 그 부담에서 벗어날 때의 안도감도 경험했다. 이 경험은 우리에게 욕망, 신념, 추측이 복잡하게 얽혀 짐을 진 것 같은 삶과, 모든 논쟁과 추측을 배제하고 자연적 필요를 충족시키며 존재 사실에 대해 차분히 생각함으로써 단순하고 자유로워진 삶의 차이를 보여준다.

서랍과 찬장, 방을 쓰레기와 잡동사니로 뒤덮는 사람들이 있다. 때로는 지저분한 데서 그치지 않고 집이 제대로 청소되지 않아서 벌레가 득시글거리기도 한다. 이 사람들은 쓸데없는 것들도 버리지 않는다. 벌레를 없애는 방법이 쓰레기를 버리는 것뿐인데도 말이다. 그들은 자기가 그걸 가졌다는 느낌을 간직하고 싶어 하며, 특히 다른 누구도 같은 걸 가지고 있지 않다고 믿는 경우에 증상이 더 심해진다. 또한 언젠가는 쓰임이 있을 수 있다, 나중에는 가치가 높아질 수 있다고 생각하며, 이것들이 불러일으키는 오래된 추억에 빠져 때로는 기뻐하고 때로는 슬퍼한다.

편안하고 체계적이며 잘 관리된 집에서는 먼지, 불편함, 과잉 축적이 허용되지 않는다. 어쩌다 쌓였다고 해도 불필요한 것들을 모아 불에 태우거나 내다 버리고, 집 안을 청소하여 원래의 볕이 잘 드는 편안하고 자유로운 집으로 되돌리기 마련이다.

정신적인 쓰레기와 잡동사니에 대해서도 마찬가지다. 사람들은 만족할 줄 모르는 욕망, 불법적이며 부자연스러운 쾌락에 대한 갈증, 기적과 신, 천사와 악마, 끝없는 신학적 복잡성에 대한 상충하는 믿음 같은 것들을 마음속에 쌓아두고 집요하게 매달리며 잃어버릴까 두려워한다. 그로 인해 가설 위에 가설이 쌓이고, 추측에 추측이 더해지다 보면 단순하고 아름다우며 온전히 충족적인 삶의 사실들이 끝내 형이상학적인 더미 아래로 묻혀 시야에서도, 머릿속 지식에서도 사라지고 만다.

단순함은 이 욕망의 고통스러운 혼란과 넘쳐나는 견해들을 제거하고 영구적이며 본질적인 것에만 충실한 것이다. 인생에서 계속되는 건 뭘까? 본질이라고 할 수 있는 건?

영속적인 것은 미덕이며, 본질은 인격이다. 인생은 아주 단순하다. 실천하기 쉽지는 않지만 명백하고도 이해하기 쉬운 몇 가지 원칙이 있을 뿐이다. 필요 이상으로 넘치는 것들을 싹 다 버리고 제대로 이해하며 살면 된다. 위대한 영혼들은 모두 삶을 아주 단순하게 살았다.

부처는 이를 여덟 가지 덕목으로 정리하고 이것들을 실천함으로써 완전한 깨달음을 얻을 것이라고 선언했다. 그리고 이 여덟 가지 덕목을 하나로 줄여 **자비**라고 불렀다.

공자는 지식의 완성이 다섯 가지 덕목 안에 포함되어 있다고 가르쳤으며, 이것들을 하나로 묶어 호혜互惠 또는 **측은지심**惻隱之心이라고 표현했다.

예수는 삶 전체를 **사랑**의 원리로 축소시켰다.

자비와 측은지심, 사랑 세 가지는 동일하다. 게다가 똑같이 단순하다! 그러나 나는 이들 미덕의 깊이와 높이를 완전히 이해하는 사람을 본 적이 없다. 완전히 이해한다는 것은 고스란히 실천한다는 것이기 때문이다. 그런 사람이 있다면 그는 완전하고, 완벽하며, 숭고할 것이다. 지식과 미덕, 지혜에서 어느 것 하나 모자람이 없는 사람일 것이다.

이런 미덕들의 단순한 가르침에 따르는 삶을 살기 위해 진심으로 노력할 때 비로소 우리는 그간 쌓아온 정신적 쓰레기 더미를 발견하고, 이제 그것들을 버릴 수밖에 없겠다고 결심하게 된다. 그 실천 과정은 마음이 순수함과 단순함의 필요 조건에 도달할 때까지는 매우 고통스럽다. 그 때까지 믿음, 끈기, 인내, 친절, 겸손, 이성 및 의지의 힘이 가혹할 만큼 요구되기 때문이다. 사람의 마음이든 집이든 혹은 직장이든 정리 과정은 가볍고 쉬운 일이 아니지만, 그 끝에는 편안함과 휴식이 있다.

물질적이든 정신적이든, 세부적으로 들어가면 한없이 복잡하지만 결국 그것들을 존재하게 하고 규제하는 기본 법칙이나 원칙은 몇 가지로 정리된다. 그래서 현명한 사람들이 몇 가지 단순한 규칙으로 자신의 삶을 다스리는 것이다. 사랑이라는 중심 원칙에 따라 살아가는 사람은 모든 세부적인 것들이 한결같이 고결하다. 그는 생각과 말, 행동이 항상 적절하므로 그의 삶에는 충돌과 혼란이 없다.

어느 학자가 존엄하며 현명한 것으로 널리 알려진 불교

성인에게 물었다. "불교에서 가장 근본이 되는 것은 무엇입니까?" 성인이 대답했다. "불교의 근본은 악을 멈추고 선을 행하는 법을 배우는 것입니다." 학자가 말했다. "세 살짜리 아이도 다 아는 걸 말해달라고 질문한 게 아닙니다. 제가 듣고 싶은 건 불교에서 가장 심오하고, 가장 미묘하며, 가장 중요한 것에 대해서예요." 성인은 다시 말했다. "불교에서 가장 심오하고, 가장 미묘하며, 가장 중요한 것은 악을 멈추고 좋은 일을 행하는 걸 배우는 겁니다. 세 살짜리 아이도 다 아는 거지요. 그러나 머리가 하얗게 센 노인들도 실천하기는 어렵습니다."

이 일화에 해석을 단 사람에 따르면, 학자는 사실을 듣고 싶어 한 것이 아니었으며 진실을 바란 것도 아니었다. 그가 바란 건 애매모호한 형이상학적 가설이었다. 이 가설이 또 다른 가설을 낳고 그 뒤로도 또 다른 가설이 이어지면서 자기가 자랑삼는 놀라운 지성을 펼쳐 보일 기회를 잡고 싶어 한 것이었다.

언젠가 어느 철학 학파의 일원이 내게 자랑스럽게 이런 말을 한 적이 있다. "우리의 형이상학 체계는 세상에서 제일 완벽하고 가장 복잡합니다." 나는 직접 그들 속으로 들어가 참여했으며 실제로 그 철학이 대단히 복잡하다는 걸 알게 되었다. 그 뒤, 나는 엉킨 실타래를 풀 듯이 거기서부터 되돌아 나와 사실과 단순함, 자유의 세상으로 돌아왔다.

그러면서 에너지를 쓰고 시간을 들이는 더 나은 방법을 알게 되었다. 그 방법이란, 예쁘기는 하지만 허울뿐인 형이상학의 거미집을 만드느라 실을 자을 것이 아니라 견고하고 확실하며 간결한 미덕들을 추구하고 실천하는 것이었다.

그렇다고 해서 내가 무지하거나 어리석은 것을 옹호하는 것은 아니다. 툭하면 추측에 의존하고, 더러 교만하기도 하며, 자기들의 가설을 현실로 착각하는 게 싫을 뿐, 기본적으로 배움은 좋은 것이다. 다만 배움 그 자체가 최종 목적이거나, 지식을 거들먹거리기 위한 소유물로 생각한다면 그 배움은 죽은 것이다. 배움은 인간의 발전과 행복이라는 더 높은 목적으로 나아가는 수단이어야 하며, 그럴 때만 살아서 힘을 발휘할 수 있다. 또한 배움에 겸손한 마음이 동반될 때 선을 위한 강력한 도구가 된다.

불교 성인은 젠체하는 질문자 못지않게 학식이 높았지만, 그 사람보다 더 단순하고 현명했다. 가설은 그것이 가설에 지나지 않는다는 걸 인식하면 문제가 없다. 사실과 혼동하지만 않으면 가설이 우리를 잘못된 길로 이끌 일은 없다. 다만 가장 현명한 사람들은 가설을 아예 버려버리고 미덕을 실천하는 단순한 길을 걷는다. 그리하여 마침내 그들은 스스로 숭고해지며, 단순함과 깨달음, 해방의 정점에 다다른다.

단순함이 가져다주는 자유와 기쁨에 이르기 위해서는 덜 생각하는 것이 아니라 더 많이 생각해야 한다. 다만 생각을 아무런 도움이 안 되는 이론 만들기에 낭비하지 말고, 높고 유용한 목적에 맞추어 사실과 인생의 의무에 집중해야 한다.

단순한 삶은 그야말로 모든 면에서 단순하다. 삶을 다스리는 마음이 순수하고 강해진 상태이며, 삶이 진실의 중심에서, 진실에 기대어 있다. 사치스러운 음식이 주는 해악, 불필요한데도 옷을 더 들여놓는 허영, 과장된 말과 성의 없는 행동, 지적인 과시와 공허한 추측을 불러일으키는 생각들, 이것들은 단순함의 미덕을 제대로 이해하고 좀 더 진심으로 받아들이기 위해 한쪽으로 밀쳐진다.

삶의 의무는 자아를 제거하는 것에서부터 실천된다. 자아에 매몰되지 않아야 새롭고 영광스러운 빛, 진실의 빛을 볼 수 있다. 자아에 매몰되지 않아야 그동안 지식에 감춰져 있던 삶의 위대하고 근본적인 사실들이 분명히 보이며, 장황한 이론가들의 추측과 논쟁 속에서만 존재하던 '영원한 진리'를 실제로 소유할 수 있게 된다.

마음이 단순하고 소박하며, 진실하고 고결하며, 지혜로운 사람들은 미래와 미지의 것들, 앞으로도 알 수 없을 것들에 대해 의심하거나 두려움을 가지지 않는다. 가상과 실제를 맞바꾸지 않기 때문이다. 그들은 미덕을 실천하면 장기적으로 모두가 더 안전해진다는 것을 알며, 진리 안에서 깨달음을 주는 빛을 발견한다. 이 빛은 참된 질서를 비추고, 심연과도 같은 미지의 세계에서 신성한 약속의 후광을 펼쳐 보인다. 깨달음의 빛 안에서 그들은 편안한 마음으로 휴식할 수 있다.

단순함은 인간이 속박에서 벗어나 위대하고 강해지게 한다. 의심, 기만, 불순함, 낙담, 탄식, 의혹, 두려움, 이 모든 것들은 단순함에 의해 흩어져 뒤로 밀쳐진다. 그리하여 자유롭고, 강하고, 침착하며, 평온하고, 순수한 상태가 된다.

바른 생각과 미덕

인생은 습관의 조합이다. 거기엔 나쁜 습관도 있고 유익한 습관도 있다. 그런데 어떤 습관이든 하나의 사고 습관에서 비롯된다. 생각이 사람을 만드는 것이니 바른 생각을 하는 것이 무엇보다 중요하다.

현명한 사람과 어리석은 사람의 본질적인 차이는, 현명한 사람은 자신의 생각을 제어하고 어리석은 사람은 생각에 통제당한다는 것이다. 현명한 사람은 무엇을 어떻게 생각할지 자기가 결정하며 외부의 것이 생각을 비틀어 원래의 목적에서 벗어나게 하도록 내버려두지 않는다. 그러나 어리석은 사람은 외부 상황에 영향을 받아 내부에서 일어나는 온갖 포악한 생각에 사로잡혀 충동과 변덕, 격정 같은 아무런 도움이 안 되는 것들에 의지해 삶을 살아간다.

경솔하게 되는 대로 생각하는 것, 흔히 무분별하다고 하는 것은 실패, 그릇된 행동, 비참함과 묶여 있다. 기도하고, 예배드리고 나아가 자선을 베풀어도 잘못된 생각을 덮을 수는 없다. 오로지 올바른 생각만이 잘못된 인생을 바로잡을 수 있다. 사람과 사물을 대하는 바른 마음가짐만 평정과 평화를 가져다줄 수 있다.

승리하는 삶은 마음과 지성이 고결한 미덕에 조응하는 사람에게만 주어진다. 그러려면 우리의 생각이 논리적이고, 순차적이며, 조화롭고, 균형잡혀야 하며, 확고한 원칙에 맞추어 생각의 틀을 잡고, 지식의 단단한 기반 위에 삶을 형성해 나가야 한다. 또한 친절해야 한다. 단순히 친절한 것으로는 안 되고 지적으로 친절해야 한다. 즉, 왜 친절해야 하는지 알아야 한다는 뜻이다. 친절은 한결같아야 하며, 간간이 분노로 발작하거나 모진 행동을 해가면서 충동적으로 베푸는 친절이어서는 안 된다.

마찬가지로 미덕을 발휘할 수 있는 상황에서만 미덕을 보이는 것으로는 안 된다. 지독한 상황에 맞닥뜨려서도 계속해서 빛을 발할 수 있는 미덕을 갖춰야 한다. 충격적인 운명, 주변 사람들의 칭찬 또는 비난 때문에 고귀한 인격의 월계관을 빼앗겨서는 안 된다. 미덕이 우리의 변치 않는 거주지가 되어야 하며 회오리가 일고 폭풍이 칠 때 의지할 수 있는 피난처가 되어야 한다.

미덕은 단지 마음만이 아니라 지성의 문제이기도 하다. 지성의 미덕이 없으면 마음의 미덕이 위태로워진다. 잘못된 열정이 있는 것처럼 이성에도 악덕이 깃들어 있기 때문이다. 형이상학적 추측은 지성이, 관능은 애정이 과도하게 분출되어 악덕이 된 경우다. 즐거울 수는 있지만 그뿐, 사색적인 추측을 통해 도달할 수 있는 가장 높은 지점에 안식처는 없다. 진실을 찾으려면 결국 사실과 도덕 원리로 돌아와야 한다. 하늘 높이 솟구치는 새가 안전하게 휴식하기 위해 바위 속 둥지로 돌아오는 것처럼, 사색적인 사상가 역시 확실하고 평화로운 미덕의 바위로 돌아와야 한다.

미덕의 원리를 이해하고, 미덕을 실천하는데 관련된 모든 걸 파악할 수 있도록 지성을 갈고 닦아야 한다. 그 에너지를 헛되이 뜬구름 잡는 일에 탐닉하지 않도록 조심하면서 바른길, 지혜의 길로 이끌어야 한다.

형이상학 사상가에게 필요한 것은 마음속 현실과 가정을 구별하는 것이다. 자신의 실제 지식이 어느 만큼인지 파악해야 하며, 자기가 아는 것이 무엇인지 알아야 한다.

마찬가지로 자기가 뭘 모르는지도 알아야 한다. 그저 믿는 것인지 정말 아는 것인지, 무엇이 오류이며 무엇이 진실인지 구별하는 법을 배워야 한다.

진실을 알아보고, 지혜롭고 밝은 인생을 살아가기 위해 바른 마음가짐을 가지겠다고 마음먹은 이는 논리 그 자체보다 더 논리적이어야 하며, 자기 마음의 오류를 드러내는 데 서슴없어야 한다. 다른 사람의 마음속 오류를 끄집어내는 냉혹한 논리학자 이상으로 자신에게 더 가차없어야 한다는 것이다. 이런 식으로 잠깐만 냉정한 판단의 시간을 가져도 자기가 지닌 지식이 실제로는 얼마나 부족한지 알고서 깜짝 놀라게 될 것이다.

이런 과정을 거쳐서 자신에게 남은 지식은 조금이기는 해도 순금과도 같이 귀한 것이어서 충분히 기뻐할 만하다. 몇 알갱이라고 해도 순금을 쓸모없는 광석 더미 속에 숨겨두는 것보다 솎아내고 광석을 버리는 게 더 낫지 않을까?

광부가 반짝이는 다이아몬드를 찾기 위해 흙을 걸러내는 것처럼, 영혼의 광부, 즉 진정한 사상가는 자신의 마음에 쌓여 있던 의견, 믿음, 추측, 가정을 솎아내어 빛나는 진실의 보석을 찾아내며, 이것을 통해 지혜와 깨달음을 얻는다.

이 솎아내는 과정을 통해 최종적으로 집중된 지식이 환히 드러나면, 그것들은 미덕과 아주 흡사해서 미덕에서 분리해 낼 수가 없고, 별개로 구분할 수 없을 정도다. 소크라테스가 지식을 탐구하다가 정작 찾아낸 것이 **미덕**이었다는 것도 마찬가지 이야기다. 인류의 위대한 스승들이 남긴 신성한 격언은 모두 미덕에 관한 것들이다. 지식이 미덕과 분리되면 지혜는 사라진다. 실천한다는 것은 안다는 것이다. 실천하지 않는 건 몰라서다. 누군가 사랑에 관해 논문을 쓰거나 강연을 한다고 한들 가족을 냉대하고 적을 악의로만 대하면 그가 사랑을 안다고 할 수 있을까?

지식인은 측은지심을 조용히, 계속해서 마음에 지니고 있다. 모든 이들과 평화롭게 사는 사람은 마음에 미움이 없는 사람이며, 그게 평화라는 걸 아는 사람이다. 이들의 마음가짐은 이론가들이 떠들어대는 미사여구를 무색하게 만들어버린다. 악덕에 물든 입술에서 나오는 교묘한 말로 미덕을 이러니저러니 하는 것은 무지를 심화시킬 뿐이다. 지식은 단순히 정보를 기억하는 것보다 더 깊은 원천에서 비롯된다. 제대로 된 지식은 미덕이 자리한 깊은 원천에서 미덕과 함께 쌓이기 때문에 고결하다.

겸손은 지성의 공허한 견해와 헛된 가정을 솎아내 정화

하는 역할을 한다. 예리한 통찰력과 무적의 힘으로 지성을 강화시키는 것도 겸손이다. 또한 사랑은 때로 고결한 논리와 구별되지 않기도 한다. "너희 중 죄 없는 자가 먼저 돌을 던져라"라는 말에는 논리적으로 대적할 수 없다. 이것이 완벽한 사랑이기 때문이다.

잘못된 사상가는 악덕으로 유명해지며, 바른 사상가는 미덕으로 유명해진다. 잘못된 사상가의 마음은 문젯거리와 불안의 공격을 받게 되며, 언제까지고 마음을 놓을 수 없다. 언제 다른 사람들이 자신을 해치고, 욕하고, 속이고, 비하하고, 파멸시킬지 모른다고 여긴 나머지, 그는 미덕이 지닌 보호의 힘을 알지 못한 채 자신을 보호하겠다면서 의심, 악의, 분노, 보복의 뒤에 숨어 자신이 피워낸 악덕의 불길에 몸을 던진다.

잘못된 사상가는 비방을 당했다고 여기면 상대를 비방하는 것으로 맞받는다. 비난에는 비난으로 되받아치며, 공격을 받으면 두 배 더 맹렬하게 상대를 공격한다. 자신이 "부당한 대우를 받았다!"라고 외치면서 끝내 분노와 비참함에 매몰된다. 통찰력이 없어 선과 악을 분별하지 못하므로, 악이 이웃이 아닌 자기 안에 있으며 온갖 문제의 원인이 자신이라는 걸 깨닫지 못한다.

바른 사상가는 자기 자신, 자기 보호에 관심이 없으며,

다른 사람들이 자기에게 잘못된 행동을 해도 그 일이 그를 괴롭히거나 불안하게 하지 않는다. 그는 "이 사람이 나한테 못된 짓을 했어"라는 생각을 하지 않는다. 자기 스스로 저지른 악행이 아니고서는 어떤 해악도 자신에게 미치지 못한다는 걸 알기 때문이다. 그는 자신의 안녕이 자기 손에 달렸으며, 따라서 자신 외에는 누구도 그의 안식을 빼앗을 수 없다는 것을 알고 있다. 미덕이 그의 보호막이며, 보복 같은 것은 그의 마음에 없다.

평화 속에서 자신을 굳건히 지키고 있으면 원한이 끼어들 여지가 없다. 그는 어떤 유혹에도 흔들리지 않을 준비가 되어 있으며, 마음에 견고한 성채가 버티고 있어 공격을 소용없게 만든다. 이렇게, 미덕을 실천하는 삶에는 힘과 평화가 늘 함께한다.

바른 사상가는 사람과 사물에 대해 어떤 마음가짐을 가져야 옳은지 알아내어 몸에 익힌 사람들이다. 그의 몸에 배어 있는 것은 바로 깊고 충실한 평온함이다. 이것은 상대를 포기하는 것이 아니라 지혜롭게 처신하는 것이다. 냉담한 게 아니라 주의 깊고 예리하게 통찰하는 것이다.

그는 삶의 사실들을 이해하고 있으므로 사물을 있는 그대로 볼 줄 안다. 사물이 지닌 고유한 특성을 간과하지 않되 우주의 보편성에 비추어 읽어내며, 사물들을 보편적 계획의 일부로서 올바른 관계 속에서 바라본다. 그는 정의가 우주를 지탱해 나간다는 걸 안다. 또한 그는 사람들 사이에 사소하고 의미 없는 다툼이 벌어지는 걸 지켜보지만 끼어들지 않는다. 그는 어느 한쪽의 열성적인 지지자가 되지 못한다. 모든 이를 측은지심으로 바라보기 때문에 이쪽보다 저쪽을 더 선호할 수 없다. 그는 선이 개인에게서 승리를 거두어왔듯이 결국 세상에서도 승리하리라는 걸 알고 있다. 사실은 어느 의미로 선의 승리는 이미 실현되고 있다는 것도 그는 알고 있다. 악은 원래 스스로 패배하게 되어 있으므로.

선은 패배하지 않으며, 정의는 내쳐지지 않는다. 사람이 무엇을 하든 정의의 지배를 벗어날 수 없으며, 그 영원한 권좌는 공격당하거나 위협받지 않는다. 더더욱 정의를 압도하거나 뒤집는 일은 생길 수 없다. 이것이 진정한 사상가가 지속적인 평안을 누리는 원천이다. 정의로워진 사람은 올바른 법칙을 인식하게 되고, 사랑을 얻은 사람은 영원한 사랑에 대해 이해하게 되며, 악을 물리치면 선이 최고라는 걸 알게 된다.

진정한 사상가만이 마음이 미움과 욕망, 자랑에서 벗어나 자유롭다. 그는 악에서 놓여나 깨끗하게 씻긴 눈으로 세상을 바라보며, 가장 악랄한 적에 대해서조차 증오를 품기보다 마음에서 우러나는 측은지심을 품을 뿐이다. 또한 그는 자신이 알지 못하는 것에 관해 헛말을 하지 않으며 언제나 평온한 마음을 유지한다.

마음이 이렇다면 그의 생각은 진실에 합당하게 된 것이다. 그래서 고통은 가라앉고 원한이 사라지며, 비난했던 대상을 사랑으로 대할 수 있게 된다.

배움이 쌓여도 현명하지 않다면 그는 진정한 사상가가 아니다. 많이 배운다고 해서 악을 이기지는 못하며, 학식이 높다고 해서 죄와 슬픔을 극복할 수 있는 건 아니다. 오로지 *자신*을 정복할 때만 악도 정복할 수 있다. 오로지 올바름을 실천할 때만 슬픔을 끝낼 수 있다.

똑똑한 사람, 배운 사람, 자신감에 찬 사람이 인생에서 승리하는 게 아니다. 순수한 사람, 미덕을 갖춘 사람, 지혜로운 사람이 승리자가 된다. 전자는 삶의 특별한 부분에서 성공할 수 있지만, 후자는 위대한 승리를 거두게 되기 때문이다. 이 위대한 승리는 대단히 강력하고 완전해서 심지어 명백한 패배까지 끝내 승리의 빛으로 감싼다.

미덕은 흔들리지 않는다. 미덕은 무너질 수 없다. 미덕에 따라 생각하고, 의롭게 행동하며, 마음으로 진실에 봉사하는 사람이 삶과 죽음에서 승리자가 된다. 미덕은 반

드시 승리하게 되어 있으며, 우주는 의로움과 진실이라는
기둥이 떠받치고 있기 때문이다.

평온함과 마음의 조화

진실을 소유한 사람은 평온하다. 마음이 정화되어 진실한 삶을 살아가는 이에게 서두름, 흥분, 불안, 두려움 등이 들어설 자리는 없다. 자기를 극복한 이들은 지속적인 평온을 누린다.

평온함은 온갖 미덕에 광채를 더해주는 밝은 빛이다. 성자의 머리 위에서 빛나는 후광처럼 평온함은 미덕을 후광으로 감싼다. 평온함이 없으면 강인함도 약점이 되고 만다. 외부의 아주 사소한 문제에도 쉽사리 균형을 잃는 사람은 정신이 강하다고 할 수 없다. 그들에게는 평범한 인간이 가진 강인함조차 기대할 수 없을지 모른다. 유혹과 위기의 시간이 닥쳤을 때 죄악에 몸을 맡기거나 꼴사나운 분노에 휩쓸려 자신을 잊어버리는 사람이 어떤 지속적인 영향을 미칠 수 있을까?

미덕을 갖춘 사람은 스스로 점검하고 자신의 열정과 감정을 감시한다. 이런 방법으로 그들은 자기 마음을 자기 것으로 소유하며, 평정을 얻는다. 평정을 얻으면서 영향력과 권력, 탁월함, 변치 않는 기쁨 그리고 인생의 충만함과 완전함을 함께 누린다.

스스로 점검하지 않는 사람들은 감정과 열정을 주인으로 삼고서 위험한 쾌락을 좇아 흥분 속에서 경쟁하듯 달리는 것에 목을 맨다. 이 사람들은 기쁨에 찬 승리의 삶을 누릴 자격이 없으며, 평온함의 아름다운 보석을 받을 수도, 그걸 그저 감상할 수도 없다. 입으로는 평화의 기도를 올릴지 모르지만 가슴으로 간절히 바라지는 않는 사람들이다. 어쩌면 '평화'라는 단어가 이들에게는 이따금 끄집어내어 즐기는 놀잇감에 불과할 수도 있을 것이다.

평온한 삶에는 죄악의 흥분에 휩쓸리는 시간이 없어서 슬픔과 후회의 반동적인 시간을 가질 일도 없다. 어리석게 희희낙락하지 않으므로 어리석게 우울감에 빠지지 않으며, 비참함과 자존감의 상실로 이어지는 자기 비하적인 행동도 하지 않는다. 이런 것들이 다 빠진 자리에 진실이 남는다. 그리고 진실은 영원히 평화에 둘러싸여 있다. 평온한 삶에는 새로운 행복이 끊이지 않는다. 통제되지 않은 사람들에게는 성가시기만 한 의무들이 평온한 사람에게는 기쁜 일이 된다.

평온한 삶에서는 '의무'라는 단어가 새로운 의미를 지니게 된다. 의무가 행복과 대립하는 것이 아니라 행복과 동행하는 단어가 된다. 평온한 사람은 올바른 시각을 지니고 있어서 기쁨과 의무를 분리해서 보지 않는다. 둘을 분리해서 보는 사람들은 쾌락 사냥꾼, 흥분 애호자 같은 마음을 지녔으며, 그런 삶을 살아간다. 잠깐의 즐거움을 주는 수준 낮은 작은 소란에 맹목적으로 매달리는 경향이 있는 사람들이 평온함을 얻기란 쉽지 않다. 심지어 이들 중에는 슬픔을 은근히 사치스러운 즐길 거리로 보는 이기적인 사람들도 있다.

평온한 사람이 되는 방법은 쉽지 않을 뿐 간단하다. 평온함에 방해가 되는 모든 흥분 거리, 소란 거리들을 치워버리고 확고한 미덕들로 자신을 단련하는 것이다. 이 미덕들은 사건과 상황이 달라져도 변하지 않고, 어떤 경우에도 폭력적으로 반응하지 않으며, 영속적인 충족감과 평화를 약속한다.

자기 자신을 정복하는 사람, 매일 착실히 노력하는 사람만 평온함을 얻을 수 있으며, 더 큰 자기통제, 더 큰 마음의 평정도 얻을 수 있다. 누구든 자기를 다스리는 만큼 자신에게 기쁨을, 다른 이들에게 행복을 줄 수 있다. 그리고 이런 자기 통제권은 꾸준한 실천으로만 얻을 수 있다.

자신의 약점을 극복하는 것도 매일의 노력을 통해서만 가능하다. 그러므로 이것을 이해하고 자신의 성품에서 문제가 되는 부분들을 제거하는 방법을 연구해야 한다. 계속 노력하고 포기하지 않으면 점차 승리자가 된다. 비록 각각의 승리는 작을 수 있지만(승리에 크고 작은 게 있을 수 있느냐고 생각할 수도 있지만), 이것들을 영원히 소유하면서 하나하나 품성에 얹어갈수록 훨씬 더 큰 평온함이 찾아온다.

이렇게 하여 그는 스스로 강하고, 능력 있고, 행복해지며, 자신의 의무를 흠잡을 데 없이 수행하며, 인생의 모든 사건에 흔들림 없는 정신으로 대처할 수 있게 될 것이다. 또한 설사 이번 생에서 어떤 충격에도 끄떽하지 않는 최상의 평온함에는 이르지 못한다 해도 인생의 전투에서 두려움 없이 싸울 수 있을 정도의 침착함과 순수함을 갖추게 될 것이며, 그의 선함을 세상이 알게 될 것이므로, 적어도 조금은 더 풍요로워진 세상을 맞을 수 있을 것이다.

끊임없이 자아를 극복하다 보면 자기 마음의 복잡미묘한 상태에 대해서도 알게 되는데, 이 **자기 인식**이 바로 평온함을 굳건하게 세울 수 있게 하는 신성한 지식이다. 자기를 알지 않고서는 영속적인 마음의 평화를 얻을 수 없으며 사나운 열정에 휩쓸리는 마음으로는 평온함이 지배하는 거룩한 곳으로 다가갈 수 없다. 나약한 사람은 불길처럼 내달리는 군마에 올라 말이 가고 싶은 곳으로 무작정 달리게 내버려 두는 사람과 같다. 강한 사람은 말에 올라타 능숙한 손길로 다스리며, 말이 달리는 방향과 속도를 지시하는 사람이다.

평온함은 신성한 품성 또는 그에 근접하는 품성을 의미하며, 평온함을 가진 사람은 아름다움의 권좌에 오를 수 있다. 평온함에 가 닿은 사람 모두에게 휴식과 평화가 주어진다. 아직 나약함과 의심에서 벗어나지 못한 사람들도 평온한 마음 앞에서는 불안에서 놓여나 휴식하며, 비틀거리는 걸음에 힘을 받고, 슬픔의 시간에 치유와 위안을 얻는다. 자기를 극복하는 강인함을 지닌 사람은 다른 사람을 돕는 힘도 강하기 때문이며, 영혼의 피로를 이겨낸 사람에게는 피로에 지친 길 위의 사람들을 도울 힘이 있기 때문이다.

마음의 평온함은 시련과 위급 상황, 다른 이들로부터의

비난, 중상모략, 허위에 휘둘리거나 무너지지 않는 위대한 정신의 힘에서 나온다. 그래서 평온함은 깨달음, 지혜로운 이해의 진정한 지표로 여겨진다. 평온한 마음은 고귀한 마음이다. 자신을 음해하고 모욕하는 말들이 산더미처럼 쌓여도 마음의 평정을 잃지 않으며 평화를 잊어버리지 않는 평온한 사람들은, 고귀한 부드러움을 지녔으면서도 외적으로 강인하다. 이런 강인함이야말로 자기통제의 완전무결한 꽃이다. 이 꽃을 얻기까지는 고통을 참으며 뜨거운 불길을 지나고, 자기 정화의 기나긴 과정을 나아가야 한다.

평온한 사람은 자기 안에서 행복과 지식 모두의 샘을 발견한 사람이며, 그 샘물은 영원히 마르지 않는다. 그는 자기 힘의 전권을 쥐고 있으며, 그가 동원할 수 있는 자원은 무한하다.

그가 어떤 방향으로 에너지를 사용하든 반드시 독창성과 힘이 발현될 것이다. 왜냐하면 그는 사물을 있는 그대로 다룰 뿐 그것들에 이러쿵저러쿵 별것 아닌 의견을 붙이지 않기 때문이다. 만약 그가 어떤 식으로든 의견을 덧붙이면 그것들에 더 이상 끌리지 않는다는 것이며, 그것들을 본질적인 가치가 없는 단순한 의견으로만 여긴다는 뜻이다. 이렇게 그는 자기본위를 벗어버리고 법칙에 따름으로써 자연과 우주의 힘에 합쳐진다. 그는 이기적이지 않으므로 이것저것 따지지 않고 제약 없이 자원을 활용하며, 자존심을 극복했으므로 주춤거리는 일 없이 마음껏 에너지를 쓴다.

어느 의미로 그는 무언가를 자기 걸로 여기는 일 자체를 그만두었다고 할 수 있다. 자신이 지닌 미덕조차도 진실의 한 부분일 뿐 전적으로 누군가의 품성이라고 할 수는 없다고 여긴다. 이제 그는 의식을 지닌 존재로서 우주적인 힘의 원칙에 통합되었으며, 더 이상 하찮은 것들을 추구하는 비열하고 왜소한 존재가 아니다.

그는 자아를 버림으로써 자아의 부속물인 탐욕과 불행, 근심과 두려움을 떨쳐냈다. 그래서 평온하게 행동하며, 모든 결과를 똑같이 평온하게 받아들인다. 그는 효율적이고 정확하며, 주어진 일에 관련된 모든 부분을 파악하고 있다. 그는 맹목적으로 일하는 법이 없다. 그는 일이 누군가의 호의로 술술 풀리듯 그렇게 되지 않는다는 것을 안다.

평온한 사람의 마음은 잔잔한 호수의 표면과 같다. 마치 거울처럼 삶과 삶의 여러 가지 것들을 있는 그대로 비춘다. 반면에 불안한 마음은 호수의 거친 표면처럼 그 위로 떨어지는 온갖 것의 왜곡된 이미지를 비춘다.

스스로 극복한 사람은 자기 내면의 고요한 깊이를 응시

하며 우주를 투영한다. 그는 광대무변廣大無邊한 완벽함을 보면서 삶의 공평함을 깨닫는다. 이제 그는 세상에서 불공정하고 가혹하다고 여겨지는 것들(예전에는 그에게도 그렇게 보였던 것들)조차 자기가 저지른 행동의 결과라는 걸 알게 되며, 그것들을 전체를 이루는 일부로서 기꺼이 받아들인다. 그리하여 평온함은 기쁨과 깨달음의 원천이 되는 무한한 재원으로 그에게 남는다.

마음이 어지러운 사람이 실패하는 지점에서 평온한 사람은 성공한다. 그는 자기 마음속의 가장 복잡한 난관과 문제들을 성공적으로 해결해 왔으므로 외부에서 어떤 어려움이 닥쳐도 잘 대처할 수 있다. 꾸준히 내면을 다스려 온 사람은 외부를 다스리는 데에도 최적화되어 있기 때문이다. 또한 마음이 평온하면 난관을 전방위적으로 파악할 줄 알며, 최선의 방책이 뭔지 이해할 수 있게 된다. 반대로 마음이 불안하면 갈피를 잡지 못하게 된다. 그리하여 눈먼 사람처럼 어디로 갈지 모르는 채로 자신의 불행과 두려움만 곱씹는다.

평온한 사람이 지닌 자원들은 그에게 닥칠 수 있는 모든 사건, 사고들을 압도할 만큼 든든하다. 그가 경악할 일, 그가 준비하지 못할 일, 그의 강하고 확고한 마음을 흔들 일이란 없다. 어떤 의무가 내려져도 그의 능력은 필요한 곳에서 필요한 만큼 발휘될 것이다. 자신과의 갈등에서 놓여나 자유로워진 마음이 조용하면서도 참을성 있는 힘을 나타내 보일 것이기 때문이다. 따라서 그는 세속의 일이든 영적인 일이든 자기가 맡은 일을 집중된 활력과 날카로운 통찰력으로 완수해 낸다.

평온함은 *마음이 조화롭게 조율되고 완벽하게 균형을 이룬 상태를* 의미한다. 예전에는 그렇게나 서로 대립하고 고통스러웠던 극단적인 감정들이 화해하여 마음이 스스로 확인한 더 큰 중심 원리로 통합된 것이다. 이것은 고삐 풀린 열정이 다스려져 온순해지고, 지성이 정화되었으며, 개인의 의지가 우주의 의지와 합쳐졌다는 의미다. 즉, 그는 더 이상 편협한 개인적 목적에 초점을 맞추지 않고 모든 사람의 이로움을 생각하는 사람이 된 것이다.

사람은 영구히 평온해지기까지는 완전히 승리한 게 아니다. 지나가는 일들에 마음이 어지러워진다면 그의 깨달음은 설익은 것이며, 마음이 온전히 순수하다고도 할 수 없다. 아첨과 속임수로 자신을 위로하는 한, 삶에서 승리할 수 없다. 깨어나야 한다. 그리하여 자신의 죄와 슬픔, 고난을 만든 게 자신이며, 모든 게 자신의 불완전함에서 비롯된 것이라는 사실을 온전히 받아들여야 한다. 자신에게 일어난 비참한 일들이 누구도 아닌 자신의 죄에 뿌리를 두고 있다는 걸 깨달아야 한다. 마치 탐욕스러운 사람이 부유해지려고 애쓰듯이 온 힘을 다해 평온함을 추구해야 하며, 결코 부분적인 성취에 만족해서는 안 된다. 그러면 그는 품위와 지혜, 강인함과 평화 안에서 성장할 것이며, 상쾌한 이슬이 꽃잎을 적시듯이 평온함이 그의 정신에 내려앉을 것이다.

평온한 마음에는 힘과 안식이 있고 사랑과 지혜가 있다. 자기와의 끝없는 전투를 성공적으로 치러 온 사람, 오랫동안 실패에 맞선 사람이 최후의 승리자다.

통찰력과 악의 정복

미덕을 추구하고 실천하다 보면 결국 신성한 통찰력이 마음에 떠오르는 때가 온다. **통찰력**은 사물의 원인과 원리를 탐구하는 것으로, 통찰에 이른 사람은 미덕이 굳게 확립되어 흔들림이 없게 된다. 유혹의 공격에도 끄덕하지 않으며, 세상을 위한 일에 천하무적이 된다.

미덕을 길러 세상에 대한 이해가 깊어지면 악한 성향이 사라져 그릇된 일을 하는 것이 불가능해진다. 개인의 행위가 끊임없는 원인과 결과의 연속됨이라는 것을 인식하면, 깨달음을 얻은 마음은 끝내 미덕을 선택할 수밖에 없으며,

차원이 낮은 이기적 요소들은 영원히 버려진다.

어떤 특정 시점에서 누군가 미덕을 드러내 보인다고 해도 인간의 삶이 정의의 법칙에 따라 영위된다는 것을 인식하지 않는다면 그는 품성의 고귀함을 확고하게 세우지 않은 것이다. 결국 의로움으로 완벽하게 무장하지 못하고 최후의 순간에 자신을 지켜줄 피난처에 안전하게 자리 잡지도 못한다.

선과 악을 구분할 줄 알며, 선하고 악한 모든 행동의 결과를 인식하는 완벽한 통찰력을 깨치지 못하면 유혹이 공격할 때 덜 다듬어진 부분의 품성이 무너질 수 있다. 지금껏 이런 것들이 우리의 영적 통찰력을 흐리게 하고 완전한 비전을 가로막아왔다. 그러나 이런 붕괴는 자신의 내부에서 장애로 작용하던 요소들을 발견하는 계기가 될 수 있다. 방해물을 제거하는 일에 착수함으로써 한층 높은 미덕을 발휘할 수 있으며, 인간을 고귀하게 만드는 삶의 진정한 질서를 완벽하게 통찰하는 데에 더 가까워질 수 있다.

친구의 영향, 관습, 환경에 얽매여 살아가는 사람 중에 상황에 따라 미덕을 지닌 것처럼 보이는 경우가 있다. 그러나 미덕으로 오인하게 만드는 그런 것들은 고유한 순수성과 힘에서 나온 게 아니며, 실제로는 미덕을 모르는 것이다. 그가 미덕을 지닌 사람이 아니라는 건 온갖 외부의 억제 장치들이 풀렸을 때 드러난다. 그런 때 유혹을 받으면 감춰져 있던 나약함과 악덕이 저절로 모습을 드러내기 때문이다.

반대로 훌륭한 미덕을 지닌 사람은 평소에는 나약한 동료들 사이에서도 두드러져 보이지 않고 고만고만한 일상을 영위하지만, 커다란 유혹 또는 엄청난 사건에 맞닥뜨리면 숨어 있던 미덕이 드러나 찬란한 아름다움과 힘을 발휘한다. 통찰력은 악의 지배를 파괴하고 선한 법의 완전무결한 작용을 드러낸다. 완벽한 통찰력을 지니면 선과 악의 본질을 온전히 이해하게 되므로 죄를 지을 수 없다. 선과 악을 분별하고 인과의 필연적인 결과를 속속들이 알면서 선을 거부하고 악을 선택하기란 불가능하기 때문이다. 제정신인 사람이 음식이 싫다고 재를 선택하지 않듯이 영적으로 깨인 사람은 선보다 악을 선택하지 않으리라는 것이다.

죄의 존재는 자기기만과 무지의 표시다. 영적인 비전이 왜곡되거나 미개하다는 것이며, 선과 악의 본질을 혼란스러워하고 있다는 뜻이다.

미덕의 초기 단계에서는 악의 세력에 맞서 자신을 정비

하려고 할 때 악의 힘이 너무 압도적으로 느껴지거나 거의 또는 완전히 정복 불가능한 것처럼 보일 때가 있다. 그러나 통찰력이 발휘되면 사물의 본질에 새로운 빛이 비치면서 악의 실제 모습이 드러난다. 악은 그저 왜소하고 어두우며 무력한 단순 부정에 지나지 않는다. 그리고 기세등등한 힘 또는 그런 힘의 결집체도 아니다. 통찰력을 지닌 사람은 악의 근원이 지성의 힘이 아니라 무지이며, 모든 죄와 고통이 모두 거기서 뻗어 나온다는 걸 안다. 그는 선이 타락하여 악이 된다는 걸 알기 때문에 악을 미워하지 않으며, 온갖 죄지은 이들, 고통 속에 놓인 존재들을 오히려 측은해한다.

실제로 지금까지 마음속 악을 정복해 온 사람은 악의 본질과 원천을 알기 때문에, 아무리 미덕과 멀리 떨어져 있다고 해도 그 존재를 미워하고 싫어하거나 경멸할 수 없다. 오히려 품성의 타락에 대해 깊이 알아서 타락으로 인한 어두운 영적 상태를 이해하므로 통찰력이 없었으면 미워하고 경멸했을 사람들을 안타깝게 여겨 도움의 손길을 내민다.

통찰력은 자기를 정화하고 미덕을 오랫동안 몸에 익힐 때 생기며, 우리에게는 원숙한 품성의 형태로 인식된다.

이런 사람들은 변하지 않는 강인함과 친절함을 동시에 지니며, 명료한 지성, 씩씩하고 강한 의지력과 관대함을 함께 지니고 있어 교양과 우아함이 겸비된 완성된 존재로 나타난다.

통찰력을 지닌 사람은 공감과 측은지심, 순수함과 지혜를 획득한 사람들이다. 그러므로 '선함이 통찰력을 준다'고 하지만 반대로 통찰력이 선을 영구적으로 만든다고도 할 수 있다. 통찰력은 순수하고 고귀한 모든 존재에 대한 사랑과 실천에 마음을 고정하도록 하며, 그런 사람의 이마에 신성의 인장을 찍어준다.

누군가의 선함이 환경의 변화나 주변 사람들의 태도 변화에 흔들리지 않고 유지된다면 그는 신성한 선에 다다른 것이며, 최고선을 이해하게 된 것이다. 이제 그에게 악은 누군가를 해칠 수 있는 것으로 여겨지지 않으며, 그의 관심은 오로지 선에 있다. 악은 아예 무시하고 선만 인식한다. 그의 평화로운 마음에는 세상 무엇에 대한 증오도 들어갈 수 없다. 사람들이 악에 빠지는 건 선을 잘못 이해하기 때문이라는 걸 인식하고 있기 때문이다.

그의 삶을 남들이 이해하지 못할 수 있지만 선이 세상에서 가장 강력한 것인 한 그의 삶 역시 강력하다. 그가 사람들 사이에서 살아가며 움직인다는 사실 자체가 인류에게 헤아릴 수 없는 혜택을 베푸는 것이지만 이런 사실이 그의 생애 동안 제대로 인식되거나 이해받지 못할 수 있다. 그렇더라도 선한 영향력은 변함없이 강력할 것이므로 세상의 운명은 과거에 그랬던 것처럼 미래에도 선한 사람들의 손에 달려 있을 것이다.

선한 사람들은 인류의 인도자이며 해방자이다. 인류 진화의 여정에서 이 사람들은 언제나 빠르게 앞서나갔고, 현 시대의 발전도 이들이 이끌어가고 있다. 이것은 신비롭거나 기적적인 의미에서가 아니라 아주 현실적이며 정상적인 수준에서 그들의 모범적인 삶과 행동의 힘이 이루어내는 것이다.

세상을 돕는 선한 사람들은 경이로운 무언가를 해내는 사람들이 아니다. 그동안 미성숙한 사람들이 기적과 같은 일을 행하는 이들을 선한 존재로 만들어 보겠다고 법석을 떨었지만, 그들은 그냥 의로움을 실천하는 일꾼들이며 선한 법의 사용인일 뿐이다.

세상은 결코 악의 지배 아래 있은 적이 없고, 지금도 그렇다. 물론 미래에도 그럴 일은 절대로 없다. 악이라고 하는 건 단순히 선을 부정하는 것에 지나지 않으며, 악이 지배하는 상황은 존재하지 않기 때문이다. 마찬가지로 어둠은 단순히 빛을 부정하는 것에 불과하며, 어둠이 아니라 빛이야말로 세상을 떠받치는 힘이다. 악은 무기력해서 그무엇도 이룰 수 없다. 우주는 선을 향해 나아갈 뿐만 아니라 우주 자체가 선하며, 악은 언제나 부족하고 반드시 실패한다.

통찰한다는 건 모든 걸 드러나게 하는 진실의 빛 속에서 바라본다는 것이다. 낮의 밝은 빛 속에서 세상 만물의 제모습이 드러나듯이 진실의 빛은 사람의 마음으로 들어가 온갖 삶의 측면들을 올바른 비율로 드러내 보여준다. 진실의 도움으로 자기 마음을 탐색하는 사람은 다른 이들의 마음도 볼 줄 안다. 오랜 탐색 끝에 자신의 마음에 작용하는 완전한 법을 인식하게 되면 나아가 우주를 유지하고 구성하는 실체인 신성한 법에 가 닿을 수 있기 때문이다.

통찰력은 오류를 몰아내고 미신을 종식시킨다. 유일한 오류는 죄악이며, 사람들은 서로의 신념을 공격하느라 무지를 떨쳐내지 못한다. 따라서 누구든 자신의 죄를 벗어야 깨달음의 순간을 맞이할 수 있다.

미신은 죄에서 비롯된다. 누구든 어두워진 눈으로 보면 무지가 빚어낸 망상이라고 할 사악한 것만 보인다. 마음속에 불법적인 것들을 품고서 현실에 존재하지 않는 괴물과 공포를 상상하며 고통에 시달리는 것이다.

그러나 순수한 통찰력이 있는 곳에는 두려움이 없다. 악마, 귀신, 분노에 떨며 질투하는 신들, 흡혈귀와 악령들, 온갖 상상 속 괴물들의 소름 끼치는 무리는 이것들을 낳은 불안한 악몽과 함께 우주에서 사라졌다. 그리고 정화된 사람이 넋을 잃을 정도로 몰입하여 바라보는 시선 앞에는 우주의 질서 정연한 아름다움과 신성불가침의 법이 펼쳐진다.

통찰력이 있는 사람은 성자들처럼 행복한 시선으로 세상을 본다. 정화의 순간에 잠깐 경험하는 게 아니라 지속적이며 일상적인 마음 상태가 행복해진다. 그는 자신에게 집착하는 슬프고 긴 여정을 다 끝내고 평화로워졌다. 극복의 *기쁨*을 누리는 것이다.

그는 세상의 모든 죄악과 불행, 고통을 다른 사람들보다 더 분명하고 생생하게 알고 있다. 그러나 이전에 이것들 속으로 들어가 맹목적으로 굴다가 마음이 불순물로 왜곡되었을 때의 시선과 달리 이제 그는 이것들을 원인과 발단, 성장과 결실까지 있는 그대로 바라본다.

마치 자녀가 아무 힘도 없는 유아기를 거치며 성장하는 걸 지켜보는 어머니처럼, 그도 미성숙한 존재가 변화와 고통을 겪으며 성숙해 가는 성장의 과정을 온유한 측은지심과 걱정으로 지켜본다.

그는 모든 일에 정의가 작용하는 걸 안다. 잘못된 일이 승리했다며 사람들이 분노로 날뛸 때 그는 잘못된 일이 승리한 게 아니며 결국 헛일이 되리라는 걸 안다. 세상이 보지 못하는 압도적인 정의가 절대로 흔들리지 않는다는 걸 아는 것이다. 선의 위엄과 무한한 힘, 모든 걸 통찰하는 지혜에 비해 악이 얼마나 보잘것없고 허약하며 맹목적으로 어리석은지 그의 눈에는 보인다. 이렇게 알고, 또 봄으로써 그의 마음은 결국 선한 쪽에 단단히 뿌리를 박는다. 그리하여 그는 진실에 헌신하며, 옳은 행동으로 기쁨을 얻는다.

마음에 통찰력이 생기면 현실이 모습을 보인다. 이것은 우리가 살아가는 우주와 동떨어진 형이상학적 현실이 아니고, 삶의 사실과 거리가 먼 추론적인 현실도 아닌, 오롯이 우주 그 자체의 현실, '사물 자체'의 실체이다. 통찰력은 변화와 쇠퇴를 이긴다. 통찰하는 사람은 변화 속에서 영속하는 것들, 무상에 깃든 영원한 것들, 지나가 버리는 것들 가운데 불변하는 것들을 인식하기 때문이다.

성인과 현자 그리고 인류의 위대한 스승들은 한결같이 현실을 인식하고 그 안에 머물렀다. 그들은 삶을 완성하는 것이 무엇인지 알았으며, 정의의 법을 이해하고 그에 따랐다. 자기를 극복했으며, 모든 미혹을 물리쳤다. 악을 누르고 승리했으며, 슬픔을 이기고, 스스로 정화했다. 그리고 완벽한 우주를 보았다.

온갖 불화와 모욕, 패배를 겪으면서도 옳고 순수하며 선한 쪽을 선택해온 사람은 마침내 통찰에 이르게 되며, 세상의 진실에 눈을 뜨게 된다. 드디어 고통스러운 자기 규율이 끝나는 순간이다. 이제 낮은 조건은 더 이상 그에게 영향을 미치거나 슬픔의 원인이 되지 않는다. 우주는 또다시 선이 승리한 것에 기뻐하면서 새로 온 정복자를 환호로 맞이한다.

인간이 지배해야 할 것

자신을 극복하여 다스린 사람의 의식에는 독특한 형태가 발전하게 되는데, 어떤 이들은 이것을 *신성한 것으로* 여긴다. 이것은 한편으로 개인적 이익과 만족을 갈구하면서 다른 한편으로는 후회와 슬픔에 빠지는 평범한 인간의 의식과 다르기 때문이다. 이 고귀한 의식은 인류와 우주 자체, 영원한 진리, 정의와 지혜, 진실에 대해 생각하며, 쾌락과 방어, 개인적 특성의 보존 같은 것에는 관심을 두지 않는다. 개인적 즐거움을 없애버리는 게 아니라 더 이상 갈구하거나 찾아다니지 않는다는 것인데, 그 이유는 그런 것들이 이제 최우선이 아니기 때문이다. 순수해졌기에 즐거움이나 기쁨을 올바른 생각과 행동의 결과로 받아들이는 사람에게는 더이상 기쁨과 즐거움 그 자체가 목적이 아니게 된다.

이 신성한 의식에는 죄악도 슬픔도 없다. 죄의식조차 사라지고 삶의 진정한 요구와 목적이 드러나므로 비탄에 잠길 이유가 없다. 예수는 이 의식 상태를 '천국'이라 했고, 부처는 '니르바나', 즉 열반이라 불렀으며, 노자는 '도'라고 표현했다. 또 에머슨은 '오버소울'*, 버크 박사**는 '우주 의식Cosmic Consciousness'으로 불렀다.

인간의 평범한 의식은 자아의 의식, 즉 자의식이다. 개인의 성격이나 인격인 자아는 세상 모두에 앞선다. 사람들은 자아에 관한 근심과 두려움을 언제까지나 떨치지 못한다. 자아 상실은 상상할 수 있는 가장 참담한 재앙이며, 자아를 영원히 보존하는 것이 우주에서 가장 중요한 일로 여겨진다.

신성한 의식에서는 이 모든 게 사라진다. 자아가 자취를 감추기 때문에 자아에 관해 두려워하거나 근심, 걱정할 일이 없으며, 사물을 있는 그대로 보고 받아들인다. 사물은

* OverSoul, 큰 영혼이라는 의미. 대령, 대신령, 초인 등으로 번역된다―옮긴이
** Richard Maurice Bucke, 1837~1902. 영국의 정신과 의사 겸 정신학 연구자―옮긴이

자아에 기쁨을 선사하거나 고통을 안겨주기 위해 존재하는 게 아니며, 자아가 바라듯이 일시적이거나 영원한 행복을 줄 수 있는 게 아니라는 걸 받아들인다.

자의식이 강한 사람은 욕망에 지배된다. 신성한 의식을 지닌 사람은 욕망의 지배자가 된다. 전자는 기분 좋으냐 불쾌하냐를 따지고, 후자는 기쁨이나 고통과 상관없이 정의의 법칙에 따라 행동한다.

인류는 자의식을 지나 신성한 의식을 향해 가고 있다. 죄와 수치심에 사로잡히는 자아의 노예 상태에서 벗어나 순수함과 힘을 지닌 존재로서 진실의 자유를 향해 나아가고 있다. 인류의 위대한 스승과 구원자들은 이미 그곳에 도달한 사람들이다. 지난 생애를 통해 그들은 이미 자의식의 모든 형태를 극복했으며, 이제 자아를 무릎 꿇려 신성한 의식의 소유자가 되었다. 그들은 지상에서 진화의 정점에 이르렀기에 더는 자의식의 형태로 다시 태어날 필요가 없다. 삶의 주인이 되었으며, 자아를 극복하고 최고 지식을 획득한 것이다.

일부 위대한 스승들은 인간의 일반적인 자의식과는 완전히 다른 지혜와 의식을 나타내 보이기 때문에 불가해한 신비로 둘러싸여 있는 것으로 여겨지면서 더러 신으로 숭배받기도 한다. 그러나 이 신성한 의식에 신비같은 건 없다. 오히려 자아의 혼란이 걷히고 나면 명료한 단순함이 드러날 뿐이다.

위대한 스승들의 한결같은 온화함, 숭고한 지혜, 완벽한 평온함은 자의식을 지닌 보통 사람의 눈에는 초자연적으로 보이지만, 신성한 의식이 마음에 깃들기 시작하여 처음으로 희미한 빛이 비치는 사람에게는 단순하고 자연스럽게 느껴진다. 또한 이 신성한 의식은 자의식을 지닌 사람이 높은 도덕성을 획득하기 전에는 나타나지 않는다.

오랫동안 인류는 내면의 격정에 억눌리고 지배되었으나, 이 격정을 억누르고 지배하는 사람은 고귀한 의식과 지혜, 온유함과 강인함을 얻을 수 있다. 거룩한 마스터는 자기를 완전히 지배할 수 있게 된 사람이다. 변함없는 고귀함, 자비로운 성품, 삼갈 줄 아는 덕성은 영적으로 깨달은 사람의 특성이며, 자기 정복의 열매다. 또한 일반적으로 자의식을 지닌 사람이 이해하지 못한 채 맹목적으로 따르는 정신적인 힘을 완전히 익혀 이해할 수 있을 때까지 오래 싸운 끝에 얻어낸 결과물이다.

자의식적인 사람은 자아의 노예다. 이들은 자기중심적인 성향에 굴복하면서 격정의 지시에 고분고분 따르며, 격정이 불러일으키는 슬픔과 고통에 충성을 바친다. 이들은 죄와 슬픔을 충분히 의식하지만 벗어날 길을 찾지 못하고, 애써 투쟁하는 대신 신학 이론을 만들어 그 뒤에 숨으려 한다. 신학 이론들은 불확실한 희망을 보여주면서 잠깐 위로를 제공하기도 하지만 결국 그들을 쉽사리 죄악의 제물이 되게 내버려 두며, 기꺼이 슬픔의 희생자로 삼는다.

신성한 의식을 지녔다는 것은 자아의 주인이라는 뜻이다. 자아의 주인이 복종하는 대상은 자아가 아니라 진실이다. 그는 자신의 성향에 재갈을 물려 갈 방향을 지시하며, 그렇게 함으로써 죄와 슬픔을 압도하는 힘이 점점 커지는 것을 인식한다. 그는 또한 죄와 슬픔에서 벗어날 길이 자기 극복에 있다는 것도 안다. 그래서 신학 이론의 도움이 필요치 않으며, 그가 하는 일은 오로지 옳은 일을 행하는 데 매진하는 것이다. 그러면서 승리의 느낌, 순수함과 힘이 증대되는 데에서 오는 기쁨을 누린다. 그리하여 완전히 숙달한 상태에 이르면 진실에 부합하는 성향 외에 다른 어떤 성향도 남지 않게 된다. 죄의 정복자이자, 더는 슬픔에 굴복하지 않는 사람이 된 것이다.

내면에 군림하던 광포한 자아를 누르고 극복하여 몰아낸 사람은 깨인 사람, 현명한 사람, 언제까지나 평화롭고 행복한 사람이다. 슬픔의 폭풍우도 그를 꺾지 못하고, 사람을 괴롭히는 걱정과 문젯거리들이 지나가고 말며, 어떤 해악도 그를 덮치지 않는다. 신성한 미덕이 지켜주므로 원수가 전복할 일 없고, 적이 해칠 수도 없다. 친절하고 온유한 사람을 상대로는 누구든, 어떤 힘이든, 어느 장소든 그의 평온함을 빼앗을 수는 없다.

자신의 자아를 제외하고 적은 존재하지 않는다. 무지하지 않으면 어둠에 빠지지 않는다. 또한 자신의 본성에 깃든 반항적인 요소들에서 비롯되는 것들을 제외하면 고통은 없다.

호와 불호, 소망과 후회, 욕망과 실망, 죄와 슬픔에 휘둘리는 사람은 진정으로 지혜로울 수 없다. 이 모두가 자의식의 상태에 속한 것들이며, 어리석음과 나약함, 복종의 표시이다.

진정으로 지혜로운 사람은 살면서 떠안아야 하는 의무에 둘러싸여도 침착함을 잃지 않으며, 언제나 온화하고, 늘 인내한다. 사물을 있는 그대로 받아들이며, 바라거나 슬퍼하지 않으며, 욕심내거나 후회하지 않는다. 이것이 신성한 의식의 상태, 진실의 영토에 있다는 표시이며 깨달음과 강인함, 지배력을 지니게 됐다는 증거이다.

부와 명성과 쾌락을 바라지 않고 가진 것을 즐기면서도 그것들이 사라졌을 때 한탄하지 않으면, 그는 참 지혜로운 사람이다. 부와 명성과 쾌락을 욕망하며 가진 것에 늘 불만이면서도 정작 그것들이 사라졌을 때 한탄하면, 그는 참 어리석은 사람이다.

사람은 정복하는 일에 익숙하게 태어났지만 영토를 정복하는 건 소용없다. 정복해야 할 것은 자아다. 영토를 정복하면 잠깐의 지배자가 되어볼 수 있지만 자아를 정복하면 영원한 정복자가 될 수 있다.

인간은 *지배할 운명을 타고났다*. 그러나 이것은 동료인 사람을 힘으로 지배하라는 게 아니라 자기통제를 통해 *자기 자신을 지배*하라는 뜻이다. 힘으로 동료인 사람들을 지배하면 이기주의의 왕좌에 앉을 것이며, 자기통제로 자신을 지배하면 겸손의 면류관을 쓰게 될 것이다.

신성한 정복자이며 삶과 죽음의 주인이 되는 사람은 진실을 섬기기 위해 자아를 떨쳐버리고 영원한 진실 안에 확고히 자리 잡는다. 그렇게 완벽한 인간다움을 갖출뿐만 아니라 신성한 지혜의 왕좌에 오른다. 이제 그는 마음의 혼란과 삶의 충격을 극복했으며, 어떤 상황도 그를 이길 수 없다. 그는 말없이 지켜보는 관찰자이지만 더는 사건을 무력하게 바라보는 쓸모없는 도구가 아니다.

그는 이제 죄짓고, 울며 회개하는 한낱 필멸의 인간이 아니라 순수함과 기쁨, 고결함을 지닌 불멸의 존재이다.

기쁘고 평화로운 마음으로 사물의 과정을 인식하는, 자신을 지배하는 사람이다.

지식과 승리하는 삶

승리하는 삶은 믿음에서 시작해 지식으로 완성된다. 믿음이 길을 보여주면 지식이라는 도구를 통해 믿음이라는 목적을 향해 나아가는 것이다. 믿음은 고난을 겪게 되어 있지만 지식은 고난을 초월한 상태다. 믿음이 참고 견딜 때 지식은 사랑하는 단계에 가 있다. 믿음이 어두운 길을 걸으며 얻는 것이라면, 지식은 빛 속에서 행동하면서 아는 것이다. 믿음이 노력하도록 북돋우면 지식은 노력을 성공으로 장식한다. '믿음은 바라는 것의 실체'이며, 지식은 소유한 것들의 실체이다. 믿음이 순례자의 지팡이라면 지식은 여정의 마지막에 있는 도피성[*]이다. 믿음이 없이는 지식도 없지만 일단 지식을 얻으면 믿음의 임무는 끝난다.

승리하는 삶은 *지식의* 삶이다. 여기서 지식은 책에서 배우는 것이 아니라 삶을 통해 배우는 것이며, 기억에 의존하는 피상적 사실이 아니라 삶의 깊은 사실과 진실을 파악하고 이해하는 것을 말한다. 지식이 없는 승리란 있을 수 없으며, 지친 발을 쉴 곳도, 아픈 마음을 둘 피난처도 없다.

어리석은 사람들은 현명해지는 것밖에는 구원받을 길이 없다. 죄지은 사람들이 구원받을 길은 순수해지는 것 외에는 없다. 인생의 소란과 근심, 걱정에서 놓여날 길은 순수하고 결백한 삶의 길을 걸어 고결한 지식에 도달하는 것뿐이다. 마음이 깨달음의 상태가 되지 않고서는 어디에도 영속적인 평화는 없다. 이처럼 순수한 삶과 마음의 깨달음은 한 가지다.

반대로 지혜를 얻으면 어리석은 사람도 구원받을 수 있다. 순수해지면 죄에서 구원받는 게 가능하다는 것이다. 또한 모든 사람은 부자거나 가난하거나, 고학력이거나 그

---

[*] City of Refuge, 성경에서 의도치 않게 살인을 저지른 사람이 보복을 피해 살 수 있게 만든 성읍-옮긴이

렇지 않거나, 의지만 있다면 인생의 소란과 근심, 걱정에서 놓여나 완벽한 지식으로 가는 결백한 삶의 낮은 길로 들어설 수 있다. 그래서 포로들에게도 해방이 있고 패배자들에게도 승리가 있다. 이들이 높은 곳까지 올라 기쁨을 누리면 우주가 이들을 반긴다.

자기를 이겨내고 지식을 얻은 사람은 죄와 악, 삶의 온갖 불협화음도 이겨낸다. 그는 죄와 슬픔으로 얼룩진 낡은 마음을 벗고 순수와 평화로 단장한 새로운 마음을 만들며, 사랑과 결백의 법칙이 지배하고 악이 사라진 새로운 세상에서 다시 태어나 불멸의 선 안에서 영원히 산다.

근심과 두려움, 슬픔과 비탄, 실망과 후회, 불행과 회한, 이것들이 지혜로운 이들의 세상에서 차지할 자리는 없다. 이것들은 자아 세상의 어둑한 곳에 웅크리고 있을 뿐, 지혜의 빛 아래에서는 아예 실체라고 할 게 보이지 않는다. 이것들은 실체의 그림자에 지나지 않으며, 자아의 뒤만 따라다니고, 이기적인 욕망이 나타나는 곳, 죄악이 있는 곳에 나타난다. 자아에는 쉴 곳이 없고 빛이 들지 않는다. 광포한 격정의 불꽃이 타오르고 욕망을 사르는 불길이 거센 곳에서는 지혜와 평화의 시원한 공기를 느낄 수 없다.

안전과 보장, 행복과 안락, 만족과 즐거움, 기쁨과 평화는 지혜로운 이들의 소유물이다. 지혜로운 이들은 이것들을 자기를 정복한 대가로 얻었으며, 의로운 삶의 결과물, 결백한 삶의 보상으로 받았다.

올바른 삶의 실체는 깨달음(지식)이며, 지식의 정신은 평화다. 삶의 모든 과정에서 자신에게 승리한다는 것은 인생을 실재하는 그대로 아는 것이며, 악몽 속에서 나타나는 형태로 받아들이는 게 아니다. 삶의 모든 국면에서 평온을 유지하며, 일상에서 흔히 일어나는 일로 인해 고민과 슬픔에 시달리지 않는 것이다.

원숙한 학자는 잘못 수행된 연구, 불충분한 가르침으로 오래 고민하지 않으며, 과거 스승들에게서 받은 고통스러운 질책과 징계도 영원히 뒤에 남겨둔다. 완성된 미덕을 갖춘 학자, 현명한 남자와 여자, 정의를 깨달아 실천하는 사람도 마찬가지다. 이들은 더 이상 악행이나 미련한 짓을 저지른 일로 괴로워하지 않으며(왜냐하면 이것들은 삶의 교훈을 완수하지 못한 것에 지나지 않기 때문이다.) 슬픔과 후회로 자책하지 않는다.

숙련된 학자는 자신의 능력을 의심하거나 두려워하지 않는다. 이미 그는 지성의 무지를 극복하고 물리쳤으며, 그간 노력해 온 결과로 자신이 학문을 성취했다는 걸 알고 있다. 왜냐하면 그동안 그는 실험과 수업으로 셀 수 없을 만큼 많은 테스트를 거쳤고, 마침내 가장 혹독한 학술 시험을 성공적으로 통과함으로써 자신의 기량을 증명했기 때문이다. 이제 그는 능력을 증명해 보여야 하는 엄격한 시험이 닥쳐도 두려워하지 않고 오히려 즐긴다. 유능하고, 자신에 차 있기에 시험에 응하는 일이 즐거운 것이다.

정의를 실천하는 일에 숙련된 사람도 마찬가지로 자신의 운명에 관해 의심하고 두려워하거나 그 일로 괴로워하지 않는다. 그는 마음의 무지를 극복하고 내쫓았으며, 지혜를 얻기 위해 노력한 만큼 자신이 지혜로워졌다는 걸 안다. 과거 다른 사람들의 잘못된 행동으로 인해 시험에 들게 되었을 때 실패하고 넘어진 곳에서 또다시 비난과 질책의 가혹한 시험에 맞닥뜨려도 이제는 인내와 평온함을 유지할 수 있게 되었기 때문이다.

신성한 지식이 주는 영광과 승리가 여기 있다. 선하든 악하든 그 행동의 본질을 이해하고 나서, 깨달음에 따라 선하게 행동하는 실천가는 더는 다른 사람들의 악행으로 고통받지 않는다. 남들이 아무리 그를 향해 악의에 찬 행동을 해도 결코 그가 그것으로 인해 아파하거나 슬퍼할 일은 없으며, 그의 평온을 빼앗을 수도 없다. 선에 몸을 의탁한 이상 악이 그에게 손을 뻗치거나 그를 해칠 수는 없다. 그는 악을 선으로 되돌리며, 선의 힘으로 악의 나약함을 이겨낸다.

악행에 한 발을 걸친 사람의 눈에는 다른 사람들의 악행이 자신에게 상처를 입히고 심각하게 위해를 끼치기에 충분할 만큼 강력해 보인다. 그래서 그는 쓰라린 고통과 온몸을 휩쓰는 슬픔이 자신의 악행이 아니라(그의 눈에는 보이지 않으므로) 다른 사람들의 잘못된 행동 때문이라고 믿는다. 무지에서 벗어나지 못한 그에게는 정신적 강인함도 없고, 의지할 만한 대상도 없으며, 변하지 않는 평화도 없다.

자기를 극복한 사람이야말로 진정한 선견자다. 그는 영혼이나 초자연적 현상을 미리 내다보려 애쓰지 않는다. 이런 것들은 범위가 좁고 환상에 그치기 쉽기 때문이다. 그가 내다보는 건 특별한 측면과 신성한 원리 모두에서 바라보는 삶 그 자체이다. 또한 그는 우주 법칙, 우주적 사랑, 우주적 자유라고 하는 **영적 우주**를 내다본다.

지식과 승리를 거머쥔 사람은 나쁜 꿈을 떨치고 깨어나 새롭고 영광스러운 우주를 보는 시각을 새로 갖춘 사람이다. 그는 영원을 내다보는 선견자로서 완전한 사랑과 무한한 평화라는 축복을 받았다. 그는 온갖 더러운 욕망과 편협한 목표, 이기적인 사랑과 증오를 훌쩍 뛰어넘었기 때문에 높은 데서 내려다보는 시선으로 사물의 진행이 법칙에 어긋나는지 그렇지 않은지 인식할 수 있게 되었으며, 피할 수 없는 일이 닥쳐도 슬퍼하지 않게 되었다.

그가 슬픔을 넘어선 건 차갑고 잔인해져서가 아니라 자신을 돌보지 않고 오롯이 다른 사람들의 행복을 바라는 사랑 속에 살아가기 때문이다. 그는 이기심이 없어 슬픔이 없다. 누구에게서 무엇을 받게 되든, 누군가 그에게서 무엇을 가져가든 그게 다 좋은 거라는 사실을 알기 때문에 그는 늘 평온하다. 그는 슬픔을 사랑으로 바꾸며, 그의 마음은 무한한 온화함과 변함없는 연민으로 가득 차 있다. 그의 힘은 폭력적이거나, 야심 차거나, 세속적이지 않고 순수하고 평화로우며 고결하다. 그에게는 숨겨진 힘이 있는데, 이 힘은 다른 사람들과 세상의 이익을 위해 언제 일어서고 언제 굽혀야 하는지를 아는 것이다.

지식과 승리를 거머쥔 사람은 과묵한 스승이다. 그는 주인이지만 다른 사람들을 지배하고 싶어 하지 않으며, 정복자이지만 동료인 인간들을 무릎 꿇릴 생각이 없다. 그저 우주 법칙의 실현을 돕는 의식의 도구로서, 지적이며 계몽적인 힘을 갖추고 인류의 진화에 앞장선다.

새로운 시대가 시작되고 있다. 죄 있는 이에게 정화가, 고통받는 이에게 위안이, 마음 아픈 이에게 치유가, 패배한 이에게 승리가 있다는 좋은 소식이 온 세상에 다시 전해질 수 있게 널리 퍼뜨리자.

인간이여! 우리의 마음이 죄로 얼룩지고, 상충하는 욕망으로 찢긴다 해도 거기엔 여전히 힘이 있다. 우리는 최고선의 영토에 들어서 있으며 승리의 문이 그런 당신을 기다리고 있다. 우리 의식 깊은 곳에는 제국의 권좌가 깃들어 있으니. 일어나라 상처받은 이들이여! 일어나 왕좌에 정당하게 올라가라!

2장

♣

자기 운명의
주인이 되기

♣

The mastery of destiny, 1909

물질세계에서 진화의 법칙이 발견되면서 비로소 인류는 정신세계의
인과 법칙을 습득할 준비를 갖추었다. 오랜 기간 축적되며 선택된
에너지는 세포와 원자만이 아니라 인간의 사고와 행동에도 담겨 있다.
이러한 사고와 행동의 영역에서는 '선(善)'이 살아남는다.
'가장 적합'하기 때문이다. 악은 끝내 소멸한다.
인과의 '완벽한 법칙'이 물질뿐 아니라 정신에도 똑같이
작용한다는 것을 알면 우리는 자기 자신은 물론 인류 전체가
맞이할 궁극적인 운명에 관한 온갖 근심에서 벗어날 수 있다.
왜냐하면 '인간은 인간으로서 자기 운명의 주인'이기 때문이다.
자연법칙의 지식을 정복해 온 인간의 의지는 영적인 법칙의
지식도 정복할 것이다. 무지한 시절에는 악을 선택할 수
있으나, 지혜가 진화하고 모습을 드러내면 선을 선택하게 될
것이므로. 인간은 마지막 순간 악을 지배 하에 두게 된다.
인간은 삶에서 이별, 슬픔, 패배, 죽음이라고 하는 상대적으로
가벼운 운명을 맞닥뜨린다. 그러나 이것은 승리를 관장하는
장대한 운명으로 가는 훈련의 단계일 뿐이다. 우리는 비록
상처로 가득하고, 고된 노동으로 구부정해진 자세를 하고
있으나 의식하지 못하는 사이에 영원히 평화롭게 거주할 영광의
성전을 짓고 있다. 이 장에서는 이러한 법칙과 이러한 운명,
그리고 그것이 작동하고 구축되는 방식에 대해 말할 것이다.
- 1909년 4월, 영국 일프라콤, '빛의 언덕Bryngoleu'에서 제임스 앨런

James Allen

행동, 성격 그리고 운명

숙명 또는 운명에 대한 믿음은 늘 널리 퍼져 있고, 과거에도 그랬다. 이것은 개인과 국가 모두에게 정해진 종말을 할당하는 영원하고 불가해한 힘이 존재한다는 믿음이다. 이 믿음은 삶을 오랫동안 관찰하면서 생겨났다.

인간은 자신이 통제할 수 없고 피할 힘도 없는 특정한 사건들이 있다는 것을 알고 있다. 예를 들어, 탄생과 죽음은 피할 수 없는 일이며, 삶의 여러 사건도 마찬가지로 피할 수 없는 것처럼 보인다.

사람들은 특정한 목적을 달성하기 위해 온 신경을 곤두세우지만, 매 순간 자신에게서 나온 게 아닌 것 같은 힘을 의식하게 되며, 이 힘은 사람들의 보잘것없는 노력을 좌절시키고, 그들의 결실 없는 노력과 분투를 비웃는다.

삶이 발전해 감에 따라 사람들은 이 압도적인 힘에 굴복하는 법을 배운다. 이 힘을 이해하지는 못하지만 그게 자신은 물론 자신을 둘러싼 세상에 영향을 미친다는 것만은 알게 되기 때문이다. 사람들은 이것을 다양한 이름으로 부르는데, 이를테면 신이라든가 섭리, 숙명, 운명 같은 것들이다.

시인, 철학자 등의 관조자들은 한발 물러서서, 이 신비한 힘이 한편으로는 자기 좋을 대로 누군가를 높이고, 다른 편에서는 희생자를 쓰러뜨려 버리는 광경을 관찰했다.

위대한 시인들, 특히 극시인들은 자연에서 관찰한 이 힘을 자신들의 작품에서 표현했다. 그리스와 로마의 극작가들은 주인공들이 자기에게 내려진 숙명을 미리 알고 그걸 피하려 애쓰는 모습을 그리곤 했다. 그러나 결코 그들은 운명을 거스르지 못한다. 셰익스피어의 등장인물들은 좀 달라서 그들은 우리가 자연 상태에 놓였을 때처럼 자신에게 주어진 특별한 운명에 대해 아무런 예견도 하지 않는다.(예감의 형태를 제외하고는) 이 시인들에 따르면 미리 알든 그렇지 않든 인간은 숙명을 피할 수 없으며, 그가 인식하든 무심코 하든 그가 하는 행동은 모두 파멸로 가는 발걸음이다.

우마르 하이얌*의 〈움직이는 손가락〉**에 이 숙명에 관해 생생하게 묘사되어 있다.

움직이는 손가락은 글을 쓰며, 다 쓰고 나면
다음으로 나아간다.
세상 그 어떤 경건함이나 재치를 동원해도
손가락을 유혹할 수 없으니,
한 줄 아니라 단 반 줄도 취소할 수 없다.
또한 당신의 눈물을 다 모아도
단어 하나 씻어내릴 수 없다.

이처럼 모든 나라에서 어느 시대이든 사람들은 이 어찌해 볼 수 없는 힘 또는 법칙의 작용을 삶에서 경험해 왔다. 그리고 이 경험을 간결한 속담 하나로 집약했다. "일은 사람이 꾸미지만, 성패는 하늘에 달렸다."

모순처럼 보이지만, 반대의 믿음도 똑같이 널리 퍼져 있다. 인간은 어디에도 매이지 않은 자유로운 존재이며 자신

---

* Omar Khayyam, 1048~1123. 페르시아(현재의 이란)의 수학자, 천문가, 시인-옮긴이

** Moving Finger, 우마르 하이얌의 4행시 모음인 〈루바이야트〉의 일부-옮긴이

의 선택에 책임을 진다는 것이다.

모든 도덕적 가르침은 자신의 길을 선택하고 운명을 형성할 수 있는 인간의 자유를 확언하는 것이다. 따라서 인간이 자신의 목표를 달성하기 위해 인내하며 끊임없이 노력하는 것은 자유와 힘을 인식한다는 선언인 셈이다.

한편으로는 숙명을, 다른 한편으로는 자유를 이중으로 경험하다 보니 운명론을 믿는 이들과 자유 의지를 지지하는 사람들 사이에 끝없는 논쟁이 이어져 왔으며, 최근에는 '결정론 대 자유 의지'라는 이름으로 논쟁이 다시 불붙고 있다.

그런데 명백하게 상충하는 양쪽 극단 사이에는 늘 '중도'라는 게 있기 마련이다. 균형, 정의, 벌충의 개념인데, 여기에는 두 극단이 모두 포함되지만, 둘 중 어느 한쪽이라고는 말할 수 없으며, 둘을 조화로 이끈다. 이 중도가 두 극단이 만나는 접점이다.

진실은 어느 한쪽을 편드는 파벌이 될 수 없으며, 오히려 본질적으로 극단을 화해시키는 속성을 지니고 있다. 마찬가지로 우리가 고민하는 문제를 '중용'이라는 방법으로 접근하면 숙명과 자유 의지를 가까운 관계로 만들 수 있다. 왜냐하면 인간의 삶에서 명백한 사실로 보이는 이 두

가지가 사실은 통합적이어서 모든 걸 포용하는 원칙, 즉 '인과의 법칙'이라고 하는 한 가지 중심 법칙의 두 가지 측면이기 때문이다. 말하자면 '인과율의 도덕적 측면'이 둘로 나뉘어 나타나는 것이다.

도덕적 인과에는 숙명과 자유 의지 즉, 개인의 책임과 개인에게 예정된 운명 두 가지가 모두 필요하다. 왜냐하면 원인의 법칙은 곧 결과의 법칙이어야 하며, 원인과 결과는 반드시 일치해야 하기 때문이다. 물질과 *정신* 모두에서 인과의 흐름은 영원히 균형을 이루어야 하며, 영원히 정의롭고, 영원히 완벽해야 한다. 따라서 모든 결과는 미리 정해져 있다고 말할 수 있지만, 예정의 힘은 원인일 뿐 독단적 의지의 절대명령은 아니다.

사람은 스스로 인과의 흐름에 휩쓸리는 걸 안다. 사람의 삶은 원인과 결과로 이루어져 있다. 이 두 가지는 모두 씨를 뿌리고 거두는 일이다. 사람의 행동 하나하나는 원인이 되며, 반드시 결과로 균형을 이루게 되어 있다. 원인을 선택하면(자유 의지), 결과는 선택하거나, 바꾸거나, 피할 수 없다(숙명). 자유 의지는 원인이 되는 일을 시작하는 힘을 나타내며, 운명은 결과에 연루되는 것이다.

결국 모든 결과는 본인이 명령을 내린 것에서 기인하며(본인은 모른다고 해도), 그 결과인 선 또는 악에서 달아날 수 없다. 자기 행동에서 비롯된 것이기 때문이다.

인간이 자기 행동에 책임지지 않아도 된다는 주장이 나올 수 있다. 이 주장에 따르면 행동은 성격의 결과이며, 성격은 타고나는 것이므로 좋든 나쁘든 성격을 책임질 필요가 없다. 정말 성격이 '타고난 것'이라면 이 주장은 참이다. 그럴 경우, 도덕률은 존재하지 않으며 도덕적 가르침도 필요 없어진다. 그러나 성격은 완성된 채로 타고나는 것이 아니라 진화하는 것이다. 성격은 말 그대로 결과이며, 도덕률 자체의 산물, 즉 행동의 산물이다. 말하자면 성격은 개인이 일생 쌓아 올린 행동이 축적된 결과라고 할수 있다.

인간은 자기 행동의 행위자이며, 마찬가지로 자신의 성격을 만드는 형성자이다. 행동의 행위자, 성격의 형성자로서 인간은 자기가 자기 운명의 틀을 만들고 모양을 형성한다. 인간에게는 행동을 수정하고 개조할 힘이 있으며, 행동이 이루어질 때마다 성격도 조금씩 변한다. 또한 행동하는 것에 따라서 운명은 매번 다른 방향으로 예정된다. 행동의 본성에 따라 비참한 운명으로 바뀌기도 하고, 유리한 운명으로 바뀌기도 하는 것이다.

그러니 행동과 성격, 운명은 서로 밀접하게 연결되어 있다. 아주 작더라도 행동의 결과는 도덕의 씨앗으로서 성격의 어두운 구석에 숨겨져 발아와 성장, 결실의 계절을 기다린다.

한 사람에게 닥치는 일들은 그 자신의 반영이다. 노력해도 벗어날 수 없고, 기도로 회피할 수 없는 운명 앞에 무기력하지만, 이 운명은 집요하게 우리를 뒤쫓아 잘못된 행동의 회복을 요구하고 집행하는, 가차 없는 악귀나 마찬가지이다. 초대받지 않았는데도 마음대로 찾아오는 축복 또는 저주 역시 자기가 내보낸 소리가 되돌아오는 메아리다.

이것은 또한 만물에 작용하는 완벽한 법칙 즉, 인간의 모든 일에 작용하며 조절하는 완벽한 정의의 법칙을 우리에게 알려준다. 이 법칙의 힘으로 선한 사람은 적을 사랑하며, 온갖 증오와 원한, 불만을 넘어설 수 있다. 왜냐하면 그는 자신이 행한 것만 자신에게 돌아온다는 걸 알며, 따라서 비록 박해자들에게 둘러싸여 있어도 이것은 당연히 돌아올 결과를 향해 가는 길일 뿐이라는 것을 알기 때문이다. 그러므로 그는 저들을 탓하지 않고 순순히 자신에게 청구된 응보를 받아들이며 인내심을 가지고 자신의 도덕적 빚을 갚아 나간다.

하지만 이것이 전부는 아니다. 그는 단지 빚을 갚기만

하는 것이 아니라 더 이상 빚을 지지 않기 위해 노력한다. 자신을 관찰하여 행동에 잘못이 없게 감시하며, 악행에 해당하는 빚을 갚아 나가면서 선행을 쌓아나간다. 이렇게 그는 죄를 끝맺음함으로써 악과 고통을 종식한다.

이제 행동과 성격을 통해 운명을 형성하는 특정한 사례에서 이 법칙이 어떻게 작용하는지 살펴보자. 먼저 현재를 살펴볼 것이다. 현재는 과거의 총합이며, 한 사람이 생각하고 행동했던 모든 것들의 최종 결과가 그 사람 안에 담겨 있기 때문이다. 물론 이따금 착한 사람이 실패하고 부도덕한 사람이 성공하는 모습을 보게 될 때가 있고, 그럴 때는 의로운 사람이 복을 받는다는 도덕 격언이 아무런 의미가 없는 것같이 느껴지기도 한다. 그래서 많은 이들이 인간의 삶에 어떤 식으로든 정의의 법칙이 작용한다는 사실을 부정하며, 심지어 나쁜 사람이 더 잘산다는 말을 쉽게 내뱉기도 한다.

그러나 도덕 법칙은 존재하며, 얕은 결론에 바뀌거나 뒤집히지 않는다. 인간은 변화하고 진화하는 존재라는 걸 기억해야 한다. 선한 사람이라고 언제나 선하지만은 않았으며, 나쁜 사람이 항상 나쁜 건 아니다. 지금 정의로운 사람이 과거의 어느 순간엔 부정한 짓을 한 경우가 대단히 많으며, 지금 친절한 사람이 잔혹했거나 지금 순수한 사람이 불순했을 때가 있다.

반대로 이번 생의 한때, 지금은 불의해도 그때는 정의로웠거나 지금은 잔인해도 그때는 친절했을 수 있고, 지금은 불순해도 그때는 순수했던 경우가 훨씬 더 많았을 수도 있다. 그러므로 오늘날 선한 사람에게 닥친 재앙은 지난날 그가 뿌렸던 악의 씨의 결과물을 지금 거두는 것이며, 지금 선한 씨앗을 뿌리고 있으므로 훗날에는 행복한 결실을 거두게 될 것이다. 마찬가지로 나쁜 사람이 지난날 그가 뿌렸던 선의 씨의 결과물을 지금 거두고 있다면, 훗날에는 지금 뿌리고 있는 악의 씨의 결과물을 거둬들이게 될 것이다.

성격은 행동의 결과로 마음에 고정된 습관이다. 아주 여러 번 같은 행동을 반복하다 보니 무의식, 즉 자동이 된 것이다. 아무런 노력을 하지 않아도 그 행동이 반복되고, 어느 순간 그 행동을 하지 않는 게 불가능한 수준에까지 이르면 이것이 그 사람의 정신적 특성이 되어 버리는 것이다.

일자리를 잃은 가련한 사람이 있다. 그는 정직하며, 게으름뱅이도 아니다. 일하고 싶어도 일자리를 구할 수 없고, 아무리 애써도 계속 실패한다. 그의 몫의 정의는 어디에 있을까? 그런데 이 사람에게는 할 일이 많았던 시절이 있었다. 그는 일에 부담을 느꼈고, 게으름을 피웠으며, 편하게 쉴 수 있기를 갈망했다. 그러면서 아무 할 일이 없으면 얼마나 좋을까 하고 생각했다.

그는 자신에게 주어진 행운에 감사하지 않았다. 편하게 쉬기를 바랐던 욕망이 채워졌지만, 갈망 속에서 그토록 달거라고 여겼던 과일의 맛은 그의 입에서 재로 변했다. 그가 목표로 삼았던 아무 할 일이 없는 상태에 도달했으니 이제 그는 철저하게 교훈을 배울 때까지 거기 머무를 수밖에 없게 되었다.

그는 지금 습관적으로 편하게 쉬는 게 품격을 떨어뜨리며, 할 일이 없으면 비참해진다는 것, 그리고 일은 고상하고 축복받는 거라는 사실을 학습하고 있을 것이다. 그동안 그의 욕망과 행동이 지금의 위치로 그를 데려왔고, 이제부터 그가 할 일은 일을 하고 싶어 하는 욕구를 지니고 끊임없이 찾아다니며 일자리를 부탁하는 것이다.

그러면 일에 대한 욕구와 노력이 그 자체로써 유익한 결과로 돌아오게 되어 있다. 나태를 바라지 않는 현재의 상태가 지속되면 그 결과가 나쁜 상황을 종결하는 원인으로 작용할 것이고, 어느새 현 상태는 지나가고 그는 일자리를 얻게 될 것이다. 온 마음을 주어진 일에 집중하면서 다른 무엇보다 일을 하고 싶어 한다면, 때가 되었을 때 그에게 다시 일이 몰려들 것이다. 모든 방향에서 일이 흘러들어올 것이며, 그는 자기 분야에서 성공 가도를 달릴 것이다.

만약 그가 인생에 작용하는 인과의 법칙을 이해하지 못한다면 열심히 찾는 다른 사람들은 일을 얻지 못하는데 왜 별다른 노력을 하지 않는 자신에게는 일이 찾아오는지 의아해할 수 있다. 그러나 부르지 않았는데 찾아오는 건 없다. 그림자가 있으면 실체도 함께 있다. 누군가에게 뭔가가 찾아왔다고 하면 그건 자기가 한 행동의 결과물이다.

기분 좋게 열심히 일하면 더 열심히 일하게 되어 더욱 번창하며, 마지못해서 불만족스럽게 일하면 쇠퇴하듯이 우리가 보는 다양한 삶의 조건들은 모두 특정 개개인의 생각과 행동으로 인해 만들어진 운명이다. 마찬가지로 사람의 성격이 천차만별인 건 행동의 씨앗이 완숙하여 성장한 결과이다.

개인이 뿌린 대로 거두는 것처럼 개인이 모인 공동체, 즉 국가도 똑같이 뿌린 대로 거둔다. 국가는 지도자들이 정의로우면 번성하고 정의로운 사람들이 사라지면 쇠퇴한다. 권력을 가진 자들은 선하든 악하든 전 국민의 본보기가 되기 때문이다.

높은 인격적 고결함을 갖춘 정치가들이 일어나 국민의 기량과 에너지를 미덕의 함양과 인성 발달로 향하게 할 때 그 나라는 가장 위대해진다. 그들은 국가의 번영이 개인의 근면, 성실, 고귀함에 의해서만 이루어질 수 있다는 것을 알고 있다.

위대한 법칙은 완전무결한 정의로 무장하고서 필멸하는 인간들에게 각자의 덧없는 운명을 차분하게 나눠준다. 그 운명이 눈물로 얼룩졌든 미소로 환하게 빛나든, 모두 자기 손으로 짠 것이라는 건 변하지 않는다. 인생은 인성을 개발할 최고의 학교이다. 싸우든 분투하든, 악덕을 쌓든 미덕을 쌓든, 성공하든 실패하든, 삶 속에서 우리는 느리지만 확실하게 지혜와 교훈을 얻는다.

＋⟩ 02 ⟨＋

자기 통제의 과학

우리는 과학의 시대에 살고 있다. 수천 명의 과학자가 발견과 지식의 증대를 위해 끊임없이 탐구하고 분석하고 실험에 매진한다.

공공도서관과 개인도서관의 서가는 과학을 주제로 한 수많은 책으로 가득 차 있으며, 집과 거리, 시골과 도시, 육지와 바다 어디에서든 현대 과학의 눈부신 성취를 찾아볼 수 있다. 우리 앞에 놓인 놀라운 장치와 최근 과학의 결과물은 한결같이 편리함을 더해주고 일의 속도를 높여주거나 일손을 덜어준다.

한편, 그런 시대라서 더욱 사람들의 머리에서 아예 잊힐

정도로 쇠퇴해 버린 과학 분야가 하나 있다. 사실 이 과학은 다른 모든 과학을 합친 것보다도 더 중요하며, 이 과학이 없이는 다른 모든 과학은 이기적인 목적을 위한 수단으로 전락해 인간의 파멸을 돕는 것으로 끝날 수도 있다. 이 과학은 바로 **자기 통제의 과학**이다.

현대 과학자들은 외부에 존재하는 요소와 힘을 연구하여 그것들을 제어하고 활용하는 걸 목표로 한다. 이에 비해 고대인들은 자신들 내부의 요소와 힘을 연구하여 그것들을 제어하고 활용하려 했다. 그 결과 이 방향에서 아주 위대한 지식의 대가들을 배출해 냈는데, 그들은 지금까지도 신적인 존재로 존경받고 있으며, 세계의 수많은 종교 조직이 이들의 업적을 기반으로 이루어져 있다.

자연에는 놀라운 힘들이 존재하지만, 사람의 마음을 구성하는 지적인 힘이 결합한 것보다는 한참이나 하등하다. 인간의 지성은 자연의 맹목적인 힘을 지배하고 지시하기 때문이다. 그러므로 열정과 욕망, 의지, 지능 같은 내면의 힘들을 이해하고 통제하며 지시하는 것은 인간과 국가의 운명을 손에 쥐는 것이나 마찬가지다.

일반 과학에서처럼 이 신성한 과학에도 성취의 정도가 있으며, 여기서는 자기 통제의 달성 수준이 높을수록 지식이 높고, 자신감이 크며, 세상에 미치는 영향도 커진다.

외부 자연의 힘을 이해하고 지배하는 사람이 자연과학
자이면 마음 내부의 힘을 이해하고 지배하는 사람은 신성
의 과학자이다. 이때 외부 현상의 지식을 얻는데 작용하는
법칙은 내면의 다양성에 대한 지식을 얻는 과정에도 작용
한다.

한 사람이 뛰어난 과학자가 되기 위해서는 몇 주, 몇 달
로는 턱없이 부족하다. 아니, 몇 년으로도 부족하기는 마
찬가지다. 그가 하는 말에 권위가 서고 과학의 대가들과
나란히 서려면 수년의 고된 연구가 필요하다. 마찬가지로
자기 통제도 쉽게 얻어지지 않는다. 자기를 통제함으로써
자기 통제가 가져다주는 지혜와 평화를 소유하게 되기까
지는 적어도 수년에 걸친 인내심 있는 노력이 필요하다.
더구나 이 과정은 조용히 이루어지므로 다른 사람들이 알
아봐 주거나 인정해 주지 않는다는 면에서 더욱 힘들다.
이 과학을 성공적으로 추구하려면 혼자 서는 법을 배워야
하며, 외부적인 보상에 관해서는 아무런 기대 없이 노력을
쏟아부어야 한다.

자연과학자는 자기 분야의 지식을 습득하기 위해 다섯
가지 질서정연한 단계를 따른다.

1. 관찰: 자연의 사실들을 면밀하게, 지속적으로 관찰한다.

2. 실험: 반복적인 관찰로 특정한 사실들을 알게 되면 그 속의 자연법칙을 발견하기 위해 그 사실들을 실험한다. 자신이 알아낸 사실들을 엄격한 분석 과정에 투입함으로써 쓸모없는 것과 가치 있는 것을 가려내어 취사선택한다.

3. 분류: 수많은 관찰과 실험을 통해 엄청난 양의 사실을 축적하고 검증한 후에는 이 사실들을 분류하는 작업이 시작된다. 사실들을 지배하고 규제하며 묶어주는 근본적인 법칙, 즉 숨겨진 통합 원리를 발견할 목적으로 그것들을 질서 있는 그룹으로 배열하는 것이다.

4. 추론: 앞 단계를 바탕으로 얻은 사실과 결과에서 불변의 작동 방식을 발견하고, 이를 통해 사물의 숨겨진 법칙을 밝혀낸다.

5. 지식: 법칙을 증명하고 확립했으므로 비로소 '안다'는 말을 할 수 있는 단계에 이른다. 이제 그는 과학자, 즉 지식의 소유자다.

과학 지식의 획득은, 비록 훌륭하기는 하지만 그것으로 끝이 아니다. 인간은 자신을 위해서만 지식을 얻지 않으며, 지식을 가슴속 은밀한 곳에 숨기지도 않는다. 지식의 마지막은 사용하는 것, 봉사하는 것, 세상의 평안과 행복을 늘리는 것이다. 그래서 누군가가 과학자가 된다는 건 지식으로 세상을 이롭게 하고 노력의 결과를 인류를 위해 아낌없이 베푼다는 의미가 된다.

즉, 지식 너머에는 '사용'이라는 단계가 더 있다는 것이다. 이 단계는 자신이 얻은 지식을 바르고 사심 없이 사용하는 단계, 공공의 안녕을 위한 발명에 지식을 적용하는 단계이다.

중요한 것은, 위에서 말한 과정을 순서대로 밟아야 한다는 것이다. 이 단계 중 어느 하나라도 누락시키면 과학자는 될 수 없다. 예를 들어 체계적인 관찰이라는 첫 단계가 없이는 자연의 비밀에 관한 지식의 영역에 발을 들여놓을 수조차 없다.

처음에는 지식을 탐구하는 사람 앞에 사물의 거대한 우주가 펼쳐져 있다. 그는 이 사물들을 이해하지 못한다. 실제로 그중 많은 것들이 서로 화해할 수 없을 정도로 반대되어 보이고, 혼란스럽기만 하다. 그러나 이 다섯 과정을 끈질기게, 열심히 통과하다 보면 질서, 자연, 사물의 본질이 보인다. 또한 그것들을 조화로운 관계로 한데 묶는 중심 법칙 또는 여러 법칙을 깨달으면서 혼란과 무지에 마침표를 찍게 된다.

자연과학자뿐 아니라 신성의 과학자도 마찬가지다. 그도 똑같이 희생적인 노력으로 다섯 단계를 완수해야 하며, 과정을 완수한 결과로 자기 인식, 즉 자기 통제를 이룰 수 있다. 그들이 거치는 다섯 단계는 자연과학자의 경우와 같지만, 그 과정은 거꾸로다. 신성의 과학자들은 외부의 사물에 중심을 맞추는 것이 아니라 마음 그 자체로 방향을 돌린다. 탐구가 사물이 아닌 마음(자기 자신의 마음)의 영역에서 이루어지는 것이다.

신성한 지식을 탐구하는 사람이 처음 맞닥뜨리는 것은 욕망, 열정, 감정, 생각, 개념이 한데 뭉친 덩어리다. 신성의 과학자들은 이것을 '나'라고 부르는데, '나'는 모든 행동의 이유가 되며, 삶은 '나'를 기반으로 영위된다.

보이지 않는 강력한 힘의 조합이라고 할 '나' 앞에서는 혼란스러울 수밖에 없다. 일부는 명백히 서로 직접적으로 충돌하며 맞서고 있어 화해의 여지나 희망이 전혀 보이지 않는다. 게다가 그의 마음, 그리고 그 마음에서 나오는 그의 삶 또한 다른 많은 이들의 마음이나 그들의 삶과 전혀 공평한 관계를 맺고 있는 것 같지 않다. 전체적으로 그는 탈출하고 싶은 고통과 혼란의 상태에 놓여 있다.

그렇게 신성의 과학자는 자기가 무지한 상태라는 걸 날카롭게 깨닫는다. 무지를 인식하고 나면 지식에 대한 욕구

가 생기기 마련이다. 그렇게 자기 통제를 시작하는 초보자
는 다섯 단계로 이루어진 길로 들어서서 높은 곳을 향해
오르기 시작한다.

첫 단계는 '자기 성찰'이다. 자연과학자의 관찰에 해당
한다. 정신의 눈이 탐조등처럼 마음속을 비추며 내면의 미
묘하고도 복잡하기 이를 데 없는 움직임의 과정들을 관찰
하고 세밀하게 기록한다. 이기적인 만족과 세상의 쾌락,
야망이 주는 자극을 물리치고 자신의 본성을 이해의 대상
으로 삼아 관찰하는 것이 자기 통제의 시작이다. 지금까지
그는 본성의 충동에 따라 맹목적으로 무기력하게 굴었지
만, 그 충동들은 사실 사물과 상황에 따라 생겨나는 것일
뿐이었다. 이제 그는 충동을 억제하여 통제당하는 대신 통
제하기 시작한다.

둘째 단계는 '자기 분석'이다. 마음의 성향을 관찰하고
면밀하게 검토하여 엄격한 분석 과정을 거치는 단계다. 악
한 성향(고통스러운 결과를 초래한다)과 선한 성향(평화로운
결과를 낳는다)을 분리할 줄 알게 되며, 특정한 행동을 유
발하는 다양한 성향과 이런 행동에 반드시 뒤따르는 뚜렷
한 결과들이 점차 이해되기 시작한다. 그리하여 마침내 성
향과 행동, 결과 사이에 빠르고 복잡미묘하게 이루어지는
상호작용과 그에 따른 심오한 파급효과를 추적할 수 있게

된다. 이 단계는 시험하고 검증하는 과정이며, 연구자로서는 시험받고 검증되는 기간이기도 하다.

셋째 단계는 '조정'이다. 이제 신성한 사물의 실제적 연구자는 마음의 가장 심오한 자극과 가슴속에서 일어나는 가장 미묘한 동기에 이르기까지 자기 본성의 모든 성향과 측면을 명확하게 파악하는 단계에 이르렀다. 마음의 어느 지점, 어느 구석도 그가 자기 성찰의 빛으로 탐구하고 밝혀내지 않은 곳이 없다.

그는 자신의 약점과 이기적인 지점, 강점과 덕성스러운 특성을 낱낱이 알고 있다. 대개 남이 우리를 보듯 우리 자신을 볼 수 있는 걸 최고의 지혜로 여기지만, 자기 통제의 실천자는 이것을 훨씬 넘어선다. 남이 자신을 보듯 자신을 볼 뿐만 아니라 있는 그대로의 자신을 보는 것이다. 그리하여 그는 자신과 정면으로 얼굴을 마주 보고 서서, 어떤 은밀한 잘못으로부터도 달아나 숨지 않고, 더는 쾌락적인 유희에 빠져 방어적으로 굴지 않으며, 자신 또는 자신의 힘을 과소평가하거나 과대평가하지 않고, 자기 칭찬이나 자기 연민을 함부로 떠들지 않으며, 다만 앞에 놓인 과업의 크기를 전체적으로 파악한다. 그는 자기 통제의 정점을 미리 내다보고, 거기까지 가려면 뭘 해야 하는지를 알고 있다.

그는 이제 혼란 상태를 벗어났으며, 사유 세계에서 작동하는 법칙들을 엿볼 수 있게 되었고, 자신의 마음을 이 법칙들에 맞추어 조정할 수 있게 되었다. 이것은 잡초를 뽑고 낟알을 가려내어 깨끗이 다듬는 과정이다. 농부가 잡초를 솎아내어 밭을 갈고 농사를 준비하듯이 연구자 역시 마음에서 악의 잡초를 뽑아내고 깨끗하게 정화하여 잘 정돈된 삶의 수확을 가져다줄 바른 행동의 씨앗을 뿌릴 준비를 하는 것이다.

넷째 단계는 '정의'다. 그는 사고와 행동을 조정하여 고통과 즐거움, 불안과 평화, 슬픔과 행복을 만들어 내는 정신 활동의 작은 법칙들을 따르게 되었으며, 이제 이러한 법칙들 가운데 위대한 중심 법칙 즉, 자연계의 중력 법칙처럼 정신세계의 중심 법칙인 최고 법이 존재하는 것을 알게 된다. 모든 생각과 행동이 이 최고 법에 종속되고, 이 법에 따라 규제되며, 적절한 범위를 넘어서지 않는다.

이것이 정의 또는 의로움의 법칙이며, 보편적인 최고 법이다. 이제 그는 이 법을 따른다. 외부 사물의 자극에 이끌려 맹목적으로 생각하고 행동하는 게 아니라 생각과 행동을 이 중심 원리에 종속시킨다. 더는 이기적으로 굴지 않고 옳게 행동한다. 옳은 것이야말로 보편적이며 영원하기 때문이다. 그는 이제 자기 본성과 환경의 비참한 노예가 아니라 그것들의 주인이다.

또한 그는 이제 마음의 힘에 이리저리 끌려다니지 않는다. 오히려 이 힘들을 통제하고 이끌어 목적을 달성하는데 이용한다. 이렇게 자신의 본성을 통제하고 복종시켜 정의의 법칙에 어긋나는 생각과 행동을 하지 않으면, 이 법칙의 힘으로 고통과 패배가 제거되며, 죄와 슬픔, 무지와 의심의 지배를 뛰어넘어 강하고 차분하며 평화로워진다.

다섯째 단계는 '순수한 지식'이다. 의롭게 생각하고 행동함으로써, 그는 마음의 틀을 잡아주는 원칙, 인간의 모든 일과 사건을 이끌고 통합하는 원리인 신성한 법칙의 존재를 경험으로 증명해 보인다. 이것은 개인과 국가 모두에게 같이 적용되는데 자기 통제를 완성함으로써 신성한 지식을 얻게 되며, 마치 자연과학자들이 '안다'라고 말하듯 자신에 대해 같은 말을 할 수 있는 지점에 도달하게 된다.

그는 자기 통제의 과학에 정통하게 되어 무지에서 지식을, 혼란에서 질서를 이끌어냈다. 모든 사람에 대한 지식이기도 한 자신에 관한 지식을 얻었고, 그가 자신의 삶을 이해하자 다른 모든 삶에 대해서도 알게 되었다. 왜냐하면 모든 마음은 본질적으로 같으며(정도의 차이만 있다.) 같은 법칙 위에서 작용하기 때문이다. 따라서 같은 생각과 행동을 하면, 행위자가 누구든지 항상 같은 결과를 낳게 되어 있다.

이 신성한 평온의 지식은, 자연과학자의 경우에서도 마찬가지지만 자신만을 위한 것이어서는 안 된다. 그러면 진화의 목적이 좌절되며, 완숙하여 완성에 이르는 사물의 본질에도 어긋난다. 그리고 실제로도 오로지 자기만 행복하겠다고 이 지식을 얻으려는 사람은 반드시 실패한다.

순수한 지식의 다섯 단계를 넘어서면 더 높은 지혜의 단계가 더 있다. 얻은 *지식을 올바르게 적용하는 단계*다. 자신이 노력해서 얻은 것들을, 이기적이지 않은 마음으로 아낌없이 세상에 쏟아 진보를 가속화하고 인류를 고양하는 것이다.

자신의 깊은 곳까지 들어가 본성을 통제하고 정화하지 않은 사람은 선과 악, 옳고 그름을 명확하게 구분하지 못한다. 그런 사람들은 즐거울 것 같은 일들을 추구하며 고통의 원인이 될 거라고 믿는 것들은 회피한다.

그들의 행동 밑바닥에는 자아가 있다. 그들은 주기적으로 극심한 고통과 양심의 가책을 겪으면서 고통스럽게, 단편적으로만 옳은 것을 발견할 수 있다. 그러나 다섯 과정을 통과하여 다섯 단계의 성장을 이루고 자기 통제를 실

천하는 사람은 우주를 지탱하는 도덕 법칙에 따라 행동할
수 있는 지식을 얻게 된다.

자기 통제의 과학을 터득한 이는 선과 악, 옳음과 그름
을 알며, 이것들을 알기 때문에 선과 옳음에 따라 살아간
다. 이제 뭐가 즐겁고 뭐가 불쾌한지 생각할 필요가 없으
며, 옳은 일을 실천할 뿐이다. 본성이 양심과 조화를 이루
므로 후회할 일이 없다. 마음이 위대한 법칙과 동조하므로
더는 고통과 죄가 없다. 악이 사리졌기 때문이다. 이제 그
에게는 선이 전부다.

※

※ 03 ※

행위의 원인과 결과

　과학자들은 모든 결과가 원인에 연결되어 있다고 입을 모은다. 이것을 인간이 하는 행위에 적용하면 정의의 원리가 드러난다.

　모든 과학자는 티끌 같은 먼지에서부터 가장 큰 태양에 이르기까지 물리적 우주의 모든 부분에 완벽한 조화가 널리 퍼져 있다는 걸 안다.(그리고 이제 모두가 그렇다고 믿는다.) 완벽한 조화의 정교한 조정이 미치지 않는 곳이란 없다. 천체 우주에서는 수백만 개의 태양이 웅장하게 우주 공간을 돌면서 제각기 행성계와 광대한 성운, 무수한 유성, 상상할 수 없는 속도로 무한 우주를 여행하는 혜성의 대군을 함께 이동시킨다. 그야말로 완벽한 질서의 세계다. 자연계는 이처럼 생명이 다양한 측면으로 무한한 형태를 띠고 있지만 특정한 법칙이 명확하게 한계를 지어주고 있어, 이 법칙의 작용을 통해 온갖 혼란을 피하고 영원한 통일과 조화를 이룬다.

아주 작은 부분이라도 이 우주적 조화가 임의로 깨질 수 있다고 하면 우주는 더 이상 존재하지 않게 될 것이다. 조화와 질서의 우주는 사라지고 오로지 우주적 혼돈만 남게 될 것이기 때문이다. 따라서 조화로운 우주에서는 개별 힘이 법칙의 위나 외부에 존재할 수 없으며, 더 우월할 수도 없다. 그 무엇도 이 법칙을 거스르거나 제쳐놓을 수 없기 때문이다.

존재하는 모든 것은, 그게 인간이든 신이든 이 법칙의 힘으로 존재하며, 모든 존재 중에서 가장 높고, 가장 훌륭하며, 가장 지혜로운 존재는 지혜보다 더 지혜로우며, 상상할 수 있는 것 이상으로 완벽한 이 법에 더욱 완전하게 순종하는 것으로 자신의 지혜를 드러낼 것이다.

만물은 보이든 보이지 않든, 이 무한하고 영원한 인과 법칙에 종속되며 그 범위 안에 존재한다. 보이는 것들이 이 법칙을 따르듯이 보이지 않는 것들, 즉 사람의 생각과 행동도 비밀스럽거나 드러난 것이거나 모두 여기에서 벗어날 수 없다.

"옳은 일을 하면 보답을 받을 것이며, 그릇된 일을 하면 반
드시 상응하는 보복을 받을 것이다."

완벽한 정의가 우주를 지탱하고, 인간의 삶과 행동도 완
벽한 정의로 규제된다. 지금 세상에 나타나는 삶의 다양
한 양상은 이 법칙이 인간의 행동에 반응하는 결과들이
다. 사람은 원인을 선택하여 설정할 수 있지만(실제로 그렇
게 한다.) 결과의 본질을 바꿀 수는 없다. 어떤 생각을 하며
어떻게 행동할지 결정할 수 있지만 생각과 행동의 결과에
대해서는 아무런 권한이 없다. 결과는 오로지 지배적인 법
칙에 종속되기 때문이다.

인간은 행동할 권리를 오롯이 가졌지만, 그 권리는 행동
에만 국한된다. 행동의 결과를 변경, 취소하거나 그 결과
에서 벗어날 길은 없다. 한 마디로 돌이킬 수 없다는 것이
다. 악한 생각과 행동은 고통스러운 상황을 만들고, 선한
생각과 행동은 행복의 조건을 결정한다. 사람의 능력은 제
한되어 있으며, 행복이나 불행은 자신의 행위에 따라 결정
된다. 이런 진실을 알면 삶이 단순하고 담백하며 명료해진
다. 비뚤어졌던 길이 곧게 펴지고, 높은 지혜를 볼 수 있게

되며, 악과 고통으로부터 놓여날 구원의 열린 문을 인식할 수 있게 되어 그 안으로 들어갈 수 있다.

인생은 산수에서 합계를 구하는 것에 비유될 수 있다. 답을 구하는 올바른 해결책의 열쇠를 알아채지 못한 학생에게는 어리둥절할 만큼 어렵고 복잡할 수 있지만, 한번 이해하여 파악하고 나면 그토록 혼란스럽게 여겼던 문제가 놀랄 만큼 단순하다는 걸 알게 된다.

즉, 합계를 잘못 낼 수 있는 잘못된 연산이 스무 가지쯤, 아니 수백 가지가 있을 수 있지만 *바른 연산은 오로지 한 가지이며, 이 바른 연산을 찾은 학생은 그게 옳다는 것을 알게 된다는 것이다.* 그러면 당혹감은 한순간에 사라지고 학생은 자기가 문제를 완전히 해결했다는 것을 알게 된다.

사실은 학생이 틀리게 연산하면서 제대로 풀었다고 *생각하는* 일이 있을 수 있다. 그러나 이 경우 그 학생은 답을 확신하지는 못하며, 따라서 혼란스러움이 해소되지 않은 상태로 남아 있게 된다. 만약 그 학생이 성실하고 총명하다면 선생님의 지적에 얼른 잘못된 부분을 깨달을 것이다. 인생에서도 마찬가지로, 사람들은 잘못된 삶을 살고 있다고는 생각하지 않고 무지로 인해 계속해서 그릇되게 살아갈 수 있다. 그러나 의심과 혼란, 불행이 해소되지 않는다면 그건 옳은 길을 아직 찾지 못했다는 확실한 신호다.

제대로 답을 구하지 않고 얼렁뚱땅 맞힌 척하며 넘어가려는 어리석고 부주의한 학생들이 있다. 그러나 선생님의 날카로운 눈썰미는 날카롭고 빨라서 어느새 잘못된 부분을 딱 집어낸다. 인생에서도 마찬가지다. 결과를 거짓으로 꾸미는 일은 있을 수 없다. 위대한 법칙의 눈이 모든 걸 적발하여 드러낸다. 2 곱하기 5는 어떤 경우에도 10이다. 어떤 무지나 어리석음 또는 기만도 결과를 11로 만들 수는 없다.

옷감 한 조각은 겉보기에는 그저 천 조각으로만 보인다. 그러나 더 깊이 들어가 옷감이 만들어지는 걸 자세히 들여다보면 그게 낱낱의 실이 조합된 것이며, 모든 실은 서로 의존적이지만 한 가닥, 한 가닥이 제 길로만 갈 뿐 끝까지 인접한 실과 뒤엉키지 않는다는 걸 알 수 있다.

작업이 끝났을 때 옷감 한 조각이 완성되는 건 개별 실들 사이에 혼선이 완벽하게 없다는 증거이다. 조금이라도 실이 어지러이 엉키면 그 결과는 폐기물 더미 또는 쓸모없는 누더기가 될 것이다.

삶도 옷감 한 조각과 마찬가지다. 옷감을 구성하는 실한 가닥, 한 가닥이 개개인의 인생이다. 실들은 서로 의존적이지만 혼동 없이 제각기 자신의 경로를 따라가며, 개인

또한 다른 사람의 행동과 아무 상관 없이 자기 행동의 결과로만 고통받거나 즐거워한다. 각자 삶의 경로는 단순하고 명확하며, 전체가 모이면 복잡하지만 조화로운 순서로 조합을 이룬다. 작용에는 반작용이 있고, 행동에는 대가가 따르며, 원인에는 결과가 있다. 여기서 반작용과 대가, 결과는 언제나 일의 시작이 되는 자극에 상응할 수 있게 정확하게 일치하는 비율로 발생한다.

질이 나쁜 재질로는 튼튼하고 만족스러운 옷감을 만들 수 없으며, 이기적인 생각과 나쁜 행동이라는 실을 가지고는 오래 입을 수 있고 자세히 봐도 흠을 찾을 수 없는, 즉 쓸모 있고 아름다운 인생이 만들어지지 않는다.

각자가 자기 인생을 일으켜 세우거나 망친다. 이웃 또는 외부의 무엇으로도 그의 인생을 만들 수도, 훼손할 수도 없다. 생각 하나하나, 행동 하나하나가 싸구려 또는 진짜 실이 되어 그의 인생의 옷감을 짜나간다. 그리고 그는 자기가 짠 옷감으로 지어진 옷을 입어야 한다. 누구든 이웃의 행동에 대해 책임지지 않는다. 이웃 사람이 무얼 하든지 관리 감독할 필요가 없다. 그는 오로지 자기 행동에만 책임을 지며, 자기가 하는 일만 잘 관리하면 된다.

루소는 '악의 문제'는 인간 자신의 악행 속에 있으며, 그 행위가 정화되면 문제가 해결된다고 말했다.

"인간이여, 더 이상 악의 근원을 찾지 마라. 너 자신이 그 근원이다."

에머슨은 결과는 결코 원인과 분리될 수 없으며, 결과가 원인과 다른 본질을 지니는 법 또한 결코 없다고 말했다.

"정의는 미뤄지지 않는다. 완벽한 형평이 삶의 모든 부분에서 균형을 맞추므로."

원인과 결과는 매우 깊은 의미에서 동시적이며 완벽한 전체를 이룬다고 할 수 있다. 이를테면 누군가 잔인한 생각을 하고, 그런 말을 하거나 잔인하게 행동한다고 하면 그 순간 그는 *자기 마음에 상처를 입히는 것이다.* 그는 이제 조금 전과 같은 사람이 아니며 조금 더 비열한 사람, 조금 더 불행한 사람이 되었다. 그리고 이런 생각과 행동이 이어져 쌓이면 그는 잔인하고 비참한 사람이 되고 마는 것이다.

친절한 생각을 하거나 반대되는 행동을 할 때도 마찬가지다. 순간적으로 고결함과 행복이 그 사람에게 보태지며, 그는 이전보다 더 나은 사람이 되고, 이후로도 선한 행동을 계속하면 훌륭하고 행복한 영혼이 된다.

이렇게 개별적인 인간의 행동은 완전무결한 인과의 법칙에 따라 각자의 공적과 과실, 위대함과 천박함, 행복과 비참함으로 구분 지어진다. 사람은 생각하는 대로 행동하며, 행동하는 대로의 존재가 된다. 누구라도 혼란스럽고 불행하며 불안하고 비참하게 느껴지면 자신을 돌아봐야 한다. 그가 지닌 온갖 문제의 근원은 다른 어디도 아닌 그 자신에게 있기 때문이다.

의지력 훈련

마음의 힘 없이는 성취할 가치가 있는 일을 해낼 수 없다. 흔히 '의지력'이라고 하는 굳건하고 안정된 성격을 기르는 게 인간의 가장 중요한 의무로 손꼽히는 것은, 의지력이 현재와 미래의 행복 모두에 본질적으로 필요하기 때문이다. 의지력을 바탕으로 목적을 확고하게 세우는 건 세속적이든 정신적이든 모든 일에서 성공적으로 노력할 수 있는 바탕이 되며, 목적성이 없이 헤매는 사람은 비참하게도 자기 안에서 찾아야 할 지원을 얻지 못해 다른 사람에게 기댈 수밖에 없다.

큰돈을 내면 의지력을 기르는 비법인 '오컬트적인 조

언'을 해주겠다고 광고하는 사람들 덕분에 이 문제는 신비의 영역으로 내던져진 경향이 있는데, 여기 끌려들어서는 안 된다. 왜냐하면 의지력을 개발할 수 있는 유일하면서 실제적인 방법은 비밀이나 신비와는 거리가 멀기 때문이다.

의지력을 기르는 길은 개인의 평범한 일상생활에서만 찾을 수 있는 것으로, 너무 당연하고 단순해서 뭔가 복잡하고 신비로운 걸 기대하는 사람들 대부분은 알아채지 못하고 지나쳐 버린다.

조금만 논리적으로 생각해 보면 사람이 약하면서 동시에 강할 수 없으며, 나약하게 탐닉의 노예로 지내면서 강한 의지를 개발할 수는 없다는 걸 누구나 알 것이다. 따라서 더 강해질 수 있는 직접적이고 유일한 길은 자신의 약점을 공격하여 제압하는 것이다.

의지력을 기르는 모든 수단은 이미 개인의 마음과 삶속에 준비되어 있다. 의지력을 개발하는 과학적인 방법은 다음 일곱 가지 규칙으로 구성되어 있다.

1. 나쁜 습관을 끊어내라.

2. 좋은 습관을 들여라.

3. 지금 순간의 의무에 세심한 주의를 기울여라.

4. 해야 할 일은 무엇이든 지금 바로 썩썩하게 해라.

5. 규칙에 따라 생활해라.

6. 혀를 함부로 놀리지 마라.

7. 마음을 통제해라.

위의 규칙들을 열심히 새겨 부지런히 실천하는 사람은 누구나 순수한 목적과 의지력을 개발하는 데 실패하지 않을 것이며, 이를 통해 온갖 어려움을 성공적으로 극복해내고 위급 상황이 닥쳐도 그때마다 승리로 이끌 수 있게 될 것이다.

첫 단계는 위에서 보듯이 나쁜 습관에서 벗어나는 것이다. 쉽지 않은 일이다. 엄청난 노력이 필요하며, 힘든 노력을 계속해야 의지가 활기차고 견고해진다. 이 첫 단계를 거부하면 의지력을 키우는 건 불가능하다. 나쁜 습관이 가져다주는 순간의 쾌락에 빠져 굴복해 버리면 결국 스스로 지배할 권리를 잃어버리고 계속해서 힘없는 노예로 살 수밖에 없기 때문이다. 그리하여 그는 자기 훈련을 포기하고 '신비로운 비결'을 찾아 의지력을 얻겠다면서 스스로는 거의 또는 전혀 노력하지 않는 쪽을 선택한다. 이것은 자신을 기만하는 것이며, 이미 가지고 있는 의지력조차 무력화하는 결과가 될 뿐이다. 나쁜 습관을 성공적으로 극복하여 의지력이 강화되면 좋은 습관을 시작할 수 있게 된다.

나쁜 습관을 정복하기 위해서는 목적이 뚜렷하면 되지만 새로운 습관을 형성하는 데는 목적의 방향을 지시하는 지적 능력이 필요하다. 그러려면 정신적으로 활동적이고 활기차야 하며, 자신을 끊임없이 감시할 수 있어야 한다. 그렇게 하여 둘째 규칙에서 완벽한 성공을 거둔 사람이라면 지금 순간의 의무에 세심한 주의를 기울이라고 하는 셋째 규칙도 그리 어렵지는 않을 것이다.

철저함은 의지의 발달 과정에서 지나쳐서는 안 되는 단계다. 일을 말끔하게 하지 않는 건 약점을 드러내는 것이다. 아무리 작은 작업도 목표는 완벽이어야 한다. 각각의 일이 주어질 때마다 마음을 분산하는 것이 아니라 한 가지 개별 과업에 온전히 몰두하여 사람의 품성에 무게와 가치를 더해주고, 평안과 기쁨을 가져다주는 두 가지 정신력, 즉 목적에 전력투구하는 자세와 고도의 집중력을 조금씩 획득해 나가야 한다.

할 일은 무엇이든 지금 바로 씩씩하게 하라고 하는 넷째 규칙도 마찬가지로 아주 중요하다. 게으름과 강한 의지는 함께 갈 수 없다. 미루는 태도는 목적을 향해 과단성 있게 나아가는 길의 가장 큰 장애물이다. 그게 무엇이든, 단

몇 분이라도 '미루는 일'이 있어서는 안 된다. 다음은 없다. 지금 할 일은 지금 해야 한다. 사소해 보일지 몰라도 여기에는 아주 중요한 의미가 있다. 이 규칙이 힘과 성공, 평화로 이끌어주기 때문이다.

자기 의지에 따라 살려는 사람이라면 확고한 규칙을 지킬 수 있어야 한다. 열정과 충동을 맹목적으로 만족시키는 게 아니라 이것들을 훈련하여 굴복하게 만들어야 한다. 열정을 따라가는 삶이 아닌 원칙에 따른 삶을 살아야 한다.

무얼 먹고 마시고 입을지, 무얼 먹지 않고 마시지 않으며 입지 않을지 결정해야 한다. 하루에 몇 차례나 음식을 먹을지, 몇 시에 먹을지, 언제 잠자리에 들며 언제 일어날지도 정해야 한다. 삶의 모든 부분에서 행동을 올바르게 관리하기 위한 규칙을 만들고 독실한 마음으로 지켜나가야 한다. 느슨하고 무분별하게 살며 입맛에 따라 내키는 대로 먹고 마시고 감각의 쾌락을 좇는 건 의지와 이성을 지닌 인간이 아니라 다른 동물도 하는 것이다.

인간의 내부에 깃든 짐승은 채찍질과 훈련으로 복종하게 만들어야 한다. 그러려면 올바른 행동에 관한 확고한 규칙에 따라 마음과 일상을 훈련하는 게 유일한 길이다. 성인이 서약을 어기지 않음으로써 거룩해지는 것처럼 훌륭하고 확고한 규칙에 따라 살아가는 사람은 목표를 이루는 데 강하다.

혀를 다스리라는 여섯째 규칙은 말을 완벽하게 다룰 수 있을 때까지 꾸준히 실천해서 언짢거나 화가 날 때, 예민한 상태에서 악의적 의도로 말을 내뱉지 않을 수 있도록 하는 것이다. 의지가 강한 사람은 무신경하게 함부로 혀가 놀아나도록 내버려 두지 않는다.

여섯 가지 규칙을 충실하게 실천한다면 가장 중요한 일곱째 규칙, 즉 마음을 올바르게 지배하는 것으로 이어지게 된다.

자기 통제는 삶에서 가장 중요하지만, 한편으로는 가장 이해하기 어려운 것이기도 하다. 그러나 여기에 제시된 규칙들을 인내심을 가지고 실천하고 모든 행동과 노력에 이를 활용하는 사람은 스스로 경험과 노력을 통해 마음을 조절하고 훈련하는 방법을 배우게 될 것이며, 인간으로서 최고의 가치를 인정받는 왕관, 즉 완벽하게 준비된 의지의 왕관을 얻게 될 것이다.

작은 일일수록 중요하다

철저하다는 건 조그만 일들을 세상에서 제일 위대한 일인 것처럼 다룬다는 의미다. 삶의 작은 일들이 가장 중요하다. 그러나 이 말은 일반적으로 잘 받아들여지지 않는다. 오히려 작은 일은 무시하거나 한쪽으로 밀쳐놓고, 그렇지 않으면 대충 처리해 버리기 일쑤다. 철저함의 결여가 너무 만연하다. 그리고 그 결과는 미완성인 일들을 안고 사는 불행한 삶이다.

세상과 삶의 위대한 것들은 작은 것들의 조합으로 이루어져 있다. 작은 것들의 집합이 없이는 위대한 것들도 존재할 수 없다. 이해하게 되면 누구라도 이것을 이전에 하찮게 여겼던 것들에 세심한 주의를 기울이기 시작할 것이며, 이 과정을 지나고 난 사람은 철저함의 자질을 지니게 되어 능력과 영향력을 발휘하는 삶을 살 수 있게 된다. 철저함을 지녔는가 그렇지 않은가에 평화롭고 강한 삶과 불행하고 나약한 삶 사이의 온갖 차이가 달려 있다.

사람을 고용해 본 적이 있다면 철저함이 얼마나 드문 자질인지, 생각과 에너지를 일에 투입하여 완벽하고 만족스럽게 업무를 수행해 내는 철저함을 갖춘 사람을 찾기가 얼마나 힘든지 알 것이다. 형편없는 솜씨가 넘쳐난다. 기술과 우수성을 갖춘 사람들은 몇 안 된다. 무신경, 부주의, 게으름이 너무 흔한 악덕이기 때문에 '사회 개혁'이 이루어지는데도 실업자의 대열이 계속해 늘어가는 게 더는 이상해 보이지 않는다. 오늘 되는 대로 대충 일하는 사람들은 절실하게 일거리를 찾아다니고 구직을 해보려 해도 일을 구할 수 없다.

적자생존의 법칙은 잔인한 게 아니라 정의에 바탕을 두고 있다. 이것은 세상에 널리 퍼져 있는 공평성의 한 측면이다. 악덕은 '채찍질을 많이 당했다', 즉 많은 비판을 받았다고들 하는데, 그렇게 하지 않고는 미덕이 발전할 수 있을까? 무분별하고 게으른 사람이 사려 깊고 부지런한 사람보다 앞서거나 동등한 자리에 설 수는 없다. 내 친구의 아버지는 자녀들 모두에게 이런 조언을 해주셨다고 한다.

"앞으로 무슨 일을 하게 되든 온 마음을 다해 철저하게 그 일을 해내라. 그러면 사는 데 걱정이 없을 것이다. 부주의하고 태만한 사람들이 너무 많아서 철저하게 맡은 일을 하는 사람들을 찾는 사람들이 언제나 있을 테니까."

내가 아는 사람 중에 자신의 사업 분야에 알맞은 기술자를 확보하느라 몇 년 동안 애쓰고도 계속해서 실패한 이들이 있다. 그들은 특별한 기술이 아니라 일을 사전에 점검할 줄 아는 태도, 활기, 성실성 등을 기대했지만 결국 부주의와 게으름, 부적격, 반복되는 의무 위반 등을 이유로 계속해서 사람들을 해고해야 했다. 게다가 업무와 무관한 악덕이 해고의 원인이 된 경우는 더 많았다. 그러나 이런 문제들은 아랑곳하지 않고 실업자들 무리는 여전히 법과 사회, 하늘 탓을 하며 목청을 높이고 있다.

이렇게 철저하지 않은 태도가 우리 사회에 만연한 원인은 무엇인가? 문제는 쾌락에 대한 갈증이다. 쾌락에 대한 맹종이 계속 노동하는 것을 혐오하게 하며, 최선의 성과를 내거나 의무를 정확히 완수할 수 없게 만드는 것이다.

불과 얼마 전에도 이런 사례 하나를 관찰하게 되었는데, 어느 가난한 여성이 일자리가 필요하다고 절실하게 호소한 끝에 책임감 있고 수입이 좋은 직책을 얻게 되었다. 그런데 이 여성은 출근한 지 며칠도 지나지 않아 자기가 세운 여행 계획을 떠벌이기 시작했다. 그녀는 한 달 만에 부주의와 부적격을 사유로 해고되었다.

두 물체가 동시에 같은 공간을 차지할 수 없는 것처럼, 쾌락에 사로잡힌 마음 또한 완벽한 의무 수행에 집중할 수 없다. 쾌락에 알맞은 자리와 시간은 따로 있다. 의무에 전념해야 할 시간에 즐길 거리에 관한 생각이 마음으로 들어오게 해서는 안 된다. 직업적 과업을 수행하는 동안 쾌락에 계속해서 마음을 빼앗기면 일을 어설프게 처리할 수밖에 없고, 심지어 일이 쾌락에 방해된다고 생각될 때는 아예 무시해 버리기도 한다.

철저하다는 건 완전하고 완벽하게 한다는 것이다. 더할 나위 없이 일을 잘한다는 의미이며, 남이 할 수 있는 것 이상으로 잘하지는 않더라도 남이 최선을 다한 것보다 덜하지는 않게 일을 한다는 의미다. 또한 맡은 일에 대해 많이 생각하고, 최대한의 에너지를 쏟아부으며, 계속해서 마음을 집중시키는 것. 그 일에 대해 인내심과 끈기, 높은 의무감을 함양하는 것을 의미한다.

사회적 의무를 수행하는 데 철저하지 못한 사람은 영적인 일에서도 마찬가지다. 그런 사람은 품성이 고양되지 못한 채 나약한 태도로 성의 없이 종교에 임하기 때문에 선하고 이로운 목적을 달성할 수 없다. 결국 한 눈은 세상의 쾌락에, 또 한 눈은 종교에 두고서 두 가지 모두에서 만족을 얻을 수 있다고 생각하는 사람은 쾌락을 추구하는 일과 종교 모두에 철저하지 못하기 때문에, 양쪽에서 실망만 얻게 된다. 마음이 반쪽짜리인 종교인보다 영혼을 온전히 세상에 두는 사람이 되는 게 더 낫고, 마음을 어정쩡하게 높은 데 두기보다는 온 마음을 바쳐 낮은 곳의 일을 하는 게 더 낫다.

　좋은 방향으로 나아가긴 하지만 비효율적이거나 지나치게 예민해서 일을 그르치는 것보다는 나쁘거나 이기적인 방향으로 나아가도 철저한 편이 더 낫다. 적어도 철저함은 좋은 품성이나 지혜를 더 빨리 획득할 수 있게 해주기 때문이다. 철저함은 진보와 발전을 가속하며, 나쁜 것을 더 좋은 것이 되게 이끌고, 좋은 것은 더 높이 이끌어 가장 유용하며 힘 있는 자리에 올려놓는다.

❋

마음 짓기와 인생 짓기

―――――――――――――――――

자연은 물론 인간의 모든 작업은 쌓아 올리는 '짓기'의 과정으로 이루어진다. 바위는 원자로, 식물과 동물, 사람은 세포로, 집은 벽돌로, 책은 글자로 지어진 건축물이나 마찬가지다. 세상은 수많은 형태로, 도시는 수많은 집으로 이루어져 있다. 한 국가의 예술과 과학, 제도는 개인의 노력으로 이룩되며, 국가의 역사는 그들의 행동이 축적되는 과정이다.

짓기의 과정에는 반대로 해체의 과정도 필요하다. 기능을 다한 옛 형태는 해체되고 구성 물질은 새로운 조합으로 들어간다. 상호 통합과 분해가 이루어지는 것이다. 모든 결합체에서 오래된 세포들은 끊임없이 해체되고 새로운 세포들이 형성되어 그 자리를 대체한다.

인간의 일도 계속해서 새로워져야 한다. 오래돼서 쓸모가 없어지면 더 나은 목적을 위해 허물어뜨려야 한다. 자연에서 이 해체와 형성의 두 과정이 이루어지는 걸 죽음과 삶이라고 하며, 사람의 손으로 만들어지는 것들이 이 과정을 겪으면 *파괴*와 복원이라고 부른다.

이 이중 과정은 눈에 보이는 것들에서 보편적으로 이루어지지만, 보이지 않는 것들에도 똑같이 적용된다. 사람의 몸이 세포로, 집이 벽돌로 이루어지는 것처럼, 사람의 마음은 생각이 쌓여서 이루어진다. 사람의 다양한 성격은 생각들이 다양하게 조합된 집합체나 다름없다.

여기서 우리는 '사람은 마음속으로 생각하는 대로 된다'라는 말의 심오한 진실을 깨닫게 된다. 개개인의 성격은 *사고의 과정*이 고착된 것이다. 즉, 한 사람의 반복적언 생각이 성격의 필수적인 부분이 될 정도로 깊이 뿌리내렸기 때문에 의지력을 갖고 끈질기게 노력하거나 엄청난 자기 훈련이 아니고서는 변화 또는 제거할 수 없다는 의미다. 성격은 나무나 집이 만들어지는 것과 같은 방식으로 형성되며, 끊임없이 새로운 재료, 즉 *생각*을 추가해서 쌓아 올린다. 수백만 개의 벽돌이 더해져 도시가 건설되고,

수백만 가지의 생각이 더해져 마음과 성격이 이루어진다.

　　모든 사람은 자신이 알든 모르든 마인드 빌더, 즉 마음의 건축가다. 누구나 생각을 하지 않을 수는 없으며, 그가 하는 모든 생각은 마음속 건축물을 쌓는 데 쓰이는 벽돌 역할을 한다. 그런데 너무나 많은 사람이 이 '벽돌 얹기'를 대충대충 아무렇게나 해버린다. 그 결과 불안정하고 쉽게 비틀거리는 성격이 형성되어 문제에 부딪히거나 유혹의 작은 돌풍만 불어도 그는 맥없이 허물어진다.

　　어떤 사람들은 자기 마음을 짓는 데 불순한 생각을 많이 집어넣는다. 얹기만 해도 곧바로 부서지는 무른 벽돌이 너무 많은 것이다. 이렇게 되면 결국 미완성인 보기 흉한 건물이 남게 되며, 그 주인이 거기서 평안을 누리거나 안식을 얻는 일은 없다.

　　건강에 대한 해로운 생각, 불법적인 쾌락에 대한 무기력한 생각, 실패에 대한 나약한 생각, 자기 연민과 자화자찬의 병든 생각들은 실체적인 마음의 사원을 세울 수 없는 쓸모없는 벽돌들이다.

　　신중하게 골라 알맞은 곳에 배치한 순수한 생각들은 절대로 부서지지 않는 견고한 벽돌과 같으며 이것들로는 아름다운 건축물을 빠르게 일으켜 완성할 수 있고, 그 주인에게 평안과 안식을 준다.

강인함, 자신감, 의무를 일깨우는 생각들, 넓고 자유로우며 속박에서 벗어나 이기적이지 않은 삶을 살아가도록 북돋는 생각들은 견고한 마음의 사원을 지을 수 있는 요긴한 벽돌들이다. 이 사원을 지으려면 낡고 쓸모없는 사고 습관을 허물어 파괴해야 한다.

"오, 나의 영혼이여. 더욱 위풍당당한 저택을 지어라. 계절이 빠르게 지나고 있으니."

사람은 자기 자신을 만드는 건축가다. 만약 날림으로 지어진 오두막에 살아서 온갖 문젯거리들이 비가 새는 것처럼 몰려오고 툭하면 실망할 일들이 살을 에는 바람처럼 들이친다면, 우리가 할 일은 이런 정신적 요소들로부터 자기를 보호해 줄 더 웅장한 저택을 짓는 것이다. 날림 공사의 책임을 악마나 조상 또는 자기를 뺀 외적 요인이나 다른 사람에게로 돌리려는 나약한 태도로는 안락함을 얻을 수 없으며, 더 나은 집을 짓는 데도 아무런 도움이 되지 않는다.

자신에게 주어진 책임감을 깨닫고 자기에게 어느 만큼의 역량이 있는지 가늠할 수 있게 되면, 그때부터 진짜 일꾼처럼 작업을 시작할 수 있게 되며, 그 결과로 오래 존속되어 후손들에게도 소중히 여겨질 조화롭고 훌륭한 품성이 만들어진다. 훌륭한 품성은 그 자신에게 절대로 무너지지 않는 보호처가 되어줄 뿐 아니라 그가 세상을 떠난 후에도 어려움을 겪고 있는 많은 사람에게 계속해서 피난처를 제공할 것이다.

우리 눈에 보이는 전체 우주는 사실 몇 가지 수학적 원리에 의해 이루어져 있다. 물질세계에서 인간이 이룬 온갖 경이로운 것들도 몇 가지 기본 원칙을 엄격하게 준수하여 이룩되었다. 성공적이며 행복하고 아름다운 삶을 만드는 데 필요한 것들도 마찬가지다. 몇 가지 단순하고 기본이 되는 원칙을 알고서 적용하면 된다. 즉, 맹렬한 폭풍우에도 견디는 건축물을 세우려면 사각형이나 원 같은 단순한 수학적 원리 또는 법칙에 따라야 한다는 것이다. 이 원리를 무시하면 기껏 올린 사원이 심지어 완공되기도 전에 무너지고 말 것이다.

사람이 성공적이며 강인하고 모범적인 인생을 구축하려 할 때도 마찬가지다. 고난과 유혹의 맹렬한 폭풍우에 맞서 굳건하게 버티려면 단순하면서 정도를 벗어나지 않는 도덕 원칙 몇 가지를 세워야 한다.

바로 정의, 정직, 성실, 친절의 네 가지가 그것들이다. 이 네 가지 윤리적 진실은 인생에서 반듯한 사각의 땅에 네 개의 선을 긋고 집 짓기 시작하는 것과 같은 역할을 한다. 이것들을 무시하고서 부정과 속임수, 이기심으로 성공과 행복, 평화를 얻겠다고 해보았자 결국 실망과 실패만 얻게 될 것이다. 마치 건축업자가 수학적 선의 상대적인 배열을 무시하고도 튼튼하며 오래가는 집을 지을 수 있다고 착각하는 것이나 마찬가지이므로.

어쩌면 한동안은 돈이 벌리기도 할 것이다. 그리하여 부정과 부정직으로도 충분히 돈을 벌 수 있다는 생각이 그를 속이기도 할 것이다. 그러나 실제로는 그의 인생은 너무 나약하고 불안정해서 언제 무너질지 모르는 상태이므로, 반드시 오게 돼 있는 결정적인 순간이 되면 그의 사업과 평판, 그동안 쌓아놓은 재산이 와르르 무너질 것이며, 그때 그는 자기가 만든 폐허에 파묻히고 말 것이다.

네 가지 도덕 원칙을 무시하는 사람이 진정한 성공과 행복을 누리는 삶을 영위하는 건 전적으로 불가능하다. 반면 지구가 태양을 공전하는 규칙에 따라 정해진 궤도를 도는 한 태양으로부터 받는 빛과 온기를 잃을 일이 없는 것과 마찬가지로, 이 원칙들의 작용을 세심하게 관찰하여 철저하게 지키는 사람에게 성공과 행복을 누리지 못할 일은 생기지 않는다. 왜냐하면 그가 하는 일이 우주의 근본적인 법칙과 조화를 이루기 때문이다. 그는 변경되거나 전복될 수 없는 기반 위에 삶을 건축하고 있으므로, 손대는 부분마다 더할 나위 없이 튼튼하고 오래가며, 삶의 모든 부분이 너무나 일관되고 조화로우며 단단하게 짜여 있어서 삶이 무너질 일이 결단코 없다.

보이지 않으며 어떤 흠결도 없는 위대한 힘이 만들어 놓은 우주의 형상들에는 수학 법칙이 내재해 있으며, 잘 관찰하면 우주에서 가장 세세한 것들에까지 한 치의 어긋남 없이 이 수학 법칙이 작동한다는 사실을 알 수 있다. 현미경의 발명은 한없이 작은 개체가 무한히 큰 개체와 똑같이 완벽한 존재라는 우주적 진실을 우리에게 알려주었다.

눈송이와 하늘의 별도 똑같이 똑같이 완벽하다. 그러므로 사람이 무언가를 지어 올릴 때 아주 세세한 것 하나에도 가장 엄격한 주의를 기울여야 하는 건 당연한 일이다.

집을 지을 때 가장 먼저 하는 건 기초를 닦는 일이다. 공사가 진행되면 기초는 땅에 묻혀 보이지 않게 되지만 가장 신경 써서 어느 부분보다 더 튼튼하게 만들어야 한다. 기초가 잘 다져지면 그 위에다 다림줄을 이용해 수직으로 돌과 돌을 쌓고, 벽돌과 벽돌을 차곡차곡 조심스럽게 쌓아 올려 내구성과 견고함, 아름다움을 갖춘 집을 완성한다.

사람의 삶도 다르지 않다. 누구나 안전하고 행복한 삶을 살고 싶어 하지만 너무나 많은 사람이 그토록 놓여나고 싶어 하는 불행과 실패에 사로잡혀 희생된다. 그렇지 않으려면 도덕 원칙을 삶의 가장 세세한 부분, 순간순간 맞이하는 모든 의무와 아주 사소한 일에서까지 철저하게 실천해야 한다. 아무리 작은 일을 대할 때도 철저함과 정직함을 갖춰야 하며, 그 어떤 것도 소홀히 대해서는 안 된다.

상인이든 농업인이든 전문가든 기술자든 아주 작고 세부적인 일을 무시하거나 잘못 적용하는 건 건축하는 사람이 집을 지으면서 돌이나 벽돌을 아무렇게나 다루는 것과 같아서 약점으로 돌아오거나 문제를 일으킬 수밖에 없다. 실패하여 슬픔에 빠진 사람들 대부분이 대수롭지 않아 보이는 세세한 것들을 무시한 결과를 받는다.

작은 일은 그냥 지나치고 큰일만 중요하게 여겨 관심을 온통 큰일에만 쏟는 건 흔히들 저지르는 잘못이다. 그러나 우주를 한 번 살펴보고 인생에 대해 잠깐이라도 진지하게 성찰하고 나면 어떤 크고 대단한 것도 작은 세부 사항들로 이루어지지 않고 존재할 수는 없으며 아무리 작은 세부 사항도 완벽한 구성으로 존재한다는 교훈을 얻게 될 것이다.

정의, 정직, 성실, 친절이라는 네 가지 도덕 원칙을 법으로 삼고 삶의 기반으로 받아들여 그 위에 품성의 전당을 짓는 사람, 생각과 말과 행동이 이 원칙에서 벗어나지 않으며, 모든 의무와 그때그때 할 일을 이 원칙에 따라 철저하게 해내는 사람은 성실한 마음이라는 숨겨진 기초를 안전하고 튼튼하게 다지는 사람이기도 하다. 이런 사람은 자신의 명예를 높여줄 건축물을 짓는 데 실패할 수가 없다. 그는 평화와 행복 속에 쉴 수 있으며, 견고하고 아름답기까지 한 자신만의 삶의 사원을 짓는다.

집중력 기르기

집중력이란 마음을 내 몸의 중심으로 불러와 거기 머무르게 하는 것으로, 일을 완수하는 데 절대적으로 필요하다. 이 때문에 집중력을 철저함의 아버지, 탁월함의 어머니라고 부른다.

집중력을 획득하는 게 최종 목표는 아니고 이 능력으로 다른 능력, 다른 모든 작업을 도울 수 있다. 즉, 집중력은 그 자체가 목적이 아니라 다른 모든 목적을 뒷받침하는 힘이다. 증기기관의 증기처럼 마음이라는 장치와 삶의 기능을 작동시키는 동력인 셈이다.

집중력은 누구나 가지고 있지만 완벽하게 집중하는 능력을 보기는 힘들다. *의지*와 *이성*을 누구나 지니고 있지만 의지가 완벽하게 발휘되며 이성이 빠르고 광범위하게 작동하는 일은 드문 것도 마찬가지다. 일부 현대 신비주의 작가들이 완벽한 집중력의 존재를 대단히 신비스럽게 다루지만 아주 불필요한 과장이라고 할 수 있다.

성공하는 사람은 모두 그 성공의 방향이 어디든 상관없이 집중력을 발휘한다. 집중력을 연구하지 않아서 그 본질에 대해 전혀 모르는 사람도 집중할 줄은 안다. 독서나 과제에 몰두할 때, 무언가에 헌신할 때, 열심히 의무를 다할 때, 많거나 적은 정도의 차이는 있겠지만 집중력이 작용하는 것이다.

집중력을 다루는 여러 책을 보면 집중력의 연습과 획득 자체를 목적으로 삼는 경우가 많다. 그러나 집중력을 파괴하는 데 이보다 더 확실하고 빠른 방법은 없다. 책 내용대로라면 시선을 코끝으로 모으면 된다. 아니면 문 손잡이나 그림, 희한한 상징물, 또는 성인의 초상화에 집중하면 된다. 혹은 마음을 배꼽이나 뇌 속의 분비기관인 송과샘 또는 허공 속 상상의 지점에 두면 된다.(실제로 이 주제에 관한 연구에서도 이런 방법을 진지하게 시도하는 걸 본 적이 있다.) 그런데 이런 방법은 음식을 먹는답시고 턱만 움직여 몸에 영양을 공급하려는 것과 다름없다. 이렇게 해서는 원하는 목적을 이룰 수 없고, 오히려 방해만 될 뿐이다.

이런 유치한 방법들은 집중이 아니라 분산으로 이끈다. 힘과 지성이 아니라 나약함과 무능함으로 이끈다. 나는 이런 방법을 쓰다가 처음에 지녔던 집중력마저 다 써버리고, 나약한 마음의 먹잇감이 되어버린 사람들을 많이 보았다.

집중력은 무언가를 하는 데 도움이 되는 것이지, 그 자체로 무언가를 하는 게 아니다. 사다리에 신성한 지식이 깃들어 있지 않은 것과 같다. 삶에 실제로 작용할 만한 방법을 적용하지 않으면 빗자루가 혼자서 바닥을 쓸지 않는다. 집중력의 역할은 해야 할 일이 있을 때 잘 통제되는 마음을 할 일 쪽으로 끌어다 놓는 것이다.

목표 없이 서두르기만 하고 부주의한 태도로 일하면서 인위적인 '집중 비법'에 의존해 자기가 상상하는 신비로운 힘-사실은 매우 평범하고 실용적인 능력이다-을 얻을 수 있기를 바라는 사람은 마음의 안정이 증대되기는커녕 정신 이상으로 진행되지 않으면 다행이다.(나는 이런 연습에 빠져 정신 이상이 된 사람을 실제로 알고 있다.)

집중력의 가장 큰 적은, 즉 집중력이 뒷받침하는 모든 기술과 능력의 가장 큰 적은 마음을 정하지 못하여 방황하느라 규율이 서지 않은 가치 그 자체이다. 그러나 이는 우리가 다른 방법으로는 가 닿지 못할 무언가에 도달하게 해준다는 의미에 한정해서 하는 말이다. 말하자면 집중력은 달리 어떻게 해볼 수 없는 일을 마음이 쉽게 성취할 수 있게 해주는 능력이지만 집중력 자체는 죽어 있으며 살아 있는 성취가 아니다.

집중력은 삶의 쓰임과 너무 얽혀 있어서 삶에 수반되는 의무와도 떼어낼 수 없다. 따라서 맡은 *과업이나 의무*를 *제쳐놓고* 집중력을 얻으려고 하면 실패할 수밖에 없다. 게다가 정신적 통제와 실행 능력이 증대되지 않고 오히려 감소하므로 점점 더 맡은 일에서 성공하기에 적합하지 않은 사람이 되어 간다.

규율 없이 흩어지는 군대는 쓸모가 없다. 효과적으로, 빠르게 승리하는 데 도움이 되려면 단단히 집결하여 유능한 지휘 아래 일사불란하게 움직여야 한다. 분산되어 흐트러진 생각도 마찬가지로 나약하고 가치가 없다. 반면에 주어진 사항에 대해 잘 정리된 상태로 지휘 체계에 따를 때의 생각은 무적이다. 이렇게 노련하게 접근하면 혼란과 의심, 어려움은 무너진다. 집중된 생각은 모든 성공의 내부로 들어가 승리의 나팔을 불어준다.

집중력을 얻는 비결은 따로 없다. 다른 능력을 획득할 때와 마찬가지로 모든 발전의 근본이 되는 원칙, 즉 연습 또는 실천이 유일한 길이기 때문이다. 뭘 할 수 있게 되려면 그걸 하기 시작하여 완전히 익힐 때까지 계속해서 해야 한다는 것이다. 이 원칙은 아주 보편적이어서 모든 예술, 과학, 무역에서, 또한 모든 학습, 관리, 종교에서 널리 적용되고 있다. 그림을 그릴 수 있으려면 그림을 그려야 하고, 연장을 능숙하게 사용하는 법을 알고 싶으면 연장을 써봐야 한다. 학식이 풍부해지려면 배워야 하고, 현명해지려면 지혜로운 일을 해야 한다. 또한 마음을 성공적으로 집중하고 싶으면 집중해야 한다. 그러나 단지 하기만 해서는 부족하며, 활기차게, 지적 능력을 동원해서 해야 한다.

집중의 시작은 일과를 할 때 온 마음으로 모든 지적 능력과 정신 에너지를 동원하여 앞에 놓인 일에 초점을 맞추는 것이다. 일을 하다가도 중간중간 생각이 목적 없이 헤매다닌다 싶으면 얼른 다시 손에 든 일로 되돌려 놓아야 한다. 따라서 마음을 가져와 어느 한 지점에 두어야 한다면 그 '중심'은 (머릿속이나 허공의 어느 곳이 아니라) 매일 하는 일 그 자체이다.

모든 가치 있는 것들이 그렇듯이, 생각과 에너지, 의지를 매일의 일과에 강력하게 집중시키는 게 처음에는 어려울 수 있다. 그러나 날마다 노력을 아끼지 않고 열심히, 끈기 있게 해나가면 머지않아 어떤 일이든 강하고 통찰력 있는 마음, 즉 일의 모든 세부 사항을 신속하게 이해하고 정확하게 처리할 수 있는 수준의 자기 통제력을 지닐 수 있게 된다.

그렇게 하여 집중력이 높아질수록 그는 일과 관련하여 자신의 유용성을 확대하고, 나아가 세상에 자신의 가치를 높여 더 좋은 기회를 늘려나가게 되며, 한층 높은 의무를 맡아 해낼 수 있는 문을 활짝 열게 될 것이다. 또한 더 넓고 충만한 인생의 기쁨을 누리게 될 것이다.

집중 과정은 4단계로 되어 있다.

1. 주의
2. 응시
3. 추상
4. 정중동

처음에는 생각을 멈추고, 마음을 집중할 대상, 즉 손에 쥔 일에 고정한다. 이것이 *주의*다. 그런 다음 마음은 할 일을 진행하는 방법에 관한 생각이 왕성하게 이루어지게 한다. 이것이 응시다.

한참을 응시하면 감각의 문이 모두 닫혀서 외부 방해 요소가 들어오지 못하게 되고, 생각은 작업에 몰두하여 오로지 그것만을 집중적으로 바라보는 상태가 된다. 이것이 추상이다. 또한 이렇게 마음이 깊은 궁리에 집중하여 최소한의 마찰로 최대한의 작업을 해내는 상태에 이르면 이것을 정중동, 즉 외부 요소에 흔들림이 없는 단계라고 한다.

주의는 일을 성공적으로 해내는 첫 단계다. 주의가 산만한 사람은 매사에 실패한다. 게으르고, 무신경하며, 무관심하고, 무능하기 때문이다. 주의를 기울여 마음이 진지한 사고를 할 수 있는 상태에 다다르면 둘째 단계가 시작된 것이다. 사실 평범한 일상의 일에서는 이 두 단계만으로도 충분할 때가 많다.

많거나 적은 정도의 차이는 있지만, 세상의 수많은 부서에서 일하는 숙련되고 유능한 노동자들은 대부분 이 두 단계에 도달하며, 추상의 셋째 단계로 들어서는 사람들은 상대적으로 적다. 왜냐하면 추상으로 진입하는 것은 천재의 영역으로 들어서는 것이기 때문이다.

첫째와 둘째 단계에서는 일과 마음이 분리되어 있으며, 이때는 일을 해나갈 때 많건 작건 고되기도 하고 때에 따라 이런저런 마찰을 겪기도 한다. 그러나 셋째 단계에서는 일이 마음과 결속되므로 융합과 합일이 일어나 둘은 하나가 된다. 그러면 노고와 마찰이 줄어들어 뛰어난 효율성이 발휘된다. 앞선 두 단계의 완성에서는 마음이 객관적으로 참여한 상태여서 외부의 시각, 청각 자극에 쉽사리 일의 중심에서 끌려 나가지만, 추상의 완성 단계에 이르면 *객관적인* 방법과는 구별되는 *주관적인* 자기만의 작업 방식이 생기게 된다.

이제 그는 외부 세상을 의식하지 않고 내면의 정신 작용 속에서 생생하게 움직인다. 이때 말을 걸면 그는 듣지 못하며, 반복해서 강력하게 이야기해야 마침내 꿈에서 깨어나듯 마음이 외부의 사물로 되돌아온다. 어쩌면 추상을 깬 상태로 꿈을 꾸는 것과 같다고 표현할 수 있겠지만 그건 주관적인 상태에 국한해서다. 꿈을 꿀 때의 혼란스러움이 추상에는 없다. 추상은 오히려 완벽한 질서, 꿰뚫어 보는 듯한 통찰, 광범위한 이해가 작동하는 상태다. 그러므로 누구든 추상의 완성 단계에 이르면, 마음이 가 있는 중심에서 이루어지는 일에서 천재성을 드러낼 것이다.

발명가, 예술가, 시인, 과학자, 철학자 그리고 모든 천재는 추상에 능숙한 사람들이다. 이 사람들은 집중의 두 번째 단계를 넘어가 보지 못한 객관적 노동자들이 아무리 힘들게 노력해도 얻지 못한 주관적인 방법을 쉽게 획득한다.

넷째 단계인 정중동에 이르렀다고 하면 집중이 완벽하게 이루어진 것이다. 나는 강렬한 활동과 진정 상태 또는 휴식이 동시에 이루어지는 이런 이중 상태를 온전히 표현할 단어를 찾지 못해, 정중동이라는 말을 썼다.

모순되어 보이는 말이기는 하지만, 간단히 팽이가 도는 모습을 예로 들면 역설에 대해 어느 정도 설명이 될 것이다. 팽이를 세게 돌려 최대 속도로 회전시키면 마찰은 최소로 줄어들어 위에서 내려다보면 꼭대기가 완벽하게 정지한 것처럼 보이는 상태에 이른다. 팽이를 가지고 놀 나이의 남자아이 눈에는 너무 아름다워서 마음을 빼앗길 만한 모습이다. 아이가 "팽이가 잠들었어"라고 표현할 만하다.

팽이의 꼭대기는 움직임이 없는 것처럼 보이지만 그 나머지 부분은 관성에 따라가는 게 아니라 완벽한 균형을 이루며 활발히 움직이고 있다. 이처럼 완벽한 집중의 상태가 되면, 가장 생산적인 결과를 낳는 강렬한 사고 활동이 이루어질 때 마음은 조용한 균형과 잔잔한 휴식의 상태에 있게 된다. 그리하여 겉보기에 뚜렷한 활동을 하는 게 아니지만 다른 데 정신을 팔지도 않는다. 정중동에 이른 사람의 얼굴에는 환한 빛이 감돌며, 마음이 사고 활동에 가장 열심히 몰두할수록 얼굴에는 더 숭고한 차분함이 어리게 된다.

집중력의 각 단계에는 고유의 힘이 있다. 첫 단계가 완성되면 유용성을 획득하게 되며, 둘째 단계에서는 기술과 능력, 재능을 얻는다. 셋째 단계는 독창성과 천재성으로 이끌며, 넷째 단계에 이르면 분야에 대한 정통성과 권력을 얻게 되어 지도자와 스승의 길로 나아가는 기반이 된다.

성장의 과정이 모두 그렇듯이 집중력 개발 과정에서도 다음 단계가 앞 단계들을 포괄한다. 즉, 응시 속에 주의가 포함되며, 주의와 응시 모두 추상 속에서 구현된다. 또한 마지막 단계에 다다른 사람은 응시의 행위를 통해 네 단계를 모두 작동시킨다.

집중력을 완성한 사람은 언제든지 생각을 어떤 문제에든 집중시킬 수 있으며, 강력하고 빛나는 이해력으로 문제를 탐구한다. 그는 공평한 사고의 힘을 발휘하여 어떤 일을 계속해 나갈지 혹은 내려놓을지 결정한다. 또한 그는 사고 능력을 어떻게 활용해 고정적인 목적을 이룰지, 이것들을 어떤 식으로 명확한 결론으로 이끌지를 배워서 안다. 그는 혼란스러운 사고 속에서 헤매다니는 나약한 사람이 아니라 지적인 행동가이다.

집중하는 습관에는 결단력, 에너지, 기민함은 물론 심사숙고와 판단력, 진중함까지 동반된다. 이렇게 집중력을 기르는 강력한 정신 훈련은 세상을 살아가는 데 필요한 일들을 성공적으로 해내는 유능함을 길러주며, '명상'이라고 하는 더 높은 집중의 형태로 나아가게 한다. 명상 단계에 들어서면 마음이 거룩한 빛으로 감싸이고 하늘의 지식을 깨우치게 된다.

명상, 영적 성공에 이르는 길

집중에 열망이 더해진 결과가 **명상**이다. 누군가가 단순히 세속인 쾌락을 추구하는 삶이 아니라 더 높고, 더 순수하며, 더 빛나는 삶에 가 닿아 그런 삶을 실현하기를 강렬하게 바랄 때 그는 열망의 수준에 도달한 것이다. 또한 그런 삶을 찾는 데 생각을 진지하게 집중시키면 명상을 실천하는 것이다.

강한 열망 없이는 명상도 있을 수 없다. 무기력과 무관심이야말로 명상의 실천에 치명적이다. 따라서 강렬한 본성을 지닌 사람이 더 쉽게 명상을 발견하며, 더 성공적으로 실천할 수 있다. 이런 사람은 열망이 충분히 일깨워지면 맹렬한 기세로 가장 빠르게 높은 진실을 향해 나아간다.

집중이 세상의 성공에 필요하다면 명상은 영적 성공에 필수적이다. 집중을 통해 사회에서 필요한 기술과 지식을 얻을 수 있다면, 영적 기술과 지식을 얻는 길은 명상에 있다. 집중하다 보면 천재에게 허락된 가장 높은 곳까지 올라갈 수 있지만 하늘에 있는 진실의 높이까지는 오를 수 없다. 여기에 오르는 길은 명상뿐이다.

집중을 통해 우리는 카이사르와 같은 놀라운 이해력과 막강한 권력을 손에 쥘 수 있다. 그러나 명상은 부처의 고결한 지혜와 완벽한 평화를 가져다준다. 완벽한 집중은 힘이며, 완벽한 명상은 *지혜*이다.

집중함으로써 사람들은 과학, 예술, 무역 등등에서 인생의 여러 일들을 해내는 데 필요한 기술을 획득한다. 그러나 명상을 통해서는 올바름, 깨달음, 지혜 등 *삶 그 자체*의 기술을 얻는다. 성자와 성인, 구원자, 즉 현자들과 숭고한 인류의 스승들이 바로 경건한 명상의 완성을 보여주고 있다.

집중의 네 단계가 모두 명상에 활용되는 건 당연하지만, 그럼에도 두 힘이 다르다고 하는 건 본질이 아니라 *방향성* 때문이다. 명상은 영적 집중으로서 신성한 지식, 고결한 삶을 추구하는 데 마음의 초점을 맞추며, 진실에 대해 깊이 사색하는 것이다.

누구든 진실을 알고 깨닫기를 열망하게 되면, 다음으로
는 자신의 행동과 삶, 자기 정화에 주의를 기울이게 되며,
이런 것들을 주의 깊게 살피면 삶의 사실과 문제들, 살면
서 겪게 되는 불가해한 일들을 진지하게 응시하기 시작한
다. 이렇게 응시하면서 그는 너무나 온전히, 강렬하게 진
실을 사랑하게 되어 거기에 전적으로 몰입하게 된다. 마
음은 수많은 욕망 속을 헤매다니는 방황에서 벗어나 삶의
문제들을 하나씩 해결해 나가며, 추상의 상태로 존재하는
진실과 깊은 수준의 결합을 이루어 낸다. 이렇게 진실에
흡수된 마음은 평온함과 안정된 품성으로 나타나며, 신성
하다고 할 정중동의 실현에 이른다. 해방과 깨달음을 얻은
마음에 변함없는 고요함과 평화가 깃드는 것이다.

명상은 집중보다 수행하기가 더 어렵다. 집중할 때보다
훨씬 더 엄격한 자기 훈련이 요구되기 때문이다. 집중한다
고 해서 마음과 인생을 정화할 필요는 없지만 명상과 정
화의 과정은 떼어놓을 수 없다. 명상의 목적은 신성한 깨
달음, 즉 진실의 획득이기 때문에, 삶의 순수함이나 정의
같은 것들과 밀접하게 얽혀 있다.

처음에는 실제로 명상하는 시간이 짧을 수 있다. 아마

이른 아침에 30분 정도만 해도 될 것이다. 이 30분 동안 열망과 집중을 통해 얻는 지식은 하루 종일 생활 속에서 실천으로 이어진다.

이렇게 명상은 한 사람의 전 생애를 더 높은 차원으로 이끈다. 명상을 계속하면서 더 발전하면 그는 점점 더 강하고, 고결하며, 차분하고, 현명해질 것이므로 살면서 어떤 상황에 놓인다 해도 인생의 의무들을 완수하는 데 최적화될 것이다. 명상의 원리는 두 가지다.

1. 순수한 것들을 반복하여 생각함으로써 마음을 정화하는 것
2. 실제 생활에서 이 순수함을 구현함으로써 신성한 지식을 획득하는 것

사람은 *생각하는* 존재이며, 삶과 성격은 습관적으로 하는 행동과 생각으로 결정된다. 그냥 상습적으로 하게 된다든지, 무엇을 연상한다든지, 어떤 버릇과 연관된다든지 하는 것에 따라 생각은 점점 더 쉽게 자주 반복된다. 그리고 이런 반복을 통해 '습관'이라고 하는 자동 행동이 만들어지며, 이 자동 행동이 그 사람의 성격을 한 방향으로 '고정'시킨다.

명상하는 사람은 순수한 생각을 매일 곱씹음으로써 순수하고 깨인 생각의 습관을 형성한다. 이것은 순수하고 깨인 행동으로 이어지며, 더불어 일상 의무도 충실히 수행할 수 있게 된다. 순수한 생각을 끊임없이 되풀이하면 어느 순간 자기가 그 생각들과 하나가 되고, 고요하고 현명한 삶을 살게 된다. 그렇게 순수한 행동으로 그가 얻는 것들을 나타내는 정화된 존재로 거듭난다.

사람들은 대부분 일련의 상충되는 욕망, 열정, 감정, 지레짐작 속에 살아가며, 불안정, 불확실, 슬픔을 떨치지 못한다. 그러나 그런 사람도 명상을 통해 마음 훈련을 시작하면 생각을 중심 원리에 집중시킴으로써 점차로 이 내부의 갈등을 극복할 수 있게 된다. 이렇게 하여 불순하고 그릇된 생각과 행동의 옛 습관이 깨어지고, 순수하고 깨인 생각과 행동의 새로운 습관이 형성되면, 명상 수행자는 점점 더 진실에 합치되며 조화로움과 통찰력, 완벽함과 평화도 함께 커진다.

진실을 향한 강력하고 고결한 열망에는 삶이 슬프고 덧없으며, 불가해하다는 사실에 대한 예리한 감각이 따른다. 마음이 이 상태에 이르지 않았을 때는 명상을 할 수가 없다. 단순히 생각에 잠기거나 헛꿈을 꾸며 시간을 낭비하는 것(사람들이 명상이라는 단어를 자주 가져다 쓰는 습관들이다.)

은 우리가 명상이라고 여기는 고귀한 영적 의미와 거리가 아주 멀다.

명상을 몽상과 혼동하는 경우가 많다. 이는 명상을 위해 노력하는 사람이 피해야 할 치명적인 오류다. 몽상은 사람이 느슨하게 잠기는 백일몽 같은 것이고, 명상은 강력하며 목적이 뚜렷한 사고 행위로 사람을 고양한다. 몽상은 손쉽고 기분이 좋아지며, 명상은 처음에는 어렵고 버티기 힘들다. 그래서 이 둘이 혼동되어서는 안 된다는 것이다.

몽상은 게으름과 사치 속에서 성장하며, 명상은 고된 노력과 규율에서 나온다. 몽상은 처음에는 매혹적이며, 다음에는 심미적으로 느껴지고, 그다음에는 감각적으로 다가온다. 반면에 명상은 처음에는 좀 어렵고, 다음에는 유익하다고 여겨지며, 그다음에는 평화롭게 느껴진다. 몽상은 위험하다. 자기 통제를 약화하기 때문이다. 명상은 우리를 보호해 준다. 자기 통제를 확립해 주기 때문이다.

명상을 하는지 몽상에 빠져 있는지 판단할 수 있는 몇 가지 표시가 있다.

몽상의 표시

1. 노력을 회피하려는 욕구

2. 꿈을 꾸는 즐거움을 경험하고 싶은 욕구

3. 일상과 업무상의 의무에 대한 혐오가 커짐

4. 일상과 업무상의 책임을 회피하려는 욕구

5. 결과에 대한 두려움

6. 최소한의 노력으로 돈을 벌고 싶은 소망

7. 자기 통제력 부족

명상의 표시

1. 신체적, 정신적 에너지 증가

2. 지혜를 얻기 위한 각고의 노력

3. 일상과 업무상의 의무에 대한 혐오가 감소

4. 일상과 업무상의 책임을 충실히 해내려는 확고한 결의

5. 두려움으로부터의 자유

6. 부에 대한 무관심

7. 자기 통제력을 지님

명상은 특정 시간, 장소, 그리고 조건에 따라 불가능하거나 하기 어려울 때가 있다. 반대로 명상을 더 쉽게 할 수 있는 조건도 있다.

명상하기 불가능한 시간, 장소와 조건

1. 식사 중 또는 식사 직후

2. 유흥 장소

3. 붐비는 곳

4. 빠르게 걷는 동안

5. 아침에 침대에 누워 있는 동안

6. 담배를 피우는 동안

7. 신체적, 정신적 휴식을 위해 소파나 침대에 누워 있는 동안

명상하기 어려운 시간, 장소와 조건

1. 밤에

2. 화려하게 장식된 방에서

3. 푹신푹신하게 몸을 감싸는 좌석에 앉아 있을 때

4. 화려한 옷을 입고 있을 때

5. 회사에 있을 때

6. 몸이 피곤할 때

7. 과식했을 때

명상하기 가장 좋은 시간, 장소와 조건

1. 아주 이른 아침에

2. 식사 직전에

3. 혼자 있을 때

4. 야외 또는 단순하게 꾸며진 방에서

5. 딱딱한 좌석에 앉아 있을 때

6. 몸이 건강하고 기운이 넘칠 때

7. 검소하고 단정한 옷을 입었을 때

안락함, 화려함, 방종(몽상을 불러일으킴)은 명상을 어렵게 만들고, 심해지면 명상을 아예 할 수 없게 만들기도 한다. 반면에 분투, 규율, 극기(몽상을 불식시킴)는 명상을 비교적 쉽게 만든다. 그렇다고 해서 몸을 너무 혹사해서는 안 된다. 과식만큼 굶는 것도 나쁘다. 또한 화려하게 입지 않아야 하지만 누더기를 걸치라는 뜻은 아니다. 몸이 지친 상태여서는 안 되며, 에너지와 힘이 가장 높은 지점에 있어야 한다. 마음을 섬세하고 고상한 생각의 흐름에 집중시키는 데는 신체적, 정신적 에너지가 모두 높은 수준으로 필요하기 때문이다.

명상에서 가장 효과적으로 열망을 불러일으키고 마음을 새롭게 하기 위해서는 고결한 가르침이 담긴 글, 아름다운 문장 또한 시구를 마음속으로 반복하는 것이 좋다. 실제로 명상 준비가 된 마음은 본능적으로 이러한 실천을 받아들인다. 단, 기계적인 반복은 의미가 없다. 오히려 방해될 수 있기 때문이다.

반복하는 말은 자신의 상황과 아주 잘 맞아야 한다. 그래야 이 말을 소중히 여기며 온 마음으로 깊이 새길 수 있기 때문이다. 그러면 열망과 집중이 조화롭게 결합하여 과도한 긴장 없이 명상할 수 있는 상황이 조성된다.

위에서 언급한 모든 조건은 명상 초기 단계에서 특히 중요하며, 명상 수행을 위해 노력하는 모든 사람이 주의 깊게 기록해 두고 충실히 관찰해야 한다. 이들 지침을 충실히 따르고 노력하며 꾸준히 해내는 사람들은 때가 되면 반드시 순수함, 지혜, 행복, 평화의 열매를 거두게 될 것이고, 거룩한 명상의 달콤한 열매를 맛볼 것이다.

09

목적의 힘

흩어지면 약하고, 모이면 힘이 된다. 파괴란 흐트러뜨리는 것이며, 보존은 하나로 모으는 과정이다. 부분 부분이 강력하고도 지적으로 집중될수록 사물은 유용해지며, 생각에도 힘이 생긴다. 그리고 생각이 고도로 집중되면 목적이 생긴다.

모든 정신 에너지는 대상을 획득하는 데 집중되며, 생각 중인 사람과 대상 사이에 끼어 있는 방해물들은 하나씩 차례대로 부서지고 제압된다. 목적은 성취라는 신전의 쐐기돌이다. 목적이 있어야 흩어져 쓸모없었을 것들이 완전한 전체로 묶인다.

공허한 변덕, 덧없는 공상, 막연한 욕망, 마지못해 하는 결심 같은 것은 목적으로 알맞지 않다. 기어이 성취해내겠다는 결심으로 밀고 나갈 때, 온갖 별것 아닌 고민거리들을 삼켜버리고 승리를 향해 곧장 나아가는 무적의 힘이 생긴다.

성공하는 사람들은 모두 목적의식이 강한 사람들이다. 이들은 아이디어나 프로젝트, 계획을 일단 시작하면 포기하는 법 없이 밀고 나간다. 대상들을 소중히 여기고, 곰곰이 궁리해 가며 손질하고 발전시킨다. 어려움이 닥쳐도 편안함의 유혹에 빠져 굴복하기를 거부하며, 오히려 맞닥뜨리는 장애의 규모가 크면 그에 맞춰 더 강한 목적으로 재무장한다.

인류의 운명을 만들어온 사람들은 모두 강력한 목적의식을 지닌 사람들이었다. 그들은 로마인들이 길을 닦듯이 올바로 규정된 길을 따랐고, 고문과 죽음이 닥쳤을 때도 길을 벗어나기를 거부했다. 인류의 위대한 지도자들은 정신적 길을 만드는 사람들이며, 인류는 그들이 개척하고 다져놓은 지적, 영적 길을 따라간다.

목적의 힘은 위대하다. 그 힘이 어느 정도인지를 알려면 국가의 종말을 결정하고 세계의 운명을 이끌 정도의 영향력을 행사한 사람들의 삶을 연구해 보면 된다. 알렉산더, 카이사르, 나폴레옹에게서 우리는 세상의 길, 개인의 나아갈 길에서 목적이 얼마나 큰 힘을 발휘하는지 알게 되며, 공자, 부처, 예수에게서는 이들의 행로가 천상을 향하며, 개인을 넘어서 나아갈 때 또한 목적의 거대한 힘을 깨닫는다.

목적은 지성과 함께 작동한다. 지적 능력에 따라 목적의 크기가 달라진다. 위대한 마음에는 위대한 목적이 깃들지만, 지성이 빈약하면 목적을 정할 수 없으며, 결과적으로 마음이 이리저리 떠돌면서 미개함을 드러내게 될 뿐이다.

흔들림 없는 목적에 대항할 수 있는 게 무엇일까? 무엇이 그 길을 막거나 방향을 틀 수 있을까? 활력이 없는 것들은 살아 있는 힘에 굴복하며, 조건이나 상황은 목적의 힘에 굴복할 수밖에 없다. 분명히, 불법적인 목적을 지닌 사람은 성취 과정에서 스스로 몰락하게 되어 있으며, 선하고 합법적인 목적을 지닌 사람은 실패할 수 없다. 그가 목적을 이루기 위해 할 일은 날마다 자신의 확고한 결의를 새롭게 불태우고, 에너지를 채워나가는 것뿐이다.

오해받는다는 이유로 슬퍼하는 심약한 사람은 크게 이루지 못하며, 타인을 기쁘게 해서 인정받기를 바라며 정작 자신의 결심에서 한발 비켜서는 허영심 많은 사람은 높이 이루지 못한다. 또한 자신의 목적을 쉽게 타협 대상으로 삼는 우유부단한 사람은 결국 실패한다.

확고부동한 목적을 세운 사람은 오해와 추악한 비난 혹은 아첨하는 말과 혜택을 주겠다는 제안이 비처럼 쏟아져도 자신의 결의를 흩트리지 않는다. 이런 사람이 뛰어난 성취의 인물이며, 성공과 위대함, 힘이 그의 것이다.

목적이 확고한 사람에게 장애는 자극제에 불과하다. 난관은 그를 바싹 긴장시켜 다시 분발하게 한다. 실수, 손실, 고통이 그를 억누를 수 없으며, 실패는 성공으로 가는 사다리가 되어줄 뿐이다. 왜냐하면 그는 마지막에 성취한다는 확신을 언제나 품고 있기 때문이다.

결국 목적은 조용히, 거부할 수 없는 힘으로 모든 걸 정복한다.

극에서 극으로 뚫린 구덩이 같은
칠흑의 밤이 내 위로 내려 덮인다.
나는 어느 신에게든 감사를 올린다.
누구도 어쩌지 못할 불굴의 영혼이 내게 있으므로,
상황이 마수를 뻗쳐 나를 움켜쥐었을 때도
나는 훌쩍거리거나 울부짖지 않았다.
기회가 몽둥이로 내 머리를 내리쳤을 때도

피를 흘릴지언정 나는 굴복하지 않았다.

관문이 얼마나 좁은지 상관하지 않는다.

처벌 따위는 두렵지 않다.

나는 내 운명의 주인이며

내가 내 영혼의 선장이므로.

10

성취의 기쁨

기쁨은 맡은 일을 성공적으로 이루어 낼 때 따라오는 것이다. 사업이 완료되거나 작업이 완성될 때는 어김없이 휴식과 만족이 뒤따른다. 에머슨은 "사람은 자기 의무를 다하면 마음이 가볍고 행복하다"라고 말했다. 맡은 일이 지극히 사소해 보일 때도 성실하게 혼신의 노력을 다하면 그 결과는 반드시 기쁘고 평화로운 마음으로 되돌아온다.

모든 불쌍한 사람 가운데 가장 불쌍한 건 게으른 사람이다. 고생과 노력이 요구되는 어려운 의무와 필수적인 과업을 피해 다니며 쉽게 행복해질 궁리를 하지만 그의 마음은 항상 불편하고 불안하며, 결국에는 내적 수치심에 짓눌려 인간적 존엄과 자존감마저 잃어버린다.

"자기 능력에 따라 일하지 않으려는 자, 자기 필요에 따라 망하게 내버려 두라"라고 칼라일*은 말한다. 의무를 회피하고 일을 하더라도 능력껏 하지 않는 사람은 결국 패망한다는 것은 도덕 법칙이다. 처음에는 성품이, 마지막에는 몸과 주변 상황이 쇠퇴의 길을 걷게 된다.

한 사람의 삶과 그의 행동은 하나다. 따라서 그가 수고하지 않겠다며 달아나려 하면, 그 즉시 신체나 정신에서 쇠퇴가 일어나기 시작한다.

반면에, 능력을 최대한 발휘하여 어려움을 극복하며, 마음과 몸을 힘껏 써서 맡은 일을 완수하면 삶의 기세가 더 높아진다.

아이가 오랫동안 노력한 끝에 마침내 학교에서 배우는 수업 내용을 완전히 이해하게 되면 얼마나 행복할까? 여러 달, 여러 해 동안 고된 훈련으로 몸을 단련해 온 운동선수가 더 건강하고 단단해진 몸으로 경기에서 승리하여 받은 상을 집으로 가져갔을 때 친구들의 기뻐하는 모습을 보는 건 또 얼마나 행복한 일일까?

---

* Thomas Carlyle, 1795~1881. 영국의 철학자, 역사가-옮긴이

오랜 세월 노고를 아끼지 않고 연구에 매진한 학자는 배움이 가져다주는 이로움, 힘 덕분에 마음 깊이 기쁨을 누린다. 끊임없이 난관과 장애에 맞서 드잡이하는 사업가는 노력에 걸맞은 성공을 보장하는 행복한 확신으로 충분히 보상받는다. 억센 흙에 맞서 힘차게 싸우는 원예가는 마침내 앉아서 노동의 결실을 따 먹는다.

세상에서의 성공을 위한 일도 마찬가지지만, 영적인 성취에서는 '목적의 완전함'에 따르는 기쁨이 확실하고도 깊고 지속적이다. 셀 수 없이 시도하고, 명백한 실패를 수없이 되풀이한 끝에 기어이 뿌리 깊이 박혀 고쳐지지 않던 성격의 문제점들을 고쳤을 때, 그리하여 더는 주변 사람들과 세상에 피해를 주지 않을 수 있게 되었을 때의 진심 어린 기쁨은 말로 표현할 수 없을 정도로 크다.

미덕을 추구하느라 분투하는 사람, 즉 고상한 성품을 형성하는 거룩한 임무를 수행하는 사람은 자기 극복의 모든 단계에서 기쁨을 느낀다. 또한 이 기쁨은 다시 그를 떠나지 않고 그의 영적 본성의 필수적인 부분이 된다.

사는 건 투쟁이다. 우리 삶의 안과 밖 모두에는 맞서 싸워야 할 조건들이 존재한다. 인간은 노력과 성취를 통해 존재하며, 사람들 사이에서 유용한 인류의 구성원으로 남고 싶다면, 그럴 권리는 외부의 자연 요소들 그리고 내부의 적들—미덕과 진실의 적들—과 성공적으로 씨름할 수 있는 그의 능력에 달려 있다.

사람에게는 더 나은 것, 더 위대한 완성, 더 높고, 그보다도 또 더 높은 성취를 향해 끊임없이 분투하라는 요구가 주어진다. 그리고 이 요구에 잘 따르면 기쁨의 천사가 그의 발걸음을 기다렸다가 그를 섬긴다. 왜냐하면 그는 배우기를 열망하고, 간절히 알고 싶어하며, 성취하기 위해 노력을 아끼지 않는 사람이므로, 우주의 중심에서 영원히 노래하는 기쁨을 찾아낼 것이기 때문이다.

작은 일에서 시작하여, 더 큰 일, 그리고 그보다도 더 큰 일에서도 언제나 노력해야 하며, 마침내 최고로 노력할 준비가 되면 그때는 진실을 성취하기 위해 힘껏 노력해야 한다. 그렇게 하여 끝내 진실을 성취하면 그에게 영원한 기쁨이 찾아온다.

인생의 대가는 노력이다. 노력의 정점은 성취이며, 성취의 보상은 기쁨이다. 자신의 이기심과 싸우는 사람에게는 축복이 깃든다. 그리고 비로소 성취의 충만한 기쁨을 누린다.

2부

♣

인생의 난관에
부딪혔을 때

♣

3장

♣

세상의
소용돌이를 넘어

♣

Above life's turmoil, 1910

내 외부의 것은 바꿀 수 없고 다른 사람을 내 뜻대로
만들 수도 없으며 세상을 내 바람대로 틀에 맞출 수 없다.
하지만 욕망, 열정, 생각 같은 내면의 것은 바꿀 수 있고
내 기호를 다른 사람에게 맞출 수 있으며 내면을 지혜와
일치하게 구성해 외부 세계와 조화를 이룰 수 있다.
세상의 소용돌이는 피할 수 없어도 마음의 혼란은
극복할 수 있다. 삶의 의무와 난관에 정신을 빼앗기더라도
그것과 관련된 모든 불안을 초월할 수 있다.
소음에 둘러싸여 있어도 마음이 고요할 수 있고,
할 일이 쌓여 있어도 마음이 평온할 수 있으며,
싸움이 한창이어도 평화를 인식할 수 있다.
이 장에 실린 열여덟 편의 글은 내가 쓴 편지에서
발췌한 내용이 일부 포함되어 있어 서로 관련이 없지만
영혼 속에서 조화를 이룬다. 자기인식과 자기정복이라는
고지로 독자를 인도하고 이를 통해 세상의 소란을 넘어
천국의 침묵이 지배하는 그 정점의 단계를 높이기 때문이다.
- 제임스 앨런

James Allen

참된 행복을 바란다면

누구나 다정한 성품을 간직하고 순수하고 온화한 생각만을 떠올리며 어떤 상황에서든 행복해지기를 원한다. 사람이라면 모름지기 이처럼 축복받은 조건과 이 같은 품성과 삶의 아름다움을 목표로 삼아야 하며 세상의 불행을 줄이고자 기원하는 사람이라면 더더욱 그래야 한다. 무자비함과 불순함, 불행으로부터 *자신*을 구원하지 못한 누군가가 어떤 이론이나 신학을 전파함으로써 세상을 더 행복하게 만들 수 있다고 꿈꾼다면 이는 큰 착각일 것이다. 가혹함과 불순함, 불행 속에서 하루하루를 사는 사람은 세상의 모든 고통에 날마다 한몫을 더하는 것이나 다름없다.

그에 반해 매 순간 선한 마음으로 삶을 살아가며 행복으로부터 멀어지지 않는 사람은 날마다 세상의 행복에 한몫을 더하는 셈이다. 이는 혹여 품고 있을지도 모를 어떤 종교적 신념과는 무관한 일이다.

온화해지고, 베풀고, 사랑하고, 행복해지는 법을 배우지 못한 사람은 제아무리 대단한 학식을 갖춰도 인생이 보잘것없다. 깊이 있고 실제적이며 오래도록 지속되는 삶의 교훈은 온화함과 순수함, 그리고 행복을 얻는 과정에 있기 때문이다. 외부로부터 어떤 적대감을 마주하더라도 변함없이 다정하게 행동한다면 이는 자신을 정복한 영혼의 확실한 발현이자 지혜의 증인, 그리고 **진리**를 깨달았다는 증거가 된다.

다정하고 행복한 영혼은 경험과 지혜가 무르익은 열매이며 그렇기 때문에 눈에 보이지 않지만 짙은 그 영향력의 향기를 널리 퍼트려 다른 사람의 마음을 기쁨으로 채우고 세상을 정화한다. 그리고 이제 시작점에 서서 참된한 인간으로서 존엄한 존재로 거듭나겠다고 결심하는 사람은 누구나 바로 이날부터 다정하고 행복한 삶을 살 것이다.

환경이 내 발목을 잡는다고 말하지 말라. 환경은 결코

내 발목을 잡지 않는다. 그것은 내게 도움이 되고자 그곳에 존재한다. 내 다정함과 마음의 평화를 빼앗아가는 외부의 모든 일은 내 발전에 없어서는 안 될 바로 그 조건이며 따라서 그것을 직면하고 극복해야만 배우고 성장하며 성숙할 수 있다. 허물은 내 안에 있다.

순수한 행복은 올바르고 건강한 영혼의 상태이며 순수하고 사심 없는 삶을 사는 사람은 누구든지 그것의 주인이 될 것이다.

살아있는 모든 존재에 선의를 품어
무정함과 탐욕, 분노가 소멸하게 하라.
그러면 당신의 삶이 스쳐 가는 부드러운 공기처럼
변하리니.

도저히 못할 만큼 어려운 일인가? 그렇다면 불안과 불행이 당신 곁을 떠나지 않을 것이다. 믿음과 열망, 그리고 결심만 있다면 이 일이 쉬워지고 머지않은 장래에 이를 성취하며 이 복된 상태에 이를 것이다.

낙담, 짜증, 불안과 불평, 비난과 푸념은 생각을 좀먹는 벌레이자 마음의 질병이다. 이들은 마음가짐에 문제가 생겼다는 징후이며 따라서 이들로 말미암아 고통스럽다면 생각과 행동을 바로잡는 편이 바람직하다. 사실 세상에는 숱한 죄와 고통이 존재하고 그래서 우리의 사랑과 연민을 모조리 끌어모아야 하지만 고통은 굳이 필요하지 않다. 우리의 고통은 이미 차고 넘치니 말이다.

우리에게 필요한 것은 귀하디귀한 명랑함과 행복이다. 우리가 세상에 베풀 수 있는 최고의 선물은 삶과 품성의 아름다움이다. 이 아름다움이 없다면 다른 모든 것은 헛될 뿐이다. 이것은 독보적으로 탁월하고, 시속적이고, 실세적이고, 무너지지 않는다. 모든 기쁨과 축복이 이 안에 존재한다.

이제 나를 둘러싼 부당함을 비관적으로 곱씹지 말자. 더이상 다른 사람들의 악행에 불평하거나 반감을 품지 말자. 그래서 모든 잘못과 악행으로부터 스스로 해방된 삶을 살아보자. 마음의 평화, 순수한 종교, 그리고 참된 개혁이 이 길에 있다.

다른 사람들이 진실하기를 바란다면 진실하게 대하라. 세상이 고통과 죄에서 해방되기를 원한다면 나부터 해방시켜라. 가정과 주변이 행복하기를 바란다면 행복해져라.

나를 변화시킬 의지가 있다면 내 주변의 모든 것을 변화시킬 수 있다.

슬퍼하거나 한탄하지 마라.

거절에 사로잡혀 자신을 소모시키거나

악을 향해 아우성치지 말고

선의 아름다움을 노래하라.

내 안에 있는 선을 실현할 때 자연스럽게 저절로 이를
행하게 될 것이다.

불멸의 인간

불멸은 지금 이곳에 존재하는 것이며 무덤 저편의 추상적인 개념이 아니다. 그것은 몸의 감각, 변덕스럽고 불안한 마음의 상태, 그리고 삶의 상황과 사건이란 덧없는 것이며 일종의 환영이라고 여기는 명징한 의식 상태다.

불멸은 시간과는 무관하고 그러니 시간 속에서는 결코 불멸을 찾을 수 없을 것이다. 불멸은 **영원**의 일부다. 시간이 지금 이곳에 존재하듯 영원 또한 지금 이곳에 존재한다. 따라서 만족스럽지 못하고 소멸하기 마련인 시간의 산물들로부터 생명력을 얻는 자아를 극복해낼 때 영원을 발견하고 그 안에 깃들 것이다.

감각과 욕망, 그리고 일상생활에서 일어나는 눈앞의 사건에 몰두하고 그런 감각과 욕망, 눈앞의 사건을 자신의 본질로 간주하는 사람은 불멸의 의미를 깨달을 수 없다. 그런 사람이 욕망하는 것, 그래서 불멸로 착각하는 것은 지속성이다. 다시 말해 시간 속에서 일어나는 감각과 사건의 끊임없는 연속을 불멸이라고 착각하는 것이다.

말초적인 욕구를 부추기고 충족시키는 사물에 둘러싸여 살며, 그것에 애정을 느끼고 집착하고 이를 초월한 독립적인 의식의 상태를 깨닫지 못할 때 사람은 지속성을 갈구한다. 그러나 세속의 향락과 쾌락에 사로잡혀 그것을 내 분신으로 여기다가도 결국에는 그것으로부터 헤어나야만 할 것이라는 생각에 휩싸인다.

지속성은 불멸과 상반되는 개념이며 지속성에 몰두하는 것은 영적인 죽음과 다름없다. 지속성의 본질은 변화, 무상함이다.

육체의 죽음을 통해 인간이 불멸의 존재가 되는 것은 아니다. 영혼은 인간과 별개가 아니며 그래서 의식이 조각난 채로 소소한 열병 같은 삶을 살면서 여전히 변화와 필멸성에 몰두한다. 쾌락을 사랑하는 내 인간성이 지속되기를 갈망하는 필멸의 인간은 죽은 후에도 여전히 필멸의 존재이고 과거를 기억하거나 미래를 인식하지 못한 채 시작과 끝이 있는 또 다른 삶을 살아갈 뿐이다.

불멸의 인간은 스스로 고정불변한 의식의 상태로 고양함으로써 시간의 대상들로부터 떼어놓은 존재로, 눈앞의 사건과 감각에 영향을 받지 않는다. 인간의 삶은 사건들이 하염없이 움직이는 행렬로 구성된다. 필멸의 인간은 이 행렬에 몰두해 함께 실려가고, 그렇게 실려가느라 자신의 앞과 뒤에 무엇이 있는지 전혀 깨닫지 못한다.

불멸의 인간은 이 행렬로부디 빼저나온 존재다. 그는 옆에 가만히 서서 행렬을 지켜본다. 자신이 발붙이고 선 그 자리에서 이른바 삶이라는 움직이는 행렬의 앞과 뒤, 그리고 가운데를 모두 바라본다. 더 이상 인간성의 감각과 부침, 혹은 시간 속의 삶을 구성하는 외형적 변화와 자신을 동일시하지 않고 자신과 인간, 국가의 운명을 무심하게 지켜보는 관객이 되는 것이다.

필멸의 인간은 또한 꿈에 사로잡힌 존재로, 자신이 이전에는 깨어 있는 존재였고 다시 깨어날 것이라는 사실을 전혀 알지 못한다. 그저 아무것도 모른 채 꿈꾸는 사람에 지나지 않는다. 불멸의 인간은 꿈에서 깨어난 존재이며 그렇기 때문에 그의 꿈이란 항구적인 현실이 아니라 스쳐 지나가는 환영일 뿐임을 안다. 그는 아는 존재다. 지속성의 상태와 불멸성의 상태를 모두 알고 나아가 자신을 온전히 소유하는 존재다.

필멸의 인간은 시작과 끝, 시간과 세상의 의식 상태에 산다. 불멸의 인간은 시작이나 끝이 존재하지 않는 우주나 천국의 의식 상태에 산다. 이런 사람은 온갖 변화 속에서도 덤덤하고 흔들리지 않는다. 그의 육체가 죽음을 맞더라도 그가 깃들어 있는 영원한 의식은 방해받지 않을 것이다. 이미 필멸의 흐름에서 벗어나 진리의 안식처에 자리를 잡았으니 그야말로 "죽음을 맛보지 않을*" 존재인 것이다.

육체, 인간성, 국가, 세계는 소멸하지만 진리는 남으며 진리의 영광은 시간이 지나도 그 빛을 잃지 않는다. 따라서 불멸의 인간은 *자신을 정복한 존재*다. 다시 말해 더 이상 자아를 추구하는 인간성의 힘과 자신을 동일시하지 않고 스스로 단련함으로써 거장의 손길로 그런 힘을 인도해 만물의 근원과 인과적인 에너지와 더불어 조화를 이루게 만드는 존재다.

삶의 초조함과 열병이 멈추었고 의심과 두려움은 내몰렸다. 머리와 가슴을 영원불변한 진리에 맞춤으로써 그 진리의 삶의 사라지지 않는 광채를 깨달은 사람에게 죽음이란 존재하지 않는다.

---

* 마태복음 16장 28절의 일부-옮긴이

자아 극복

'자아 극복', '욕망 근절', '인간성 소멸'이라는 문구에 대해 매우 혼란스럽고 잘못된 개념을 가진 사람이 많다. 혹자(특히 이론에 치중하는 지식인)는 이를 삶과 행위와 동떨어진 형이상학적 이론으로 간주하고, 생명과 에너지, 행위를 모조리 타파하고 침체와 죽음을 이상화하려는 시도라고 결론짓는 사람도 있다.

개개인의 마음속에서 발생하는 이러한 오류와 혼란을 제거할 사람은 오로지 자신뿐이다. 하지만 이 문제를 또 다른 방식으로 표현한다면 (진리를 추구하는 사람에게는) 이 과정이 조금 덜 어려울 것이다.

자아 극복이나 자아 소멸의 교리는 더할 나위 없이 단순하다. 그래서 복잡한 이론을 채택한 탓에 단순하고 아름다운 진리를 잃어버린 수많은 어른보다는 아직 이론과 신학 체계, 사변적인 철학으로 마음이 흐려지지 않은 다섯 살짜리 아이가 이해할 가능성이 더 높다.

자아 소멸은 분열, 다툼, 고통, 질병, 슬픔을 일으키는 영혼의 요소를 모두 솎아내어 *파괴*하는 것이다. 선하고, 아름답고, 평화를 일구어내는 특성은 결코 파괴하지 않는다.

짜증을 내거나 분노가 치미는 상황에서, 각고의 노력 끝에 이기적인 성향을 극복해 멀리 내던지고 인내와 사랑의 정신에 따라 행동할 때, 우리는 자기 정복에 이르러 자아 소멸을 실천할 수 있다. 고귀한 사람이라면 누구나, (설령 스스로는 부인할지언정) 부분적으로나마 자아 소멸을 실천한다. 신성한 아름다움의 자질만 오롯이 남을 때까지 계속 자아 소멸을 실천하여 이기적인 성향을 모조리 뿌리 뽑는다면 그를 우리는 '인간성(모든 개인적인 요소)을 소멸시키고 진리에 도달한 사람'이라고 일컫는다.

소멸되어야 할 자아에는 쓸모없고 안타까움을 자아내는 열 가지 요소가 담겨 있다.

· 정욕

- 증오
- 탐욕
- 방종
- 이기심
- 허영
- 자만
- 의심
- 어리석은 믿음
- 미혹

자아 소멸이란 욕망의 본체를 이루는 이 열 가지 요소를 완전히 버리고 완벽하게 소멸시키는 것이다. 그런 한편으로 자아 소멸은 아래의 열 가지 신성한 자질을 키우고, 실천하고, 지키라고 가르친다.

- 순수함
- 인내
- 겸손
- 자아 희생
- 자기믿음
- 담대함

- 지식
- 지혜
- 연민
- 사랑

이것들이 진리의 본체를 구성하며, 그 안에서 온전히 살려면 진리를 깨닫고 실천함으로써 진리의 화신으로 거듭나야 한다. 열 가지 요소의 총합을 *자아* 혹은 *인간성*이라 일컫는다. 그에 반해 열 가지 자질의 총합은 *진리, 인간성을 초월한 존재, 그리고 영원하고 실재하는 불멸하는 인간*이라 일컫는다.

따라서 자기 소멸은 가르침으로 전하는 고귀하고, 참되고, 영속적인 자질은 파괴하지 않고 천박하고 거짓되고 덧없는 것만 파괴하는 것이다. 아울러 자아 극복이란 기쁨과 행복, 환희를 박탈하는 것이 아니라 기쁨을 선사하는 자질 안에 살면서 이들의 영원한 주인이 되는 것이다. 즐거움 자체가 아니라 즐거움을 향한 욕망을 버리는 것이고 쾌락 자체가 아니라 쾌락에 대한 갈증을 *파괴*하는 것이며, 사랑과 권력, 소유 자체가 아니라 이것들을 향한 *이기적인 갈망*을 소멸시키는 것이다. 인간을 화합과 조화로 이끌어 한데 묶는 모든 것을 보존하는 것이다. 침체와 죽음을 이상화하기는커녕 인간이 스스로 가장 고결하고 고귀하며 가장 효과적이고 지속적인 행동으로 이어지는 자질을 실천하도록 응원하는 것이다.

열 가지 요소 가운데 일부나 전부에 이끌려 행동하는 사람은 부정적인 일에 에너지를 낭비하고 자신의 영혼을 지키지 않으나 열 가지 자질 가운데 일부나 전부에 이끌려 행동하는 사람은 참되고 지혜롭게 행동해 자신의 영혼을 지킨다.

지상의 열 가지 요소 속에서 살고 영적인 진리에 눈과 귀를 닫은 자는 자기포기를 가르치는 교리에서 매력을 찾지 못할 테니, 이는 그것이 '나'라는 존재를 완전히 사멸시키는 것처럼 보이기 때문이다. 그러나 천상의 열 가지 자질 속에서 살고자 노력하는 자는 그 교리의 영광과 아름다움을 목도하고 그것이 영원한 삶의 토대임을 깨달을 것이다.

그는 또한 사람들이 그것을 이해하고 실천하는 순간 산업, 상업, 정부, 그리고 지상의 모든 활동이 정화되며 아울러 행동과 목적, 지성이 파괴되기보다는 오히려 강화되고 확장되며 분쟁과 고통으로부터 해방되는 모습을 목격할 것이다.

유혹의 쓰임새

영혼은 완벽함을 향해가는 여정에서 별개의 세 단계를 거친다. 첫째는 동물 단계로, 이 단계에서 인간은 일시적으로 충족된 감각 속에서 죄에 대한 인식이나 자신이 물려받은 신성한 유산에 눈을 뜨지 못하고 내 안에 존재하는 영적 가능성을 아예 의식하지 못한 채 사는 것에 만족한다.

이중 단계라고 일컫는 둘째 단계에서 마음은 동물적 경향과 신성한 경향을 자각하고, 이 둘 사이에서 끊임없이 요동친다. 바로 이 단계에 유혹이 영혼의 발전에 제 역할을 다한다. 싸우고, 넘어졌다가 일어나고, 죄를 짓고 회개하기를 되풀이하는 단계다. 이는 인간이 그토록 오랫동안 익숙했던 일시적인 충족감을 여전히 사랑하고 차마 놓지 못하지만 그런 한편으로 영적인 상태의 순수함과 탁월함을 갈망하기 때문이며 이때 그는 어느 한쪽을 선택하지 못한다는 사실에 스스로 굴욕감을 느낀다.

이 단계는 결국 깊은 고뇌와 고통의 단계로 변한다. 그런 다음 영혼은 내 안에 존재하는 신성한 생명의 응원을 받아 셋째 단계인 인식의 단계로 인도된다. 이 단계에서 우리는 죄와 유혹을 모두 극복하고 평화를 얻는다.

죄악 속에서 느끼는 만족과 마찬가지로 유혹은 여느 사람들이 생각하듯 지속적인 상태가 아니다. 그것은 영혼이 통과의례로 거쳐야 하는 일시적인 단계이자 경험이다. 그러나 한 인간이 현생에서 그 상태를 통과해 지금 이곳에서 신성함과 천상의 안식을 실현할 가능성은 전적으로 그의 지성과 영혼이 얼마나 열심히 노력하는지, 그가 얼마나 간절하고 열렬하게 진리를 추구하는지에 달려 있다.

유혹과 그에 수반되는 온갖 고통은 지금 이곳에서 극복할 수 있지만 이는 인식이 있어야만 가능한 일이다. 그것은 어둠이나 반쪽짜리 깨달음의 상태다. 온전하게 깨달은 영혼은 모든 유혹을 물리쳤다는 증거다. 유혹의 근원과 본질, 의미를 완전히 이해할 때 인간은 바로 그 순간에 유혹을 정복하고 오랜 고통으로부터 해방될 수 있다. 그러나 무지에 머무는 동안에는 아무리 종교적 의식에 마음을 다하고 기도와 교리 공부에 정진해도 평화를 얻지 못할 것이다.

만일 누군가 적군의 전력과 전술, 매복 장소에 대한 아무런 정보도 없이 출정한다면 그는 치욕스럽게 패배하는 것은 물론이고 순식간에 적의 포로가 될 것이다. 유혹의 화신인 적군을 정복하고자 한다면 적군의 거점과 은신처를 알아내는 한편 아군의 요새에서 무방비 상태로 방치해 적군이 쉽사리 침입할 만한 성문이 없는지 살펴야 한다. 그러려면 지속적인 숙고와 끊임없는 경계, 부단하고 엄격한 성찰이 필요하다. 그래야만 유혹에 빠진 사람의 영적인 눈앞에 그 영혼의 헛되고 이기적인 동기가 드러날 것이다. 이것은 성도들의 신성한 전쟁이며 모든 영혼이 동물적인 방종의 긴긴 잠에서 깨어날 때 시작되는 싸움이다.

인간은 정복에 실패하고 싸움은 무한정으로 길어진다. 왜냐하면 그들이 거의 보편적으로 두 가지 미혹에 빠져 있기 때문이다. 첫째, 모든 유혹이 외부에서 온다는 미혹이다. 둘째는 그들이 자신의 선함으로 말미암아 시험에 들었다는 미혹이다. 인간이 이 두 가지 미혹에 구속된 동안에는 한 걸음도 전진하지 못할 것이다. 그 구속을 떨쳐버릴 때 그는 승승장구하며 빠르게 전진하고 영적인 기쁨과 안식을 맛볼 것이다.

엄중한 두 가지 진리로 이 두 가지 미혹을 물리쳐야 한다. 첫째는 모든 유혹이 내면에서 온다는 진리다. 둘째 진리는 자기 내면에 악이 도사리고 있기 때문에 유혹을 받는다는 사실이다. **신**, 마귀, 악령, 외적인 대상이 유혹의 근원이라는 생각은 버려야 한다. 모든 유혹의 근원과 원인은 내적인 욕망에 있다. 외적인 대상과 외부의 힘을 정화하거나 제거하면 이들은 완전히 힘을 잃어 영혼을 죄악이나 유혹으로 이끌지 못한다.

외적인 대상은 유혹의 계기일 뿐이지 유혹의 원인은 결코 아니다. 유혹의 원인은 유혹받는 자의 욕망에 있다. 만일 원인이 대상에 존재한다면 모든 사람이 똑같이 유혹을 받을 테고 유혹은 결코 극복되지 않을 것이며 인간은 가없는 고통에 어쩔 바 없이 파멸할 것이다. 그러나 자신의 욕망 속에 있는 그대로 머무는 사람이라면 이미 구제책을 가지고 있으니 그 욕망을 정화함으로써 모든 유혹을 물리칠 수 있다.

인간이 유혹을 받는 것은 스스로 신성하지 못하다고 여기는 특정한 욕망이나 마음 상태가 내면에 이미 존재하기 때문이다. 이런 욕망이 한참 동안 잠들어 있는데 스스로는 욕망을 없앴다고 생각할 수 있다. 그러다가 불현듯 외부의 대상이 모습을 드러내면 잠자던 욕망이 깨어나 일시적인 만족감을 갈망하게 된다. 이것이 바로 유혹의 상태다.

인간의 선함은 결코 유혹을 받지 않는다. 선함은 유혹을 파괴한다. 자극과 유혹을 받는 것은 인간의 악함이다. 한 인간의 유혹을 가늠하는 척도는 자신의 부도덕함에 대한 정확한 기록이다. 마음을 정화하면 유혹은 멈추니, 이는 율법에 어긋나는 어떤 욕망을 마음에서 걷어냈을 때 그때 껏 마음을 사로잡던 대상이라도 생명력을 잃고 무력해지기 때문이다. 이제 그것에 반응할 무엇도 마음에 남지 않은 까닭이다.

정직한 사람은 아무리 절호의 기회가 생긴다 해도 도둑질의 유혹을 받지 않는다. 식욕이 정화된 사람은 아무리 맛있는 음식과 포도주가 눈앞에 있어도 폭식과 과음의 유혹을 받지 않는다. 지혜를 깨달아 내면에 담긴 미덕의 힘으로 마음의 평온을 얻은 사람은 결코 분노, 짜증, 복수의 유혹을 받지 않으며 방탕한 자의 계략과 유혹은 마치 공허하고 의미 없는 그림자처럼 정화된 마음 위로 무너진다.

유혹은 인간에게 그의 죄와 무지함을 보여주고 더 높은 인식과 순수함의 경지에 오르도록 촉구하는 수단이다. 유혹이 없다면 영혼은 성장하고 강해질 수 없다. 어떤 지혜도, 참된 미덕도 존재하지 않는다. 무기력과 죽음은 있을지 모르나 평화와 충만한 삶은 있을 수 없다. 유혹을 이해하고 정복할 때 완벽함을 얻을 수 있으며 자신이 소유한 이기적이고 불순한 욕망을 모조리 인식이라는 제단의 불속에 기꺼이 내던질 수 있는 사람이라면 누구나 완전함을 내 것으로 만들 수 있다. 그러니 유혹에서 자유로울 수 없고 진리를 깨닫지 못했으며 아직 더 많이 배워야 한다는 사실을 자각하고 성심을 다해 진리를 찾아야 한다.

유혹을 받는 이들은 저 스스로 유혹에 빠진다는 사실을 안다. 사도 야고보의 말씀처럼 "오직 각 사람이 시험을 받는 것은 자기 욕심에 끌려 미혹됨이니.*" 내가 유혹에 빠지는 것은 내 안의 짐승에 매달려 놓지 않으려 하기 때문이다. 참된 지식이 없고, 아무것도 알지 못하고, 나를 위한 일시적인 만족감 외에는 아무것도 구하지 않고, 모든 진리와 모든 거룩한 원리에 무지한 거짓된 필멸의 자아 속에 살고 있기 때문이다.

그런 자아에 집착하면서 욕망의 고통, 결핍의 고통, 후회의 고통이라는 세 가지 고통이 주는 괴로움에 끊임없이

* 야고보서 1장 14절-옮긴이

시달린다.

그러니 트리슈나Trishna여,
정욕과 사물에 대한 갈증을 불태워라.
열렬히, 너희는 그림자에 집착하고, 꿈에 혹하느라
너희 가운데 거짓된 자아를 심고.
멀리 저편의 산을 보지 못하고.
먼 옛날 인드라의 하늘에서 불어오는
상쾌한 바람의 소리를 듣지 못하고.
거짓을 행하는 이를 위해 간직한
참된 삶의 부름에 답하지 않는 듯한 세상을 만드나니.
그래서 세상에 전쟁을 일으키는 불화와 정욕이 자라나고,
그래서 기만당한 가여운 마음이 슬퍼하고 피눈물을 흘린다.
그래서 흥분, 시기, 분노, 증오가 승리한다.
그래서 세월은 피로 얼룩진 세월을 뒤쫓는다.
야만의 붉은 발로.

거짓된 자아 속에 모든 고통의 싹, 모든 희망의 천적,
모든 슬픔의 실체가 숨어 있다. 내가 그것을 선뜻 포기할
때, 그 모든 이기심과 불순함, 무지를 내 앞에 기꺼이 드
러내고 나아가 그 어둠을 기꺼이 끝까지 고백할 때, 자기

인식과 자기지배의 삶이 시작될 것이다. 내 안에 있는 신을 깨닫고 일시적인 만족감을 추구하지 않으면서 영원한 기쁨과 평화의 영역에 머무는 그 신성한 본성을 깨달을 것이다.

누가 참된 사람인가

고매한 도덕적 원칙에 따라 살다 보면 누구나 그 원리에 대한 믿음과 지식이 시험받는 때를 맞게 된다. 그 시련에서 어떻게 벗어나는지에 따라 진리의 사람으로 살면서 자유민의 대열에 합류할 힘이 있는지 아니면 가혹한 주인인 자아의 노예와 수하로 남을 것인지가 결정된다.

이런 시련의 시기에는 대개 그릇된 일을 행하며 계속 안락과 번영을 누리거나 옳은 일을 변함없이 지지하며 가난과 실패를 받아들이라는 유혹을 마주한다. 시련은 자못 강력해서 유혹을 받는 자의 눈에는 그릇된 일을 선택하면 여생 동안 물질적인 성공이 보장되는 반면에 옳은 일을 행하면 영원히 파멸할 것이 자명해 보인다.

이따금 우리는 **의로움의 길**이 요구하는 이 섬뜩한 앞날 앞에서 움츠러들고 무너진다. 유혹의 맹공격을 견딜 만큼 충분히 강한 사람임을 입증하고 나면 내면의 유혹자, 자아의 영혼은 빛의 천사와 손을 맞잡고 "댁의 아내와 자녀를 생각하세요. 댁에게 기댄 사람들을 생각하세요. 그들을 수치와 굶주림에 빠트릴 건가요?"라고 속삭일 것이다.

이런 시련을 이겨내려면 강하고 순수해야 한다. 그래서 이 일을 해낸다면 곧바로 더 높은 삶의 영역으로 들어가고 그곳에서 영적인 눈이 열리면서 아름다운 것을 보게 된다. 그러면 도무지 피할 수 없을 것 같던 가난과 파멸 대신 더욱 지속적인 성공과 평온한 마음, 고요한 양심이 다가온다. 반면에 실패한 사람은 약속된 번영을 얻지 못하니 그의 마음은 불안하고 양심은 고통받는다.

옳은 일을 행하는 사람은 궁극적으로 실패할 수 없고, 그릇된 일을 행하는 사람은 궁극적으로 성공할 수 없다. 정의가 만물의 중심에 있기 때문이며 **위대한 율법**은 선해서 참된 사람이 두려움, 실패, 가난, 수치, 불명예를 초월하기 때문이다.

한 시인이 이 율법에 대해 덧붙였듯이

그것의 핵심은 사랑이고, 그것의 목적은
평화와 완성이다.

현재의 쾌락이나 물질적인 안락을 잃을까 두려워하며
내 안의 진리를 부정하는 사람은 상처를 입고, 강탈당하
고, 타락하고, 짓밟힐 수 있다. 본인의 고귀한 자아부터 먼
저 상처를 입히고, 강탈하고, 타락시키고, 짓밟기 때문이
다. 그러나 흔들림 없이 고결하고 오점 하나 없이 참된 사
람은 이미 내 안에 있는 비겁한 자아를 부정하고 진리 안
으로 피신했으니 결코 그런 조건에 지배를 받지 않는다.
사람을 노예로 만드는 것은 채찍과 사슬이 아니라 그가
노예가 되었다는 사실이다.

의로운 사람은 중상모략, 비난, 악의에 흔들리지 않고 모
질게 반응하지 않으며 스스로 변호하고 결백을 증명하려
애쓰지 않아도 된다. 그의 결백함과 참됨만으로 증오가 그
를 해하기 위해 시도하는 모든 일을 해결하기에 충분하다.

내면의 불온한 세력을 정복한 그는 어둠의 세력에 결코
정복당하지 않는다. 모든 악을 선으로 바꾼다. 어둠에서
빛을, 증오에서 사랑을, 불명예에서 명예를 이끌어낸다.
그렇기 때문에 중상모략과 시기, 허위 진술은 오히려 그의
내면에 있는 진리의 보석을 더욱 빛나게 하고 그의 고매

하고 거룩한 운명을 찬미하게 될 뿐이다.

참된 사람은 가혹한 시련을 겪을 때 외려 기뻐하고 반가워할 것이다. 그때껏 신봉한 고귀한 원칙에 대한 충심을 증명할 기회가 왔다고 감사할 것이다. 그리고 이렇게 생각할 것이다.

지금이 바로 신성한 기회의 시간이다!
지금은 진리를 위한 승리의 날이다!
설령 온 세상을 잃을지라도
나는 옳은 것을 저버리지 않을 것이다!

그는 악을 선으로 갚고, 그릇된 일을 행한 자를 어여뻐 여길 것이다.

중상모략을 일삼는 사람, 남의 험담을 늘어놓는 사람, 그리고 그릇된 일을 행하는 사람이 성공하는 것처럼 보일 수 있겠지만 결국에는 **정의의 율법**이 승리한다. 참된 사람은 한동안 실패하는 것처럼 보일지 모르나 천하무적이며, 어떤 세상에서도 자신을 승리로 이끌 무기를 만들 수 있다.

분별 있는 자

영적 발전에 가장 필요한 한 가지 자질은 **분별**이다. 분별의 눈이 뜨이기까지는 영적 발전의 과정이 고통스러울 만큼 지지부진하고 불확실할 것이다. 시험하고 입증하고 탐색하는 이 자질이 없다면 그저 어둠 속을 손으로 더듬고, 현실과 비현실, 그림자와 실체를 구별할 수 없으며, 거짓을 참으로 혼동해 동물적 본성의 내적 충동을 진리의 영혼이 보내는 응원으로 착각할 테니 말이다.

낯선 곳에 남겨진 눈먼 자는 어둠 속을 더듬어 길을 찾을 수 있지만 그 과정에 숱한 혼란을 겪고 누차 넘어져 아파하고 상처를 얻는다. 분별이 없는 사람은 정신의 눈이 먼 것이나 다름없다. 힘겹게 어둠 속을 더듬고, 선과 악을 구별하지 못하고, 사실과 진리, 의견과 원칙을 혼동하고, 사상, 사건, 사람, 사물이 서로 전혀 무관한 것처럼 보이는 삶을 살아야 한다.

하지만 사람의 마음과 삶은 모름지기 혼란으로부터 자유롭고 싶어 한다. 그러려면 모든 정신적, 물질적, 영적 어려움에 대처할 준비를 갖추고 골치 아픈 일과 이른바 불운이 닥쳤을 때 (여느 사람들처럼) 의심과 우유부단, 불확실성의 그물에 사로잡히는 일이 없어야 한다. 앞길을 막아서는 모든 돌발 사태에 대비해 힘을 키워야 한다. 분별이 없다면 그런 정신적인 준비와 힘을 결코 얻을 수 없다. 분석력을 발휘하고 꾸준히 단련해야 분별력을 개발할 수 있다.

정신은 근육처럼 반복해서 써야만 발달할 수 있으며 어떤 방향으로든 간에 정신을 부지런히 움직이면 정신의 용량과 힘이 그 방향으로 발달한다. 단순히 비판하는 능력이라면 다른 사람들의 생각과 의견을 지속적으로 비교하고 분석함으로써 개발하고 강화할 수 있다. 그러나 분별은 비판을 넘어서는 대단한 능력이다. 이는 흔히 비판에 수반되는 잔인함과 이기심이 제거되고 사물을 내가 원하는 대로가 아니라 있는 그대로 보는 힘에서 오는 영적 자질이다.

영적인 자질인 분별은 오로지 영적인 방법으로만 개발할 수 있다. 바꾸어 말하면 내 생각과 의견, 행동에 의문을 제기하고, 검토하고, 분석해야 한다. 비판하고 흠을 잡아내는 능력은 다른 사람의 의견과 행동에 무자비하게 행사하지 않도록 삼가고 내게는 곧이곧대로 엄격하게 행사해야 한다. 내 모든 의견, 모든 생각, 모든 행동에 의문을 제기하고 엄격하고 논리적으로 시험할 준비를 갖추어야 한다. 오로지 이런 방식이어야만 비로소 혼란을 타파할 수 있는 분별이 발달할 것이다.

이 같은 정신적 훈련을 시작하려면 먼저 스스로 가르칠 수 있는 영혼이 되어야 한다. 그렇다고 다른 사람의 인도에 몸을 맡겨야 한다는 의미는 아니다. 날카로운 이성의 빛을 견디지 못한다면, 탐구하는 열망의 순수한 불꽃 앞에서 움츠러든다면, 내가 붙들고 있는 소중한 생각이라도 기꺼이 포기할 준비가 되어야 한다는 의미다. "내가 옳아!"라고 말하는 사람, 내 견해에 의문을 제기하지 않고 내가 옳은지를 살피지 않는 사람은 계속해서 자신의 열정과 편견의 노선을 따를 테고 그렇게 해서는 분별을 얻을 수 없다. 겸허한 마음으로 "내가 옳은가?"를 묻고, 진지한 생각과 진리에 대한 사랑으로 자신의 입장을 시험하고 증명하는 사람은 참된 것을 발견하고 참과 거짓을 구별하며 분별이라는 소중한 능력을 얻을 것이다.

내 의견을 빈틈없이 살피고 내 입장을 비판적으로 판단하기가 두렵다면 도덕적 용기부터 먼저 키워야 한다. 내게 진실해지고 두려움이 없어야만 진리의 순수한 원리를 인식하고 모든 것을 고스란히 드러내는 **진리의 빛**을 받아들일 수 있다. 질문이 거듭될수록 진리는 더 밝게 빛난다. 어떤 조사와 분석을 빌디리도 고통스러워하지 않는다.

오류는 질문이 거듭될수록 더 어두워지고, 순수하고 탐구적인 사고의 입구를 통과하지 못한다. '모든 것을 증명한다'는 것은 선한 것을 찾아내고 악한 것을 버린다는 뜻이다. 사유하고 묵상하는 사람은 분별하는 법을 배운다. 분별하는 사람은 영원한 진리를 발견한다.

혼란과 고통, 영적인 어둠은 분별이 없는 자를 따른다. 조화와 축복, 진리의 빛은 분별이 있는 자를 섬긴다. 열정과 편견은 앞을 보지 못하며, 그래서 분별하지 못한다. 이들은 지금도 그리스도를 십자가에 못 박고 *바라바**를 석방하고 있다.

---

* 예수를 처형할 때 대신 방면된 도둑-옮긴이

가슴의 믿음이
우리를 구원한다

한 인간의 삶과 품성은 그의 *믿음*이 빚어낸 결과이라고 말하는 사람이 있는가 하면 *믿음*이 삶과 아무런 관계가 없다고 말하는 사람이 있다. 두 가지 진술은 모두 사실이다. 이 두 진술이 혼돈스럽고 모순되는 것 같지만 겉보기에만 그럴 뿐이다. 완전히 다른 두 종류의 *믿음*, 즉 **머리**의 믿음과 **가슴**의 믿음이 존재한다는 사실을 떠올리면 이 혼란과 모순은 금세 사라진다.

머리의 믿음, 즉 지적 믿음은 근본적이고 원인적인 것이 아니라 피상적이고 결과적인 것이며, 가장 피상적인 관찰자라도 쉽게 알아보듯이 사람의 품성을 형성하는 과정에는 아무런 힘이 없다.

어떤 신앙을 가진 여섯 명의 사람이 있다고 하자. 그들은 동일한 신학적 믿음을 품고 있을 뿐만 아니라 모든 면에서 동일한 신조를 인정하지만 그들의 품성은 사뭇 다르다. 한 사람은 고상한 반면에 다른 사람은 천박하고, 어떤 사람은 온순하고 점잖지만 또 어떤 사람은 거칠고 난폭하며, 정직한 사람이 있는가 하면 부정직한 사람이 있고, 어떤 사람은 특정한 습관이 몸에 배여 있으나 또 어떤 사람은 그것을 엄격하게 금기시하는 등, 신학적 믿음이 한 인간의 삶에 크게 영향을 끼치지 않는다는 사실은 자명하다.

신학적 믿음은 지적 의견이나 우주에 대한 견해에 지나지 않는다. 하나님과 성경, 이 같은 머리의 믿음의 이면과 바탕에는 조용하고 은밀하게 숨겨진 가슴의 믿음이 가장 깊은 내면의 존재에 깊이 뿌리박혀 있으며 인생 전체의 틀을 짜고 만드는 것은 바로 이 믿음이다. 그 여섯 명이 신조는 같아도 행동이 그토록 판이한 것은 바로 이 때문이다. 중대한 *가슴의 믿음* 면에서 다른 것이다.

그렇다면 가슴의 믿음이란 무엇일까? 가슴의 믿음이란 *사랑하면서 영혼 속에서 애착을 가지고 키우는 것*이다. 믿기 때문에 사랑하고 가슴 속에서 애착을 가지고 키우며 믿음과 사랑을 실천하기 때문이다. 따라서 삶은 믿음의 결과이지만 지적 믿음을 구성하는 특정한 신조와는 관계가 없다. 어떤 사람은 불순하고 부도덕한 것을 믿기에 그것에 집착하지만 다른 사람은 그것을 믿지 않기에 집착하지 않는다. 믿음 없이는 무언가에 집착할 수 없다. 믿음은 항상 행동보다 우선하며 따라서 행동과 삶은 믿음이 맺는 열매다.

상처입고 무력한 사람을 그대로 지나친 제사장과 레위인은 의심할 여지없이 조상의 신학적 교리(지적 믿음)를 매우 맹렬히 신봉했다. 하지만 자비를 가슴으로 믿지 않았고 그래서 그에 따라 생활하고 행동했다. 선한 사마리아인에게도 신학적 믿음이 있었을지 모르지만 없어도 무방하다. 그러나 그는 가슴으로 자비를 믿었고 그에 따라 행동했다.

삶에 중대한 영향을 미치는 믿음은 두 가지 뿐이며 그것은 바로 선에 대한 믿음과 악에 대한 믿음이다.

선한 모든 것을 믿는 사람은 그것을 사랑하고 그 안에서 살 것이다. 불순하고 이기적인 것을 믿는 사람은 그것을 사랑하고 그것에 집착할 것이다. 나무는 그 열매로써 판단되는 법이다.

하나님과 예수 그리스도, 성경에 대한 사람의 믿음과 행동에 직결된 삶은 별개의 것이다. 그러니 신학적 믿음은 전혀 중요하지 않다. 가슴의 믿음이 참된 것이다. 가슴의 믿음을 알아보는 방법은 그 사람이 품은 생각, 다른 사람을 대하는 그의 마음가짐과 행동뿐이다. 오로지 이것들뿐이다.

행동은 생각에서 온다

나무에 열매가 맺히고 샘에서 물을 긷듯이 행동은 생각에서 온다. 행동이 아무런 이유 없이 불쑥 나타나는 법은 없다. 행동은 오랫동안 소리 없이 성장한 결과이며 오랫동안 힘을 키워온 숨겨진 과정의 결말이다. 나무의 열매와 바위틈에서 솟는 물은 모두 공기와 땅이 오랫동안 은밀히 협업해 현상을 창조한 자연적 과정의 결과물이다. 그리고 깨달음이라는 아름다운 행위와 죄악이라는 어리석은 행위는 모두 오랫동안 마음속에 품은 생각의 흐름이 무르익은 열매다.

주변에서 흔들리지 않는 사람이라고 믿을 뿐만 아니라

십중팔구 스스로 그렇게 믿었을 누군가가 크게 시험에 들어 돌연 어떤 중죄로 추락할 수 있다. 그런데 생각이 그를 그 시점까지 이끌어온, 숨겨진 과정이 드러나면 그 일은 갑작스럽거나 우발적인 사건으로 보이지 않는다. 그 추락은 십중팔구 몇 년 전부터 마음속에서 시작된 일의 결말과 발현, 완성된 결과물일 뿐이다.

그는 잘못된 생각을 마음에 들였고 거듭해서 그 생각을 맞이해 마음속에 둥지를 틀게 내버려두었다. 그 생각에 조금씩 익숙해져서 그것을 소중히 여기고 애지중지하며 돌보았다. 생각은 그렇게 자라나 마침내 힘과 세력을 얻었고 그 결과 그것이 싹을 틔우고 행동으로 무르익을 기회를 잡았다. 위풍당당한 건물이 빗물에 침식당해 서서히 무너지듯이, 부패한 생각이 마음속에 스멀스멀 스며들어 남몰래 품성을 훼손하도록 내버려둔다면 제아무리 강한 사람이라도 결국에는 몰락하고 만다.

모든 죄악과 유혹이 개인의 생각에서 비롯되는 자연스러운 결과라면, 죄악과 유혹을 극복하는 길은 자명하고 이를 성취하는 일이 그리 고되지 않을 것이다. 순수하고 선한 생각을 받아들이고 소중히 여기며 숙고한다면, 그 순수하고 선한 생각이 불순한 생각에 못지않게 확실하게 성장하고 힘을 모아 마침내 행동으로 무르익을 기회를 저절로 끌어들일 테니 말이다.

"숨은 것이 드러나지 않을 것이 없나니.*" 마음속에 품은 모든 생각은 우주에 내재된 추진력을 통해 마침내 그 본성에 따라 선하거나 악한 행동으로 꽃을 피울 것이다.

신성한 스승과 호색가는 모두 스스로의 생각이 빚어낸 산물이며 스스로 심은 생각의 씨앗이 가슴의 정원에 터를 잡도록 빌미를 주고 그런 다음 물을 뿌려 보살피고 가꾸어낸 결과로서 지금의 모습이 된 것이다.

기회와 씨름해 죄악과 유혹을 물리칠 수 있다고 생각지 마라. 생각을 정화해야만 물리칠 수 있다. 하루하루 영혼의 침묵 속에서 주어진 의무를 수행하며 모든 그릇된 성향을 힘써 극복하고 빛을 견딜 수 있는 참된 생각의 자리를 마련한다면, 악이 선에게 자리를 내어줄 것이다. 사람이란 모름지기 내 본성과 조화를 이루는 것만 끌어들일 수 있고, 유혹에 반응할 무언가가 내 가슴에 없다면 어떤 유혹도 내게는 의미가 없기 때문이다.

선하든 악하든 상관없이 오늘 나의 은밀한 생각 속에 있는 것이 조만간 실제 행동으로 나타나게 될지니, 생각을

---

* 누가복음 12장 2절의 변형-옮긴이

잘 단속하자. 죄가 되는 생각의 침입으로부터 마음의 문을 빈틈없이 지키고, 애정이 깃든 생각, 순수하고 강하고 아름다운 생각으로 자신을 채우자. 그런 사람은 수확의 계절이 왔을 때 온화하고 신성한 행위라는 열매를 맺을 것이며, 어떤 유혹이 다가와도 두 손 놓고 무방비상태로 그것을 맞이하는 일은 없을 것이다.

마음가짐이
삶의 상태를 결정한다

한 인간의 지배적인 마음가짐이 삶의 상태를 결정한다. 또한 그것은 지식과 성취를 가늠하는 척도가 된다. 인간 본성의 한계는 생각이 닿을 수 있는 경계선이다. 한계란 스스로 세운 울타리로, 그 범위를 좁히거나 더 넓힐 수 있으며 그대로 남겨둘 수도 있다.

인간은 스스로 생각하고 자신과 상황을 창조하는 존재다. 생각은 인과적이고 창조적이며 인간의 품성과 삶에서 결과의 형태로 나타난다. 삶에 우연이란 존재하지 않는다. 삶의 조화와 대립은 모두 생각을 반영하는 메아리다. 인간은 생각하고 그의 삶은 세상에 드러난다.

마음속에 평화와 사랑이 가득하다면 행복과 축복이 따를 것이다. 저항과 미움이 가득하다면 고난과 고통이 앞을 가릴 것이다. 악의에는 슬픔과 재앙이, 선의에는 치유와 보상이 따를 것이다.

인간은 환경이 자신과 분리된 것으로 생각하지만 사실 인간의 사고 세계와 밀접하게 연결되어 있다. 적절한 원인이 없으면 아무것도 나타나지 않는다. 일어나는 모든 일에는 충분한 근거가 있다. 운명적인 것이란 존재하지 않으며 모든 것은 만들어진다.

생각할 때 인간은 길을 떠난다. 사랑할 때 인간은 끌어당긴다. 오늘 나는 내 생각이 데려온 바로 그곳에 존재한다. 내일은 내 생각이 데려가는 곳에 존재할 것이다. *생각의 결과는 피할 수 없다.* 다만 견디고 배울 수 있을 뿐이다. 그저 받아들이고 반길 수 있을 뿐이다.

인간은 언제나 내 사랑(가장 지속적이고 강렬한 내 생각)이 만족감을 얻을 수 있는 곳으로 가기 마련이다. 내 사랑이 천박하다면 천박한 곳이 나를 이끌 것이다. 내 사랑이 아름답다면 아름다운 곳이 나를 이끌 것이다.

생각을 바꾸면 상태가 바뀔 것이니, 내 책임이 얼마나 막중한지 인식하자. 나는 무력한 존재가 아니라 *강력한 존재*다. 내게는 거부할 수 있는 만큼 순종할 힘이 있고 불순해질 수 있을 만큼 순수해질 힘이 있으며 무지해질 수 있을 만큼 지혜로워질 힘이 있다. 원하는 만큼 배울 수 있고 선택한 만큼 무지한 상태로 남을 수 있다. 지식을 사랑하면 지식을 손에 넣고 지혜를 사랑하면 지혜를 얻으며 순수함을 사랑하면 순수함을 실현할 것이다. 모든 것이 내가 받아들이기를 기다리고 있으며 나는 내가 품은 생각을 기준으로 선택한다.

누군가 무지한 채로 남는다면 그것은 그가 무지를 사랑하고 무지한 생각을 선택하기 때문이다. 지혜를 사랑하고 지혜로운 생각을 선택하는 사람은 지혜로워진다. 어떤 누구의 방해도 받지 않는다. 나를 방해할 사람은 오로지 나뿐이다. 다른 누군가 때문에 괴로워하는 사람은 없다. 나를 괴롭히는 것은 다름 아닌 나 자신이다. **순수한 생각의** 고귀한 **문**을 통해 가장 높은 천국에 들어갈 수 있다. 불순한 생각의 비천한 문을 통해 가장 낮은 지옥으로 내려갈 수 있다.

다른 사람을 대하는 내 마음가짐은 내 자신을 충실하게 반영할 테고 삶의 모든 관계에서 저절로 드러날 것이다. 밖으로 내보내는 불순하고 이기적인 모든 생각은 괴로움의 형태로 내게 돌아온다. 순수하고 이타적인 모든 생각은 축복의 형태로 내게 돌아온다.

내가 처한 상황은 내 내면의 보이지 않는 원인이 빚어
낸 결과다. 내 상태와 상황을 만드는 것은 내 생각의 아버
지이자 어머니인 나라는 존재다. 나라는 존재를 알 때 내
삶의 모든 사건이 완전무결한 공평함의 균형에 따라 저울
질된다는 사실을 깨달을 것이다. 내 마음속의 법칙을 이해
할 때 나를 더 이상 무력하고 맹목적인 상황의 도구로 여
기지 않고 통찰력이 있는 강한 주인으로 거듭날 것이다.

10

뿌린 대로 거두기

봄철에 들판이나 시골길에 나가보라. 새로 갈아놓은 흙에 씨를 뿌리느라 분주한 농부들이 보일 것이다. 만일 농부에게 지금 뿌리는 씨앗에서 어떤 작물이 나오기를 기대하느냐고 묻는다면, 그는 틀림없이 무슨 바보 같은 소리냐고 답할 것이다. 그리고는 뿌린 대로 거두는 게 상식이니 다른 것은 전혀 *기대하지 않는다*고 답할 것이다. 경우에 따라서는 밀이나 보리 또는 순무의 씨앗을 뿌리고 있으니 그 작물을 거둘 것이라고 답할 것이다.

자연의 모든 실상과 과정에는 지혜로운 사람을 위한 도덕적인 교훈이 담겨 있다. 우리 주변의 **자연**에서와 마찬가지로 수학적인 확실성에 따라 인간의 마음이나 삶에 작용하지 않는 법칙은 찾아볼 수 없다. 예수 그리스도의 모든 우화는 이 진리의 예증이고 자연의 단순한 실상에서 이끌어낸 것이다. 인간의 마음과 삶에는 뿌린 대로 거두는 영적인 '씨뿌리기 과정'이 존재한다. 생각과 말, 행동은 뿌린 씨앗이며 그 씨앗은 거역할 수 없는 사물의 법칙에 따라 열매를 맺는다.

미움이 가득한 생각을 하는 사람은 스스로 미움을 불러들인다. 사랑이 가득한 생각을 하는 사람은 사랑을 받는다. 생각과 말과 행동이 진실한 사람의 주변에는 진실한 친구들이 있고 진실하지 않은 사람의 주변에는 진실하지 않은 친구들이 있다. 그릇된 생각과 행동의 씨앗을 심고 하나님에게 축복해달라고 기도하는 사람은 가라지를 뿌리고 밀을 거두게 해달라고 하나님께 간청하는 농부나 다름없다.

너희가 뿌린 대로 거두리라.

저 너머 들판을 보라.

참깨는 참깨였고

옥수수는 옥수수였느니.

침묵과 어둠은 알았구나.

인간의 운명 또한 그렇게 태어났음을.

"그가 뿌린 것을 거두러 오나니."

복을 받고자 하는 자는 복을 뿌려라. 행복해지고자 하는 자는 나와 다른 이의 행복을 생각하라.

그런데 이 씨 뿌리기에는 또 다른 측면이 있다. 농부는 모든 씨앗을 땅에 뿌리고 나서 자연에 맡겨야 한다. 탐욕을 부려 씨앗을 쌓아둔다면 씨앗은 곧 썩어버릴 테니 씨앗과 작물을 모두 잃게 될 것이다.

씨앗을 뿌리면 씨앗은 사라지지만 훗날 큰 풍요가 돌아온다. 인생도 마찬가지다. 베풂으로써 얻고 퍼트리면서 부자가 된다. 세상이 받아주지 못해서 자기가 가진 지식을 베풀지 못하노라고 말하는 사람은 그런 지식을 가지지 못했거나 설령 가지고 있다손 치더라도 곧 빼앗기게 될 것이다. 그때껏 빼앗기지 않았다면 말이다. 쌓아두면 잃고 나만 가지고 있으면 빼앗기기 마련이다.

물질적 부를 늘리려는 사람이라도 조촐하나마 자기 자본을 기꺼이 나누고(투자하고) 늘어날 때까지 기다려야 한다. 애지중지하는 돈을 손에서 놓지 못하는 한 가난에서 벗어나지 못할 뿐더러 나날이 더 가난해질 것이다. 결국에는 사랑하는 돈을 잃어버릴 것이다. 늘려보지도 못하고 잃어버릴 것이다. 그러나 지혜롭게 돈을 손에서 놓는다면, 농부처럼 황금의 씨앗을 뿌린다면, 돈이 늘어나기를 묵묵히 기다리며 합리적인 기대를 품을 수 있다.

인간은 신께 평안과 순수, 의로움과 복됨을 주시기를 간구함에도 얻지 못한다. 무슨 까닭일까? 씨앗을 뿌리지 않고 몸소 실천하지 않는 탓이다. 나는 예전에 용서를 구하며 간절히 기도하는 목사를 본 적이 있다. 기도를 마친 그는 곧바로 설교를 전하면서 회중에게 "교회의 적들에게 자비를 베풀지 말라"고 권고했다. 이런 식의 자기기만은 가여울 뿐이다. 평화와 축복을 얻는 길은 평화롭고 축복받은 생각과 말과 행동을 퍼트리는 것임을 이제라도 깨달아야 한다.

인간은 분쟁과 불순함, 배척의 씨앗을 뿌리고는 단지 간구함으로써 평화와 순수, 화합이라는 풍성한 수확을 얻을 수 있다고 믿는다. 여차하면 화를 내고 싸움을 일삼으면서 평화를 달라고 기도하는 사람의 모습보다 더 한심한 광경이 있겠는가? 인간은 뿌린 대로 거둔다. 그러니 이기심을 접어두고 다정함과 온화함, 그리고 사랑의 씨앗을 뿌려라. 그러면 누구든 지금 당장 모든 축복을 거둬들일 수 있다.

누군가 고민하거나 당혹해하거나 슬퍼하거나 불행해한

다면, 그에게 스스로 이렇게 묻게 하라.

나는 지금껏 어떤 마음의 씨앗을 뿌렸는가?
나는 지금 어떤 씨앗을 뿌리고 있는가?
나는 지금껏 다른 사람들을 위해 무엇을 했는가?
나는 다른 사람들을 어떤 태도로 대하는가?
내가 어떤 고난과 슬픔과 불행의 씨앗을 뿌렸기에
이런 쓰디쓴 잡초를 거두어야 하는가?

내면을 돌아보며 자아의 모든 씨앗을 찾아라. 자아의 씨앗은 모두 버리고 **진리**의 씨앗만 뿌려라.

농부로부터 단순한 진리를 배워라.

11

우주의 신성한 질서

물질적인 우주는 힘의 평형에 의해 유지되고 보존된다. 도덕적인 우주는 그에 상응하는 여러 우주의 완벽한 균형에 의해 유지되고 보호된다. 물리적인 세계에서 자연이 진공을 거부하듯이 영적 세계에서 부조화는 폐기된다.

자연의 교란과 파괴의 밑바탕에는, 그리고 그 형상들의 변화 가능성의 이면에는 영원하고 완벽한 수학적 대칭이 존재한다. 삶의 중심에는, 그 모든 고통과 불확실성, 불안 뒤에는 영원한 조화와 중단되지 않는 평화와 침범할 수 없는 정의가 존재한다.

그렇다면 우주에는 불의가 전혀 존재하지 않을까? 그럴

수도 있고 그렇지 않을 수도 있다. 어느 쪽인지는 인간이 세상을 바라보고 판단하는 삶의 종류와 의식 상태에 따라 달라진다. 격정에 사로잡혀 사는 자는 어디에서든 불의를 목도하고 격정을 극복한 자는 인간 삶의 모든 분야에서 정의의 작용을 목격한다. 불의는 혼란스럽고 열병 같은 격정의 꿈이지만, 꿈꾸는 자에게는 충분히 현실적이다. 반면에 자아라는 고통스러운 악몽에서 깨어난 자에게 정의는 찬란하게 보이는 삶의 영원한 현실이다.

신성한 질서는 정열과 자아를 초월해야 비로소 인식할 수 있다. 모든 상처와 부당함을 느끼는 감각이 모든 것을 포용하는 사랑의 순수한 불길 속에서 소멸되어야만 비로소 완전무결한 정의를 파악할 수 있다.

'나는 무시당했다, 상처를 입었다, 모욕을 당했다, 나는 부당한 대우를 받았다'고 생각하는 자는 정의가 무엇인지 알 수 없고, 자아에 눈이 멀어 순수한 **진리의 원리**를 인식할 수 없으며, 자신의 잘못을 곱씹느라 끊임없는 불행 속에서 살아간다.

격정의 영역에서는 힘의 충돌이 끊이지 않고 일어나 그 힘에 휘말리는 모든 이에게 고통을 안긴다. 작용과 반작용, 행위와 결말, 원인과 결과가 존재한다. 이 모든 것의 안쪽과 위쪽에서는 **신성한 정의**가 수학적 정확성을 최대한도로 발휘해 힘의 작용을 조절하고 최고도로 정밀하게 원인과 결과의 균형을 맞춘다. 그러나 분쟁에 뛰어든 자에게는 이 정의가 인식되지 않으며 인식될 수도 없다. 정의를 인식하려면 먼저 치열한 격정의 전쟁에서 멀어져야 한다.

격정의 세계는 분열, 불화, 전쟁, 소송, 비난, 정죄, 불순함, 약섬, 우둔함, 증오, 복수, 분노의 소굴이다. 눈을 멀게 하는 요소들의 치열한 작용에 휘말린 사람이 어떻게 정의를 인식하거나 진리를 이해할 수 있겠는가? 불타는 건물 안에서 화염에 휩싸여 있는 사람이 어떻게 화재의 원인을 추리할 수 있겠는가?

격정의 영역에 선 인간은 다른 사람의 행동에서 불의를 목도한다. 이는 눈앞의 모습만 보고 모든 행위가 원인과 결과로부터 동떨어진 채 홀로 존재한다고 생각하기 때문이다. 도덕적 영역의 원인과 결과를 인식하지 못하는 자는 시시각각 진행되는 엄격하고 균형잡힌 과정을 보지 못한다. 자기 행동은 부당하지 않고 다른 사람의 행동만 부당하다고 여긴다.

소년이 무방비 상태의 동물에게 매질하고, 어른이 무방비 상태의 그 소년을 잔인하다며 매질하고, 더 힘센 어른

이 소년을 잔인하게 매질한 그 어른을 공격하는 것과 같다. 이 모든 이가 제각기 상대는 부당하고 잔인하며 자신은 정의롭고 인도적이라고 믿는다. 무엇보다 소년은 동물에 대한 자신의 행동이 전적으로 필요한 것이었다고 정당화할 것이다. 이렇게 무지는 증오와 분쟁을 부추기고, 인간을 격정과 분노 속에 살게 한다. 무지한 인간은 자신을 맹목적으로 괴롭히고 삶의 참된 길을 찾지 못한다. 증오에는 증오를, 격정에는 격정을, 분쟁에는 분쟁을 되갚는다. 사람을 죽이는 자는 자신도 죽임을 당하고, 남의 것을 빼앗아 살아가는 도둑은 자신도 빼앗기고, 다른 짐승을 잡아먹는 짐승은 사냥을 당해 죽임을 당하고, 고발하는 자는 고발을 당하고, 정죄하는 자는 정죄를 당하고, 매도하는 자는 핍박을 받는다.

이로써 살인자의 칼은 자신을 찌르나니,
부당한 재판관은 그 자신의 변호인을 잃었다.
거짓된 혀는 그 거짓말을 파멸시키고,
몰래 침입하는 도둑과
약탈자는 바치기 위해 빼앗는다.
이것은 법칙이다.

격정 또한 능동적인 면과 수동적인 면이 있다. 바보와 사기꾼, 압제자와 노예, 공격자와 보복자, 협잡꾼과 미혹된 자는 상호보완적이며 정의의 율법이 일으키는 작용에 따라 한데 모인다.

인간은 무의식적으로 고통을 생산하는 과정에 협력한다. "그들은 맹인이 되어 맹인을 인도하는 자로다. 만일 맹인이 맹인을 인도하면 둘이 다 구덩이에 빠지리라.*" 고통, 비통, 슬픔, 불행은 격정의 꽃이 피어난 열매다.

격정에 사로잡힌 영혼은 오로지 불의만 보지만 격정을 정복한 선한 사람은 원인과 결과, 그리고 지고의 정의를 본다. 불의를 보지 않는 이는 결코 부당한 대우를 받는다고 생각하지 않는다. 더 이상 자신을 해치거나 속이지 않는 그는 어떤 사람도 자기를 해치거나 속일 수 없다는 사실을 안다. 아무리 무지막지하게 대해도 그는 고통받지 않는다. 그는 자신에게 닥치는 모든 것이 (학대와 박해마저도) 이미 자신이 내보낸 것의 결과일 뿐임을 알기 때문이다. 그리하여 모든 것을 선으로 여기고, 모든 것을 기뻐하고, 원수를 사랑하고, 나를 저주하는 자들을 만나면 내가 **위대한 율법**에 진 빚을 되갚을 수 있는 유익한 도구라고 생각

* 마태복음 15장 14절-옮긴이

하며 그를 축복한다.

원한, 보복, 이기심, 자만을 모조리 내버린 선한 사람은 평형상태에 도달해 영원하고 **보편적 평형상태**와 동일한 존재가 된다. 맹목적인 격정의 힘에서 벗어난 그는 그 힘을 이해하고 고요히 꿰뚫어보는 통찰로써 관조한다. 마치 산상의 고독한 거주자가 발아래에서 서로 부딪치는 모진 비바람들을 굽어보듯이 말이다. 그에게 불의는 멈추었고 그래서 한편에서는 무지와 고통, 다른 한편에서는 깨달음과 행복을 본다. 바보와 노예는 물론이고 사기꾼과 압제자에게도 동정이 똑같이 필요하다는 것을 알기에 모든 이를 향해 널리 연민을 품는다.

지고의 정의와 **지고의 사랑**은 한 몸이다. 인과는 피할 수 없다. 결과로부터 도망칠 수 없다. 인간은 증오와 원한, 분노와 정죄에 사로잡혀, 꿈꾸는 자로서 불의에 종속되고 불의를 목도하는 것 이외에 달리 할 수 있는 일이 없다. 하지만 자신을 구속하는 격한 요소들을 극복한 자는 절대적인 정의가 만사를 주관하며 우주 전체에 불의란 실상 존재하지 않음을 안다.

12

이성의 쓸모

이성은 눈 먼 안내자라서 인간을 진리로 인도하기보다
는 진리로부터 멀어지게 한다는 말을 들은 적이 있다. 만
일 이 말이 사실이라면 차라리 나부터 비이성적인 사람이
되고 남들에게도 그리하라고 설득하는 편이 더 나을 것이
다. 그러나 우리가 발견한 바로는, 이성이라는 신성한 능
력을 성실히 수양하면 평온과 평정심을 얻고 삶의 문제와
난관에 유쾌하게 대처할 수 있다.

이성보다 더 숭고한 빛이 존재하며 심지어 진리의 영혼
자체에도 빛이 있다는 것은 사실이지만 이성의 도움이 없

다면 이는 불가능한 일이다. 이성의 등불을 손질하지 않는 자는 결코 진리의 빛을 인식하지 못한다. 이성의 빛이 그 **빛**의 반영인 까닭이다.

이성은 순전히 추상적인 자질이며 인간의 동물적 의식과 신성한 의식의 중간에 존재한다. 그렇기 때문에 이를 올바르게 사용하면 한쪽의 어둠에서 반대쪽의 빛으로 인도될 것이다. 사실 이성을 동원해 천박하고 이기적인 자아를 추구하는 본성을 도울 수 있으나 이는 이성을 편파적이고 불완전하게 행사할 때 따르는 결과에 지나지 않는다. 이성을 온전히 개발한다면 이기적인 본성에서 벗어나 궁극적으로 영혼을 가장 숭고한 것, 다시 말해 신성한 것과 하나가 되도록 이끌 것이다.

완벽한 삶의 **성배**를 찾아 나서서 몇 번이고 '홀로 남겨져 모래와 가시덤불의 땅에서 지쳐가는' 영적인 퍼시벌*이 그렇게 궁지에 빠진 것은 이성을 따랐기 때문이 아니라 자신의 천박한 본성의 잔재에 여전히 집착해서 단념하지 못했기 때문이다. 이성의 빛을 횃불로 삼아 진리를 찾는 자가 종국에 쓸쓸한 어둠 속에 남겨질 일은 없을 것이다.

---

* Percival, 아서왕 전설에서 성배를 찾기 위한 여정에 참여한 인물로 매우 유명한 원탁의 기사-옮긴이

여호와께서 말씀하시되 오라 우리가 서로 변론하자. 너희의 죄가 주홍 같을지라도 눈과 같이 희어질 것이요, 진홍 같이 붉을지라도 양털 같이 희게 되리라.*

많은 사람이 이성을 거부한 탓에 이루 말할 수 없는 고통을 겪고 마침내는 죄 속에서 죽음을 맞이한다. 희미한 이성의 빛까지도 모조리 쫓아버릴 수 있는 어두운 망상에 집착하기 때문이다. 그러니 죄와 고통의 주홍 옷을 결백함과 평화의 흰 옷으로 바꾸려면 누구든 이성을 자유롭게, 완전하게, 충실하게 사용해야 한다.

사람들에게 '밝은 이성이 따르고 부드러운 정적이 가라앉는 중도를 밟으라'고 간곡히 권하는 것은 우리가 이 진리들을 인식하고 이미 증명했기 때문이다. 그것은 이성이 정열과 이기심에서 벗어나 다정한 설득과 온화한 용서의 고요한 길로 인도하고, 그래서 결코 길을 잃지도, "모든 것을 증명하고 선한 것을 단단히 붙잡으라"는 사도의 명령을 충실히 따르는 눈 먼 인도자를 따르지도 않을 것이기 때문이다. 따라서 이성의 빛을 멸시하는 자는 **진리의 빛**을 멸시한다.

---

* 이사야 1장 18절-옮긴이

이성은 아무래도 하나님의 존재를 부정하는 태도와 밀접한 관계가 있다고 이상한 착각에 사로잡힌 사람이 많다. 이는 십중팔구 하나님이 존재하지 않는다고 증명하려는 사람들이 대개 이성에 근거해 의견을 주장하는 반면에 이를 반증하려는 사람들은 대개 믿음에 근거해 의견을 주장하기 때문이다. 그러나 논쟁을 좋아하는 그런 싸움꾼들은 흔히 이성이나 믿음보다는 오히려 편견에 지배를 당하며 그들의 목표는 진리를 찾는 것이 아니라 선입견을 옹호하고 확인하는 것이다.

이성은 일시적인 의견이 아니라 만물에 대한 확고한 진리와 연결되어 있다. 따라서 순수하고 탁월한 이성의 능력을 소유한 자는 결코 편견의 노예가 될 수 없고 모든 선입견을 쓸모없다고 여길 것이다. 그는 증명하거나 반증하려 하지 않지만 극단에 있는 것들의 균형을 맞추고 모든 명백한 모순을 한데 모은 다음 신중하고 냉철하게 저울질하고 검토함으로써 진리에 이른다.

이성은 순수하고 온화하며 온건하고 정의로운 모든 것과 연관되어 있다. '비이성적'이란 폭력적인 사람을 이르는 말이고, '이성적'이란 친절하고 사려 깊은 사람을 이르는 말이며 '이성을 잃었다'는 제정신이 아닌 사람을 이르는 말이다. 따라서 이 단어는 설령 사용하는 사람이 전혀 의식하지 못해도 상당히 포괄적인 의미로 사용되는 것처럼 보인다. 사실 그 자체로 사랑과 배려, 온화함과 온건함은 아니지만 이성은 이런 신성한 자질들로 이어지고 밀접한 관계가 있다. 따라서 학술적인 분석이 목적이 아니라면 결코 이것들과 분리될 수 없다.

이성은 인간의 숭고하고 고귀한 모든 것을 대변한다. 그것은 맹목적으로 동물적 성향을 따르는 야만성과 구별되며 인간의 야만성은 오로지 그가 얼마만큼 이성의 목소리를 거스르고 자아의 성향을 따르는지를 기준으로 가늠된다. 밀턴은 이렇게 말했다.

복종되지 않고 흐려진 인간의 이성,
과도한 욕망,
그리고 갑자기 끓어오르는 격정이
통치체계를 사로잡자마자
그때껏 자유로웠던 인간은
이성에서 예속으로 전락한다.

누탈 사전Nuttall's Dictionary에 실린 '이성'의 정의를 보면 이 단어가 얼마나 포괄적으로 쓰이는지 알 수 있다.

어떤 말이나 행동의 원인이나 근거, 원리, 동기; 결과를 발생시키는 원인; 최종적인 원인; 인간 지성의 능력; 특히 절대 진리에 도달하는 수단이 되는 능력.

따라서 '이성'이라는 용어는 진리 자체까지 포괄할 만큼 그 폭이 넓다. 트렌치 대주교Archbishop Trench는 그의 유명한 작품인 『말의 연구에 관하여On the Study of Words』에서 이성과 말씀이라는 용어가 '본질적으로 하나이고 동일하여 그리스어에는 그 두 가지를 뜻하는 한 단어가 있고' 따라서 **하나님의 말씀**은 **하나님의 이성**이라고 전한다.

노자의 '도道'를 번역한 한 단어가 이성이며, 영국 신약 성경의 중국어 번역본에서 요한복음은 "태초에 길이 계시니라*"는 글귀로 시작한다.

미숙하고 자비롭지 못한 사람에게는 모든 단어가 좁은 의미로 쓰이지만 공감의 범위를 넓히고 지성을 확장하면 단어는 풍부한 의미로 가득 차고 포괄적인 차원을 얻게 된다. 그러니 말에 대한 어리석은 다툼은 멈추고 이성적인 존재처럼 원리를 찾아 화합과 평화를 이루는 것들을 실천하자.

---

* 한국어 번역본은 "태초에 말씀이 계시니라"로 시작한다.-옮긴이

13

자기훈련을 통해 온전해지기

자신을 단련하지 않는 인간은 그저 존재할 뿐 살아 있
다고 할 수 없다. 짐승처럼 욕망을 채우고 본인의 성향이
이끄는 대로 따른다. 자신이 스스로 무엇을 빼앗고 있는지
를 의식하지 못해서 행복해하는 짐승처럼 그는 행복해한
다. 짐승이 고통에서 벗어나는 길을 몰라서 괴로워하듯이
괴로워한다. 삶을 지적으로 성찰하지 않고 어떤 핵심 개념
이나 원칙과 무관한 일련의 감각과 갈망, 혼란스러운 기억
속에서 살아간다.

내면의 삶이 다스려지지 않고 뒤죽박죽인 사람은 세상

에 나가 외적인 삶의 가시적인 조건 속에서 이런 혼란을 드러내기 마련이다. 한동안은 욕망의 흐름에 따라 내달리며 외적인 삶의 필수요소와 즐거움을 어느 정도 끌어들이겠지만 결코 참된 성공에 이르거나 참된 선을 성취하지 못한다. 나아가 외적인 삶을 이루는 정신의 힘을 적절하게 조정하고 조절하지 못한 내적 실패의 직접적인 결과로서 머지않아 속세의 실패와 재난을 면할 수 없다.

세상에서 영속적인 성격을 가진 무언가를 성취하려면 무엇보다 먼저 자신의 마음을 어느 정도 성공적으로 관리해야 한다. '삶의 문제는 마음에서 비롯되니'라는 구절은 2 더하기 2가 4라는 것만큼이나 자명한 이치다. 내면의 힘을 다스리지 못하면 눈에 보이는 삶을 구성하는 외면의 활동을 탄탄히 통제할 수 없다. 그런 한편 자신을 성공적으로 다스리면 세상에 나가 힘과 쓸모, 성공의 사다리에서 점점 더 높이 올라갈 수 있다.

짐승의 삶과 자기훈련을 게을리 하는 인간의 삶에 차이점이 있다면 더 다양한 욕망을 가진 인간이 더 강도 높은 고통을 경험한다는 사실뿐이다. 그런 인간은 자제력, 순수함, 인내, 그리고 삶을 구성하는 더욱 고귀한 모든 자질을 진정으로 깨닫지 못하니 죽은 것이나 다름없다.

인간은 자기훈련을 실천함으로써 비로소 살기 시작한

다. 그제야 내면의 혼란을 극복하고 내면의 확고부동한 중심에 맞춰 행동을 조정하기 때문이다. 자신의 성향이 이끄는 곳으로 따라가지 않고 욕망이라는 말의 고삐를 틀어잡으며 이성과 지혜의 명에 따라 살아간다. 지금껏 그의 삶은 목적이나 의미가 없었지만 이제 그는 자신의 운명을 의식적으로 개척하기 시작한다. 그렇게 해서 '옷을 입고 정신이 온전해*'진다.

자기훈련은 세 단계를 거친다.

1. 통제
2. 정화
3. 포기

인간은 여태껏 자신을 지배했던 격정을 통제함으로써 자기훈련의 첫걸음을 내딛는다. 유혹에 저항하고 그토록 편안하고 자연스러우며 그때껏 나를 지배했던 이기적인 만족으로 향하는 모든 경향으로부터 나를 지킨다. 이제부터는 식욕을 복종시키고 음식을 선택할 때 절제와 신중함을 실천하며 이성과 책임감을 갖춘 존재로서 음식을

* 누가복음 8장 35절-옮긴이

먹는다.

이때 내 몸을 한 인간으로 살고 행동하기 위한 순수한 도구로 만듦으로써 더 이상 미각적 쾌락에 탐닉해 그 몸을 타락시키지 않겠다는 목표를 세운다. 자신의 혀와 성질, 그리고 사실상 모든 동물적 욕망과 경향을 견제하고 내면의 확고한 중심을 기준으로 행동한다. 이는 과거에 그랬듯이 안으로부터 밖을 향해 살기보다는 밖으로부터 안을 향해 사는 과정이다. 그는 이상을 구상하고, 마음속의 성스러운 은신처에 그 이상을 소중히 간직하고, 그 이상의 집행과 요구에 따라 행동을 조절한다.

한 철학적 가설에 따르면, 우주의 각 원자와 원자 집합체의 중심에는 모든 우주적 활동의 근원인 움직이지 않는 중심이 존재한다. 모든 사람의 마음속에는 분명 이타적인 중심이 존재하고 이 이타적인 중심이 없다면 외부인이 존재할 수 없으며 이를 무시하면 고통과 혼란이 따른다. 마음속에서 이타심과 오점 하나 없는 순수함이라는 이상의 형태로 나타나 이를 성취하려는 이 이타적인 중심이야말로 격정의 폭풍과 천박한 본성의 모든 상충적인 요소에서 멀어지는 영원한 피난처다.

인간은 *자제*를 실천하면서 내면의 현실에 점점 가까워지고 격정과 비통, 쾌락과 고통에 흔들리는 일이 점점 적어지며 굳건하고 고결한 삶을 살면서 인간다운 힘과 인내를 발현한다. 그러나 격정을 억제하는 것은 자기 단련의 초기 단계일 뿐이고 정화의 과정이 곧 뒤를 잇는다. 이 과정을 통해 인간은 가슴과 머리로부터 격정을 완전히 몰아낸다. 격정이 일어날 때 그저 그것을 억제하는 것이 아니라 애초에 일어나지 못하도록 예방한다. 단순히 격정을 억제하는 것만으로는 결코 평화에 도달할 수 없고 이상을 실현할 수 없다. 반드시 격정을 정화해야 한다.

인간은 천박한 본성을 정화함으로써 강하고 존엄해지며 내면의 이상적인 중심 위에 굳건히 서서 모든 유혹을 무력하고 헛되게 만든다. 신중한 배려와 진지한 명상, 거룩한 열망을 통해 이런 정화에 이른다. 성공에 이르면 마음과 삶의 혼란은 사라지고 마음의 평온과 영성을 얻은 행동이 보장된다.

참된 힘과 권세, 그리고 쓸모는 자기정화에서 탄생한다. 정화를 통해 미개한 동물적인 힘이 지적 에너지와 영적 에너지로 모습을 바꾸기 때문이다. 순수한(생각과 행동이 순수한) 삶은 에너지를 보존하는 삶이고, 비록 불순함이 생각의 테두리를 벗어나지 않을지라도 불순한 삶은 에너지를 낭비하는 삶이다. 순수한 사람은 불순한 사람보다 더 유능하고, 그렇기 때문에 계획을 성공적으로 실행하고 목적을 달성하기에 적합하다. 불순한 사람이 실패하는 일에 순수한 사람이 뛰어들어 승리를 거둘 수 있다. 이는 그가 더 차분한 마음과 더 분명하고 강력한 목적의식으로써 자신의 에너지를 이끌기 때문이다.

순수함이 성장함에 따라 강하고 고결한 인간성을 구성하는 모든 요소가 점점 힘을 키우며 발전한다. 그리고 자신의 천박한 본성을 복종시키고 격정이 그의 명에 따르게 만들듯이 인간은 삶의 외적 환경을 창조하고 다른 이들에게 선한 영향을 끼칠 것이다.

자기훈련의 마지막 단계인 포기는 천박한 욕망과 불순하고 하찮은 모든 생각을 마음에서 떨쳐버리고 전혀 받아들이지 않으며 소멸하도록 내버려두는 과정이다. 누군가 더 순수해지면 인간이 부추기지 않는 한 모든 악은 무력하다는 사실을 스스로 인식한다. 그래서 악을 무시하고 그것이 내 삶을 지나쳐나가도록 내버려둔다. 이 같은 자기훈련을 추구함으로써 신성한 삶으로 들어가 그것을 실현하고 지혜, 인내, 무저항, 연민, 사랑처럼 확실하게 신성한 자질을 발현한다. 또한 인간은 이런 삶에서 의식적으로 불멸의 존재가 되어 삶의 모든 부침과 불확실성을 초월하고 결코 변하지 않는 지적인 평화의 품에서 살아간다.

스스로 단련하지 않으면 갈수록 천박해져서 짐승에 점점 가까워지고 마침내 스스로 판 오명의 수렁에 빠져 길을 잃은 피조물처럼 굴복하고 만다. 반면에 스스로 단련한다면 갈수록 숭고해져서 거룩함에 점점 가까워지고 마침내 신성한 존엄성, 구원받은 영혼 속에서 순수함의 광채로써 찬란하게 올곧이 서게 된다. 스스로 단련하면 살 것이요, 스스로 단련하지 않으면 멸망할 것이다.

정성스러운 가지치기와 보살핌을 받으면서 나무가 아름답고 건강해지고 풍성한 열매를 맺듯이, 사람 역시 마음에서 악의 가지를 모두 잘라내고 끊임없이 무한히 노력함으로써 선을 가꾸고 발전시키며 삶의 은혜와 아름다움 속에서 성장한다.

인간이 연습을 통해 자기 기술에서 능숙해지듯이 성실한 사람은 선과 지혜에 능숙해진다. 초기 단계에는 자기훈련이 고통스럽고 지긋지긋하며 욕망에 굴복하는 편이 달콤하고 매력적으로 보이는 탓에 인간은 자기훈련을 멀리한다. 하지만 욕망의 끝은 어둠과 불안이며 훈련의 열매는 불멸과 평화다.

숭고한 삶을 향한 결단

결단은 개인의 발전에 원동력이자 추진력이 된다. 결단이 없다면 실질적인 결실을 맺을 수 없다. 인간은 삶에서 결단을 발휘해야만 의식적으로 빠르게 발전한다. 결단이 없는 삶은 목표가 없는 삶이고 목표가 없는 삶은 정처 없이 표류하는 불안정한 삶인 까닭이다.

결단은 대개 고귀한 목표와 고상한 이상의 동반자이다. 그래서 이제 결단을 가장 잘 활용하고 적용할 방법을 살펴보고자 한다.

결단을 내린다는 것은 현재 상태에 만족하지 않고, 자신의 품성과 삶을 구성하는 정신적 재료로써 자신을 다스려, 더 나은 작품을 창조하기로 마음먹는다는 의미다. 결단을 충실히 지킨다면 목적을 성공적으로 달성할 것이다.

성자들의 서원은 자아에 대한 승리를 향한 신성한 결심이며 성자들의 훌륭한 업적과 **거룩한 스승들**의 영광스러운 정복은 확고부동한 결단을 추구함으로써 가능해지고 실현되었다.

지금까지보다 더 숭고한 길을 걷겠다는 굳은 결심에 도달하면, 설령 그 길에 극복해야만 하는 큰 난관들이 도사리고 있더라도, 그 길에 첫 걸음을 내딛을 수 있으며 어두운 길목에 다다를 때 성공이라는 황금빛 후광으로 길목을 밝힐 수 있다.

참된 결단을 내린다면 긴 생각이나 오랜 투쟁, 혹은 열렬하지만 충족되지 못한 열망은 위기를 맞는다. 참된 결단은 가벼운 것이나 변덕스러운 충동, 막연한 욕망이 아니라 마음에 품은 고상한 목적을 완벽하게 성취할 때까지 휴식을 취하거나 노력을 멈추지 않겠다는 엄숙하고 항구적인 결심이다. 미적지근하고 성급한 결단은 결코 결단이 아니다. 이런 결단은 난관에 부딪치면 산산이 부서진다.

결단을 내릴 때는 서두르지 말아야 한다. 내 입장을 꼼꼼히 검토하고 내 결정과 관련된 모든 상황과 어려움을 고려하며 그에 대처할 준비를 완벽하게 끝내야 한다. 내 결심의 본질을 완전히 이해하고, 마침내 마음을 결정하고, 문제에 두려움과 의심이 품고 있지는 않은지 확인해야 한다. 그렇게 마음의 준비를 마치면 이미 내린 결단에서 벗어나지 않을 것이다. 그리고 결단에 힘입어 때가 되면 확고한 목적을 달성할 것이다.

더 숭고한 길을 걷겠다고 결단을 내리는 순간 곧바로 유혹과 시련이 시작된다. 더 참되고 고상한 삶을 살기로 결심하자마자 결단을 고수하기 어려울 만큼 새로운 유혹과 난관이 홍수처럼 밀려오고, 이에 압도당해 결단을 거둬들이게 된다. 그러나 이런 유혹과 시련은 이미 결심한 갱생 작업에 반드시 따르는 부분이다. 결단이 제 역할을 다하려면 이들을 마치 친구처럼 환영하고 용기를 내어 마주해야 한다.

결단의 본질은 무엇일까? 결단이란 행위의 특정한 흐름을 불현듯 점검하고 완전히 새로운 물길을 열려는 노력이 아닐까?

세차게 흐르는 하천의 흐름을 다른 방향으로 바꾸기로 결정한 엔지니어를 떠올려보라. 그는 먼저 새로운 물길을 내고 자신의 과업을 수행하는 과정에 실패하지 않도록 모든 예방 조치를 취한다. 그러나 새로운 물길로 하천을 유도하는 가장 중요한 임무에 이르면 작업을 성공적으로 완수하기 위해 인내심과 주의력, 기술을 모조리 끌어모아야 할 것이다. 긴긴 세월 동안 꾸준히 익숙한 경로를 흘러온 물의 힘을 다루기가 어려워질 테니 말이다.

행동 방향을 더 숭고한 방향으로 바꾸기로 결정한 사람도 마찬가지다. 새로운 물길을 내겠다고 마음을 다잡은 그는 (지금껏 아무런 방해를 받지 않고 흘러온) 정신력을 새로운 경로로 바꾸는 작업을 진행한다. 이 작업을 시도하자마자 억제된 에너지가 지금껏 알려지거나 마주친 적이 없는 강력한 유혹과 시련의 형태로 나타나기 시작한다.

똑같은 법칙이 마음에도 존재한다. 이미 확립된 사물의 법칙을 개선할 수는 없지만 불평을 늘어놓으며 상황이 달라지기를 바라기보다는 그 법칙을 이해하고자 노력할 수 있다. 마음의 갱생과 관련된 것을 속속들이 아는 사람은 '환난 중에도 즐거워하며*' 환난을 통과해야만 힘을 얻고 마음의 순수함을 얻으며 평화에 이를 수 있음을 깨달을 것이다. 그리고 마침내 (어쩌면 수많은 실수와 실패를 거듭한 끝에) 엔지니어가 더 넓고 멋진 물길로 강물을 잔

---

* 로마서 5장 3절-옮긴이

잔히 흘러 보내는 데 성공한 덕분에 물의 난기류가 사라지듯, 결단하는 사람도 마침내 본인이 열망하는 더 멋지고 고귀한 길로 생각과 행동을 이끄는 데 성공하며, 그러면 유혹과 시련이 확고부동한 힘과 영원한 평화에 자리를 내줄 것이다.

삶이 양심과 조화를 이루지 못해 마음과 행동을 특정한 방향으로 바꾸고자 하는 자는 먼저 진지한 생각과 자기 성찰로써 목적을 완성하라. 최종 결론에 도달했다면 결단을 굳혀라. 그런 다음에는 그 결단에서 벗어나지 마라. 어떤 상황에서든 결심을 충실히 지켜라. 그러면 그 훌륭한 목적을 반드시 달성할 것이다.

위대한 율법은 그의 죄가 아무리 중하고 그의 실패와 실수가 아무리 크고 많더라도 마음 깊은 곳에서 더 나은 길을 발견하기로 결심한 자를 언제나 감싸고 보호한다. 그러면 모든 장애물은 마침내 흔들리지 않는 성숙한 결단 앞에서 길을 내주어야 할 것이다.

죄에서 벗어나 진리를 깨닫기

자아를 정복해야만 진리를 깨달을 수 있다. 천박한 본성을 극복해야만 축복에 도달할 수 있다. 인간의 자아는 진리의 길을 가로막으며, 인간을 방해하는 유일한 적은 자신의 격정과 미혹 뿐이다. 이를 깨닫고 마음을 정화해야만 비로소 인식과 평화로 향하는 길을 찾을 수 있다.

격정을 초월해야 비로소 진리를 깨달을 수 있다. 이것은 **신성한 법칙**이다. 격정과 진리를 동시에 가질 수는 없다.

어느 정도이든 간에 성공을 거두려면 흔들리지 않는 믿음과 확고한 의지를 가지고 매일, 매시간 정진해야 한다. 이는 나무의 성장과 마찬가지로 순차적인 단계가 있는 질서정연한 성장의 과정이다. 나무를 정성껏 참을성 있게 가꾸어야 열매를 맺을 수 있듯 올바른 생각과 행동이 성장하도록 성실하고 참을성 있게 마음을 훈련해야 신성함을 갖춘 순수하고 만족스러운 열매를 얻을 수 있다.

(모든 나쁜 습관과 특정한 형태의 그릇된 행동을 포함한) 격정을 극복하는 과정은 다섯 단계로 구성된다.

1. 억제
2. 인내
3. 제거
4. 이해
5. 승리

인간이 죄를 극복하지 못하는 것은 출발점을 잘못 선택하기 때문이다. 앞의 네 단계를 거치지 않고 승리의 단계에 도달하기를 원한다. 이런 사람은 나무를 보살피지 않고 맛있는 열매를 맺으려는 정원사와 다름없다.

억제는 (이를테면 감정 폭발, 성급하거나 불친절한 말, 이기적인 방종 등)그릇된 행동을 견제하고 통제해 실제로 발현되도록 허용하지 않는 것이다. 정원사가 나무에서 쓸모없는 싹과 가지를 잘라내는 것과 같다. 필요하지만 고통스러운 과정이다. 이 과정을 거치는 동안 나무는 피를 흘리니 너무 가혹하게 잘라내서는 안 된다. 격정을 격정으로 갚지 않을 때, 격정 자체를 옹호하고 정당화하기를 멈출 때 마음 또한 피를 흘린다. 이것이 바로 사도 바울이 말하는 '지체들을 죽이는*' 과정이다.

그러나 이 억제는 자기 정복의 시작점에 지나지 않는다. 그것이 그 자체로 목적이 되고 마침내 마음을 정화한다는 목표가 없다면 이는 위선의 단계나 다름없다. 참된 본성을 숨기고 다른 사람에게 내 참모습보다 더 그럴듯하게 보이려고 애쓰는 것이다. 이런 경우라면 그것은 악이지만 완전한 정화를 향한 첫 단계로 이를 선택할 때라면 선이다.

억제를 실천하면 인내나 자제의 두 번째 단계로 넘어간다. 인내란 나에 대한 다른 사람들의 특정한 행동과 태도를 접할 때 마음에 일어나는 고통을 묵묵히 견디는 것이다. 이 단계에서 성공을 거둘 때 노력하는 자는 내 모든 고통이 나에 대한 다른 사람의 그릇된 태도가 아니라 실은 내 약점에서 생긴 것이고 전자는 내 죄를 표면으로 가져와 내게 드러내는 수단일 뿐임을 깨닫는다. 그렇게 자신의 타락과 그릇된 행동을 다른 모든 사람의 탓으로 떠넘기는

---

* 골로새서 3장 5절의 변형-옮긴이

일을 거두고, 오로지 나만을 비난하면서 본의 아니게 내 죄와 단점을 드러내는 사람들을 사랑하게 된다.

스스로 십자가에 못 박히는 이 두 단계를 통과한 이는 세 번째 단계인 *제거* 단계로 들어간다. 여기에서는 그릇된 행동의 이면에 숨은 그릇된 생각이 고개를 드러내자마자 곧바로 마음에서 쫓아낸다. 이 단계에서 의식적인 힘과 거룩한 기쁨이 고통을 대신하기 시작하고 마음이 비교적 고요해지면 자기 마음의 복잡성을 더 깊이 통찰하고 죄의 시작과 성장, 작용을 이해하게 된다. 이것이 *이해*의 단계다.

이해의 완성은 최종적인 자아 정복, 더 이상 죄가 생각이나 인상으로 마음속에 떠오를 수 없을 만큼 완전한 정복으로 이어진다. 죄에 대한 인식이 완성되면, 마음의 씨앗으로 시작해서 행동과 결과로서 무르익은 결실에 이르기까지 죄를 통째로 알게 되면, 죄는 더 이상 삶에서 설 자리를 얻지 못하고 영원히 버려진다. 그렇게 해서 마음은 평화를 얻는다. 다른 사람의 그릇된 행동이 더 이상 사도의 마음에 잘못과 고통을 불러일으키지 않는다.

사도는 기쁘고 평온하며 지혜롭다. 그는 **사랑**으로 충만하고 축복이 그와 함께 머문다. 이것이 바로 승리다!

만족을 아는 사람

'진보 사상 학파Advance Thought School'라고 불리는 이들조
차 흔히 긍정적인 영적 미덕이나 원칙을 부정적인 동물적
악덕과 혼동한다. 비판과 비난에 소중한 에너지를 많이 낭
비한다. 조금만 차분히 이성적으로 생각했다면 비판과 비
난마저 더 위대한 빛을 얻고 사랑을 더 폭넓게 베풀 계기
로 삼았을 것이다.

얼마 전 나는 '사랑'의 가르침에 대한 격렬한 공격성 글
을 접했는데, 그 글에서 필자는 그런 가르침을 나약하고
어리석으며 위선적이라고 비난했다. 두말할 필요도 없이
그가 '사랑'이라고 비난한 것은 그저 *나약한 감정과 위선*

이었다.

'온유함'을 비난하는 작가는 자신이 온유함이라고 표현한 것이 실상 비겁함이라는 사실을 알지 못했다. 또 다른 작가는 고통스럽고 위선적인 구속을 순수함의 미덕과 혼동하며 '순수함'을 '올가미'라고 공격했다. 바로 얼마 전 내게 긴 편지를 보낸 한 기자는 '만족'이 악덕이고 이루 헤아릴 수 없는 악의 근원임을 증명하고자 온갖 수고를 마다하지 않았다.

이 기자가 '만족'이라고 표현한 것은 당연히 동물적인 무관심이다. 무관심의 정신은 진보와 양립할 수 없으나 만족의 정신은 가장 숭고한 형태의 활동, 즉 참된 진보와 발전을 수반할 수 있다. 나태는 무관심과 쌍둥이 자매이지만 쾌활하고 준비된 행동은 만족의 친구다. 머리는 지각하고 가슴은 만사에 자애로운 법의 인도를 받도록 훈련받는다면, 만족은 훗날 고상하고 영적인 단계로 발전하는 덕목이 된다.

만족하는 것은 노력을 포기하는 것이 아니라 불안으로부터 노력을 해방시킨다는 뜻이다. 죄와 무지, 어리석음에 만족하는 것이 아니라 본분을 다하고 일을 성취한 다음 흐뭇하게 안식을 취한다는 뜻이다.

비굴한 삶을 살며 죄와 빚에서 벗어나지 못하는 것에 만족하는 사람이 있다. 하지만 실상 이런 사람은 본분과 도리, 다른 인간들의 정당한 주장에 무관심한 상태다. 그를 진정으로 만족의 미덕을 소유자라고 말할 수 없다. 그는 능동적인 만족에 따르는 순수하고 지속적인 기쁨을 경험하지 못한다. 그의 참된 본성을 생각하면 그는 잠자는 영혼이며, 조만간 격렬한 고통을 느끼면서 눈을 뜰 것이다. 그렇게 고통을 겪고 나면 정직한 노력과 참된 삶의 결과인 참된 만족을 발견할 것이다.

인간은 모름지기 세 가지에 만족해야 한다.

1. 무슨 일이 일어나든 간에 만족해야 한다.
2. 자신의 친구와 소유물에 만족해야 한다.
3. 자신의 순수한 생각에 만족해야 한다.

무슨 일이 일어나든지 만족하면 슬픔을 피할 수 있다. 친구와 소유물에 만족하면 불안과 비참함을 피할 수 있다. 순수한 생각에 만족하면 다시는 불순함 속에서 괴로워하고 굴복하지 않을 것이다.

인간은 모름지기 세 가지에 만족하지 말아야 한다.

1. 자신의 의견에 만족하지 말아야 한다.

2. 자신의 품성에 만족하지 말아야 한다.

3. 자신의 영적 조건에 만족하지 말아야 한다.

자신의 의견에 만족하지 않으면 지속적으로 지성을 키울 것이다. 자신의 품성에 만족하지 않으면 강점과 덕을 끊임없이 기를 것이다. 자신의 영적 상태에 만족하지 않으면 매일 더 큰 지혜와 더 충만한 축복 속으로 들어갈 것이다. 요컨대 인간은 만족해야 하지만 책임을 지는 영적인 존재로서 발전하는 과정에 무관심하지 말아야 한다.

만족하는 사람은 활기차고 성실하게 일한다. 처음에는 만사가 무탈하다고 믿지만 나중에는 깨달음이 커짐에 따라 노력에 상응하는 결과를 얻을 것임을 인식하면서 어떤 결과든 간에 평온한 마음으로 받아들인다. 얼만큼의 물질적인 소유물을 얻든 간에 그것은 탐욕과 불안, 다툼이 아니라 올바른 생각과 지혜로운 행동, 순수한 노력의 결과물이다.

이상을 현실로 만드는
형제애

보편적 형제애는 지고한 **인류의 이상**이며, 세계는 느리지만 확실하게 그 이상을 향해 움직이고 있다.

오늘날, 전례 없이, 수많은 성실한 사람이 이 이상을 실체적인 현실로 만들고자 노력하고 있다. 우애가 곳곳에서 생겨나고 전 세계의 **언론과 설교단**에서 **인간의 형제애**를 전도하고 있다.

그런 온갖 노력에서 이타적인 요소들은 인류에게 큰 영향을 미치고 있으며, 그 영향은 고귀한 열망의 목표를 향한다. 그러나 불행이도 이상적인 국가는 아직 발현되지 않았고 형제애를 전파할 목적으로 결성된 집단들은 내부 불화로 말미암아 잇달아 산산조각이 나는 중이다.

인류는 스스로 갈망하는 형제애를 실현하지 못한다. 심지어 형제애를 위해 열성적으로 노력하는 사람들조차 실패한다. 이는 형제애의 순수한 영적 본질을 인식하지 못하고, 완전한 화합에 필요한 개별적인 행동 과정뿐만 아니라 관련 원칙들을 이해하지 못하는 탓이다.

어떤 목적을 위해 한데 뭉치는 사람들의 마음속에 어느 정도의 에고티즘이 득세하는 한 인간의 한 조직체로서의 형제애는 존재할 수 없다. 이는 에고티즘이 결국 '사랑이 깃든 화합'이라는 **호지 아니한 겉옷***을 지어야하기 때문이다. 비록 조직된 형제애가 여태껏 대체로 실패했어도 누군가는 형제애를 완벽한 형태로 구현하고 가장 아름답고 완전한 형제애를 인식한다. 그러려면 지혜롭고 순수하며 사랑이 깃든 영혼으로 거듭나 분쟁의 모든 요소를 마음에서 제거하고 그 신성한 자질들을 실천하는 법을 배워야 한다. 형제애가 없다면 이 자질들은 그저 단순한 이론이나 의견, 혹은 환상적인 꿈에 지나지 않는다.

형제애란 처음에는 영적인 것이기에 자연스러운 귀결

---

* 요한복음 19장 23~24절에 나오는 이야기로, 통으로 짠 속옷과 겉옷이란 속에 감추어지거나 표면적으로 드러난 예수 그리스도의 말씀을 의미한다.-옮긴이

로서 세상에 외적으로 발현되어야 한다.

영적 실체인 형제애는 개개인이 스스로 발견해야 하며 그 영적 실체를 발견할 수 있는 유일한 장소인 *자기 안에서* 찾을 수 있다. 그리고 그것을 선택할지 거부할지는 개인에게 달려 있다.

인간의 마음에는 형제애를 파괴하고 형제애를 이해하는 길을 가로막는 네 가지 주요 경향이 존재한다.

- 교만
- 자기애
- 증오
- 정죄

이런 경향이 존재하는 곳에 형제애란 있을 수 없고, 이것들이 좌지우지하고 불화가 지배하는 곳이라면 어디를 막론하고 형제애가 실현되지 않는다. 이것들은 본질적으로 어리석고 이기적이며 항상 혼란과 파괴를 일으키기 때문이다. 사람의 마음을 오염시키고 세상을 고통과 슬픔으로 가득 채우는 거짓된 행동과 조건이라는 독사의 자식들이 이 네 가지 경향으로부터 기어 나온다.

교만의 영혼으로부터 시기와 분노, 독선이 나온다. 교만은 다른 사람의 지위나 영향력, 선함을 시기하고 '나는 상대방보다 더 자격이 있다'고 생각한다. 다른 사람의 행동에 원망할 기회를 끊임없이 찾고 "나는 무시당했다", "모욕을 당했다"고 말하며 자신의 탁월함만 생각하고 다른 사람의 탁월함을 보지 못한다.

자기애의 영혼으로부터 에고티즘과 권력욕, 폄하와 경멸이 나온다. 그것은 자기애에 따라 움직이는 인물을 찬미하고, 실질적인 존재가 없고 어리석은 꿈과 망상에 불과한 '나', 즉 '자아'를 예찬하고 미화하기에 여념이 없다. 다른 사람보다 우월하기를 원하고 '나는 위대하다', '나는 다른 사람보다 더 중요하다'고 생각한다. 또한 다른 사람들을 폄하하고 경멸하며 그들에게서 아름다움을 보지 못한 채 자기의 아름다움만 생각하기에 여념이 없다.

증오의 영혼으로부터 중상모략, 잔인함, 욕설, 분노가 나온다. 증오는 그것에 악을 더함으로써 악을 이기려고 노력한다. "이 사람이 내 흉을 보았으니 내가 흉을 더 많이 봐서 본때를 보여주겠다"는 식이다. 증오는 잔인함을 친절로 착각하고 증오의 소유자가 자신을 책망하는 친구를 욕하게 만든다. 신랄하고 반항적인 생각으로 분노의 불길을 부채질한다.

정죄의 정신에서 비난, 거짓된 동정, 거짓된 판단이 나온다. 그것은 악에 대한 생각을 주식으로 삼으니 선을 보지 못한다. 오로지 악을 보는 눈만 있어서 거의 모든 사물과 사람에게서 악을 발견한다. 옳고 그름에 대해 자의적인 기준을 세워 다른 사람을 판단하고 '이 사람은 내가 원하는 대로 행동하지 않으니 악한 사람이고 그래서 나는 그를 비난할 것이다'라고 생각한다. 정죄의 영혼은 너무나 맹목적이기 때문에 정죄의 소유자는 자신을 판단하지 못하고 스스로 온 천지의 심판자가 된다.

이런 네 가지 경향에서는 형제애의 어떤 요소도 나올 수 없다. 이것들은 정신의 치명적인 독이며, 따라서 그것들이 마음속에서 활개를 치도록 허용하는 자는 형제애의 평화로운 원리를 이해하지 못한다.

그렇다면 형제애를 낳는 네 가지 신성한 자질은 무엇일까?

· 겸손
· 자기 포기
· 사랑
· 연민

이런 자질들이 어디에 존재하든 상관없이 형제애는 그곳에서 활동한다. 그들이 어떤 마음에서 지배적이든 상관없이 형제애는 그곳에서 현실로 자리를 잡는다. 그곳에는 본질적으로 이기적이지 않고 계시적인 진리의 빛으로 가득하기 때문이다. 어둠이 존재하지 않으며, 빛이 매우 환한지라 어두운 경향들은 잔재할 수 없고 다만 용해되고 소멸된다. 이 네 가지 자질로부터 인간의 마음과 세상에 기쁨을 선사하고 화합을 이루는 모든 천사의 행동과 조건이 나온다.

겸손의 영혼으로부터 온유함과 평화가 나오고, 자기 포기에서 인내와 지혜, 참된 판단이 나온다. **사랑**으로부터 친절함과 기쁨, 조화가 솟아나고 **연민**으로부터 부드러움과 용서가 나온다.

이 네 가지 자질과 조화를 이룬 자는 신성한 깨달음을 얻는다. 인간의 행동이 어디서부터 나와 어디로 향하는지를 알았으니, 더 이상 어두운 경향을 행사하며 살 수 없다. 그는 완성된 형제애란 악의에서 해방되는 것임을 깨달았다. 시기와 쓰라림, 다툼과 정죄에서 해방된 것임을 깨달았다.

네 가지 자질을 깨닫고 그 안에서 사는 사람뿐만 아니라 어두운 경향 속에서 사는 모든 사람이 그의 형제다. **진**

리의 빛의 찬란함과 아름다움을 인식할 때 어두운 경향이 그들의 마음으로부터 내몰릴 것임을 알기 때문이다.

형제애를 가로막는 네 가지 경향에서 악의와 분쟁이 태어나고, 네 가지 신성한 자질에서 선의와 평화가 태어난다.

형제애를 가로막는 네 가지 경향 속에서 사람은 분쟁을 일으키는 자다. 네 가지 자질 속에서 사는 사람은 평화를 지키는 자다.

이기적 경향의 어둠에 휩쓸린 인간은 평화를 쟁취하기 위해 싸우고, 살리기 위해 살상하고, 상처를 입힘으로써 상처를 없애며 증오로써 사랑을, 다툼으로써 화합을, 잔인함으로써 친절을 회복하고, 자신의 의견(시간이 지나면 스스로 쓸모없다고 내버릴 것)을 세움으로써 형제애를 보편적 숭배의 대상으로 확립할 수 있다고 믿는다.

겸손, 자기 포기, 사랑, 연민이라는 네 주춧돌이 인간의 마음속에 단단히 자리 잡을 때 많은 이들이 소망하는 **형제애의 사원**이 세상에 세워질 것이다. 형제애는 무엇보다 개개인의 자아 폐기를 기반으로 하고, 인간과 인간의 화합은 그 후속 작용이기 때문이다.

형제애를 전파하기 위한 이론과 계획은 많다. 하지만 형제애 자체는 하나이고 변하지 않으며, 에고티즘과 싸움을 완전히 중단하고 선의와 평화를 실천할 때 현실에 자리잡는다. 그것은 이론이 아니라 실천이다. 자기 포기와 **선의**는 형제애의 수호천사이며 평화는 형제애의 보금자리다.

두 사람이 상반되는 의견을 고수하기로 결심한 곳에는 자아에 대한 집착과 악의가 존재할 뿐 형제애는 존재하지 않는다. 두 사람이 기꺼이 서로 동정하고, 서로에게서 악을 보지 않고 서로 섬기면서 공격하지 않는 곳에 진리와 선의의 사랑, 그리고 형제애가 깃든다.

모든 싸움과 분열, 전쟁은 교만하고 고집불통인 자아 안에 있고 모든 평화와 화합, 조화는 자아 포기가 드러내는 원리 안에 있다. 형제애는 온 세상과 화평한 사람만이 깨닫고 실천할 수 있다.

평화롭고 즐거운 삶을 향해

자신과 인류의 발전을 열망하는 이라면 정신적으로 공
감하면서 다른 사람들의 입장에 나를 놓을 수 있는 복된
마음가짐을 행사하고자 부단히 노력해야 한다. 그러면 상
대를 가혹하고 거짓되게 판단함으로써 불행하게 만들지
않는다. 대신 상대방의 경험 속으로 들어가 특정한 마음의
틀을 이해하며 그를 동정하고 공감할 것이다.

이런 마음가짐에 이르는 과정의 큰 장애물은 편견이며,
편견이 제거되기 전까지 내가 대접받고 싶은 대로 상대방
을 대접하기란 불가능하다.

편견은 친절함, 동정심, 사랑, 참된 판단력을 파괴한다.

편견과 잔인함은 분리할 수 없으니 인간의 편견은 다른 사람에게 얼마나 가혹하고 불친절한지를 가늠하는 척도가 될 것이다.

편견에는 이성이 없다. 따라서 편견에 사로잡힌 사람은 더 이상 이성적인 존재로서 행동하지 않고 성급함, 분노, 해로운 흥분에 빠진다. 자기 말을 깊이 생각하지 않고 상대방을 편견으로 바라보며 그의 감정과 자유를 깊이 생각하지 않는다. 인간성을 상실하고 비이성적인 피조물 수준으로 전락하는 것이다.

편견에 집착하기로 작정하고 그것을 진리로 착각하며 상대방의 입장을 냉정하게 고려하지 않으려는 사람은 증오를 피하거나 축복에 이를 수 없다.

온화함을 추구하고 이타적으로 행동하고자 하는 사람은 격정에 사로잡힌 편견과 사소한 의견을 모두 내버리고 다른 사람들을 생각하고 동정하는 힘, 그들의 무지나 지식의 특정한 상태를 이해하는 힘을 습득할 것이다. 그리하여 그들의 마음과 삶 속으로 완전히 들어가 그들을 동정하고 있는 그대로 바라볼 것이다.

그런 사람은 자신의 편견을 끌어내어 다른 사람의 편견에 맞서지 않고, 동정과 사랑을 끌어내어 편견을 누그러뜨리고, 인간의 선한 모든 것을 끌어내고자 노력하고, 선에 호소함으로써 선을 격려하고, 악을 무시함으로써 악을 억제하기 위해 힘쓸 것이다. 겉으로 드러나는 상대방의 방식이 자신과 매우 다를지라도 상대방의 이타적인 노력에 담긴 선을 깨닫고, 자신의 마음에서 증오를 없애고, 사랑과 축복으로 마음을 채울 것이다.

상대방을 가혹하게 판단하고 정죄하는 경향이 있다면 자신이 얼마나 부족한지 스스로 물어야 한다. 또한 나를 향한 잘못된 판단과 오해 때문에 괴로웠던 시간을 되돌아보고, 내 쓰라린 경험에서 얻은 지혜와 사랑을 한데 모아야 한다. 그리하여 아직 너무 나약해서 무시하지 못하고, 너무 미숙하고 무지해서 이해하지 못하는 괴로운 마음들을 공격하는 일은 (자아를 희생하면서) 삼가야 한다.

자아를 초월해 더 순수하고 지혜로워진 사람에게는 동정을 베풀 필요가 없다. 순수한 사람은 동정 받을 필요성을 초월한 존재다. 그런 사람을 대할 때는 자신을 더 순수한 차원으로 끌어올려 삶의 폭을 넓히고자 노력하며 경의를 표해야 한다.

나보다 지혜로운 사람을 완전히 이해할 수도 없다. 그러니 정죄하기에 앞서, 내가 비난의 대상으로 지목한 그보다 더 훌륭한지 스스로 진지하게 물어야 한다. 만일 내가 더 훌륭하다면 그에게 동정을 베풀어야 한다. 그렇지 않다면 그에게 경의를 표하라.

수천 년 동안 현자들이 '악은 선에 의해서만 극복될 수 있다'고 가르쳤으나 대대수 사람들은 아직 그 가르침을 깨닫지 못했다. 자아의 환상에 눈이 먼 인간은 단순하지만 심오한 그 가르침을 깨닫기 어렵다. 인간은 여전히 원망하고 정죄하며, 다른 사람들 안에 있는 악과 싸우는 데 몰두한다. 그렇게 해서 자신의 마음에 담긴 미혹을 키우고 세상의 불행과 고통을 가중시킨다. 인간이 원망을 뿌리 뽑고 그 자리에 사랑을 채워야 한다는 사실을 깨닫는다면 악은 자양분을 잃고 멸망할 것이다.

증오로 불타는 머리와 가슴으로,
나는 일찍이, 느지막이, 잘못을 저지르는
내 반쪽을 찾아 나섰다.
그리고 모든 비참한 밤낮
내 꿈과 생각은 죽이고, 죽이는 것이었다.
더 나은 내 반쪽이 가장 높이 올랐다.
내 가슴 속의 짐승은
사랑에 푹 빠졌다.
아득한 곳의 평화가

별처럼 빛나는 나를 비추었다.

나는 행위로써 잘못하는 내 반쪽을 죽였다.

사랑의 행동으로써 나는 그를 피 흘리게 했다.

친절을 베풀어, 나는 몇 년 동안

그의 영혼을 부드러움과 눈물로 채웠다.

반감, 원망, 정죄는 모두 증오의 한 형태이며 이것들을 마음에서 몰아내지 않으면 악은 멈추지 않는다.

그러나 마음에서 상처를 지우는 것은 지혜로워지기 위한 초보 단계일 뿐이다. 더 고결하고 훌륭한 한 가지 방법은 *가슴을 정화하고 머리를 깨우쳐서 상처를 잊어버려야 할 필요도 없이 기억할 것을 남기지 않는 것*이다. 다른 사람의 행동과 태도 때문에 다치고 상하는 것은 오직 교만과 자아뿐이다. 교만과 자아를 마음에서 제거한 자는 결코 '내가 다른 사람에게 상처를 입었다'거나 '다른 사람에게 부당한 대우를 받았다'는 생각을 떠올릴 수 없다.

정화된 마음에서 사물에 대한 올바른 이해가 생기고, 사물에 대한 올바른 이해에서 평화롭고 괴로움과 고통에서 벗어난 평온하고 지혜로운 삶이 나온다.

'이 사람이 내게 상처를 주었다'고 생각하는 자는 인생의 진리를 깨닫지 못한 것이다. 깨달음에 이르지 못해 잘못된 생각에서 벗어나지 못한 것이다. 악이란 증오에 차서 원망해야 할 대상이라고 잘못 생각하는 것이다.

다른 사람의 죄 때문에 괴로워하고 동요하는 자는 진리에서 점점 멀어진다. 자신의 죄 때문에 괴로워하고 동요하는 사람은 **지혜의 문**에 아주 가까이 있다. 마음에서 원망의 불길이 타오르는 자는 평화를 알 수 없고 진리를 이해할 수 없다. 마음에서 *원망을 몰아낸* 자는 그렇지 않을 것이다.

마음에서 악을 제거한 자는 다른 사람의 악을 원망하거나 거부할 수 없다. 악의 근원과 본질을 깨달아 그것이 무지의 실수가 발현된 것임을 알기 때문이다. 깨달음이 점점 커지면 죄를 짓기가 불가능해진다. 죄를 짓는 자는 깨닫지 못하고 깨닫는 자는 죄를 짓지 않는다.

순수한 사람은 그에게 해를 끼칠 수 있다고 생각하는 무지한 사람들을 계속 마음으로 온화하게 대한다. 그를 향한 다른 사람들의 태도 때문에 괴로워하지 않는다. 그래서 그의 마음은 연민과 사랑 안에서 안식을 취할 수 있다.

기억해야 할 잘못이나 잊어야 할 상처가 없는 자에게는 복이 있나니. 그 순수한 마음속에 다른 사람에 대한 미움이 뿌리내리고 번창할 수 없는 자는 복이 있나니.

올바른 삶을 지향하고, 진리를 사랑한다고 믿는 자는

다른 사람에게 격렬하게 맞서지 않고 차분히 지혜롭게 그들을 이해하려고 노력하리라. 그리하여 다른 사람에게 봉사함으로써 자신을 정복하리라. 다른 사람과 공감하는 한 그들의 영혼은 친절함이라는 천국의 이슬을 선사받고, 그들의 마음은 평화롭고 즐거운 목장에서 힘과 생기를 얻으리라.

4장

---❧---

삶이 흔들릴 때
기준점을 비춰주는
지혜

---❧---

Light on life's difficulties, 1912

어두운 방에 들어갈 때 사람은 자신이 맞게
움직이는지 확신할 수 없고 주변의 사물을 보거나
그 위치를 제대로 파악할 수 없으며
갑작스럽게 부딪쳐 다칠 위험이 있다.
하지만 불빛이 들어오면 모든 혼란은 즉시 사라진다.
모든 사물이 눈에 보이고 다칠 위험이 없어진다.
대다수 사람에게 인생은 마치 어두운 방과 같다.
사람들이 자주 겪는 실망, 당황, 슬픔, 고통 같은
상처들은 눈에 보이지 않고 대처할 준비도 되지 않은
삶의 원리들과 갑작스레 부딪힐 때 생긴다.
그러나 어두워진 이해의 방에 지혜의 빛이 들어가면
혼란이 사라지고 어려움이 해소되며
모든 것이 제 위치에서 제 비율로 보인다.
그래서 '지혜로운 이해'라는 밝은 빛 속에서
눈을 떠 다치지 않고 걸을 수 있다.
- 제임스 앨런

James Allen

완벽한 평화로 인도하는 빛

이 책은 훌륭하고, 탄탄하고, 평온한 삶을 지향하는 이들에게 강하고 친절한 동반자이자 영적 소생과 영감의 원천이 되고자 한다. 그래서 독자들이 스스로 원하는 이상적인 인물로 탈바꿈하고 대다수 사람이 언젠가 이루어지기를 바라기만 하는 복된 삶을 누리도록 도울 것이다.

내 삶은 내 생각과 행동으로 일구는 것이다. 행복하거나 불행한지, 강하거나 약한지, 죄를 짓거나 거룩한지, 어리석거나 지혜로운지를 결정하는 것은 내 마음의 상태나 태도다.

만일 누군가가 불행하다면 그런 마음 상태의 주인이자

원천은 바로 나 자신이다. 내 마음은 외적인 사건에 반응하지만 그 원인은 외적인 사건이 아니라 내면에 존재한다.

누군가 의지가 약하다면 그는 스스로 선택했고 지금도 선택하고 있는 생각과 행동을 거듭하면서 스스로 그 상태에 이르러 머물러 있는 것이다. 누군가 죄 많은 존재라면 그것은 그가 죄스러운 행위를 저질렀고 계속 저지르기 때문이다. 누군가 어리석다면 그것은 자신이 어리석은 짓을 저지르기 때문이다.

생각과 행동은 인간의 품성과 영혼, 삶을 반영한다. 품성과 영혼, 삶이야말로 인간의 참모습이다. 이것들이 바뀌면 인간 또한 변한다. 인간은 의지를 부여받았으니 자신의 품성을 바꿀 수 있다. 목수가 나무토막을 아름다운 가구로 바꾸듯이 실수를 저지르고 죄에 찌든 사람이라도 지혜롭고 진리를 사랑하는 존재로 자신을 바꿀 수 있다.

개개인은 자신의 생각과 행동, 마음 상태와 삶을 책임져야 한다. 어떤 권력이나 사건, 상황도 인간에게 악과 불행으로 향하라고 강요할 수 없다.

그렇게 강요하는 자는 오로지 자신이다. 인간은 자신의 의지에 따라 생각하고 행동한다. 아무리 지혜롭고 위대한 존재라도, 심지어 신이라도 인간을 선하고 행복하게 만들지 못한다. 인간은 스스로 선한 것을 선택해야 하며 그렇게 해서 행복을 찾아야 한다.

그리고 이것 때문에(인간이 원하고 마음먹을 때 선과 참을 발견하고 그 행복과 평화를 누릴 수 있기 때문에) **진리의 법정**에 영원한 기쁨이 있고 **완벽한 자들** 사이에 거룩한 기쁨이 있다.

천국의 문은 영원히 열려 있으며 자신의 의지나 힘이 아니라면 그 어떤 의지와 힘이라도 누군가 천국에 들어가지 못하도록 막을 수 없다. 그에 반해 지옥의 유혹에 마음이 혹해서 그것을 선택하는 한, 죄와 슬픔에 자신을 넘겨주는 한, 아무도 천국에 들어갈 수 없다.

실제로 죄를 짓고 고통받는 삶, 거의 모든 사람이 헤어나지 못하는 흔하디흔한 그 삶보다 더 크고, 더 높고, 더 고귀하고, 더 신성한 삶이 있다. 바로 죄와 악을 물리친 승리의 삶, 지혜롭고 행복한 삶, 다정하고 고요한 삶, 고결하고 평화로운 삶이다.

당장이라도 이런 삶을 살 수 있는 자, 이미 이런 삶을 살고 있는 자는 변화가 한창일 때 굳건하고, 불안 가운데서 평안하고, 분쟁에 둘러싸여서도 평화롭다.

그는 죽음과 맞닥뜨리더라도 침착하다. 박해에 시달려도 괴로움을 모르며, 마음은 연민과 기쁨으로 가득하다. 이 지극히 아름다운 삶에는 악이 존재하지 않고 죄와 슬품이 종말을 맞이하며 아파하는 마음과 눈물짓는 눈이 사라진다. 승리의 삶은 천박한 조건에 만족하는 자들을 위한 것이 아니다. 그것을 갈망하고 기꺼이 성취하고자 하는 자를 위한 것이다. 승리의 삶은 언제나 가까이에 있고 모든 사람에게 베풀어지며, 그것을 받아들이고 끌어안는 사람은 축복을 받는다. 그들은 **진리의 세계**로 들어가 **완벽한 평화**를 찾을 것이다.

사실에 눈뜨게 하는 빛

생각의 자유와 표현의 자유가 충만한 세상에는 논란과 혼란이 많다. 논란과 혼란 속에서 삶의 단순한 사실들이 드러나고, 영원한 통일성과 조화는 나를 이끌며, 보이지 않는 단순함과 진실은 나에게 강렬히 호소한다.

지금은 자유와 정신적 갈등의 시대다. 교파가 이렇게 많았던 적은 없었다. 철학적 종파, 신비주의적 종파 등 종파가 난무하고 각 종파는 우주에 대한 자기들만의 해석을 퍼트려 세상을 지배하려 한다.

세상은 정신적 격동의 상태에 있다. 모순은 이미 혼란의 지점에 도달했고, 그렇기 때문에 진리를 진지하게 추구하는 사람들은 그에게 제시된 반대되는 체계에서 피난처라는 견고한 바위를 찾지 못한다. 그리하여 그는 자신에게 다시 던져진다. 항상 그와 함께하는 자신이라는 존재에 대한 반박의 여지가 없는 사실들(자신과 자신의 삶)에 다시 던져진다.

논쟁은 사실이 아닌 가설을 중심으로 돌아간다. 사실은 확고하고 최종적이다. 가설은 소멸되고 가변적이다. 현재의 자기 발전 단계에서 인간은 사실의 아름다운 단순성이나 그 사실에 내재한 만족의 힘을 인식하지 못한다. 진리의 본질적인 사랑스러움은 인식하지 못하면서 진리에 무언가를 덧붙이려고만 한다. 따라서 사실이 언급될 때는 반드시 "당신은 그 사실을 어떻게 설명할 수 있나?"라는 질문이 제기된다. 그렇게 가설은 또 다른 가설로 이어지고, 가설이 반복되는 와중에 사실은 숱한 모순된 가정에 둘러싸여 완전히 시야에서 사라진다. 이리하여 종파와 논란이 많은 학파가 생겨난다.

한 가지 사실을 명확하게 인식해야만 다른 사실들을 인식할 수 있다. 그러나 인간은 멋진 가설이라는 화려하고 매력적인 장난감을 가지고 노느라 진실이라는 웅장한 광채를 깨닫지 못한다.

진실은 의견이 아니며, 어떤 의견도 진실을 확대하거나 장식할 수 없다. 사실과 가설은 영원히 분리된 상태라서 제아무리 영리한 지적 재주를 부린다 해도(엘리트 계층마저 속이고 비위를 맞출 수 있을지언정) 사실을 눈곱만큼이라도 바꾸거나 본질에 영향을 줄 수 없다. 그렇기 때문에 참된 스승은 가설이라는 교활한 길을 등지고 삶의 단순한 사실만을 다룬다. 참된 스승은 이미 가설의 미로에서 길을 잃고 당혹스러워하는 세상에 또 다른 가정을 떠맡겨 혼란을 가중시키고 말의 전쟁을 격화시키는 대신에 사람들의 주의를 사실에 고정시킨다.

사실은 언제나 우리 앞에 있으니, 우리가 에고티즘* 과 에고티즘이 만들어내는 맹목적인 망상을 버리기만 한다면 사실을 인식하고 이해할 수 있다. 나라는 존재 밖에서 지혜를 찾아 나설 필요가 없다. 지혜가 존재한다는 사실 자체가 충분한 토대를 제공한다. 이 토대 위에 그런 아름다움과 차원에 대한 지식의 신전이 세워지고, 그 지식이 해방되어 찬미를 받을 것이다.

인간은 존재한다. 그리고 인간은 생각한다, 고로 존재한다. 인간의 존재와 생각에 대한 이 두 가지 사실만 인식

---

* egotism, 자기중심으로 생각하는 철학 사상

하고 깨달으면 방대한 지식의 길로 들어설 수 있다. 이 길은 최고의 지혜와 완전성 바로 앞에서 멈출 수 없다. 인간이 지혜로워지지 못하는 한 가지 이유는 자신(즉 자신의 마음)과 분리된 영혼에 대한 끝없는 공론空論에 사로잡혀 자신의 본성과 존재를 보지 못하기 때문이다. 분리된 영혼에 대한 가정이 눈을 가려서 인간은 자신을 보지 못하고 자신의 정신을 알지 못하며 의식적인 삶을 가능케 하는 생각의 본질을 인식하지 못한다.

사람의 생각은 실재하고, 삶도 실재한다. 이렇게 존재하는 사물들을 탐구하는 데 몰두하는 것이 지혜의 길이다. 마음과 생각 너머에 있는 인간은 실재하지 않는다. 실재하지 않는 것을 연구하는 데 몰두하는 것은 어리석은 일이다.

인간은 마음과 분리될 수 없다. 인간의 삶은 생각과 분리될 수 없다. 마음과 생각과 삶은 빛과 광채와 색채처럼 분리될 수 없고 빛과 광채와 색채가 그렇듯이 그것을 해명하기 위해 다른 요소가 필요하지 않다. 사실은 그 자체로 충분하며 그것과 관련된 모든 지식의 토대가 그 안에 포함되어 있다.

마음과 마찬가지로 인간은 변할 수 있다. 인간은 '만들어져서' 최종적으로 완성되는 무언가가 아니라 스스로 발전할 능력을 내면에 품은 존재다. 진화라는 보편 법칙에 따라 인간은 현재의 모습이 되었고, 미래의 모습으로 향하는 중이다. 인간은 스스로 떠올리는 모든 생각에 따라 변모한다.

모든 경험이 인간의 품성에 영향을 미치며, 인간이 기울인 모든 노력은 사고방식을 변화시킨다. 바로 여기에 인간의 타락에 관한 비밀이 있다. 그러므로 올바른 생각을 선택해 이 변화의 법칙을 활용한다면 힘과 구원에 관한 비밀을 풀 수 있다.

산다는 것은 생각하고 행동하는 것이고, 생각하고 행동한다는 것은 변화하는 것이다. 인간은 생각의 본질을 모른 채로 더 좋거나 나쁜 방향으로 계속 변화한다. 그러나 점차 생각의 본질을 알아가면서 변화의 과정을 오로지 좋은 방향으로만 지혜롭게 이끌고 그 속도를 높인다.

사람은 그의 생각을 합친 총합이다. 인간과 생각의 동일성에는 한 치의 편차도 존재하지 않는다. 생각의 덧셈과 뺄셈에 따라 결과적으로 변화가 일어나지만 수학적 법칙은 불변의 특성이다.

인간은 마음이고, 마음은 생각으로 구성된다. 생각은 변화할 수 있으니 의도적으로 생각을 바꾸는 것은 사람을 바꾸는 것이나 다름없다.

모든 종교의 목표는 인간의 마음, 즉 생각을 더 순수하고 더 숭고한 길로 인도하는 것이다. 불완전하든 완전하든 상관없이 이 방향에서 성공을 거두는 것을 '구원'이라고 일컫는다. 다시 말해 한 가지 생각과 마음 상태를 다른 생각과 마음 상태로 대체함으로써 구원하는 것이다.

사실 오늘날 종교를 전파하는 사람들은 사실과 의식 사이에 드리워진 가상의 베일 때문에 이 사실을 인식하지 못한다. 그런데도 그런 상태로 종교를 전파하고 있다. 여러 종교를 창시한 위대한 스승들은 그것(마음의 정화, 올바른 생각, 선행 등)을 가르침의 토대로 삼았다. 스승들이 그토록 강조하고 끊임없이 반복하는 것이 더 숭고하고 고귀한 생각의 방식으로 향하라는 부름이 아니라면 무엇이겠는가. 더 큰 힘과 선, 행복의 영역으로 끌어올릴 생각을 선택하도록 활력을 불어넣는 힘이 아니라면 무엇이겠는가.

열망과 명상, 헌신은 모든 시대의 인간이 더 숭고한 사고방식, 더 넓은 평화의 세계, 더 방대한 지식의 영역에 도달하기 위해 사용하는 주요 수단이며, 이는 '무릇 그 사람이 마음속으로 생각하는 것이 곧 그의 사람 됨됨이이니*'라고 믿기 때문이다. 인간은 새로운 생각의 습관을 기르고

---

* 잠언 23장 7절-옮긴이

새로운 방식으로 생각하며 새로운 사람으로 거듭남으로써 자신(자신의 어리석음과 고통)으로부터 구원받는다.

누군가 지고의 노력으로 예수 그리스도처럼 생각하는 데 성공한다면, 다시 말해 모방하는 것이 아니라 내재한 능력을 불현듯 깨닫는다면 그는 예수 그리스도 같은 사람으로 거듭날 것이다.

대단한 신심이나 지혜의 소유자가 아닌 누군가가 석가모니에게, "어떻게 하면 최고의 지혜와 깨달음을 얻을 수 있냐?"고 물었다고 한다. 석가모니는 "모든 욕망을 끊어냄으로써"라고 답했다. 질문자는 그리하여 모든 개인적인 욕망을 버리고 단번에 최고의 지혜와 깨달음을 얻었다.

석가모니의 말씀 중에 "지혜로운 사람이 관심을 두는 유일한 기적은 죄인을 성자로 변화시키는 것"이라는 구절이 있다. 에머슨 또한 생각의 전환이 주는 변화의 힘에 대해 이렇게 말했다. "대단해지기는 사소해지는 것만큼 쉽다." 이는 또 자주 반복되지만 선뜻 이해되지 않는 또 다른 명언과 비슷하다. "그러므로 하늘에 계신 너희 아버지의 온전하심과 같이 너희도 온전하라.**"

** 마태복음 5장 48절-옮긴이

대인배와 소인배의 근본적인 차이는 무엇일까? 그것은 생각, 마음가짐이다. 사실 그들을 가르는 차이는 지식이지만 지식은 생각과 분리할 수 없다. 더 나쁜 생각을 더 좋은 생각으로 대체하는 모든 행위는 지식의 중요한 발전을 나타내는 변화의 주체다. 가장 천박한 야만인부터 가장 숭고한 유형의 인간에 이르기까지 인간 삶의 전 범위에 걸쳐 생각이 성격과 조건, 지식을 결정한다.

인류는 대부분 외부의 자극과 부름을 받고 지배적인 생각의 맹목적인 충동에 이끌려 진화의 길을 따라 천천히 움직인다. 그러나 참된 사상가인 현자는 스스로 선택한 길을 따라 빠르고 지혜롭게 움직인다.

영적 본성에 관해 깨달음을 얻지 못한 군중은 생각의 노예이고, 현자는 생각의 주인이다. 군중은 맹목적으로 따르지만, 현자는 지혜롭게 선택한다. 군중은 눈앞의 쾌락과 행복을 생각하며 순간의 충동에 복종하지만, 현자는 영구적으로 옳은 것에 머물며 충동을 지휘하고 제압한다. 군중은 맹목적인 충동에 복종하며 의로움의 법칙을 위반하지만, 현자는 충동을 정복하며 의로움의 법칙에 복종한다. 현자는 삶의 사실을 직시한다. 생각의 본질을 안다. 자기 존재의 법칙을 이해하고 복종한다.

그러나, 슬픔에 잠긴 맹목적인 충동의 희생자라도 스스

로 원할 때 정신의 눈을 뜨고 사물의 본질을 볼 수 있다. (지적이고, 밝고, 침착한)현자와 (몽매하고, 침울하고, 불안한) 어리석은 자는 본질적으로 하나이며 생각의 본질에 의해서만 구분된다. 어리석은 생각을 외면하고 내버려 지혜로운 생각을 선택하고 받아들일 때 어리석은 자는 현자로 거듭난다.

소크라테스는 덕과 지식의 본질적인 단일성을 보았고, 모든 현자도 그런 경험을 했다. 배움이 지혜를 돕고 동반할 수는 있어도 지혜에 닿지는 않는다. 오로지 지혜로운 생각을 선택하고 반드시 지혜로운 행동을 실천해야만 지혜에 닿을 수 있다. 학교에서는 박식하지만 삶이라는 학교에서는 어리석은 사람이 있을 수 있다. 말을 기억에 담기보다는 더 순수한 생각, 더 고귀한 생각 안에 자신을 세워야만 평화를 선사하는 참된 지식의 계시에 닿는다.

어리석음과 지혜, 무지와 깨달음은 단순히 생각의 결과가 아니라 생각 자체다. 원인과 결과(노력과 결과)가 모두 생각에 담겨 있다.

내 모든 모습은 내가 생각한 것의 결과다.

내 모든 모습은 내 생각을 토대로 삼고 내 생각으로 구성된다.

인간은 영혼을 소유한 존재가 아니다. 인간은 영혼 자체다. 생각하는 사람이자 행동하는 사람, 행동하는 사람이자 아는 사람이다. 한 사람의 복합적인 정신구조가 바로 그 사람 자체인 것이다.

인간의 영적 본성은 생각의 영역에 의해 완성된다. 욕망하고 슬퍼하고, 즐기고 괴로워하고, 사랑하고 미워하는 것은 바로 그 자신이다. 마음은 형이상학적이고 초인적인 영혼의 도구가 아니다.

인간은 영혼이다. 마음은 존재다. 마음은 인간이다.

인간은 자신을 찾을 수 있다. 자신을 있는 그대로 볼 수 있다. 그러나 스스로 만들어낸 가상의 세계에서 헤매다 그곳을 벗어나 현실을 직시할 준비가 되었을 때에야 비로소 자신을 있는 그대로 인식할 것이다. 뿐만 아니라 원하는 자기 모습을 상상할 수 있고, 그 안에서 새로운 사상가, 새로운 인간을 창조할 수 있다. 이것이 바로 인간에게 매순간이 선택의 시간이고 매시간이 운명인 이유다.

율법의 의미에
눈뜨게 하는 빛

'율법' 하면 준엄함과 잔인함을 떠올리는 사람이 얼마나 많은가! 그들이 보기에 율법이 구현하는 것은 융통성 없는 폭정뿐이다. 이런 사고방식은 원칙을 인식하지 못하는 무능력이나 율법의 목적은 오로지 처벌이라는 잘못된 개념에서 온다. 그런 사고방식으로 보면 율법이란, 범법자를 사냥하고 압도적인 형벌로써 짓밟는 것을 업으로 삼는, 규정하기 어려운 모종의 인격체라고 어렴풋이 생각하게 된다.

물론 율법이 처벌을 동반하기는 하지만 율법의 주된 임무는 보호하는 것이다. 인간이 만든 법률조차도 더 원초적인 걱정으로부터 나를 보호하고자 만든 것이다. 나랏법은 생명과 재산을 보호하기 위해 제정된 것이며 이를 위반한 경우에만 처벌의 수단으로 작동한다.

이를 위반하는 범죄자들은 율법을 잔인하다고 여기고, 율법을 떠올리면 공포에 사로잡히지만 율법을 준수하는 사람들에게 율법은 보호자이자 친구이며 어떤 공포도 일으키지 않는다.

따라서 만유의 중심이자 우주의 생명인 **신성한 율법**은 보호하고 유지하는 역할을 한다. 인간은 율법의 평화로운 축복 속에서 보호를 받듯이 그것의 형벌 속에서도 보호를 받는다. 율법은 실로 한 순간도 지체하지 않는 영원한 울타리이며 의도가 있든 없든 간에 고통을 통해 율법을 위반하는 모든 것을 무효화함으로써 인간을 보호하는 역할을 한다.

율법은 편파적일 수 없다. 공평한 행동 방식이기 때문이다. 율법을 따르면 행복해지지만 따르지 않으면 상처를 받는다. 보호나 간청으로도 율법을 바꿀 수는 없다. 율법을 바꾸거나 무효화하는 것이 가능하다면 우주가 무너지고 혼돈이 만연할 것이기 때문이다.

올바른 행동으로 복을 누릴 때나 잘못한 일로 벌을 받

을 때나, 율법은 한결같이 친절한 얼굴로 우리를 대한다. 우리가 무지와 죄로 인한 벌에서 벗어날 수 있다면, 모든 안전은 사라지고 피난처도 존재하지 않을 것이다. 우리의 지혜와 선함의 결과가 의심받을 테니 말이다. 그런 계획은 변덕스럽고 잔인한 반면에 율법은 정의롭고 친절하다.

지고한 율법은 '친절'을 원리로 가지고 있으며, 작용 방식은 흠잡을 데 없고 무한하다. 그것은 영원히 충만하고 **영원히** 자유롭게 흐르는 **불멸의 사랑**이며, 기독교인은 이에 대해 노래하고 불교의 계율과 시는 '무한한 자비'를 노래한다.

우리를 처벌하는 율법은 우리를 보호한다. 인간이 무지해 스스로를 파멸하려 할 때 율법의 영원한 팔은, 비록 때로는 고통스러울지라도, 인간을 감싸안아 사랑으로 보호한다. 우리가 겪는 모든 고통을 통해 우리는 **신성한 지혜**에 대한 지식에 더욱 가까이 다가간다.

우리가 누리는 모든 축복은 **위대한 율법**의 완전함, 인간이 **신성한 지식**에 다다랐을 때 누릴 수 있는 충만한 행복에 대해 말한다.

우리는 배움으로써 진보하지만 배움에는 고통이 따른다. 마음이 사랑으로 부드러워질 때 사랑의 율법이 그 모든 경이로운 친절 속에서 감지된다. 지혜를 얻으면 평화가 보장된다.

숭고한 완벽함을 가진 율법을 바꿀 수는 없다. 그러나 그 완벽함을 더 많이 이해하고 나를 변화시킴으로써 그것의 위엄을 내 것으로 만들 수 있다. 완전한 것을 불완전한 것으로 끌어내리기를 바란다면 그것은 어리석은 생각이지만, 불완전한 것을 완전한 것으로 끌어올리기 위해 노력하는 것은 지혜의 극치다. **우주의 선견자**들은 사물의 계획 때문에 슬퍼하지 않는다. 그들은 우주를 불완전한 부분의 혼합이 아니라 완벽한 전체로 본다. 위대한 스승들은 영속적인 기쁨과 하늘의 평화를 누리는 자들이다.

부정한 욕망에 사로잡힌 포로는 이렇게 소리칠 수 있다. "아! 사랑이여. 당신과 내가 그와 힘을 합쳐 이 계획을 완전히 파악할 수 있을까요? 이 안타까운 계획을 조각으로 부수어서 마음의 욕망에 더 가까워지도록 **개조**하지 않겠습니까?"

이것은 육체적인 본성의 소망이다. 불법적인 쾌락을 어느 정도 누리면서 고통스러운 결과는 조금도 감수하지 않겠다는 소망. 그런 사람들은 우주를 '안타까운 계획'이라고 생각한다. 그들은 우주가 그들의 의지와 욕망에 따르기를 원한다. 율법이 아니라 불법을 원한다. 하지만 지혜로운 사람은 자신의 의지를 굽히고, 자신의 소망을 **신성한 질서**에 맡기며, 우주를 무한한 부분들의 영광스러운 완전함으로 본다.

석가모니는 우주의 도덕률을 '선한 율법'이라고 일컬었다. 올바른 인식의 소유자라면 그것을 선이 아닌 무언가로 생각할 수 없다. 그 안에는 어떤 악의 알갱이도 없고 자비의 요소도 없기 때문이다. 그 안에는 마음을 어루만지는 사랑과 위안, 깊이 배려하는 연민 뿐이다. 약한 자를 짓밟고 무지한 자를 파멸시키는 무쇠 같은 마음의 괴물이 아니다. 가장 연약한 자를 위해로부터 보호하는 한편, 가장 강한 자가 자신의 힘을 너무 파괴적으로 사용하지 않도록 하는 보호막이다. 선한 율법은 모든 악을 파괴하고 모든 선을 보존한다. 가장 작은 묘목을 돌보며 끌어안고, 가장 거대한 잘못을 단숨에 파괴한다. 율법을 인식하는 것이야말로 더없는 행복으로 가는 지름길이다. 율법을 깨닫고 아는 사람들은 평안하다. 그들은 언제까지나 기뻐한다.

의로움을 움직이는 것이 율법이요, 아무도 끝내 벗어나거나 머무를 수 없는 것이 율법이다. 율법의 핵심은 사랑이며 그것의 목적은 평화와 완성이다.

영적 가치를 비추는 빛

'모든 것에는 대가가 따른다'는 것은 오래된 명제다. 그러나 상업적인 면에서는 누구나 아는 이 말을 영적으로 아는 사람은 드물다.

거래는 공평한 가치의 상호교환으로 이루어진다. 고객은 돈을 주고 물건을 받으며 상인은 물건을 주고 돈을 받는다. 이 방법은 보편적이고 모두에게 공명정대한 것으로 간주된다.

영적인 분야에서도 방법은 동일하다. 교환의 형태가 다를 뿐이다. 물질적인 것에는 물질적인 것을 교환해서 받는다. 그런데 이 교환의 형태는 서로 바꿀 수 없다. 성질이 서로 반대되며 영원히 분리된 상태로 남는다. 어떤 사람이 상점에 돈을 가져가서 음식이나 옷, 책을 달라고 요청하면 그 돈의 값어치만큼의 물건을 받을 수 있다. 하지만 진리의 스승에게 1달러를 들고 가서 1달러어치의 종교나 의로움, 지혜를 달라고 요청한다면 스승은 거래할 수 없다고 답할 것이다. 본질상 영적인 것은 돈으로 살 수 없기 때문이다.

그러나 지혜로운 스승은 몇 가지 영적 필수품을 반드시 구해야 한다고 덧붙일 것이다. 영적 필수품은 돈으로 살 수는 없지만 그에 합당한 대가가 있으니, 무언가를 포기함으로써 얻을 수 있다. 예컨대 돈을 바치는 대신 자신, 즉 이기심을 바쳐야 한다. 이기심을 많이 포기하면 종교와 의로움, 지혜를 즉시, 틀림없이, 완전히, 공평하게 받을 것이다. 돈을 내놓는 대가로는 부패하기 쉬운 음식과 옷을 받을 수 있지만, 이기심을 내놓는 대가로는 결코 부패하지 않는 영적인 양식과 보호를 받을 수 있다!

많은 인간들은 돈을 사랑한다. 하지만 물질적 안락함을 얻으려면 돈을 내놓아야 한다. 마찬가지로 많은 인간들이 이기적인 만족을 사랑한다. 하지만 종교의 영적 위안을 받으려면 그것을 포기해야 한다.

상인이 돈을 받고 물건을 주는 이유는 그 돈을 보관하기 위해서가 아니라 다른 물건과 교환하기 위해서다. 비즈니스는 돈을 쌓아두는 것이 아니라 상품의 교환을 촉진하기 위해 존재한다.

인색한 사람은 모든 실패자 중에서도 최고봉이다. 돈이라는 글자를 숭배하면서도 돈의 정신, 즉 상호 교환의 정신을 무시하는 바람에, 백만장자가 되어서도 한데서 굶어 죽을 수 있으니 말이다.

화폐는 목적이 아니라 수단이다. 돈을 교환하는 것은 상품을 공정하게 주고받는다는 신호다. 이제 이 원리를 영적 영역에 적용해보자. 영적인 사람이 (친절, 동정, 사랑 등) 영적인 것을 주고 그 대가로 행복을 받을 수 있다. 그것은 나만 가지고 쌓아두기 위함이 아니라 다른 사람에게 베풀고 영적인 것을 돌려받기 위한 행위다. 영성의 주된 역할은 개인적인 쾌락을 쌓아두는 것이 아니라 영적인 축복을 실제로 주고받는 것이다.

이기적인 사람(자기만의 행복이 주된 목적인 사람)은 영적으로 인색하다. 즐거움을 얻고자 구한 물건들이 사방에 널려있어도 그의 마음은 영적 결핍으로 멸망할 수 있다. 행복이라는 글자만 숭배할 뿐 그 정신(비이기적인 상호 교환의 정신)을 무시하는 탓이다.

이기심은 개인적인 즐거움이나 행복을 얻기 위해 생긴
다. 반면 종교는 미덕을 확산시키기 위해 존재한다. 따라
서 교리가 아무리 다양해도 모든 종교는 가장 중요한 한
가지 원칙으로 요약할 수 있다. 영적 축복의 상호 교환.

영적인 축복이란 무엇일까? 그것은 친절, 형제애, 선의,
동정, 자제, 인내, 신뢰, 평화, 영원한 사랑, 무한한 연민이
다. 이런 축복들, 굶주린 인간의 영혼을 위한 필수품들을
내 것으로 만들 수 있으나 그 대가를 반드시 치러야 한다.
불친절, 무자비, 악의, 냉정함, 심술, 조급함, 의심, 분쟁, 증
오, 잔인함, 이 모든 것은 이것들이 주는 행복, 개인적인
만족과 함께 포기해야 한다. 그 자체로는 죽어 있는 이 영
적인 동전들을 반드시 내놓아야 한다. 그것들을 내놓자마
자 그에 상응하는 영적인 것, 즉 소멸하지 않는 살아 있는
축복들을 받을 것이다.
　상인에게 돈을 주고 그 대가로 물건을 받은 사람은 돈
을 돌려받기를 원치 않는다. 그는 기꺼이 그 돈과 영원히
헤어졌고 그 교환에 만족한다. 의로움의 대가로 불의를 포
기한 사람은 이기적인 쾌락을 되찾기를 원치 않는다. 그는
그것을 영원히 포기했고 그래서 만족스럽고 평안하다.
　아울러 누군가 선물을 줄 때는 물질적인 선물이라 할지

라도 받는 사람이 그 가치를 돈으로 돌려주기를 기대하지 않는다. 그것은 영적인 행위이지 사업상 거래가 아니기 때문이다. 따라서 그 물질은 영적인 축복과 그에 수반되는 행복을 의미한다. 다시 말해 내가 준 선물의 축복과 받은 선물의 축복인 것이다.

"참새 두 마리가 한 앗시리온에 팔리지 않느냐?*" 우주의 모든 것(모든 사물과 모든 생각)은 소중하다. 물질적인 것에는 물질적인 가치가 있고, 영적인 것에는 영적인 가치가 있으니 이런 가치들을 혼동한다면 지혜롭지 못하다 할 것이다.

돈으로 영적인 축복을 사거나 덕으로 물질적인 사치품을 사려는 것은 이기심과 어리석음에 이르는 길이다. 물물교환과 종교를 혼동하고 물물교환의 종교를 만드는 것이다. 동정, 친절, 사랑은 돈으로 사고팔 수 없다. 다만 주고받을 수 있을 뿐이다. 선물에 대한 대가를 지불한다면 그것은 더 이상 선물이 아니다.

모든 것에는 가치가 있다. 따라서 무엇을 공짜로 얻었다면 그것은 언젠가 쌓인 결과로 얻은 것이다. 이기심이라는 작은 행복을 포기한 자는 이타심이라는 더 큰 행복을 얻

---

* 마태복음 10장 29절, 하찮은 것이라도 제 가치가 있으니 귀하게 여기라는 뜻의 성경 구절-옮긴이

는다.

우주는 공명정대하고 그 공명정대함은 무척이나 완벽해서 일단 그것을 인식한 자는 더 이상 의심하거나 두려워하지 않는다. 다만 경탄하고 기뻐할 뿐이다.

균형 감각을 비추는 빛

악몽 속에서는 사실 사이에 관계가 존재하지 않는다. 모든 것이 우연이고 전반적으로 혼란스러우며 고통스럽다. 현자들은 이기적인 삶을 악몽에 비유했다. 이기적인 삶과 악몽이라고 알려진 수면 장애는 서로 매우 닮았다. 이기적인 삶은 균형 감각이 크게 상실되어 이기적인 목표에 영향을 미치는 대로만 사물을 인식하며, 흥분과 저항할 수 없는 문제와 재앙이 그곳에 존재한다.

악몽 속에는 통제하는 의지와 지각하는 지성이 잠들어 있다. 이기적인 삶에는 훌륭한 본성과 영적인 지각이 깊은 잠에 갇혀 있다.

수양하지 않는 마음은 균형 감각이 부족하다. 한 자연물과 다른 자연물의 올바른 관계를 보지 못하며 그리하여 주변의 아름다움과 조화를 깨닫지 못한다.

균형 감각이란, 다름 아닌 사물을 있는 그대로 보는 능력이다. 이는 수양을 통해 얻을 수 있으며 자연물에 수양을 발휘할 때 지성을 모두 포용하고 도덕적인 품성을 순화할 수 있다. 수양은 자연적인 것뿐만 아니라 영적인 것에도 필요하다. 영적인 경우에는 수양이 더욱 절실하게 필요하다. 영적인 영역에서 사물을 있는 그대로 보면 슬픔이 발을 붙이거나 비탄이 깃들 자리를 찾을 수 없다.

이 모든 슬픔과 불안, 두려움과 고통은 어디에서 나는 것일까? 사물이 내가 바라는 대로 존재하지 않는 탓이 아닐까? 욕망이 너무 많아서 사물을 참된 관점과 적절한 균형 감각으로 보지 못하는 까닭이 아닐까?

슬픔에 허덕이는 사람은 내 상실감만 본다. 상실감이 가까이 다가오면 삶 전체의 시야가 흐려진다. 아무리 작은 사물이라도 고통받는 사람에게는 자신을 둘러싼 삶의 대상들과 비례하지 않는 크기로 보인다.

서른 살이 지난 사람이라면 누구나 옛 시절의 삶을 떠올릴 수 있을 것이다. 지금은 균형 감각을 발휘해 아주 작은 일임을 알만한 사건이지만 당시에는 그것 때문에 불안에 사로잡히고, 슬픔에 압도당하고, 심지어 절망의 문턱까지 갔었다.

만일 오늘 자살 충동을 느끼는 누군가가 자제하고 기다린다면 10년이 지난 후에 그렇게 사소한 문제에 사로잡혔던 자신의 어리석음을 깨달을 것이다. 마음이 격정에 사로잡혀 있거나 슬픔으로 무력화되면 판단력을 잃는다. 경중을 가늠하거나 숙고하지 못한다. 나를 방해하는 사물의 상대적 가치와 비율을 인식하지 못한다. 눈을 뜨고 행동하지만 마음의 능력을 구속하는 악몽 속에서 움직인다.

격정적인 무리들은 균형 감각이 부족하니 내 입장이나 견해는 옳고 선하며 상대의 입장이나 견해는 나쁘고 그릇된 것으로 본다. 이성은 이 편파성에 구속되어 편견의 노예가 되며, 양측 사이에 존재하는 공명정대한 관계를 찾지 못한다. 내가 속한 당파는 언제나 옳고 이에 못지않게 지적인 상대 당파는 모두 틀렸다는 확신에 가득 차서 공평하고 공정하게 생각하지 못한다. 오로지 자기 뜻대로 하거나 자기가 속한 도당의 손에 통치 권력을 쥐어주는 것만 공명정대하다고 이해한다.

균형 감각은 물질적인 영역에서 그렇듯이 영적인 영역에서도 분을 종식시킨다. 참된 예술가는 추함을 보지 않고 오로지 아름다움만 본다. 다른 사람에게 혐오스러운 것이 그에게는 자연 속의 합당한 존재로 여겨지고, 작품에서 아름다운 대상으로 표현된다.

참된 선견자는 어디에서도 악을 보지 않는다. 보편적인 선을 본다. 다른 사람에게는 지겨운 것이 그에게는 진화의 계획 속에서 합당한 존재로 여겨지고, 묵상의 대상으로서 마음속에 무심히 간직하게 한다.

인간은, 균형 감각이 부족하고 사물을 올바른 관계 속에서 보지 못하기에 걱정하고 슬퍼하고 싸운다. 인간이 혼란스러워하는 대상은 사물 자체가 아니라 사물에 대한 자신의 의견, 스스로 만든 그림자, 이기적인 악몽의 비현실적인 창조물이다.

윤리적인 균형 감각을 수련하고 발전시키면 격앙된 무리들도 온화한 평화의 수호자가 될 수 있다. 이기적인 세력 간의 충돌 속에서 지금껏 맹목적인 모습을 보여왔던 앞잡이들에게 선지자의 침착함과 탐구심을 선사한다.

영적인 균형 감각은 온전한 정신을 선사한다. 마음을 평온하게 회복시킨다. 공평함과 공명정대함을 부여하고 완전무결하게 조화로운 우주를 계시한다.

원칙을 비추는 빛

진리를 찾는 인간은 자신이 신봉하는 신성한 원칙에서 결코 벗어나지 않는다. 그는 질병, 가난, 고통, 이별과 영락, 심지어 죽음의 위협을 받을지라도 참된 원칙을 버리지 않는다.

그에게 반드시 피해야 할 한 가지는 오직 원칙을 버리는 것이다. 그에게 이는 앞서 언급한 모든 악을 합친 것보다 더 괴롭고 더 두려운 일이다. 그것은 시련의 순간에 겁쟁이로 변하고, 양심을 부정하고, 격정과 욕망, 공포에 사로잡힌 무리에 합류하는 것이기 때문이다. 그 원리가 개인적인 건강과 풍요와 안락을 주지 않는다며 그리스도를 등지고, 비난하고, 십자가에 못 박는 것이다. 진리의 사람에게 이는 악 중의 악이요, 죄 중의 죄다.

질병과 죽음을 피할 수는 없다. 한참을 피한다고 해도 결국에는 그것들이 우리를 따라잡을 것이다. 그러나 우리는 악행과 두려움, 비겁함을 피할 수 있다. 습관적으로 악행을 멀리하고 두려움을 내다버리면 삶에 악이 덮치더라도 정복당하지 않을 것이다. 우리가 그것들을 지배하게 될 것이기 때문이다. 그들을 잠시 멀리하는 대신 그들의 땅에서 그들을 정복할 것이다.

다른 사람을 보호하기 위해서라면 원칙에서 벗어나는 일이라도 저지르는 편이 옳다고 가르치는 사람들이 있다. 예컨대 누군가를 행복하게 만드는 것이 목적이라면 거짓말을 하는 편이 옳다고 가르친다. 가혹한 시련 속에서는 진실성의 원칙을 버리는 편이 옳다고 가르친다.

위대한 스승들의 입에서 그런 가르침이 나온 적은 단연코 없다. 훌륭한 선지자나 성인, 순교자 또한 그런 말을 뱉은 적이 없다. 신성한 빛을 받은 사람들은 어떤 상황에서도 그릇된 것을 옳은 것으로 만들 수 없고 거짓말에는 구원이나 보호의 힘이 없다는 사실을 잘 알기 때문이다.

악행은 고통보다 더 큰 악이며 거짓말은 죽음보다 더

치명적이고 파괴적이다. 예수 그리스도는 잘못된 행동으로 스승의 생명을 보호하려는 베드로를 꾸짖었다. 마음이 올바른 사람이라면 다른 사람의 도덕적인 품성을 희생하면서까지 자신의 생명을 구하지 않을 것이다.

인간은 누구나 잘못과 비겁함과 거짓말을 두려워하며, 고통과 죽음은 오히려 두려워하지 않았던 굳건한 사람들, 극한의 시련에 처했을 때조차 원칙을 굳건히 지키며 평온했던 순교자들을 존경하고 숭배한다. 원수의 조롱과 비웃음이 그들을 공격하고 사랑하는 이들의 눈물과 고통이 그들에게 호소할 때조차 그들은 겁을 먹거나 돌아서지 않았다. 그 지고의 순간에 미래의 선과 온 세상의 구원이 자신의 굳건함에 달려 있음을 알기 때문이다.

그리하여 그들은 인류 전체를 위한 미덕과 구원, 그리고 희망을 주는 힘으로서 시대를 초월해 그 자리를 지킨다.

자신을 구하기 위해서, 혹은 개인적으로 사랑하는 몇몇 존재를 위해 거짓을 말한 자에게 귀를 기울일 사람은 드물다. 원칙을 저버린 순간 그의 힘은 사라지기 때문이다. 그의 말이 전달되었다 해도 거짓을 말한 탓에 그는 사랑받지 못한다. 언제나 그는 시험에 들 때마다 넘어진 자로 간주되고 숭고한 자로 인정받지 못한다.

모든 사람이 '극한 상황에 처했을 때는 진실하지 않아도 된다'고 믿었다면 순교자나 성인은 존재하지 않을 것이고 인류의 도덕적 힘은 약화되었을 것이며 세상은 나날이 깊어지는 어둠 속에서 헤매었을 것이다.

다른 사람을 위해서라면 잘못을 저질러도 옳다고 여기는 태도의 밑바탕에는 불행과 고통, 죽음에 비하면 잘못과 거짓이 하급의 악이라는 암묵적 가정이 존재한다. 하지만 도덕적 통찰력이 있는 사람은 잘못과 거짓이 더 큰 악이라는 사실을 알기에 자신이나 타인의 생명이 위태로워 보일지라도 결단코 그런 악을 저지르지 않는다.

편안한 시기나 번영의 전성기를 맞은 사람은 원칙을 굳건히 지키고 있다고 자신을 설득하기 쉽다. 그러나 고통이 그를 압도하고, 불행의 어둠이 그를 덮치고, 상황의 압박이 그를 짓누르기 시작한다면 시련과 시험의 시기가 왔다는 뜻이다. 그런 계절이 오면 그가 자아에 집착하는지 아니면 진리를 고수하는지가 드러날 것이다.

원칙은 도움이 필요한 순간에 우리를 구원하기 위해 존재한다. 그런 위기의 순간에 원칙을 저버린다면 어떻게 자아의 올가미와 고통으로부터 구원받을 수 있겠는가.

양심에 어긋나게 행동함으로써 눈앞의 급박한 어떤 고

통을 피하겠다고 생각한다면 고통과 악을 증가시킬 뿐이다. 선한 사람은 고통보다는 잘못을 피하고 싶은 욕구가 더 강하다.

우리의 행복이 위태로워 보인다고 해서 우리를 보호하는 영구적인 원칙을 버리는 것은 지혜롭거나 안전한 선택이 아니다. 즐거움을 위해 참됨을 버리면 두 가지 모두 잃을 것이다. 그에 반해 참됨을 위해 즐거움을 버리면 진리와 평화가 우리의 슬픔을 달래줄 것이다.

숭고함을 천박함으로 맞바꾸면 공허함과 괴로움이 우리를 덮칠 것이다. **영원함**을 버린다면 우리의 피난처를 어디에서 찾을 수 있겠는가? 숭고함을 위해 천박함을 포기한다면 숭고함의 힘과 만족이 우리에게 남고 기쁨의 충만함이 밀려오며 우리는 진실 안에서 인생의 악과 슬픔으로부터 몸을 숨길 바위를 발견할 것이다.

삶의 모든 변화 속에서 영원함을 찾고, 그런 다음에는 어떤 상황이라도 그것을 고수하는 것, 이것만이 참된 행복이며 구원이자 영원한 평화다.

자아의 희생을 비추는 빛

───────────────────────

　자아의 희생은 **위대한 영적 스승들**의 가르침을 구성하는 기본 원칙 가운데 하나다. 그것은 진리가 행위의 근원이 될 수 있도록 자아, 즉 이기심을 포기하는 것이다. 자아는 버려야 할 실체가 아니라 바꾸어야 할 마음 상태다.

　'자아를 포기하는 것'은 지적인 존재의 소멸이 아니라, 어리석고 이기적인 모든 욕망의 소멸을 뜻한다. 자아는 멸망하는 것들과 일시적인 쾌락에 맹목적으로 집착한다. 또한 자아는 마음의 갈망과 탐욕, 욕망이다. 자아는 진리와 진리의 고요하고 끝없는 평화를 함께 알기 전에 포기해야 하는 바로 그것이다.

물건을 포기하는 것은 아무런 소용이 없다. 물건에 대한 갈망을 희생해야 한다. 부, 지위, 친구, 가족, 명예, 집, 아내, 자식, 심지어 생명까지 희생하더라도 자아를 버리지 않는다면 아무런 소용이 없을 것이다.

석가모니는 세상과 세상이 그에게 베푼 모든 소중한 것을 버렸다. 그러나 6년 동안 방황하고, 찾아 헤매고, 고통을 겪고, 마침내 마음의 욕망을 포기하고 나서야 비로소 깨달음을 얻고 평화에 이르렀다.

자기 방종의 대상만 포기한다면 평화를 얻기보다는 고통이 따를 것이다. 반드시 버려야 하는 것은 자기 방종, 즉 대상에 대한 욕망이며 그것을 버리면 평화가 마음에 깃든다.

마음속에 자아의 흔적이 남아 있는 한 희생은 고통스럽다. 하잘것없는 희생이나 쾌락에 대한 욕망이 마음속에 남아 있는 동안에는 격렬한 고통과 맹렬한 유혹이 도사리고 있을 것이다. 그러나 그 욕망을 마음으로부터 영원히 치워버리고 완전하고 완벽한 희생을 실천한다면, 특정한 대상이나 쾌락에 관해서는 더 이상 고통이나 유혹이 없다. 즉, 자아가 통째로 희생될 때 고통스러운 측면의 희생은 종말에 이르고, 완벽한 지식과 완벽한 평화에 도달한다.

미움은 자아다. 탐욕은 자아다. 시기와 질투는 자아다. 허영과 자랑은 자아다. 탐욕과 관능은 자아다. 거짓말과 속임수는 자아다. 이웃에 대해 악담을 하는 것은 자아다. 분노와 복수는 자아다.

자아의 희생은 이 모든 어리석은 마음과 정신 상태를 포기하는 것이다. 이 과정은 초기에는 고통스럽지만 머지않아 이따금씩 신성한 평화가 순례자에게 내려온다. 시간이 지날수록 이 평화가 머무르는 시간이 길어지고, 마침내 진리의 빛줄기가 마음속에 퍼지기 시작하면 그 평화는 우리와 함께 머물 것이다.

희생은 평화로 이어진다. 진리의 삶 속에는 더 이상 희생과 고통, 슬픔이 존재하지 않기 때문이다. 자아가 존재하지 않는 곳에는 포기할 것이 없다. 멸망할 것에 집착하는 마음이 존재하지 않는 곳에는 포기할 것도 존재하지 않는다. 모든 것이 진리의 제단 위에 놓인 곳이라면 이기적인 사랑은 신성한 사랑 안에서 자취를 감춘다. 그리고 신성한 사랑에는 완전한 통찰과 깨달음과 불멸, 그리하여 완전한 평화가 있으니, 자아에 대한 생각이 사라진다.

마음의 관리를 비추는 빛

철저하고 완벽하게 자신을 관리할 필요성을 깨닫기 위해서는 수많은 사람이 빠져 있는 대단한 미혹(자신의 행동으로 저지른 실수가 전적으로 자기 탓이 아니라 주변 사람들 탓이라고 믿는 미혹)에서 벗어나야 한다.

"다른 사람들에게 방해만 받지 않았다면 장족의 발전을 했을 텐데"라거나 "이렇게 짜증이 많은 사람들과 함께 살고 있으니 내가 진전이 있을 턱이 없다"고 불평하는 사람을 흔히 볼 수 있다. 이런 불평은 자신의 어리석음에 대한 책임이 다른 사람에게 있다고 생각하는 오류에서 비롯된다.

폭력적이거나 짜증이 많은 사람은 자기의 분노를 주변 사람들 탓으로 돌리고 계속 미혹 속에서 살면서 습관적으로 경솔하고 불안하게 행동한다. 자신의 약점이 전적으로 다른 사람의 행동에서 비롯된 것이라면 어떻게 약점을 극복할 수 있겠는가. 아니 어떻게 약점을 극복하고자 노력할 수 있겠는가. 그런 생각을 가진 사람은 자기가 처한 상황을 개선하겠다면서 다른 사람에게 점점 더 분통을 터트리고 결국 자기가 처한 불행한 상태의 근원을 영원히 파악하지 못할 것이다.

인간은 바람직하지 못한 자신의 행동을 놓고 자신의 결심을 방조한 자들을 탓한다. 아니면 나약하고 떳떳하지 못한 자신의 자아 이외의 모든 것을 탓한다.

한 사람의 모든 약점과 죄, 타락은 마음에서 비롯되며 이에 대한 책임은 오로지 자신에게 있다. 유혹하는 사람, 도발하는 사람이 있는 것은 사실이지만 응하지 않으면 유혹과 도발은 무의미하다. 유혹하는 자와 도발하는 자는 어리석은 사람에 지나지 않으니, 그들에게 굴복하는 자는 그들의 어리석음에 기꺼이 협력하는 것이나 다름없다.

문제의 근원은 나에게 있다. 순수한 사람은 유혹을 받을 수 없고 지혜로운 사람은 도발당하지 않는다.

모든 행동은 절대적으로 나 자신이 책임져야 한다는 사실을 깊이 깨달으라. 우리는 지혜와 평화로 향하는 길을 따라 이미 상당한 거리를 걸었다. 그러니 유혹을 성장의 수단으로 활용할 수 있다. 다른 사람의 잘못된 행동은 나의 힘을 시험하는 기회로 여길 수 있다.

소크라테스는 인내의 미덕을 더 훌륭하게 기를 기회가 생겼다면서 심술궂은 아내를 선물한 신들에게 감사했다. 인내심이 없는 사람과 함께 살면 인내심을 키울 수 있고, 이기적인 사람과 함께 살면 이타심을 키울 수 있다는 것은 누구나 쉽게 이해할 수 있는 단순한 진리다. 인내심이 없는 사람을 인내하지 못한다면 그 역시 인내심이 없는 사람이다. 이기적인 사람에게 이기적으로 군다면 그 역시 이기적인 사람이다. 시련은 미덕을 평가하는 시험이자 척도다. 금은보석과 마찬가지로 미덕은 시험을 많이 받을수록 더욱 빛난다. 미덕을 갖추었다고 자부하다가 막상 미덕과 상반되는 악덕과 맞닥트리면 곧바로 무너지는 사람은 착각에서 깨어나야 한다. 그대는 아직 미덕의 주인이 아니다.

참된 인간이 되려면 '나는 다른 사람 때문에 방해받는다'는 나약하고 어리석은 생각일랑 접어두고 나를 방해하는 것은 오로지 나뿐임을 깨달아야 한다. 다른 사람에게 굴복한다면 그것은 불완전함을 스스로 드러내는 것임을 깨달아야 한다. 그러면 지혜의 빛이 내려오고 평화의 문이 열릴 것이며 곧 자아의 정복자로 거듭날 것이다.

다른 사람들과 가깝게 지낼 때 계속 괴롭고 혼란스러운가? 그렇다면 그것은 나를 더 명확하게 이해하고 더 고결하고 굳건한 마음 상태로 나아갈 계기로 여겨라.

도덕적 책임과 옳은 일을 행할 수 있는 내 본연의 힘을 온전히 깨닫는 순간 극복할 수 없는 장애물이라고 여겼던 바로 그것에서 도움을 얻을 수 있을 것이다. 그러면 떳떳하지 못한 내 행동을 다른 사람 탓으로 돌리지 않고 어떤 상황에서도 흔들리지 않을 것이다. '자기기만이라는 비늘'이 내 눈에서 즉시 벗겨질 것*이다.

그러면 누군가 나를 도발한 것이 아니라, 내가 도발자였음을 깨달을 것이다. 정신적인 혼란을 스스로 초월한다면 다른 사람의 정신적인 혼란을 접할 필요가 없어지고, 자연스러운 과정을 통해 선하고 순수한 사람들의 무리에 합류하게 될 것이다. 그런 다음 내 안에 가득한 고귀함을 다른 사람들에게도 일깨워줄 것이다.

---

* 사도행전 9장 18절 '즉시 사울의 눈에서 비늘 같은 것이 벗겨져 다시 보게 된지라'를 인용한 표현-옮긴이

고귀해져라! 그러면 다른 사람들 안에 잠들어 있지만 결코 죽지 않은 고귀함이 당당히 일어나 네 자신과 만날 것이다.

자제를 비추는 빛

지혜로 가는 길에서 얻어야 할 가장 중요한 교훈은 '자제'다. 인간이 경험의 학교에서 온갖 쓰라린 형벌을 받는 것은 이 교훈을 배우지 못한 탓이다.

자제하지 못한다면 구원은 무의미하며 평화는 불가능하다. 계속해서 죄에 굴복하는 사람이 어떻게 죄에서 구원받을 수 있겠는가. 마음의 문제와 혼란을 정복하고 진압할 때까지 어떻게 지속적인 평화를 실현할 수 있겠는가.

자제는 **천국의 문**이다. 자제만이 우리를 빛과 평화로 인도한다. 자제하지 못하는 인간은 이미 지옥에 있는 것이나 다름없다. 그는 어둠과 불안 속에서 길을 잃는다. 자제가 부족하면 스스로 지대한 고통을 가하고 육체와 영혼 할 것 없이 형언할 수 없는 고통을 겪는다.

자제를 실천해야만 그 고통과 괴로움이 사라진다. 자제는 어떤 것도 대신할 수 없는 대체불가의 능력이고, 우주에는 인간을 대신할 힘이 없기 때문이다.

인간은 언제든지 자제를 실천함으로써 스스로 해야 할 일을 행해야 한다. 인간은 자제를 통해 자신의 신성한 힘을 드러내고, 신성한 지혜와 완전함을 향해 올라간다.

누구나 자제를 실천할 수 있다. 아무리 나약한 사람이라도 지금 당장 자제를 실천할 수 있으며, 그렇게 해야 한다. 그렇지 않으면 계속 나약한 인간으로 남거나 갈수록 더 나약한 인간이 될 뿐이다.

인간은 자제의 엄청난 중요성을 깨닫지 못하고, 그 절대적인 필요성을 이해하지 못하며, 그것이 향하는 영적 자유와 영광을 보지 못한다. 그렇기 때문에 인간은 노예가 되고 불행과 고통을 겪는다. 지상에서 일어나는 폭력, 불순, 질병, 고통을 깊이 생각해보라. 그리고 자제가 부족한 탓에 이런 일이 얼마나 더 많이 일어나고 있는지 생각해보라. 그러면 자제가 얼마나 절실히 필요한지 깨닫게 될 것이다.

다시금 말하지만 자제는 천국의 문이다. 자제가 없다면

행복과 사랑, 평화가 실현되고 유지될 수 없는 까닭이다. 사람의 마음과 삶은 정확히 자제가 부족한 정도만큼 혼란에 빠질 것이다. 법과 질서를 유지하고 파괴적인 혼란을 방지하기 위해 법의 강제적 구속이 필요한 것은 아직 자제를 실천하는 법을 배우지 못한 사람이 많기 때문이다.

자제는 미덕의 시작이며 인간은 이를 기점으로 모든 고귀한 속성을 습득한다. 그것은 질서정연하고 참된 종교적 삶에 가장 중요한 필수 자질로, 평온함과 축복, 평화를 선사한다.

자제가 없는 사람이라도 신학적 신념을 가지거나 고백할 수 있으나 참된 종교는 얻을 수 없다. 종교란 깨달아 행동하는 것 이외에 그 무엇도 아니기 때문이다. 영성이란 마음의 무질서한 경향을 물리친 승리 이외에 그 무엇도 아니기 때문이다.

자제를 실천하지 않는다면, 인간은 종교와 행위를 분리하는 중대하고 어리석은 미혹에 빠지게 될 것이다. 그렇게 종교가 자신을 극복하고 결백하게 살기 위해 존재하는 것이 아니라, 특정한 경전에 대한 믿음을 가지고 특정한 구세주를 특정한 방식으로 숭배하는 것이라고 자신을 설득한다. 그 결과 문자 숭배라는 이루 헤아릴 수 없는 복잡성과 혼란, 그리고 인간이 스스로 만든 종교를 지키고자 일삼는 폭력과 격렬한 투쟁이 일어난다.

참된 종교는 공식으로 정의할 수 없다. 그것은 순수한 이성과 사랑의 감성, 세상과 조화를 이루는 영혼이기 때문이다. 종교는 **존재**하고 **행동**하고 **살아가는** 자체이니 정의할 필요가 없다. 자신을 통제하기 시작할 때야 비로소 인간은 종교를 실천하기 시작한다.

10

행위와 그 결과를 비추는 빛

악행을 저지르고 나서 가장 흔하게 늘어놓는 변명은 '옳은 일을 하면 큰 고통이 따른다'는 것이다. 이는 어리석은 사람들이 행위가 아니라 행위의 결과, 다시 말해 어떤 일이 일어날 것이라는 가정을 염려한다는 뜻이다.

유쾌한 결과를 손에 넣고 불쾌한 결과를 피하려는 욕망으로 말미암아 인간은 선과 악을 구별할 능력을 잃는다. 마음속 혼란의 중심에 서서 둘 중 하나를 선택하고 실천하지 못한다. 심지어 자신이 아니라 다른 사람의 행복을 위해 잘못된 일을 저질렀다고 주장한다면 그는 더 교묘하고 위험한 미혹에 빠진 것이다.

지혜로운 사람은 행동의 결과가 아니라 행동 자체에 관심을 가진다. 무엇이 유쾌하거나 불쾌한지가 아니라 무엇이 옳은지를 고려한다. 그리하여 옳은 일만 행하고 결과에 연연하지 않으면서 의심, 욕망, 두려움이라는 모든 짐에서 해방된다. 뿐만 아니라 헤어 나올 수 없는 난관에 휘말리거나 고통스러운 혼란에 당황스러워하지 않는다. 그의 행로는 너무나 단순하고, 정확하고, 명료해서 의심과 불확실성에 결코 혼란스러워하지 않는다.

크리슈나*는 지혜로운 사람들은 '열매에 관계없이' 행동하며, 결과를 포기한 사람들은 지극히 선하고 지혜롭다고 단언했다.

유쾌한 결과만을 위해 매진하고, 자신이나 다른 사람의 행복이 위태로우므로 올바른 길에서 이탈하는 사람은 의심, 난관, 혼란, 고통에서 벗어날 수 없다. 어떤 결과가 일어날지 끊임없이 예측하면서 날마다 다른 방식으로 행동한다.

상황의 변화무쌍한 바람에 흔들리고, 이리저리 날뛰면서 갈수록 더 갈팡질팡하지만 그가 염려하는 결과는 일어나지 않는다.

---

* Krishna, 힌두교 신화에 나오는 영웅

그러나 오직 의로움을 위해 일하는 사람, 이기적인 생각과 결과에 대한 생각을 모조리 버리고 조심스럽게 올바르게 행동하는 사람은 온갖 변덕스러운 상황 속에서도 굳건하고, 한결같고, 침착하고, 평안하며 그 행위의 열매는 언제나 달콤하고 복되다.

그릇된 행위로는 결코 선한 결과를 얻을 수 없고, 올바른 행위에는 결코 악한 결과가 따르지 않는다. 진리의 법칙을 모른 채, 스스로 결과를 만들 수 있다고 생각하며 자아에 씨를 뿌리는 사람들은 자아라는 쓴 열매를 거둔다. 자신은 결과를 만드는 자가 아니라 거두는 자임을 알고 의로움을 위해 씨를 뿌리는 사람들은 의로움이라는 달콤한 열매를 거둔다.

옳음은 지극히 단순하고 복잡하지 않다. 오류는 복잡하며 마음을 혼란에 빠뜨린다.

자아와 열정을 버리고 올바른 행동으로 자신을 세우는 것, 이것이 바로 최고의 지혜다.

11

지혜의 길을 비추는 빛

지혜의 길은 의심과 불확실성이 모조리 사라지고 지식과 확신이 실현되는 최고의 여정이다.

세상의 자극과 쾌락, 인간의 격정이 솟구치는 소용돌이 속에서 (무척이나 고요하고 조용하며 아름다운) 지혜는 참으로 찾기 어렵고 힘들다. 이는 복잡성 때문이 아니라 야단스럽지 않은 단순성 때문에, 그리고 너무 맹목적이고 성급하며 그것의 권리와 즐거움을 시기하는 자아 때문이다.

지혜는 언제나 자아에게 상처를 입히는 질책의 형태로 뼈저리게 와 닿는다. 인간의 천박한 본성은 질책을 견디지 못하니 지혜는 '사람들에게 버림*' 받는다.

자아가 상처를 입고 소멸해야만 지혜를 얻을 수 있다. 바로 이 때문에, 지혜가 자아의 적이기 때문에, 자아는 반란을 일으키며 그래야 정복당하고 거부당하지 않을 것이다.

어리석은 사람은 자신의 격정과 개인적인 욕망에 지배를 받는다. 어떤 일을 목전에 두고 '이것이 옳은가?'를 묻기보다는 그 일로써 얼마나 많은 즐거움이나 개인적인 이득을 얻을 수 있는지만 고려한다. 그는 자신의 격정을 다스리고 정해진 원칙에 따라 행동하지 않으며 성향의 노예가 되어 그것이 이끄는 대로 따른다.

지혜로운 사람은 자신의 격정을 다스리고 개인적인 욕망을 모두 버린다. 충동과 격정에 따라 행동하지 않고 어떤 옳은 일을 행해야 하는지 냉철하게 생각하고 실천한다. 언제나 사려 깊고 침착하며 가장 숭고한 도덕적 원칙을 기준으로 자신의 행동을 인도한다. 쾌락과 고통을 초월한다.

지혜는 책이나 여행, 학문이나 철학에서 찾을 수 없다. 오로지 실천을 통해서만 얻을 수 있다. 위대한 성현들의 가르침을 끊임없이 읽어도 자신을 정화하고 다스리지 않

*　이사야 53장 3절의 일부–옮긴이

는다면 여전히 어리석은 사람으로 남을 것이다. 위대한 철학자들의 글을 아무리 많이 읽어도 자신의 격정에 계속 굴복하는 한 지혜에 이르지 못한다.

지혜는 올바른 행위, 올바른 행동이다. 어리석음은 잘못된 행위, 잘못된 행동이다. 인간이 자신의 오류를 깨닫고 포기하지 않는다면 제아무리 책을 읽고 공부를 한들 모두 헛된 일이다.

지혜는 허영심 많은 자에게는 "네 자신을 칭찬하지 말라", 교만한 자에게는 "네 자신을 낮추라", 수군거리는 자에게는 "네 혀를 다스리라", 노하는 자에게는 "네 분노를 가라앉혀라", 억울해하는 자에게는 "네 원수를 용서하라", 방종한 자에게는 "절제하라", 불순한 자에게는 "마음의 음욕을 버려라", 그리고 모든 사람에게는 "작은 허물을 삼가고 자기 본분을 충실히 행하며 남의 본분에 참견하지 말라"고 말한다.

지혜를 행하는 것은 단순하다. 그러나 지혜를 행함으로써 자아가 소멸될 때 인간의 이기적인 성향은 그것들에 반대하고 분연히 일어나 반항한다. 격렬한 흥분과 열렬한 쾌락으로 가득한 자신의 삶을 사랑하고 지혜의 고요하고 아름다운 침묵을 미워한다. 그리하여 인간은 어리석음에 머문다.

그럼에도 **지혜의 길**은 언제나 열려 있고, 고통스럽고 복잡한 어리석음의 길에 지쳐버린 순례자의 발자국을 기꺼이 받아들인다. 스스로 방해하지 않는 한 지혜로워지지 못하도록 막을 사람은 아무도 없다.

　스스로 노력하지 않는다면 아무도 지혜를 얻을 수 없다. 자신에게 정직하고, 무지의 깊이를 스스로 측정하고, 자신의 오류를 직시하고, 잘못을 스스로 깨닫고 인정하며 곧바로 자신을 갱생하는 과업을 시작하는 자는 지혜의 길을 찾을 수 있다. 그리하여 겸손하고 순종적인 두 발로 걷다가 때가 되면 감미로운 **구원의 도시**에 들어설 것이다.

12

성향을 비추는 빛

"어쩔 수 없다, 그게 내 성향이다." 잘못을 저지르고 이렇게 변명하는 사람이 얼마나 많은가. 이 말은 그 문제에서 자신은 선택권이 없으며 자신의 품성을 바꿀 수 없다고 믿는다는 뜻이다. 그는 자기가 '그렇게 태어났기 때문에', 자신의 아버지나 할아버지 또한 그랬기 때문에, 이런 성향으로 인해 수백 년 전 가문의 누군가가 틀림없이 고통을 겪었을 것이기 때문에 자신은 지금의 모습이고 반드시 그래야 한다고 믿는다.

이런 믿음은 근거가 없을 뿐더러 모든 진보와 모든 선의 성장, 품성의 모든 발전과 고귀한 삶의 모든 확장에 철저한 장애물이니, 근절하고 파괴하고 폐기해야 한다.

품성은 영원하지 않다. 사실 품성은 자연에서 가장 변하기 쉬운 것으로 손꼽힌다. 품성은 상황의 압박 속에서 지속적으로 조절되고 수정되기 때문이다.

똑같은 일을 반복함으로써 나는 '어쩔 수 없다'고 고집스레 믿으며 집착하는 경우만 뺀다면 성향은 영구불변한 것이 아니다. 그 믿음을 없애면 곧바로 '어쩔 수 있다'는 사실을 발견할 것이다. 나아가 진심을 다한다면 지성과 의지가 어느 정도까지는 상당히 빠른 속도로 성향을 형성할 수 있는 도구임을 알게 될 것이다.

똑같은 일을 반복함으로써 형성되는 습관이란 무엇일까? 그 일을 그만 (반복)하면 성향은 변하고 품성은 바뀐다. 오래된 생각이나 행동의 습관을 끊는다는 것은 처음에는 어렵지만, 노력을 거듭할수록 그 어려움이 줄어들어 마침내 사라진다. 그러면 새로운 좋은 습관이 형성되어 나쁜 성향이 좋은 성향으로 바뀌고, 품성이 고상해지고, 마음이 고통으로부터 구원을 받아 기쁨 속으로 솟구친다.

누구든 스스로 불행해지고 스스로 바람직하지 않다고 여기는 성향의 노예로 남을 필요는 없다. 그 성향을 버릴 수 있다. 예속에서 벗어날 수 있다. 자신을 구출하고 자유로워질 수 있다.

개인의 자유를 비추는 빛

인간은 자기 마음 영역 안에서는 막강한 힘을 발휘하지
만 다른 마음과 외부 사물의 영역에서는 힘이 제한된다.
내 마음은 지배해도 다른 사람의 마음은 지배할 수 없다.

내가 무슨 생각을 할지는 선택할 수 있으나 다른 사람
의 생각은 선택할 수 없다. 날씨는 마음대로 통제할 수 없
지만 내 마음을 통제하고 날씨에 대한 내 마음가짐은 내
가 결정할 수 있다.

인간이 자기 마음의 영역을 개혁할 수 있으나 외부 세
계는 개혁할 수 없다. 외부 세계는 나와 똑같이 선택의 자
유가 있는 다른 마음들로 구성되어 있기 때문이다. 순수

한 존재가 덜 순수한 존재의 마음을 정화할 수는 없다. 하지만 순수한 삶과 순수함에 도달한 자신의 경험을 토대로 스승으로서 다른 사람의 길잡이가 될 수 있다. 그래서 그들이 더 쉽고 빠르게 스스로 정화할 수 있도록 도울 수 있다. 허나 이런 경우에도 인도를 받아들일지 아니면 거부할지를 결정할 권한은 다른 사람에게 있으며, 그렇기 때문에 인간의 선택은 완전하다. 인간이 자신의 생각과 행동의 결과를 피할 수 없는 것은 (다른 사람의 마음 영역에서는 아무런 힘이 없지만 자신의 마음에서는 막강한 힘이 있다는) 이 이중적 진리 때문이다. 인간은 결과를 바꾸거나 피하는 데는 무력하지만 결과를 일으키는 생각을 선택하는 데는 막강한 힘이 있다.

생각을 선택했으면 그 결과를 온전히 받아들여야 한다. 행동한 후에는 그 행동의 모든 결과를 피할 수 없다.

사회는 법이 보편적으로 통치하며 개인의 자유가 완벽하게 보장된다. 사람은 자신이 원하는 대로 행동할 수 있지만 다른 모든 사람 또한 자신이 원하는 대로 행동할 수 있다. 어떤 사람은 도둑질할 힘이 있으나 다른 사람은 도둑으로부터 자신을 보호할 힘이 있다.

일단 내 생각을 표현하고 내 목적을 행동으로 옮긴 사람은 그 생각과 목적에 대한 힘을 잃는다. 피할 수 없는 확실한 결과가 따르며 그 결과는 고통스럽거나 복되거나 상관없이 생각이나 행동과 똑같은 성질을 띠게 될 것이다.

나는 내가 선택한 대로 생각하고 행동할 수 있고, 다른 모든 사람에게도 똑같이 그럴 자유가 있다는 점을 깨달았으면 이제 다른 사람의 마음을 고려하는 법을 배워야 한다. 그렇지 않으면 끊임없이 고통에 휘말릴 것이다.

다른 사람을 고려하지 않은 채 생각하고 행동하는 것은 자유의 남용이자 침해다. 그런 생각과 행동은 조화로운 **자유의 원리**에 의해 무효화되고 무력화되며, 사람은 그런 무효화와 무력화를 고통으로 느낀다.

무지를 넘어선 마음이 그 영역 안에서 힘의 크기를 스스로 인식하고 다른 사람에 대한 적대감을 멈출 때 다른 마음과 조화를 이룰 수 있다. 그들에게 선택의 자유가 있음을 인정했으니 마음은 영적 풍요로움과 고통의 소멸을 실현한다.

이기심과 에고티즘, 독재는 비록 표현은 달라도 영적인 관점에서 보면 동일한 개념이다. 모든 이기적인 생각이나 행동은 에고티즘의 발현이자 독재의 노력이다. 따라서 고통과 패배를 마주하게 된다.

반면 **자유의 법칙**은 아주 작은 사항이라도 무효화될 수 없게 한다. 이기심이 득세하면 **자유**는 존재하지 않을 것이다. 그러나 자유는 지고의 가치이기에 이기심은 고통 이외에는 아무런 결과를 얻지 못한다. 이기심으로 인한 행위에는 에고티즘의 두 가지 요소가 포함된다. 다른 사람의 자유를 거부하는 것과 정당한 영역을 넘어서 자신의 자유를 주장하는 것. 그리하여 스스로를 파괴하고 만다.

인간은 이기심의 피조물이 아니라 이기심의 창조자다. 이기심은 인간의 힘을 나타내는 표현으로, 존재의 법칙마저도 거부할 수 있는 강력한 힘을 가지고 있다. 이기심은 지혜가 없는 힘이고 방향을 잘못 잡은 에너지다.

인간이 무지한 것은 정신적 존재인 자신의 본성과 힘을 모르기 때문이다. 무지와 이기심에는 고통이 따르며, 인간은 반복되는 고통과 오랜 경험을 경험하고 나서 마침내 지식을 얻고 정당한 힘을 행사할 수준에 이른다.

참으로 깨달은 사람은 이기적일 수 없다. 다른 사람을 이기적이라고 비난하거나 이타적으로 변하라고 강요할 수 없다. 이기적인 사람은 자신의 방식과 뜻이 모든 사람에게 유일한 올바른 길이라고 믿으며 다른 사람을 그것에 맞추고 싶어 한다. 그리하여 무지하게도 자신이 자유롭게 행사하는 힘, 즉 자신의 길을 선택하고 자신의 의지를 행사할 수 있는 힘을 다른 사람에게 확인시키려고 애쓰느라 자신을 낭비한다. 그 바람에 다른 사람의 성향이나 자유와 정면으로 맞서게 되고, 스스로 자신을 고통에 빠트리고 만다. 이후에는 상충하는 힘들의 끊임없는 상호작용, 끝없는 격정의 불길, 혼란과 분쟁, 그리고 고뇌에 빠진다. 이기심이라는 잘못 행사하는 힘에 의해서.

이타적인 사람은 개인적인 간섭을 모두 멈추고 판단의 원천인 '나'를 버린다. 생각에서조차 에고티즘을 모조리 버림으로써 자신의 무한한 자유를 인정하기에 그는 다른 사람의 무한한 자유를 침해하지 않는다. 다른 사람들의 선택이 정당하고 그들에게는 자신의 힘을 자유롭게 행사할 수 있는 권리가 있음을 깨닫는다.

다른 사람들이 이타적인 사람에게 어떻게 행동하든 간에 그것은 그에게 전혀 문제나 고통을 일으킬 수 없다. 그는 그들이 그렇게 행동하겠다고 선택하기를 전적으로 원하고 다른 방식으로 행동해야 한다는 바람을 품지 않기 때문이다. 자신의 유일한 의무는 타인에게 올바르게 행동하는 것이며, 인간은 각자의 생각대로 선택하고 행동할 권리가 있음을 깨닫는다. 그렇기 때문에 이타적인 사람에게는 악의, 시기, 질투, 비방, 투기, 비난, 정죄, 핍박은 존재하지 않는다. 본인이 이런 일들을 행하지 않으니 누군가로부터 이런 일을 당해도 흔들리지 않는다. 따라서 죄로부터 해방되면 고통으로부터 해방된다.

　이타적인 사람은 자유롭다. 죄에 결코 예속되지 않으며,
모든 구속에서 벗어나 있다.

노동의 축복과
존엄성을 비추는 빛

'노동은 생명'이라는 진리가 담긴 원칙은 자주 반복하거나 면밀히 연구하고 실천할 만큼 중요하다. 노동은 흔히 그 자체로 행복하고 고귀한 것이 아니라 안락과 쾌락을 얻기 위한 지루한 수단, 심지어 천한 수단으로 생각된다. 하지만 그렇지 않다. 우리는 위의 격언에 담긴 교훈을 마음에 새기고 더 철저하게 익혀야 한다.

정신 활동이든 신체 활동이든 간에 활동은 삶의 본질이다. 삶의 완전한 중단은 죽음을 의미하며 죽음 뒤에는 곧바로 부패가 따른다. 활동과 죽음 사이에는 밀접한 관계가 있다. 활동이 많을수록 삶은 더 풍요로워진다. 정신노동자, 독창적인 사상가, 끊임없이 정신활동을 하는 사람은 사회에서 가장 오래 사는 사람들로 손꼽힌다. 그 다음으로 농업종사자, 정원사, 끊임없이 신체활동을 하는 사람이 수명이 길다.

마음이 순수하고 건강한 사람은 일을 사랑하고 노동 속에서 행복해한다. 결코 '혹사당한다'고 불평하지 않는다. 건전하고 순수한 삶을 사는 사람이 혹사당하기란 아주 어렵거나 거의 불가능하다. 사람을 힘들게 하는 것은 걱정, 나쁜 습관, 불만, 게으름이며, 그중에서도 특히 게으름이 사람을 가장 고통스럽게 한다. 노동이 생명이라면 게으름은 죽음이다. 혹사당하는 것에 대해 이야기하기 전에 우선 죄부터 없애자.

일을 두려워하고, 일을 원수처럼 여기며, 일을 너무 많이 해서 몸이 망가질까봐 겁을 내는 사람이 있다. 사실 일은 건강을 지켜주는 친구다.

그런가하면 일을 부끄러워하며 멀리해야 할 천한 것으로 여기는 사람이 있다. '마음이 순수하고 건강한' 사람은 일을 두려워하거나 부끄러워하지 않으며 어떤 일을 맡든 간에 그것을 품위 있는 행위로 만든다. 꼭 필요한 일은 결코 천할 수 없다. 만일 누군가 자기 일을 천하다고 여긴다면, 그는 일이 아니라 자신의 천박한 허영심 탓에 이미 천박한 사람이다.

인간에게는 몸과 마음의 **정해진** 일상 과제가 있으며 이것이 그의 존엄성을 결정한다.

일을 두려워하는 게으른 사람과 일을 부끄러워하는 헛된 사람은 모두 가난으로 향하고 있다. 아직 가난에 이르지 않았다면 말이다. 일을 사랑하는 부지런한 사람과 일을 찬미하는 참으로 존엄한 사람은 모두 풍요로움으로 향하고 있다. 아직 풍요로움에 이르지 않았다면 말이다. 게으른 사람은 가난과 범죄의 씨앗을 뿌리고, 헛된 사람은 굴욕과 수치의 씨앗을 뿌린다. 부지런한 사람은 부와 미덕의 씨앗을 뿌리고, 당당하게 일하는 사람은 승리와 명예의 씨앗을 뿌린다. 행위가 씨앗이니 때가 되면 결실이 나타날 것이다.

인간은 흔히 되도록 적게 노력하고 많은 재물을 얻기를 바라지만 이는 일종의 도둑질이다. 노동하지 않고 노동의 결실을 얻으려는 것은 다른 사람의 노동의 결실을 취하는 것이다. 마땅히 치러야 할 대가를 주지 않고 돈을 얻으려는 것은 자기 것이 아닌 남의 것을 취하는 것이다. 이런 마음가짐을 논리적인 극단까지 확대한 것이 도둑질이 아니라면 무엇이 도둑질이겠는가.

우리의 일 안에서 기뻐하자. 일할 힘과 능력이 우리에게 있음을 기뻐하고 그치지 않는 노동으로 그 힘과 능력을 키우자.

어떤 일을 하든지 간에 일은 고귀하다. 고귀한 정신으로 일한다면 그것은 고귀한 일이고 세상 또한 고귀한 일로 인식할 것이다. 덕이 높은 사람은 자신에게 주어진 노동을 경멸하지 않는다. 일하면서도 지치지 않는 자, 궁핍한 시기에도 신실하고 인내하며 타협하지 않는 자는 마침내 노동의 달콤한 열매를 반드시 맛볼 것이다.

"자기 일을 찾은 자는 복이 있나니, 다른 복을 구하지 말게 하라"는 명언처럼, 수고하고 실패하는 것처럼 보이는 동안에도 행복이 동반자처럼 함께할 것이다.

예의와 연단을 비추는 빛

짐승을 마음에서 몰아내고 더 위로 올라가자. 마음속의 원숭이와 호랑이는 죽게 내버려두자. 모든 문화는 마음속의 짐승으로부터 멀어지고 있다. 진화는 연단의 과정이며 사회의 불문율은 진화 법칙에 내재되어 있다.

교육은 지성의 문화다. 학자는 지성을 정화하고 완성하는 일에 종사하고 영적 신봉자는 마음을 정화하고 완성하는 일에 종사한다.

더 고귀한 성취의 경지에 오르기를 갈망하고 이상을 실현하고자 노력하는 사람은 본성을 연단하기 시작한다. 내면을 더 순화할수록 외적인 태도가 더 세련되고 우아하며 온화해질 것이다.

예의는 윤리에 토대를 두고 있으며 따라서 종교와 분리할 수 없다. 무례하다는 것은 불완전하다는 뜻이다. 내면의 결함이 겉으로 드러나는 것이 무례한 것이 아니라면 무엇이 무례한 것이겠는가.

행동이 곧 그 사람이다. 무례하게 행동하면 무례한 사람이고 어리석게 행동하면 어리석은 사람이며 점잖게 행동하면 점잖은 사람이다. 겉모습은 곧 내면의 표현이니, 누군가에게 (어쩌면 강한 동물적 미덕의 소유자일지 모르지만) 거칠고 잔인한 겉모습 뒤에 부드럽고 세련된 마음이 있다고 생각한다면 그것은 오산이다.

석가모니가 설파한 완덕으로 향하는 고귀한 **팔정도**八正道*의 한 단계 중 정업正業, 즉 **올바른 행동** 혹은 **선한 행동**이 있다. 누군가 친절하고 인자하며 이타적인 정신으로 다른 사람을 대하는 법을 미처 배우지 못했다면 그는 아직 거룩한 삶의 길에 들어서지 못한 사람이다.

마음을 연단하면 행동을 연단하게 될 것이다. 행동을 연단하면 마음을 연단하는 데 도움이 될 것이다.

---

* 불교 교리에서 깨달음을 얻기 위한 수행을 가리키는 말로, 정견(正見), 정사유(正思惟), 정어(正語), 정업(正業), 정명(正命), 정정진(正精進), 정념(正念), 정정(正定)의 여덟 가지 수행이 있다. — 옮긴이

거칠고, 잔인하고, 성마른 것은 짐승에게는 자연스러울지 모르지만 (더 숭고한 인간성은 말할 것도 없고) 참을성 있는 사회 구성원이 되기를 갈망하는 인간은 그런 짐승 같은 특성을 단번에 씻어낼 것이다.

음악, 그림, 시, 예의 등 인간의 연단을 돕는 이 모든 것은 진보의 하인이자 전령이다. 야만인을 모방할 때 인간은 스스로 타락한다. 야만성을 단순함으로, 저속함을 정직함으로 착각하지 말자.

다른 사람을 위한 이타심, 친절함, 배려는 항상 온화함과 우아함, 연단으로서 겉으로 발현된다. 흉내를 내서 이런 미덕이 있는 척하면 성공하는 것처럼 보일지 모르지만 실상은 그렇지 않다. 가장과 위선은 머지않아 드러나기 마련이다. 모든 사람의 눈은 조만간 얄팍함을 꿰뚫어보며 궁극적으로 그것을 연기한 사람 외에는 아무도 속지 않는다. 에머슨은 이렇게 말한다. "효과를 노리고 행한 일은 효과를 노리고 행한 일처럼 보이고, 사랑을 노리고 행한 일은 사랑을 노리고 행한 일처럼 느껴진다."

훌륭하게 키운 아이들은 자신의 행복보다 다른 사람의 행복을 먼저 생각한다. 다른 사람에게 가장 편안한 자리와 좋은 과일, 맛있는 간식을 내어준다. 그들은 사소한 행동이라도 모든 일을 올바른 방식으로 행하라고 배운다. 이런 이타심과 올바른 행동은 예의뿐만 아니라 모든 윤리와 종교, 참된 생활의 기초다. 그것은 힘과 기술이 된다.

이기적인 사람은 나약하고 행동이 미숙하다. 이타심은 올바른 사고방식이고 예의는 올바른 행동 방식이다. 에머슨은 다시 말한다. "모든 일을 행하는 방식이 언제나 존재한다. 예의는 일을 올바르게 행하는 만족스러운 방식이다."

사람들은 흔히 **더 숭고한 삶**이란 삶의 일반적인 세부 요소와는 별개인 '이상적인 무엇'이며 이들을 소홀히 하거나 되는 대로 처리하는 것은 '더 숭고한 것'을 추구한다는 징후라고 생각한다. 하지만 이는 잘못된 생각이다. 오히려 그것은 마음이 정확하고 완전히 깨어 있으며 강해지는 것이 아니라 부정확하고 몽상적이며 약해지고 있다는 징후다. 아무리 사소할지라도 일을 처리하는 올바른 방식이 있다. 올바른 방식으로 일을 처리하면 마찰과 시간, 수고를 줄이고 힘을 절약하며 품위와 기술, 행복의 수준을 높일 수 있다.

장인에게는 자신의 특별한 기술을 연마할 다양한 도구가 있다. 장인은 각 도구를 특별한 용도에 맞게 사용해야 하며 어떤 상황이라도 한 도구를 다른 도구의 용도로 쓰지 말아야 한다는 사실을 이미 배우고 경험을 통해 깨달았다. 장인은 모든 도구를 적재적소에 올바른 방식으로 사용함으로써 솜씨와 힘을 극대화할 수 있다. 기술을 배우는 소년이 가르침을 거부하고 자기 방식대로 도구를 계속 사용하며 어떤 도구를 다른 도구의 용도로 사용한다면 결코 서투른 초보자 수준을 뛰어넘을 수 없으며 결국에는 자기 분야에서 실패자가 될 것이다.

이 사실은 평생 변하지 않는다. 마음의 문을 열고 가르침을 받아 모든 일을 올바르고 정당하게 수행하는 방법을 연구한다면 자신과 자신의 생각과 행동을 책임지는, 강하고 능숙하며 지혜로운 주인이 된다. 그러나 순간적인 충동을 따르고, 느낌이 이끄는 대로 모든 일을 처리하고, 신중함을 실천하지 않고, 가르침을 거부한다면 되는 대로 어설프게 살 수 밖에 없다.

공자는 중대한 국사와 자신이 설파한 숭고한 도덕 원칙뿐만 아니라 입성, 식사, 행동거지, 담화 등 이른바 생활의 평범한 요소에도 매우 세심하게 주의를 기울였다. 그는 제자들에게 해야 할 어떤 일을 '사소하다'고 여기는 것은 마음이 저속하고 어리석다는 표시라고 가르쳤다. 지혜로운 사람은 모든 본분에 주의를 기울이고 모든 일을 지혜롭고 신중하며 올바르게 수행한다고 가르쳤다.

무언가 자르라고 칼이 주어졌고 무언가 먹으라고 포크가 주어졌으니, 칼로 먹겠다고 고집하는 사람은 배척해야 한다. (삶의 사소한 부분에조차) 사물을 올바르지 않게, 되는 대로 사용하는 것은 발전이 아니라 퇴보이며 혼란을 초래한다.

다른 사람을 향해 몰인정하게 행동하고 생각하는 인간은 천국에서 쫓겨난다는 가르침은 잔혹하지 않다. 우주는 정확성을 기준으로 유지되고, 질서를 바탕으로 삼으며, 올바른 행동을 요구한다. 지혜를 추구하는 사람은 자신이 가는 모든 길을 눈여겨볼 것이다. 그는 순수하게 생각하고, 온화하게 말하고, 품위 있게 행동하면서 글로든 정신으로든 자신의 본성 전체를 연단할 것이다.

신조의 다양성을 비추는 빛

　신앙 문제의 일반적인 궤도에서 벗어나 종교적 교리서와 구별되는 더 숭고한 삶을 독자적으로 찾아나서는 사람들은 첫 번째 단계에서 그들을 기다리는 함정에 빠지기 쉽다. 그것은 바로 교만의 함정이다.

　'신조信條'를 공격하고 (마치 악과 동의어라도 되는 듯이) '정통'을 경멸조로 언급하는 것은 더 위대한 영적 빛의 소유자라고 스스로 착각하는 사람들에게서 드물지 않게 볼 수 있는 습성이다. 정통으로부터 벗어나는 것이 반드시 죄로부터 벗어난다는 의미는 아니다. 사실 정통으로부터 벗어나는 길에는 더 많은 괴로움과 경멸이 따른다. 의견을 바꾸는 것과 마음을 바꾸는 것은 별개의 문제다. 신조에 대한 지지를 철회하기는 쉽지만 죄로부터 자신을 끄집어 내는 것은 어렵다.

정통과 순응은 몰라도 증오와 교만은 반드시 멀리해야 한다. 경멸해야 할 것은 다른 사람의 신조가 아니라 자신의 죄다.

생각이 올바른 사람은 자신이 다른 사람보다 '더 관대하다'고 자부하거나, 자신이 다른 사람보다 '더 차원이 높다'고 여기거나, 아니면 자신은 이미 버린 모종의 문자 숭배에 여전히 집착하는 사람들을 경멸의 시선으로 바라보지 않는다.

누군가 다른 사람을 '속이 좁다', '편협하다', '이기적이다'라는 단어로 표현한다면 그는 깨달은 정신의 소유자가 아니다. 이런 식으로 평가받기를 바라는 사람은 없다. 참된 종교인이라면 자신에게도 상처가 될 만한 말로써 다른 사람을 험담하지 않는다.

겸손과 연민을 실천하는 방법을 배울 때 참된 깨달음을 얻을 것이다. 나를 낮추고 남에게 친절하게 대하고, 냉혹한 논리로써 내 죄를 정죄하고 남의 죄를 온화한 연민으로 대하고, 사물의 본질과 법칙에 대한 통찰력을 키운다면 다른 사람과 그의 종교 안에 존재하는 진리를 발견할 것이다. 그러면 이웃이 다른 신앙을 가지거나 형식적인 신조를 고수한다는 이유로 그를 정죄하지 않는다.

신조는 마땅히 존재해야 하며 특정한 신조에 따라 본분을 충실히 수행하는 사람은 자신의 본분을 수행하는 이웃을 방해하거나 정죄하지 않고 세상을 완전함과 평화에 더 가까운 곳으로 인도한다.

다양한 신조 가운데에 영원불변의 사랑이라는 통합의 힘이 있으며, 사랑을 품은 사람은 모든 사람에게 공감하며 합일된 상태에 이미 이르렀다. 종교의 참된 정신을 터득하고 순수한 통찰과 깊은 자비에 도달한 자는 모든 분쟁과 정죄를 피할 것이다. 그는 (어떤 종파이든지 간에) 자기 종파를 찬양하는 미혹에 빠지지 않고, 자기 종파만이 옳다고 증명하려고 애쓰거나 다른 종파를 폄하하면서 그것이 거짓이라고 증명하려고 애쓰지 않을 것이다. 참된 사람이 자신과 자신이 행한 일을 말로써 찬양하지 않듯이 겸손과 자비와 지혜를 가진 사람은 자신의 종파가 다른 모든 종파보다 우월하다고 말하지 않는다. 다른 사람들이 신성하게 여기는 신앙의 형식에서 흠을 찾아냄으로써 자신의 종교를 높이려고 힘쓰지 않는다.

기독교 시대가 시작되기 약 2~3세기 전 위대한 **인도의**

통치자이자 **성인**인 아소카Asoka는 일생을 진리를 널리 알리는 데 헌신했다. 관용의 실천을 그보다 더 명확하고 고결하게 전달한 문구는 지금껏 없었다. 그가 설파한 칙령에는 이렇게 쓰여 있다.

자기 종파를 찬양하거나 다른 종파를 비난해서는 안 된다. 반면 어떤 이유로든 다른 종파에 존경을 표하는 것은 마땅한 일이다. 그러면 자기 종파가 발전하는 데 도움이 되고 다른 종파가 이익을 얻을 것이다. 그렇지 않으면 다른 종파에 해를 끼치는 동안 자기 종파가 파괴될 것이다. 다른 종파를 비난함으로써 자기 종파를 높이는 모든 사람은 틀림없이 자기 종파에 대한 사랑과 그 명성을 널리 퍼뜨리려는 생각에서 그리 하는 것이다. 그러나 오히려 그는 자기 종파에 더 큰 위해를 가한다.

지혜롭고 거룩한 말씀이다. 다른 사람의 종교가 아니라 자신의 결점을 타파하기를 열망하는 사람이라면 관용의 숨결이 이 말씀 안에 있으니 깊이 새겨야 한다.

내가 생각하는 다른 종교의 '악'을 폭로함으로써 내 종교의 대의를 높일 수 있다는 생각은 어리석다. 다른 종파를 끊임없이 멸시함으로써 마침내 멸망시키고 모든 사람을 자기편으로 만들 수 있다고 생각하지만 실상은 자기 종파의 평판을 떨어트리고 결국은 파괴하는 한심한 결과를 얻게 되기 때문이다.

다른 사람을 비방할 때마다 내 인격과 장래에 길이 남을 상처를 스스로 입히듯이, 다른 종파에 대해 악담할 때마다 내 종교를 더럽히고 품위를 떨어트린다. 다른 종교를 공격하고 비난하기를 일삼는 사람은 자기 종교가 공격과 비난을 받을 때 가장 괴로워한다.

내 종교가 악하고 거짓되다는 비난을 받는 것이 싫다면 다른 종교를 그런 식으로 정죄하지 않도록 삼가야 한다. 내가 품은 대의에 대해 좋은 말을 듣고 도움을 받을 때 기쁘다면 나와 방법은 달라도 결국에는 똑같이 선한 견해를 가진 다른 대의에 대해 좋은 말을 하고 도움을 주어야 한다. 그러면 종파 분쟁의 오류와 불행에서 벗어나 신성한 관용 속에서 자신을 완성할 수 있을 것이다.

온유와 자비를 품은 마음은 분쟁, 폭력, 박해, 괴로움의 불을 계속 지피는 모든 맹목적인 격정을 멀리한다. 연민과 친절의 생각 속에 머무르며 아무것도 경멸하지 않고, 멸시하지 않고, 적대감을 불러일으키지 않는다. 온화함을 얻은 사람은 다른 방법으로는 손에 넣을 수 없는 위대한 율법에 대한 명료한 통찰을 얻는다. 모든 종파와 종교에 선이 존재함을 깨닫고 그 선을 내 것으로 만든다.

진리를 추구하는 자는 분열과 차별을 멀리하고 관용을 추구한다. 관용은 중상하거나 험담하거나 정죄하지 않기 때문이다. 진리는 남의 것을 짓밟고 내 것을 높이라고 가르치지 않는다.

진리는 진리 자체와 모순될 수 없다. 진리의 본질은 정확성, 현실성, 적확한 확실성이다. 그렇다면 왜 종교와 신조들 사이에 끊임없이 갈등이 일어나는 것일까? 오류 때문이 아닐까? 모순과 갈등은 오류의 영역에 속하고 혼란을 일으키는 오류에는 자기모순의 본질이 있으니 말이다. 예컨대 기독교인이 "기독교는 참이고 불교는 거짓"이라 말하고, 불교인이 "기독교는 거짓이고 불교는 참"이라고 말한다고 하자. 그렇다면 두 종교 모두 참이자 거짓일 수 없으니 우리는 타협이 불가능한 모순에 직면하게 된다. 진리에서 나올 리 없는 이런 모순은 틀림없이 오류의 소산일 것이다.

반면에 이 두 종교적 당파가 이제 "그래, 모순이 오류에서 비롯되는 건 사실이지만 그 오류는 나와 내 종교가 아니라 상대방과 그의 종교에 있다"고 말하거나 생각한다면 모순은 더욱 심화될 뿐이다. 그렇다면 오류는 어디에서 비롯되며 진리는 어디에 있을까?

이들이 상대방에게 취하는 바로 그 마음가짐이 오류가 아닐까? 이 마음가짐을 전환해 적대감을 선의로 바꾸면 진리 자체와 상충되지 않는 진리를 인식할 수 있지 않을까?

"내 종교는 참이고 이웃의 종교는 거짓"이라고 말하는 이는 자기 종교에서 아직 진리를 발견하지 못한 사람이다. 진리를 발견했다면 모든 종교에서 진리를 볼 테니 말이다. 우주의 모든 현상의 이면에 존재하는 진리는 단 하나뿐이듯 모든 종교의 이면에는 단 하나의 종교가 존재한다. 모든 종교의 윤리적 가르침은 똑같고 모든 위대한 스승들은 정확히 똑같은 것을 가르쳤기 때문이다.

산상수훈山上垂訓*의 가르침은 모든 종교에서 찾을 수 있다. 진리는 교리와 의견이 아니라 순수한 마음과 결백한 삶이고 모든 위대한 스승과 수많은 제자가 이 가르침이 요구하는 삶을 실천했다.

종교는 무릇 마음의 순수함, 삶의 거룩함, 연민, 사랑, 선한 의지를 가르친다. 선을 행하고 이기심과 죄를 버리라고 가르친다. 이런 것들은 교리와 신학, 의견이 아니다. 행하고, 실천하고, 실현하며 살아야 할 것들로서 모든 종

---

* 신약 성경 가운데 마태복음 5~7장에 실려 있는 예수의 가르침. 신앙생활의 근본 원리가 간명하게 정리·기술되어 있다.

파에서 인정하는 진리이다. 그렇다면 왜 종교 간의 가르침이 다르게 보이는 것일까? 그것은 의견과 추측, 신학 때문이다.

사람들은 실재하는 것이 아니라 비현실적인 것에 대해 이견을 가진다. 진리가 아니라 오류를 놓고 싸운다. 모든 종교는 다른 인간과 싸우는 일을 중단하고 선의와 사랑으로 배려하는 법을 배워야만 비로소 진리를 조금이나마 터득한다고 가르친다. 이웃의 종교가 거짓이며 온 힘을 다해 그것을 훼손하고 타도하는 것이 신도의 의무라는 가르침은 어디에도 없다. 대접받고 싶은 대로 대접하라는 가르침과도 배치된다.

참되고 실재하는 것은 언제 어디서나 참되고 실재한다. 신앙심이 깊은 기독교도와 불교도는 서로 다르지 않다. 마음의 순수함, 삶의 경건함, 거룩한 열망, 진리에 대한 사랑은 불교도나 기독교도나 똑같다. 불교도의 선행은 기독교도의 선행과 다르지 않다. 기독교도뿐만 아니라 모든 종교의 신도가 죄에 대한 가책과 잘못된 생각과 행동에 대한 유감을 마음으로 느낀다. 동정이 절실히 필요하다. 사랑이 절실히 필요하다.

모든 종교는 보편적이며 근본적인 진리를 가르친다는

점에서 동일하다. 그러나 인간은 진리를 실천하기보다는 지식과 경험의 범위를 초월한 것들에 대해 의견을 가지고 추측을 일삼는다. 자신의 특정한 추측을 옹호하고 널리 퍼트리는 과정에서 분열되고 서로 갈등을 겪는다.

'나는 옳고 너는 틀렸다'는 생각은 증오의 씨앗이다. 이 씨앗에서 스페인 종교 재판이 자라났다. 보편적 진리를 찾고자 하는 자는 에고티즘을 버리고 증오의 불길을 꺼야 한다. '다른 사람은 모두 틀렸다'는 파괴적인 생각을 마음으로부터 몰아내고 '내가 틀렸다'는 깨달음의 생각을 품어야 한다. 그러면 더 이상 죄를 짓지 않고, 모든 사람을 향한 사랑과 선의 속에서 차별하거나 분열을 일으키지 않고, 도당이 아니라 평화를 창조하는 자로서 살아갈 수 있을 것이다. 모든 사람에게 자비를 베푸는 삶을 살면서 모든 것과 하나가 될 것이다. 영원한 종교인 보편적 진리를 이해할 것이다.

법칙과 기적을 비추는 빛

격정이나 욕망과 마찬가지로 인간 본성의 한 요소인 불가사의한 것에 대한 사랑은 억제하고 인도해서 마침내 변화시켜야 한다. 그렇지 않으면 미신에 사로잡히고 이성과 통찰이 흐려질 수밖에 없다. 질서정연하고 영원하며 유익한 법칙의 본질을 인식하기 위해서는 기적이라는 개념을 초월해야 한다. 그러면 법칙에 대한 지식이 선사하는 평화와 확신을 누릴 수 있다.

마치 이 세상의 현상에 눈을 뜬 아이가 불가사의한 것에 빠져 거인과 요정의 이야기를 즐기듯이, 영적인 것에 처음으로 마음의 눈을 뜨면 불가사의와 기적의 이야기에 빠져들게 된다. 아이가 마침내 어른이 되어 어린 시절의 미숙함을 뒤로하고 주변 현상의 상대적 본질을 더 정확하게 이해하듯이, 인간은 영적으로 발전하고 내면의 현실을 더 정확하게 이해함으로써 유치한 불가사의의 시절을 뒤로한다. 사물의 법칙을 이해하고 고정불변의 원칙에 따라 본인의 삶을 지배한다.

법칙은 보편석이고 영원하다. 밝혀지기를 기다리고 있는 지식의 영역이 아직 수없이 남아 있지만 밝혀지지 않은 영역조차도 인과관계가 지배할 것이다. 모든 새로운 발견, 모든 진리가 법칙의 아름다움과 안정성, 우월성에 대한 깨달음에 더 가까이 다가가도록 도울 것이다.

자연계 전체를 아우르는 법칙이 신성하고 영원하다는 사실을 아는 것은 큰 기쁨이다. 그러면 우주의 작용들은 변치 않으며 누구나 그것을 발견하고, 이해하고, 따를 수 있음을 알기 때문이다. 이것이 확실성의 바탕이고 큰 희망과 기쁨의 바탕이 된다.

기적이라는 개념은 법칙을 부정하고 독단적이고 변덕스러운 힘으로 대체하는 것이다. 기적의 이야기가 인류의 위대한 스승들의 삶 주변에서 자라난 것은 사실이지만 그것은 스승들이 아니라 사람들의 미성숙한 마음에서 나온 것이다. 노자는 기적을 인정하지 않는 최고의 법칙, 즉 이성을 설파했지만 그의 종교는 오늘날 미신의 집합체나 다름없는 불가사의한 것을 도입하면서 타락하고 말았다.

불교의 창시자는 '업(인과)의 법칙이 만물을 다스리는데도 기적을 행하려는 제자는 교리를 이해하지 못한 것'이고 '기적을 행하려는 욕망은 탐욕이나 허영에서 비롯된다'고 선언했다. 그러나 이런 불교조차 결국 타락해 위대한 스승들의 삶을 수많은 기적으로 둘러쌓아 놓았다.

1886년에 입적한 힌두교 스승 라마크리슈나Ramakrishna는 제자들에게 신의 화신으로 여겨졌다. 그가 생전에 사람들은 그가 온갖 기적을 행했다고 믿었고 지금도 기적에 그의 이름을 가져다붙인다. 그러나 막스 뮐러Max Muller에 따르면, 이런 기적은 증거가 없으며 라마크리슈나 자신도 기적을 조롱하고 부인했다.

사람들이 깨달음에 더 눈을 뜨면 종교에서 기적과 불가사의는 사라지고 법칙의 질서정연한 아름다움과 법칙을 따르는 일의 윤리적 숭고함이 마침내 드러나 널리 알려질 것이다. 영적으로나 심리적으로 불가사의한 일과 기적을 행하고자 하는 욕망, 보이지 않는 존재나 초자연적인 존재를 보고자 하는 호기심, 혹은 '대가'나 '달인'이 되고자 하는 야망을 품은 사람은 진리에 대한 명확한 인식과 지고의 삶에 도달할 수 없다. 사물에 대한 유치한 호기심을 사물에 대한 지식으로 대체해야 한다. 낮은 마음과 겸손을 요구하는 참된 길에서 허영심은 길목을 완전히 막는 장애물이다.

친절과 인내, 사랑의 마음을 기르는 자는 참된 길에 들어선다. 참된 스승의 표식은 기적과 불가사의가 아니라 무한한 인내, 한없는 연민, 무구의 순수함, 만물과 조화로운 마음이다.

18

평화를 비추는 빛

전쟁은 내면의 분쟁에서 비롯된다. '하늘에서의 전쟁'은
땅에서의 전쟁에 앞선다. 내부의 영적 조화가 분열과 갈등
으로 파괴될 때 그것은 전쟁의 형태로 외부로 발현된다.
내적 갈등이 없다면 전쟁은 존재하지 않을 것이다. 반면
내적 조화가 회복될 때까지 전쟁은 멈추지 않을 것이다.

전쟁은 침략과 저항으로 구성되며 일단 전투가 시작되
면 양측 전투원들은 모두 침략자인 동시에 저항자가 된다.
따라서 공격적인 수단으로 전쟁을 종식시키려는 노력은
전쟁을 낳을 뿐이다.

"난 전쟁 정신에 완강히 반대한다"고 말하는 사람을 본

적이 있다. 그는 그런 마음가짐으로 자신이 전쟁 정신을 실천하며 키우고 있다는 사실을 미처 깨닫지 못한다.

전쟁에 맞서 싸운다면 전쟁을 일으키는 것이나 다름없다. 모든 싸움은 평화를 절멸하는 것이니 평화를 위해 싸우기란 불가능하다. 전쟁을 매도하고 싸움으로써 전쟁을 끝내겠다는 생각은 지푸라기를 던져 불을 끄려는 것과 같다.

참으로 평화로운 자는 전쟁에 저항하지 않고 다만 평화를 실천한다. 편을 갈라 공격하고 방어하는 자는 언제나 마음속에서 전쟁을 치르고 있으니 전쟁의 책임을 피할 수 없다. 마음속에서 평화에 이르지 못했으니 평화의 본질을 알 길이 없다.

참으로 평화로운 사람은 불화와 당쟁의 정신을 마음에서 지우고 남을 공격하거나 나를 방어하지 않으며 평화롭게 지낸다. 그들은 마음속에 이미 평화의 제국을 위한 토대를 세웠다. 그들은 온 세상과 평화롭게 지내고 어떤 상황에서도 평화의 정신을 실천하는 평화의 창조자다.

평화의 정신은 무척 아름다우며 "와서 편히 쉬라*"고 말한다. 평화를 세우려는 자라면 언쟁과 불화, 분열을 영원

---

* 마태복음 11장 28절의 변형-옮긴이

히 버려야 한다.

인간 개개인이 격정에 지배당하도록 스스로 방치하는 한 전쟁은 계속될 것이다. 인간이 내면의 소란을 잠재울 때야 비로소 외면의 공포는 사라질 것이다.

자아는 최대의 적이자 모든 분쟁의 생산자이며 숱한 슬픔의 창조자다. 그러니 지상에 평화를 가져올 자는 에고티즘을 극복하고 격정을 억제하며 자신을 정복해야 한다.

19

인간의 형제애를 비추는 빛

'보편적인 형제애'에 관한 글과 설교는 차고 넘치며 여러 사회에서는 이를 신앙의 주된 한 요소로 채택했다. 그런데 시급히 필요한 것은 보편적인 형제애가 아니라 특별한 형제애다. 바꾸어 말하면 우리가 직접 접촉하는 사람들과 우리를 사랑하고 우리에게 동의하는 사람들뿐만 아니라 우리에게 반박하고 반대하며 공격하는 사람들을 관대하고 자비로우며 친절한 마음으로 대하는 특별한 형제애가 필요하다.

그런 특별한 형제애를 실천하지 않는 한 보편적인 형제애는 무의미하다. 보편적 형제애는 목적이자 목표이며 그

목적에 이르는 길은 특별한 형제애에 있기 때문이다. 전자는 널리 영향을 미치는 숭고한 완성이요, 후자는 그 완성을 반드시 실현하기 위한 수단이다.

보편적인 형제애의 가르침을 주로 다룬 논문을 읽은 적이 있다. (길고 학문적인) 그 훌륭한 글에서는 이 주제를 자세히 다루었다. 그런데 이 글의 필자는 다른 글에서 원수가 아니라 그런 죄에 관한 한 무결점의 평판을 받는, 같은 집단에 속한 형제들의 허위 진술과 거짓말, 이기심을 비난했다.

한 성서 전문 작가는 "이미 눈으로 본 그의 형제를 사랑하지 않는 사람이 어떻게 눈으로 보지 못한 하나님을 사랑할 수 있겠는가?"라고 질문을 던졌다. 그렇다. 내가 아는 형제를 사랑하지 않는 사람이 어떻게 내가 모르는 모든 신조와 모든 민족의 사람들을 사랑할 수 있겠는가.

보편적인 형제애에 관한 글을 쓰는 것과 친척이나 이웃과 평화롭게 지내면서 악을 선으로 갚는 것은 별개의 문제다. 마음속에 시기, 악의, 원한, 악의, 증오의 불꽃을 키우면서 보편적인 형제애를 전파하려고 노력한다면 그것은 자기기만이다. 말로 찬양하는 것을 행동으로써 언제나 방해하고 부정할 테니 말이다. 이런 자기기만은 매우 교묘하며, 그래서 사랑과 지혜의 경지에 도달하기 전이라면 언제든 자기기만에 빠질 수 있다.

그것은 다른 사람들이 우리의 견해를 공유하지 않거나, 우리의 종교를 따르지 않거나, 보편적인 형제애가 아직 실현되지 않아서가 아니라 악의가 만연하기 때문이다. 다른 사람이 나와 다르다는 이유로 미워하고 멀리하고 정죄한다면, 보편적인 형제애를 위해 우리가 말하거나 행하는 모든 것이 우리의 발목을 묶는 올가미, 우리의 열망에 대한 조롱, 온 세상의 웃음거리가 될 것이다.

그러니 내 마음에서 증오와 악의를 모조리 없애자. 가까운 곳에서 나를 시험하는 사람들을 향한 선의로 충만해지자. 나를 미워하는 사람들을 사랑하고, 나와 내 교리를 정죄하는 사람들을 넓은 마음으로 품자.

요컨대 형제애가 가장 필요한 곳에서 형제애를 실천함으로써 보편적인 형제애를 향한 첫 걸음을 내딛자. 이런 중요한 일로써 형제애를 실현한다면 보편적인 형제애가 그리 멀지 않은 곳에 있음을 발견할 것이다.

삶의 슬픔에 비추는 빛

세상에는 큰 슬픔이 존재한다. 이는 삶의 궁극적인 사실 가운데 하나다. 슬픔과 고통은 모든 마음을 찾아오며 오늘 유쾌한 기쁨이나 죄악의 격동에 빠져 있던 사람도 내일은 슬픔으로 괴로워하며 무너질 수 있다. 갑작스럽게, 어느샌가 소리 없이 확실하게, 날카로운 화살이 인간의 마음에 들어와 기쁨을 저지하고, 희망을 꺾고, 지상의 모든 계획과 전망을 산산조각 낸다. 그러고 나면 겸허해지고 상처 입은 영혼은 반성하고 인간 삶의 숨겨진 의미에 깊이 공감하며 침잠한다.

슬픔이라는 어두운 감정을 통해 인간은 진리에 아주 가까이 다가간다. 수년 동안 힘들게 쌓은 희망이 한순간에 모래성처럼 무너지고 지상의 모든 쾌락이 하잘것없는 거품처럼 손에서 터져 사라질 때 짓밟힌 영혼은 폭풍에 내던져진다. 피난처도 없이 갈팡질팡하고 어리석은 고뇌 속에서 **영원한 것**을 더듬어 찾으며 그 항구적인 평화를 간구한다.

서방의 스승은 "애통해하는 자는 복이 있나니*"라고 말했고 **동방의 스승**은 "큰 고통이 있는 곳에 큰 행복이 있다"고 천명했다. 이 두 명언은 슬픔이 스승이자 정화제라는 진리를 표현한다. 슬픔은 삶의 끝이 아니며 (비록 절정에 이른 슬픔은 세속적인 삶의 끝을 의미하지만) 혼란스러운 영혼을 안식과 안전으로 인도한다. 슬픔의 끝은 기쁨과 평화인 까닭이다.

진실을 간구하는 간절한 탐구자여, 자아와 격정에 맞서는 강인한 투사여! 한동안 슬픔의 계절은 그대의 몫이 될 것이다. 자아의 흔적이 남아 있는 동안 유혹이 그대를 공격할 것이다. 환상의 베일이 영적 시야를 흐려서 슬픔과 불안을 일으킬 것이다. 그대의 영혼에 짙은 구름이 드리울

* 마태복음 5장 4절-옮긴이

때 그 어둠을 그대의 것으로 받아들이고 구름 한 점 없는 저 너머의 빛 속으로 용감하게 헤쳐가라. 내게 속하지 않고 내 영원한 유익과는 무관한 것이라면 그 어떤 것도 나를 압도할 수 없음을 마음에 새기자. 시인이 진심을 담아 노래했듯이.

공간도, 시간도, 깊음도, 높음도, 내 것을 내게서
멀어지게 할 수 없느니.
삶의 밝은 것들만 내 것이 아니라 어두운 것 또한
내 것이라네.

어려움과 고난이 내 주위에 짙게 드리울 때, 실패가 찾아오고 친구가 멀어질 때, 달콤하게 칭찬하던 혀가 쓰디쓴 비난을 던질 때, 사랑하는 이의 부드럽고 따뜻한 입맞춤이 고독한 시간에 나를 비웃고 조롱할 때, 불과 어제까지도 사랑을 나누던 사람의 영혼을 차디찬 진흙 관에 담아 무덤 속에 내려놓을 때, 이런 일들이 나를 압도할 때, 기꺼이 고뇌의 잔을 들이켜라.

나를 짓누르는 어둠과 한 치 앞도 보이지 않는 고통의 시간에는 어떤 기도도 나를 구원하지 못하며 하늘을 향해 부르짖어도 달콤한 위안을 주지 못하니, 잠자코 슬픔을 받아들이고 불평하지 말지어다. 오로지 신앙과 인내만이 내게 견뎌낼 힘, 불평하거나 원망하지 않고 온순하고 온화한 정신으로 십자가의 고난을 겪어낼 힘을 선사할 것이다.

슬픔의 최저점에 도달했을 때, 약하고 지치고 무력감에 사로잡혀서 하나님께 도움을 청해도 위로와 위안의 응답이 없을 때 비로소 슬픔의 고통과 기도만으로는 부족하다고 생각하며 자기포기의 길로 기꺼이 들어가고, 기꺼이 마음을 정화하고 기꺼이 자제력을 실천하고, 기꺼이 영적 활동가가 되고, 자기정복에서 탄생하는 신성한 무적의 힘을 기꺼이 기르게 될 것이다. 내 마음에서 슬픔의 원인을 찾아내고 제거할 것이다. 홀로 서는 법을 배워 아무에게도 동정심도 갈구하지 않고 모든 이에게 동정을 베풀 것이다. 무심코 죄를 짓고 후회하는 것이 아니라 죄 짓지 않는 방법을 고민할 것이다. 무수한 패배로 겸허해지고 숱한 고통 속에서 단단해지면서 다른 사람에게 결백하게 행동하는 법, 온화하고 강하고 친절하고 굳건하고 자비롭고 지혜로운 법을 배울 것이다. 그리하여 점차 슬픔을 초월하고 마침내 진리가 마음속에 떠올라 항구적인 평화의 의미를 이해할 것이다. 마음의 눈을 뜨고 **우주의 질서**를 인식할 것이다. **율법의 비전**으로 축복을 받을 것이며, **시**

복^{諡福}*의 행복을 받게 될 것이다.

　사물의 참된 질서를 인식할 때 슬픔을 초월할 수 있다. 덧없는 쾌락을 끌어안고 사소한 실망과 불만을 품은 편협한 자아를 해체해 내다버릴 때, 진리라는 더 큰 삶이 마음에 들어와 행복과 평화를 안기고 **우주의 뜻**이 자아를 대신한다. 개별의 존재가 인류와 하나가 되며, 모든 존재를 향한 사랑 속에서 자아를 잊는다. 그의 슬픔이 진리의 축복 속에 흡수된다.

　경험을 통해 슬픔 속으로 완전히 들어갔을 때, 내 잘못된 생각과 행동의 쓴 열매를 모두 거두어 먹었을 때, 고통받는 모든 존재에 대한 신성한 연민이 차오를 것이다. 그로 인해 나의 상처가 치유되고 눈물이 마를 것이다. 자아가 없어 슬픔의 고통이 들어올 수 없는 천상의 삶 속으로 다시 피어오를 것이다. 십자가에 못 박힌 후에 변신이 일어나듯, 슬픔을 통과해야 슬픔이 없는 상태에 도달한다. 그러니 "지혜로운 자는 슬퍼하지 않는다."

　언제나 이 사실을 기억하자. 죄와 슬픔 속에 진리의 세계가 있다. 슬픔 속에 구원이 가까이 있다. 고난을 당한 자

---

* 　가톨릭에서 죽은 뒤 복자품(성인으로 인정하기 전에 공식으로 공경할 수 있다고 교회가 인정하는 지위)에 오르는 일.

는 평안을 찾고 불순한 자는 순수함을 찾을 수 있다. 상심한 자에게는 치유가 기다리고 있다. 약한 자는 힘을 얻고 짓밟힌 자는 일으켜 세워질 것이다.

21

삶의 변화를 비추는 빛

사물이 낮은 단계에서 높은 단계로, 높은 단계에서 더 높은 단계로 발전하는 경향은 보편적이다. 세상은 인간이 경험하고, 경험함으로써 지식을 습득하고, 지혜를 키우기 위해서 존재한다.

진화란 진보의 다른 이름일 뿐이다. 그것은 끊임없는 변화를 의미하지만 목적이 있는 변화, 성장을 수반하는 변화다. 다른 질서의 존재로부터 새로운 존재가 탄생한다는 의미가 아니다. 진화란 경험과 변화에 의한 존재의 변형을 의미하며 그런 변형이 바로 진보다.

어떤 것도 변화를 피할 수 없다. 식물과 동물, 인간은 성장하기 시작해서 성숙의 단계에 이르렀다가 쇠퇴의 길로 접어든다. 위풍당당한 태양과 광대한 공간을 누비는 그 주변 세계 역시, 비록 그 추정 수명은 수백만 년에 이를지언정, 종국에는 무수한 변화를 겪은 다음 쇠퇴하고 소멸한다.

어떤 존재나 사물을 두고 "이것은 있는 그대로 영원히 남을 것"이라고 말할 수 없다. 이 말을 하는 동안에도 그 존재나 사물은 변화를 겪기 마련이다.

변화에는 슬픔과 고통이 따른다. 존재들은 떠나간 것들, 잃어버리고 사라진 것들에 슬퍼한다. 그러나 모든 성취와 발전, 완벽함으로 향하는 문을 열어주는 변화는 실상 좋은 것이다.

물질뿐만 아니라 마음 또한 똑같은 변화를 겪는다. 모든 경험, 모든 생각, 모든 행동은 한 사람을 변화시킨다. 노인들의 현재와 그들의 유년기나 청소년기 사이에는 닮은 점을 찾기 어렵다.

영원불변의 존재는 지금껏 알려지지 않았다. 그런 존재가 있다고 추정할 수는 있겠지만 그것은 단지 가정일 뿐이다. 인간의 관찰과 지식의 범위 안에는 존재하지 않는다. 변화를 겪지 않는 존재는 결코 진보하지 못할 것이다.

한 가르침에 따르면, 인간은 영원히 순수하고 변함이 없으며 흠 잡을 데 없는 신성한 영혼의 소유자다. 죄를 짓고, 고통받고, 변화하는 인간의 모습이란 환상에 지나지 않는다. 신성한 영혼이 곧 인간이며 환상은 현실이 아니다. 반면 어떤 가르침에 따르면, 인간은 영원히 불완전하고 오점 하나 없는 순수함에 도달할 수 없으며 완벽함이란 불가능이자 환상이다.

실상 이 두 극단은 인간의 경험과는 아무런 관련이 없다. 이들은 삶의 사실과는 상반되는 사변적인 형이상학의 성격을 띤다. 그렇다보니 이 두 극단의 신봉자들은 급기야 인간의 경험 가운데 가장 흔한 일상적인 사실의 존재를 부정한다. 가정의 대상을 실재한다고 생각한다. 삶의 사실을 비현실적이라고 선언한다.

양극단을 피하고 경험의 중도를 찾아야 한다. 자신과 다른 사람의 의견과 추측을 멀리하고 삶의 사실에 주목해야 한다. 인간은 출생과 성장, 노년을 거치며 죄와 질병, 죽음을 경험한다. 슬픔과 고통, 열망과 기쁨을 느낀다. 언제나 더욱 높은 수준의 순수함을 고대하고 완벽함에 닿으려고 노력한다. 이는 의견이나 추측, 형이상학이 아니라 보편적인 사실이다.

인간이 이미 완벽하다면 더 이상 완벽해질 필요가 없으며, 모든 도덕적 가르침은 쓸모없고 우스워 보일 것이다.

게다가 환상과 비현실의 지배도 받지 않을 것이다.

한편으로 인간이 순수함과 완벽함에 도달할 수 없다면 인간의 열망과 노력은 쓸모없을 것이다. 열망과 노력은 조롱거리가 될 것이며, 성스럽고 신성한 인간의 거룩한 완벽함은 경멸과 부정의 대상이 될 것이다.

우리는 주변에서 죄와 슬픔, 고통을 본다. 위대한 스승들의 삶에서는 죄가 없고, 슬픔이 없고, 신성한 상태를 본다. 그리하여 우리는 인간이 불완전한 존재지만 완벽함에 이를 능력이 있고 또 그럴 운명임을 깨닫는다. 인간은 스스로 열망하는 신성한 상태에 도달할 것이다. 이미 신성한 상태에 도달한 위대한 사람들이 그 증거를 보여주지 않았더라도 인간이 그토록 열렬히 원한다는 사실이 곧 그 상태에 도달할 수 있다는 증거가 된다.

인간이란 두 가지 존재, 즉 현실적이고 완벽한 존재와 비현실적이고 불완전한 존재의 복합체가 아니다. 인간은 하나의 실재이며 따라서 인간의 경험 또한 실재이다. 인간의 불완전함은 명백하며 인간의 발전과 진보 또한 명백하다.

인간에게는 형이상학적인 면이 있지만 현실이 인간을 사로잡는다. 그리고 이 모든 것은 동일한 변화와 진보의 법칙의 지배를 받는다.

인간의 영원한 죄 없음과 완벽함을 확언하는 자들이 논리와 일관성을 잃지 않으려면 죄와 결함, 질병과 죽음을 거론하지 말아야 한다. 그러나 그들은 이것들을 처리해야 할 문제라고 말한다. 실제로는 어떤 것을 습관적으로 인정하면서 그런 존재가 없다고 부인하는 것이나 다름없다.

완벽함의 가능성을 부정하는 자 또한 열망하거나 노력하지 말아야 한다. 하지만 그는 자기 부정을 실천하고 완벽함을 향해 끊임없이 노력한다. 이론적인 것을 고수한다고 해서 피할 수 없는 것에서 벗어나지는 못한다. 질병과 늙음, 죽음이라는 비현실을 가르치는 스승은 결국 질병의 올가미에 걸려들고, 나이에 굴복하고, 죽음 속으로 사라진다. 변화는 피할 수 없을 뿐만 아니라 항구불변의 법칙이다. 변화가 없다면 모든 존재가 영원히 있는 그대로 유지될 테니 성장과 발전도 없을 것이다.

삶 속에서 일어나는 격렬한 투쟁은 삶의 완벽함을 알리는 예언이다. 모든 존재가 위를 바라보는 것은 그들이 끊임없이 진화한다는 증거다. 열망과 이상, 도덕적인 목표는 인간의 불완전함을 암시하는 한편, 장차 완벽해질 수 있는 가능성을 내포한다.

무엇을 믿든 의심하든 상관없이, 어떤 이론을 지지하든

않든 상관없이 인간은 삶의 흐름 속에 존재하고, 생각하고, 행동해야 한다. 생각과 행동은 곧 경험이고 경험은 곧 변화와 발전이다.

인간이 죄를 의식한다는 사실은 그가 순수해질 수 있다는 뜻이고, 악을 혐오한다는 사실은 선에 도달할 수 있다는 뜻이며, 오류의 땅에 들어선 순례자라는 사실은 그가 마침내 아름다운 진리의 도시에 도달할 것이라는 예언이다.

22

덧없음의 진리를 비추는 빛

이따금 **덧없음의 진리**에 대해 심오하고 진지하게 명상해야 한다. 명상을 통해 우리는 만들어진 모든 것이 어떤 식으로 사라지는지, 아니 그것이 남아 있는 동안에도 어떤 식으로 사라지는 수순을 밟고 있는지를 인식하게 될 것이다. 그러면 마음이 온화해지고 이해가 깊어지며 삶의 신성한 본질을 더욱 온전히 의식할 수 있다.

인간이 내 것으로 만들고자 하는 모든 것 중 사라지지 않는 것이 있을까? 마음마저도 끊임없이 변화한다. 오래된 특성은 소멸되며 새로운 특성이 형성된다. 삶의 한가운데서 모든 것은 죽어간다. 지속되고 보존되는 것은 아무것도 없다. 사물은 나타났다가 사라지고, 생겼다가 소멸한다.

고대 현자들은 눈에 보이는 우주를 '마야Maya', 즉 환상이라고 정의했다. 그리고 이 말로써 무상함이 **현실**과 반대된다는 의미를 전했다. 변화와 쇠퇴는 눈에 보이는 사물의 본질이며 영원히 사라진다는 의미에서 비현실적(환상적)이다.

현실의 영역으로 올라가려는 자, 진리의 세계로 파고들려는 자는 먼저 삶의 사물에 담긴 덧없는 본질을 명확하게 인식해야 한다. 자신의 소유물과 몸, 쾌락과 쾌락의 대상을 계속 붙잡을 수 있다고 믿는 미혹에서 벗어나야 한다. 꽃이 지고 나뭇잎이 떨어져 시들듯이 이런 것들 또한 때가 되면 영원히 사라질 테니 말이다.

덧없음의 진리에 대한 인식은 지혜를 얻는 위대한 단계를 구성하는 한 가지 요소다. 이 진리를 완전히 이해해 진리의 가르침이 마음속 깊숙이 자리 잡을 때 모든 슬픔의 원천인 소멸하는 것에 대한 집착을 내려놓게 되고 항구적인 진리에 대한 탐구에 속도가 붙을 것이기 때문이다.

괴로움이 만연한 것은 인간이 소멸하는 것을 갈망하기 때문이며 손에 넣어도 계속 지킬 수 없는 것을 소유하고

자 욕망하기 때문이다.

덧없는 것에 대한 집착을 버린다면 슬픔은 사라질 것이다. 본질적으로 지속적이지 않은 것을 손에 넣어 지키려는 욕망을 마음에서 제거한다면 그 어떤 슬픔이든 흩어질 것이다.

지나간 어떤 날 내 것이라 불렀던 사랑의 대상을 잃어버리고, 영원히 사라져 되찾을 수 없는 것을 갈망하느라 슬픔에 잠긴 수만 개의 마음이 오늘도 통곡하고 있다.

인간은 경험에서 배우고 지혜를 얻는 데 더디다. 그래서 슬픔과 고통과 후회를 헤아릴 수 없이 경험하고도 덧없음의 진리를 마음에 새기지 못한다. 무상한 것에 집착하는 자는 슬픔을 피할 수 없으며 슬픔의 크기는 집착의 강도에 비례할 것이다. 소멸하는 것을 갈망하는 자는 슬픔과 비탄의 동반자가 될 수밖에 없다.

인간이 지혜를 찾지 못하는 것은 물건에 대한 집착을 단념하지 않기 때문이다. 소멸하는 없어지는 물건에 집착하는 것이 슬픔의 원인이 아니라 행복의 원천이라고 믿는다. 일시적으로 충족된 욕망이 주는 즉각적이고 순간적인 쾌락을 지속적인 기쁨이라고 착각하는 탓에 불안에서 벗어나 평안의 삶으로 들어가지 못한다. 슬픔이 만연한 것은 사물의 참된 질서를 이해하지 못하기 때문이다. 슬픔의 뿌리에는 사물의 덧없는 본질에 대한 무지가 자리한다.

소멸하는 것을 붙잡고 지키려는 욕망이 마음에서 제거될 때 고뇌의 아픔이 삶에서 사라질 것이다. 사물을 있는 그대로 보는 자, 덧없음의 본질을 깨달을 것이다. 소멸하는 것에 마음을 두지 않는 자는 더 이상 슬프지 않다.

소멸하는 것에는 올바른 쓰임새가 있으니, 그것을 올바르게 쓰면서 오로지 나만을 위해 애지중지하지 않는다면 설령 상실을 맞이해도 슬프지 않을 것이다.

'내 재물은 내 일부가 아니며 내가 이 세상을 떠나라는 부름을 받았을 때 가지고 갈 수 없으니 내 것이라 할 수 없다. 그것은 올바르게 사용하라고 내게 맡겨진 것이니 내 능력을 다해 사람과 세상을 위해 사용하겠다'고 생각하는 부자는 사치품과 해야 할 일이 주변에 널려 있어도 슬픔을 초월하고 진리에 가까이 갈 것이다. 재물을 탐하지 않는 빈자는 자신의 처지 때문에 걱정하고 불안해하지 않을 것이다.

삶에 대한 올바른 이해로써 이기적인 욕심과 집착을 모조리 마음에서 없애는 자, 지혜롭고 적절하게 사물을 사용하는 자, 모든 채워지지 않는 욕망을 걷어내고 마음을 다스려 온갖 변화 속에서도 침착하게 홀로 서는 자는 진리를 발견할 것이다. 그는 현실과 대면하게 될 것이다. 모든 오류의 한가운데에 진리가 있고 일시적인 것의 중심에 영원함이 있으며 환상은 영원불변의 현실을 가릴 뿐이기 때문이다.

오로지 **사랑**과 **연민**, **지혜**와 **순수함**이 아닌 모든 것을 마음에서 내버려야만 현실의 본질을 발견할 수 있다. 사랑과 연민, 지혜와 순수함에는 덧없음과 슬픔, 불안이 없다.

덧없음의 진리를 제대로 깨닫고 그것에 담긴 교훈을 제대로 이해할 때, 슬픔을 낳는 이기적인 요소로부터 마음을 멀리하고 항구적인 진리를 찾아 나설 수 있다. 진리를 보물로 삼고 지혜에 따라 삶을 창조하는 자는 사라지지 않는 기쁨을 발견할 것이다. 통곡의 땅을 뒤로하고 환상의 넓은 바다를 건너 **슬픔이 없는 해안**에 다다를 것이다.

결코 꺼지지 않는 빛

상충되는 의견과 이론의 홍수 한가운데에서, 실존의 투쟁에 사로잡혀 혼란스러워하는 구도자는 어디에서 끝없는 평화에 이르는 길을 찾아야 할까? 변화의 불확실성과 슬픔을 피해 어떤 피난처로 날아가야 할까?

쾌락 속에서 평화를 찾을 수 있을까? 쾌락에는 제 몫이 있고 그 몫을 다할 때 쾌락은 선하다. 하지만 목적과 피난처로서 쾌락은 쉴 곳을 제공하지 않는다. 쾌락에서 쉴 곳을 구하는 자는 삶의 괴로움만 더할 뿐이다. 쾌락보다 더 덧없는 것이 없으며 덧없는 것에서 만족을 구하는 마음보다 더 공허한 것이 없는 까닭이다. 그러니 쾌락에는 영원한 피난처가 없다.

부와 세속적 성공에서 평안을 찾을 수 있을까? 부와 세속적인 성공에는 제 몫이 있으나 그것은 변하기 쉬운 불확실한 소유물이다. 그러니 자신을 위해 이를 구하는 자는 무수한 걱정과 근심을 짊어지게 될 것이다.

역경이라는 폭풍이 화려하지만 무너지기 쉬운 그의 보금자리를 덮칠 때 비바람 속에 무력하게 서 있는 자신을 발견할 것이다. 평생 자신의 보금자리를 지킨다한들 죽음의 순간에 만족감을 느낄 수 있을까? 부와 세속적 성공에는 영원한 피난처가 없다.

건강에서 평안을 찾을 수 있을까? 건강에는 제 몫이 있으니 그것을 내버리거나 얕보지 말아야 한다. 하지만 그것은 소멸할 운명인 인간의 몸에 속하는 것이니 결국에는 소멸할 것이다. 백 년 동안 건강을 유지하더라도 육체의 에너지가 쇠퇴하고 쇠약과 부패가 건강을 압도할 때가 반드시 올 것이다. 건강에는 영원한 피난처가 없다.

사랑하는 이들에게서 피난처를 찾을 수 있을까? 인간의 삶에서 사랑하는 이들은 제 몫이 있다. 그들은 이타심을 실천하고 진리에 도달할 수 있는 수단을 제공한다. 사랑을 담아 그들을 소중히 여기고 내 필요보다 그들의 필요를 먼저 생각해야 한다. 그러나 그들과 헤어질 때가 오면 결국 홀로 남겨질 것이다. 사랑하는 사람 안에는 영원한 피난처가 없다.

이런저런 성서에서 평화를 찾을 수 있을까? 성서에는 제 몫이 있다. 길잡이로서 성서는 선하지만 피난처가 될 수는 없다. 마음으로 성서를 알고 있어도 심한 갈등과 불안에 빠질 수 있기 때문이다. 인간의 이론은 끊임없이 변화하기 마련이고 성시에 대한 해석은 무궁무진하다. 성서에는 영원한 피난처가 없다.

이런저런 스승에게서 안식을 찾을 수 있을까? 스승은 제 몫이 있으며 교육자로서 그는 훌륭하다. 그러나 스승은 무척 많고 그들의 차이점 또한 많다. 누군가 자신의 스승을 진리의 소유자로 여기더라도 언젠가는 그 스승을 빼앗길 것이다. 스승으로부터도 영원한 피난처를 찾을 수 없다.

고독 속에서 평안을 찾을 수 있을까? 고독은 선하고 필요한 것이지만 고독을 영원한 피난처로 삼는 자는 물이 없는 사막에서 갈증으로 죽어가는 사람과 같다. 인간과 도시의 혼란은 피하더라도 자신과 마음의 불안은 피할 수 없을 것이다. 고독 속에는 영원한 안식이 없다.

쾌락, 성공, 건강, 가족과 친구, 성서, 스승, 고독에서 피난처를 찾을 수 없다면 구도자는 어디에서 영원한 평안을 선사할 성소를 찾아야 할까?

의로움에서 피난처를 찾게 하라. 순수한 마음의 성소로 날아가게 가라. 흠 잡을 데 없는 결백한 삶의 길로 들어가게 하고 온유하고 참을성 있게 그 길을 걸어 자신의 마음속에 있는 영원한 진리의 성전에 이르게 하라.

진리 안에서 피난처를 찾은 자는 즐겁거나 괴롭거나, 부유하거나 가난하거나, 성공하거나 실패하거나, 건강하거나 아프거나, 친구가 있거나 없거나, 고독하거나 시끄러운 곳에서나 상관없이 지혜로운 이해와 사랑스럽고 굳건한 마음의 보금자리에서도 성서와 스승에 의지하지 않는다. 진리의 영혼이 그를 가르치는 까닭이다.

그는 만물 안에 있는 변화와 쇠퇴를 두려워하거나 슬퍼하지 않고 인식한다. 그는 평화를 찾았고 영원한 성소에 들어갔으며, 결코 꺼지지 않을 빛을 품었다.

3부

✣

행복과 성공을 부르는
운의 법칙

✣

5장

♣

내 안의 힘을
이끌어내기

♣

Man: king of mind,
body and circumstance, 1911

살아가는 법을 배울 때 우리는 필연적으로 삶의 문제를
마주하게 된다. 사회, 정치, 종교 등 모든 삶의 문제는
무지와 잘못된 생활에서 비롯된다. 그것은 학생들이
풀어야 할 덧셈이나 뺄셈 문제와 다르지 않다.
이를 정복하면 모든 어려움과 문제가 사라진다.
마찬가지로 개인의 마음속에서 문제가 해결될 때
인류의 문제가 해결될 것이다. 현재 인류는 고통스러운
'학습'의 단계에 있다. 자신의 무지로 말미암아 어려움에
직면해 있다. 인간이 올바르게 사는 법을 배우고
자신의 힘을 응축시켜 활용하는 법을 배우며 지혜의 빛을 따라
제 기능과 능력을 활용하면 신의 축복과 운이 함께하여
행복한 삶을 영위할 것이다. 그리하여 삶을 완전 정복하면
모든 '악의 문제'도 종식될 것이다. 지혜로운 사람에게는
이미 그런 모든 문제가 존재하지 않는다.
- 영국 일프라콤, '빛의 언덕'에서 제임스 앨런

James Allen .

생각의 내면세계

인간은 행복과 불행을 만드는 존재다. 나아가 자신의 행복과 불행을 창조하고 영속시키는 존재다.

행복과 불행은 외부에서 강요하는 것이 아니라 내면에서 만들어진다. 신이나 악마, 주변 환경이 아니라 *생각*에 그 원인이 있다. 행복과 불행은 행위의 결과이며 행위는 생각의 가시적인 측면이다.

확고한 마음가짐이 행동의 경로를 결정하고 행동의 경로에서 행복과 불행이라는 반응이 나온다. 그렇기 때문에 반작용인 조건을 바꾸려면 작용인 생각을 바꿔야 한다. 불행을 행복으로 바꾸려면 불행의 원인인 고정된 마음과 습관적인 행동을 바꾸어야 하며, 그러면 그 반대의 효과가 마음과 삶에 나타난다.

인간은 이기적으로 생각하고 행동하면서 행복해질 힘이 없어지고, 이타적으로 생각하고 행동하면서 불행해질 수 없어진다. 원인이 어디에 있든 상관없이 결과가 나타날 것이다. 결과를 없앨 수는 없으나 원인은 바꿀 수 있다.

인간은 본성을 정화하고 성격을 개조할 수 있다. 자기 정복에는 큰 힘이 있다. 자신을 변화시키는 과정에는 큰 기쁨이 있다.

사람은 누구나 자기 생각에 둘러싸여 있지만 그 범위를 조금씩 확장하고, 정신적 영역을 넓히고 높일 수 있다. 낮은 곳을 떠나 높은 곳에 도달할 수 있다. 어둡고 증오에 찬 생각을 품지 않고 밝고 아름다운 생각을 간직할 수 있다. 그리함으로써 더 숭고한 힘과 아름다움의 영역으로 들어가 더 완전하고 완벽한 세계를 의식할 수 있다.

그것은 인간이 생각에 따라 천박하거나 숭고한 영역에서 살기 때문이다. 한 사람의 세계는 그가 생각하는 만큼 좁고 어두우며 포용하는 능력만큼 넓디넓고 찬연하다. 주변의 모든 것은 그가 떠올리는 생각의 색으로 물들어 있다.

마음에 의혹과 탐욕, 시기가 가득한 사람을 떠올려보라.

그의 세계는 모든 것이 얼마나 작고 하찮고 음산해 보일까? 그에게는 장엄함이 없으니 어디에서도 장엄함을 보지 않고 스스로 천박하니 어떤 존재에서도 고귀함을 볼 수 없다. 그가 섬기는 신마저도 뇌물을 받을 만큼 탐욕스러운 존재이며, 본인처럼 모든 사람이 속이 좁고 이기적이라고 판단하니 가장 고상한 이타주의를 알리는 광고에서도 비열하고 천박한 동기만 본다.

이제 의심하지 않고 아량을 베풀며 너그러운 마음을 가진 사람을 떠올려보라. 그의 세계는 얼마나 경이롭고 아름다울까? 그는 모든 피조물과 존재에서 고귀함을 떠올린다. 인간을 참된 존재로 보며, 그래서 그에게 인간은 참되다. 그와 함께라면 비열한 자들마저도 자기 본성을 잊고 그 순간에는 그와 똑같은 사람이 된다. 그리하여 비록 혼란스럽기는 하지만 그 일시적인 행복감 속에서 만물의 더 숭고한 질서, 헤아릴 수 없이 더 고귀하고 행복한 삶을 엿보게 된다.

속이 좁은 저 사람과 마음이 넓은 이 사람이 비록 이웃일지라도 그들이 사는 세상은 판이하다. 그들의 의식은 완전히 다른 원칙을 끌어안는다. 그들의 행동은 서로 완전히 상반되며, 그들의 도덕적 통찰력은 대조적이다. 그들이 바라보는 사물의 질서는 제각기 다르다. 그들의 정신적 영역은 나뉘어져 분리된 두 개의 원처럼 결코 만나지 않는다.

한 사람은 지옥에 있고 다른 한 사람은 천국에 있으며, 이 사실은 결코 바뀌지 않을 것이다. 죽음조차도 그들을 더 멀리 떨어트려놓지 못할 것이다. 한 사람에게 세상은 도둑들의 소굴이고 다른 한 사람에게 세상은 신들의 보금 자리다. 한 사람은 권총을 가까이에 두고 (자신이 강도질과 사기를 일삼는다는 사실은 의식하지 못한 채) 강도나 사기를 당할까봐 항상 경계하고, 다른 한 사람은 최고의 연회를 준비한다. 후자는 재능, 아름다움, 천재성, 선함을 향해 문 을 활짝 연다. 그의 친구들은 고귀한 품성을 지니고 있다. 그들은 이미 그의 일부가 되었다. 그의 생각의 영역, 의식 의 세계 안에 존재한다. 그의 마음에서 고귀함이 쏟아져 나오고 그것은 그를 사랑하고 존경하는 수많은 사람들 속 에서 배가 되어 그에게 돌아간다.

인간 사회의 태생적인 계급이란 생각의 영역과 그 영역 을 드러내는 행동 양식이 아니고 무엇이겠는가. 프롤레타 리아들은 이런 구분을 비난할지는 모르겠다. 하지만 부정 할 수 없는 면이 분명 있다.

태생적인 관련이 없고 삶의 기본 원리에 의해 분리된 생각의 상태를 평준화하는 인위적인 교정법이란 존재하지 않는다. 무법자와 준법자는 영원히 분리되어 있으며, 그들을 분리하는 것은 증오나 교만이 아니라 지성 상태와 행동 양식이다. 무례하고 버릇없는 이들은 사고방식이라는 통과할 수 없는 벽에 가로막혀 온화하고 세련된 이들의 집단에서 제외된다.

이 벽은 부단한 자기 계발을 통해 제거할 수 있으나 야만적으로 침입해서는 결코 넘어설 수 없다. 천국은 폭력으로는 점령할 수 없지만 천국의 원칙에 순응하는 사람은 비밀번호를 받는다. 무뢰한은 무뢰배의 집단에서 움직이고 성자는 신성한 음악을 교회로 삼는 선택된 교단에 속한다. 행동은 인간이 가진 내면을 그대로 반영하는 거울이다. 모든 인간은 자기 모습을 비추는 거울을 들여다본다.

개개인은 자신의 생각이라는 좁은 원이나 넓디넓은 원 안에서 움직이며, 원 밖에 존재하는 것에 대해 알지 못한다. 그는 자신의 일부가 된 것만 안다. 자기가 알고 있는 원의 범위가 좁을수록 더 이상의 한계나 다른 원은 없다는 확신이 커진다. 작은 것은 큰 것을 담을 수 없으니, 그에게는 더 큰 마음을 이해할 수 있는 수단이 없다. 그 같은 인식은 오로지 성장함으로써 얻을 수 있는 것이다.

넓게 확장된 생각의 원 안에서 움직이는 사람은 자신이 머물다 나온 더 작은 원들을 모두 안다. 큰 경험 안에 모든 작은 경험이 포함되고 보존되기 때문이다. 그의 원이 완전한 인간성의 영역과 마주칠 때, 그들과 완전무결한 행동과 깊은 이해로 그들과 함께 어울리고 교제하기 위해 준비할 때, 그는 어렴풋이 의식하거나 아니면 전혀 모르는 그 너머에 더 넓은 원이 있다고 확신할 만큼 충분히 지혜로워질 것이다.

인간은 마치 학생처럼 자신의 무지나 지식을 기준으로 어떤 수준이나 등급에 속하게 된다. 6학년 수준의 교과과정은 1학년 수준의 학생에게는 난해하다. 그의 이해의 범위를 벗어나고 넘어서는 것이다. 하지만 학생은 배우는 과정에 끊임없이 노력하고 끈기 있게 성장함으로써 그 수준에 도달한다. 그 사이의 모든 수준을 숙달하고 넘어섬으로써 그는 마침내 6학년 수준에 도달해 배운 내용을 내 것으로 만든다. 그 너머에는 아직 스승의 영역이 남아 있다.

격정과 개인적 욕망으로 가득 차서 어리석고 이기적으로 행동하는 사람은 밝고 이타적으로 행동하며 마음이 고요하고, 심오하고, 순수한 사람을 이해할 수 없다. 하지만 올바르게 행동하고자 노력하며 생각과 도덕적 이해의 수준을 높임으로써 이 숭고한 수준, 이 확대된 의식에 이를 수 있다. 수준이 높거나 낮거나 상관없이 모든 수준 너머에 인류의 **스승들, 우주의 사부들,** 다양한 종교의 신봉자들이 숭배하는 세상의 **구세주들**이 서 있다. 학생과 마찬가지로 스승에게는 등급이 있다. 아직 스승의 등급과 지위에는 이르지 못했어도 품성의 뛰어난 도덕성으로써 인도자이자 *사부*의 지위에 이른 사람이 있다.

하지만 설교단이나 연단을 차지한다고 해서 스승인 것은 아니다. 존경심을 자아내는 도덕적 위대함, 즉 인류의 경외심을 불러일으키는 덕목을 발판으로 스승으로 등극한다.

인간은 자신의 생각만큼만 낮거나 높고, 작거나 크고, 천박하거나 고귀하다. 그 이상도, 이하도 아니다. 내 생각의 영역 안에서 움직이며, 그 영역이 곧 내 세계다. 내 생각의 습관을 형성하는 그 세계에서 내 동반자를 발견하고, 내 특별한 성장과 조화를 이루는 영역 안에서 살아간다. 굳이 더 낮은 세계에 머물 필요가 없다.

내 생각을 고양시키면 위로 올라갈 수 있다. 더 높은 영역으로, 더 행복한 보금자리로 넘어갈 수 있다. 선택하고 마음을 먹는다면 이기적인 생각의 갑옷을 깨고 더 광활한 삶의 더 순수한 공기를 마실 수 있다.

사물의 세계는 생각의 세계의 나머지 반쪽이다. 내면은

외면에 정보를 전한다. 더 큰 것이 더 작은 것을 포용한다. 물질은 정신의 대응물이다. 사건은 생각의 흐름이다. 상황은 생각이 조합된 것이고 개개인이 관여하는 외부 조건과 다른 사람의 행동은 자신의 정신적 필요나 발달과 밀접하게 연결되어 있다.

인간은 환경의 일부다. 다른 사람들과 분리되지 않고 행위의 독특한 친밀함과 상호작용, 인간 사회의 뿌리인 사고의 기본 법칙에 의해 그들과 밀접하게 결속되어 있다.

일시적인 변덕과 소망에 맞춰 외부의 사물을 바꿀 수는 없지만 내 변덕과 소망을 제쳐둘 수는 있다. 외부로 향한 마음의 태도를 바꾸어 외부의 양상을 바꿀 수 있다. 나를 향한 다른 사람들의 행동을 결정할 수는 없어도 그들에 대한 내 행동을 올바르게 결정할 수 있다.

나를 둘러싼 환경의 벽을 허물 수는 없으나 그 벽에 지혜롭게 적응하거나 내 정신적 지평을 넓혀 더 넓은 환경으로 나아갈 길을 찾을 수 있다. 사물은 생각을 따라간다. 생각을 바꾸면 사물은 새롭게 조정된다.

참된 모습을 비추려면 거울이 참되어야 한다. 뒤틀린 거울은 과장된 이미지를 비춘다. 정신이 혼란스러우면 왜곡된 세계상이 비친다. 그러므로 정신을 가라앉히고, 체계화하고, 진정시키면 더 아름다운 우주의 이미지와 더 완벽한 세계 질서에 대한 인식이 그 결과로 따를 것이다.

인간은 내 정신세계 안에서는 마음을 정화하고 완성할 수 있는 모든 힘을 소유하지만 다른 정신들이 존재하는 외부 세계에서 내 힘은 종속적이고 제한적이다. 인간과 사물의 세계에서 '나'라는 존재가 무수히 많은 유사한 단위들 가운데 하나임을 떠올리면 이 사실은 자명해 보인다.

이 단위들은 독립적이고 독단적으로 행동하기보다는 반응하고 공감하며 행동한다. 다른 사람들이 내 행동에 관여하고 내 행동에 대처할 것이다. 내가 하는 일이 그들에게 위협이 된다면 그들은 나로부터 자신을 보호할 조치를 취할 것이다.

인체가 병든 원자를 배출하듯이 마음은 본능적으로 다루기 힘든 구성원을 추방한다. 내 그릇된 행위는 이 정치적 통일체에 가해진 수많은 상처이며, 그 상처를 치유하는 과정은 내게 고통과 슬픔을 줄 것이다. 이러한 윤리적 인과관계는 우리가 익히 아는 물리적 인과관계와 다르지 않다. 아무리 가장 은밀한 행위라도 우리 인체에 보이지 않게 보고되며 이때 선한 부분은 기쁨 속에서 보호되고 악한 부분은 고통 속에서 파괴된다.

모든 생각과 행동이 기록되고 심판받는다는 내용이 담

긴 우화 '생명의 책(Book of Life)'에는 위대한 윤리적 진리가 담겨 있다. 내 행위는 나만의 것이 아니라 인류와 우주에 속한다는 것, 외부의 결과를 피할 힘은 없지만 내부의 원인을 수정하고 교정할 힘은 전능하다는 것, 그리고 내 행위를 완성하는 것이 인간의 최고의 의무이자 가장 숭고한 성취인 것은 바로 이 진리 때문이다.

내가 외부의 사물과 행위를 피할 힘이 없다는 이 진리를 뒤집어보면 외부의 사물과 행위 또한 나를 해칠 만한 힘이 없다. 내가 구원에 구속되는 원인은 내면에 있다. 다른 사람을 통해 내게 오는 상처는 내 행위의 반동이며 내 정신적 태도의 반사작용이다.

그들은 도구이고 나는 원인이다. 운명은 무르익은 행위다. 사람은 누구나 쓰든 달든 상관없이 삶의 열매를 정당한 양으로 받는다. 의로운 사람은 자유롭다. 아무도 나를 해칠 수 없고 아무도 나를 파괴할 수 없으며 아무도 내 평화를 빼앗을 수 없다. 이해에서 탄생한 인간에 대한 내 태도는 내게 상처를 입히는 사람의 힘을 무력화시킨다. 그들이 가하려던 상처는 스스로 반동해 오히려 그들에게 상처로 되돌아가고 나는 털 끝 하나 다치지 않는다.

나로부터 나오는 선함은 내 행복의 끊이지 않는 샘이자 힘의 영원한 원천이다. 그 뿌리는 평온이고 꽃은 기쁨이다.

중상모략 같은 다른 사람의 행동에서 내가 보는 해악은 중상모략 자체가 아니라 그 행동에 대한 내 마음가짐에 있다. 상처와 불행은 스스로 만든 것이며 행위의 본질과 힘에 대한 나의 이해 부족에서 비롯된다. 나는 그 행위가 내 품성에 돌이킬 수 없는 상처를 입히거나 내 품성을 파괴할 수 있다고 생각하지만 실상 행위에는 전혀 그럴 만한 힘이 없다. 행위는 오로지 그것을 행하는 사람에게 상처를 입히거나 파멸시킬 수 있을 뿐이다.

상처를 입었다고 생각하는 사람은 동요하고 불행해한다. 내가 입었다고 생각하는 가상의 해에 대응하려고 애를 쓴다. 이렇게 애쓰다보니 중상모략이 진실처럼 보이고 그래서 중상모략을 막기보다는 오히려 부추기게 된다.

동요하고 불안해하는 것은 실제 행위 때문이 아니라 행위를 스스로 받아들인 탓이다. 의로운 사람은 이와 똑같은 행위에도 전혀 흔들리지 않음으로써 이 사실을 증명한다. 의로운 사람들은 행위를 이해하고, 그렇기 때문에 무시한다.

내가 행위를 받아들이지 않으니, 상대방의 행위가 나에게 상처를 입힌다고 생각지 않는다. 의로운 사람들은 행위들이 세력을 넓히는, 정신적 어둠을 초월한 곳에 산다. 소년이 태양을 향해 돌을 던져 태양에 상처를 입히거나 그것의 방향을 바꿀 수 없듯 그런 행위들이 그를 다치게 하거나 방해할 수는 없다. 석가모니는 바로 이 점을 강조하고자 '내가 상처를 입었다', '속임수에 넘어갔다', '모욕을 당했다'라는 생각이 마음속에 일어난다면 그것은 진리를 이해하지 못했다는 뜻임을 생애 마지막 순간까지 제자들에게 전했다.

외적인 것(주변 환경과 상황) 또한 마찬가지다. 주변 환경과 상황 역시 그 자체로는 선하거나 악하지 않으며, 그것을 선하거나 악하게 만드는 것은 마음가짐과 마음상태다.

인간은 돈의 부족, 시간의 부족, 영향력의 부족, 가족의 유대로 인한 자유의 부족 같은 특정한 상황이 나를 방해하지 않으면 위대한 일을 성취할 수 있다고 생각한다. 그러나 실상 이런 것들은 나를 전혀 방해하지 않는다. 인간이 마음속으로 내가 가지지 못한 힘을 그런 상황 탓이라고 돌릴 뿐이다. 그것들에 굴복하는 것이 아니라 그것들에 대한 내 의견, 즉 내 본성의 어떤 약한 요소에 굴복하는 것이다.

나를 방해하는 참된 '부족'은 *올바른 마음가짐의 부족*이다. 내가 처한 상황은 내가 가진 자원을 자극하는 원천이라고 간주할 때, 이른바 내 '결점'이 성공의 발판이 된다는 사실을 깨달을 때 내 부족은 발명을 낳고 '방해물'은 보조물로 변한다.

가장 중요한 요인은 '나'다. 내 마음이 건전하고 올바르게 조율되면 내가 처한 상황에 대해 푸념하거나 하소연하지 않고 당당히 일어나 상황을 뛰어넘을 것이다. 환경을 탓하는 사람은 아직 한 인간으로 성장하지 못한 것이다. 내가 인간성의 힘으로 당당히 일어나 마침내 **궁핍**을 복종시킬 때까지 그것은 내게 계속 박차를 가하고 채찍질할 것이다.

상황은 약자에게는 가혹한 주인이요, 강자에게는 순종적인 종이다.

나를 구속하거나 해방하는 것은 외부적인 것이 아니라 그것에 대한 내 생각이다. 내가 스스로 사슬을 만들고, 지하 감옥을 만들고, 포로가 된다. 아니면 내가 결박을 풀고, 나만의 궁전을 짓고, 모든 광경과 사건 속을 자유롭게 돌아다닌다.

내 주변 환경이 나를 구속하는 힘이 있다고 생각하면 그 생각은 나를 계속 구속할 것이다. 내 생각과 삶에서 주변 환경을 스스로 뛰어넘을 수 있다고 생각한다면 그 생각이 나를 해방시킬 것이다. 그러므로 우리는 '내 생각이 나를 구속으로 이끄는가, 아니면 해방으로 이끄는가?'라고 스스로 물으며 나를 구속하는 생각을 버리고 해방시키는 생각을 택해야 한다.

다른 사람, 의견, 가난, 절교, 영향력을 두려워하면 참으로 구속된 상태가 되어, 깨달은 자의 내적 행복과 정의로운 자의 자유를 알 길이 없다. 그러나 생각이 순수하고 자유롭다면 참으로 자유로워진다. 삶의 반작용과 반전 속에서 내게 괴로움과 두려움을 안기는 것에는 눈길도 주지 않고 내 발전에 도움이 되는 것만 눈에 담아, 삶의 목표를 성취하지 못하게 막을 것이 전혀 남지 않을 테니 말이다.

습관의 존재

이 세상과 삶의 법칙들은 인간이 만든 것이 아니다. 세상의 법칙은 인간보다 더 오래 존재했으며, 인간은 자신도 모르는 사이 그 법칙을 이해하고 순종하여 그 일부가 된다.

인간의 힘으로는 존재의 법칙을 만들 수 없다. 존재의 법칙은 분별과 선택에 존속한다. 인간은 일점일획의 보편적인 조건이나 법칙을 창조하지 않는다. 사물의 본질적인 원리인 이 조건이나 법칙은 인간이 만들거나 파괴할 수 없다. 다만 발견할 뿐이다. 이를 모른다면 세상의 온갖 고통이 따를 것이다. 어리석게도 이를 거스른다면 구속이 따를 것이다.

누가 더 자유로운 사람일까? 나랏법을 거스르는 도둑일까, 아니면 나랏법에 복종하는 정직한 시민일까? 다시 묻건대 누가 더 자유로운 사람일까? 자기가 원하는 대로 살 수 있다고 생각하는 바보일까, 아니면 옳은 일만 하기로 선택한 현자일까?

인간은 본질적으로 습관의 존재다. 인간이 이 사실을 바꿀 수는 없지만 내 습관은 바꿀 수 있다. 내 본성의 법칙은 바꿀 수 없어도 내 본성을 법칙에 적응시킬 수 있다. 중력의 법칙을 거스르려 하는 사람이 거의 없는 것처럼, 대부분의 인간은 법칙을 거스르거나 무시하기보다는 그것을 따름으로써 법칙을 이용한다. 법칙이 나를 위해 바뀌기를 바라면서 벽으로 돌진해 부딪치거나 벼랑을 뛰어넘지 않는다. 벽을 따라 걷거나 벼랑을 피한다.

습관의 법칙을 지혜롭게 이용하느냐 그렇지 않느냐는 인간에게 달려 있다. 과학자와 발명가가 물리적 힘과 법칙을 순종하고 이용함으로써 물리적인 힘과 법칙을 지배하듯이 지혜로운 사람은 이와 마찬가지 방식으로 영적인 힘과 법칙을 지배한다. 나쁜 사람은 습관에게 채찍질 당하는 노예이고 지혜로운 사람은 습관의 현명한 감독이자 주인이다. 다시금 강조하지만 지혜로운 사람은 습관을 만든 사람이나 독단적인 지휘관이 아니라 자기훈련을 마친 사용자이자 복종에 근거한 지식을 이용하는 주인이다. 생각과 행동의 습관이 형편없다면 그는 형편없는 사람이다. 생각과 행동의 습관이 훌륭하다면 그는 훌륭한 사람이다. 형편없는 사람은 습관을 변화시키거나 변형시킴으로써 훌륭한 사람으로 거듭난다. 법칙이 아니라 자신을 바꾸고 법칙에 자신을 적응시킨다. 이기적인 방종에 굴복하는 대신 도덕적 원칙에 순종한다. 더 높은 것을 섬김으로써 더 낮은 것의 주인이 된다. 습관의 법칙은 동일하게 유지되지만 법칙을 재조정함으로써 악에서 선으로 변화한다.

습관은 반복이다. 인간은 똑같은 생각과 감정, 경험이 나라는 존재에 통합될 때까지, 내 일부로서 품성에 새겨질 때까지 그것을 반복하고 또 반복한다. 능력이란 고정된 습관이다. 진화는 정신적인 축적이다. 오늘날의 인간은 생각과 번뇌가 수백만 번 반복된 결과물이다. 인간은 완성품이 아니다. 현재진행형으로 완성되는 과정에 있다. 인간의 품성은 내 선택에 의해 미리 결정된다. 내가 선택한 생각과 행동, 습관을 통해 완성되는 중이다. 따라서 개개인은 생각과 행동의 축적물이다.

애를 쓰지 않고 본능적으로 드러나는 내 특성은 생각의 연장선이며 오랜 반복을 통해 자동적인 것이 된다. 습관의 본질은 마침내 무의식적인 것이 되고 습관의 소유자가 확실하게 선택하거나 노력하지 않아도 저절로 반복되며, 때가 되면 개인을 완전히 소유해 습관에 대항하려는 그의 의지를 무력하게 만들어버린다. 이는 좋은 습관이든 나쁜 습관이든 상관없이 모든 습관에 해당되는 사실이다. 나쁜 습관을 가진 사람은 나쁜 습관이나 악의적인 마음의 '피해자'라고 일컬어지는 반면에 좋은 습관을 가진 사람은 본질적으로 '좋은 성향'을 가진 사람이라고 일컬어진다는 점만 다를 뿐이다.

인간은 모름지기 좋든 나쁘든 상관없이 습관. 다시 말해 '반복되고 축적된' 자신의 생각과 행동에 종속되어 있으며 앞으로도 그럴 것이다. 지혜로운 사람은 이 사실을 알기에 좋은 습관에 복종하기로 선택한다. 그것이 기쁨과 행복, 자유이며 나쁜 습관에 복종하는 것은 불행, 비참함, 예속이기 때문이다.

이 습관의 법칙은 인간에게 이롭다. 습관의 법칙을 이용해 무의식적으로 선한 행로에 굳건히 머물고 어떤 제한을 받거나 애를 쓰지 않으면서 완벽하게 행복하고 자유로운 상태에서 본능적으로 옳은 일을 행할 수 있기 때문이다. 삶의 이런 자동성을 목격하면서 사람들은 지금껏 인간의 의지나 자유의 존재를 부인했다. 그들은 자신이 '태어날 때부터' 선하거나 악했다고 말하며 맹목적인 힘의 무력한 도구로 스스로 전락한다.

사실 인간은 정신력의 '도구'다.(더 정확하게 말하면 인간이 정신력 자체다.) 하지만 인간은 맹목적이지 않으며 정신력을 인도하고 새로운 경로로 방향을 바꿀 능력이 있다. 요컨대 스스로 통제하고 습관을 재구성할 수 있다. 물론 인간이 특정한 품성을 가지고 태어난다는 것 또한 사실이지만 그 품성은 선택과 노력을 통해 천천히 형성된 무수한 삶의 산물이며 이번 삶에서 새로운 경험이 쌓이면 크게 달라질 것이다.

나쁜 습관이나 나쁜 특성(이들은 본질적으로 같은 것이다.)의 폭정 아래서 아무리 명백하게 무력해졌다 하더라도 제정신이 남아 있는 한 인간은 이들로부터 벗어나서 자유로워지고 반대되는 좋은 습관을 선택할 수 있다. 좋은 습관의 지배를 받을 때는 그 지배에서 벗어나고 싶지 않거나 벗어날 필요가 없을 것이다. 그 지배는 영원한 불행이 아니라 영원한 행복이 될 테니 말이다.

인간이 자기 내면에서 형성한 것은 스스로 원하고 마음먹을 때 해체하고 다시 형성할 수 있다. 나쁜 습관을 즐겁다고 생각하면 버리고 싶지 않을 것이다. 고통스러운 폭정이 그를 지배하기 시작할 때는 탈출구를 찾아 나서고 마침내 더 나은 것을 위해 나쁜 것을 포기할 것이다.

무력하게 구속된 상태로 남는 사람은 없다. 그를 스스로 구속된 노예로 만들었던 바로 그 법칙이 그를 스스로 해방된 주인으로 만들 것이다. 이 사실을 깨달으려면 의도적으로 열심히 낡은 생각과 행동의 노선을 버리고 더 바람직한 새로운 노선을 부지런히 만들어야 한다. 하루, 일주일, 한 달, 일 년, 혹은 오 년 안에 이를 달성하지 못할지 모른다고 낙담하거나 실망하지 말아야 한다.

새로운 반복이 확립되고 오래된 반복이 해체되는 데는 시간이 필요하다. 그러나 확실하고, 오류가 없으며, 끈기 있게 추구하고 결코 포기하지 않는 습관의 법칙은 반드시 유종의 미를 거둔다. 나쁜 조건과 단순한 부정이 자리를 잡고 확고해질 수 있다면 좋은 조건과 긍정적인 원칙은 얼마나 더 확실하게 자리를 잡고 강력해질 수 있겠는가!

자신을 '무력한 존재'로 여기는 한 그릇되고 불만스러운 내면의 요소를 극복할 힘이 없다. 나쁜 습관에 '할 수 없다'는 생각까지 더해지면 나쁜 습관은 그대로 남을 것이다. 무력하다는 생각을 마음에서 몰아내고 제거하기 전까지는 아무것도 극복할 수 없다. 거대한 걸림돌은 습관 자체가 아니라 그것을 극복할 수 없다는 믿음이다. 인간이 불가능하다고 확신한다면 어떻게 나쁜 습관을 극복할 수 있겠는가. 그 일을 행할 수 있다는 것을 알고 행하기로 결

심했을 때 어떻게 그것을 극복하지 못할 수 있겠는가. 인간이 스스로 구속당한 지배적인 생각은 '내 죄를 극복할 수 없다'는 생각이다. 이 생각을 적나라하게 빛 속으로 끌어내보라. 그러면 그것은 악의 힘에 대한 믿음과 그 극단에 있는 선의 힘에 대한 불신이 고스란히 드러날 것이다. 누군가 잘못된 생각과 잘못된 행동을 극복할 수 없다고 말하거나 믿는다면 이는 악에 복종하는 것이며 선을 버리고 포기하는 것이다.

인간은 그런 생각, 그런 믿음으로 자신을 구속한다. 이와 반대되는 생각, 반대되는 믿음으로 자신을 해방한다. 마음가짐이 변하면 인격과 습관, 삶이 변한다. 인간은 자신의 구원자다. 스스로 자신을 구속했으니 스스로 해방시킬 수 있다. 그토록 오랜 세월 동안 인간은 외부의 구원자를 찾았고 지금도 찾고 있으나 여전히 구속된 상태에 머물고 있다. 내면에 깃드는 **위대한 구원자**는 진리의 영혼이다. 진리의 영혼은 **선의 영혼**이니 이는 선한 생각과 그것의 결과인 선한 행동에 깃든다.

인간은 자신의 잘못된 생각 이외에는 어떤 힘에도 구속되지 않으며, 잘못된 생각에서는 스스로 해방되어야 한다. 가장 먼저 벗어나야 하는 예속적인 생각은 바로 이런 것들이다. '나는 일어날 수 없다', '나쁜 습관에서 벗어날 수 없다', '내 본성을 바꿀 수 없다', '나를 통제하고 정복할 수 없다', '죄를 멈출 수 없다.' 이 모든 '할 수 없다'는 인간이 복종하는 대상에는 존재하지 않는다. 다만 생각에 존재할 뿐이다.

부정의 자리에 '할 수 있다'는 긍정적인 생각을 심어 강력한 습관의 나무가 될 때까지 돌보고 발전시켜야 한다. 그 나무에는 선한 열매가 열려 올바르고 행복한 삶이라는 생명을 불어넣을 것이다.

습관은 우리를 구속한다. 습관은 우리를 해방시킨다. 습관은 일차적으로 생각 속에 존재하고 이차적으로는 행동 속에 존재한다.

나쁜 것에서 좋은 것으로 생각을 바꾸면 행동이 바로 뒤를 따른다. 나쁜 것을 고집하라. 그러면 그것이 나를 더 단단히 묶을 것이다. 좋은 것을 고집하라. 그러면 나를 더 넓은 자유의 영역으로 데려갈 것이다. 구속을 사랑하는 자는 구속된 채로 남으리라. 자유를 갈망하는 자는 와서 자유를 얻으리라.

인간의 정신과 육체는
분리할 수 있는가

오늘날에는 육체의 치유에 전념하는 학파가 많다. 인간의 정신을 위로하는 데 전념하는 수백 가지 종교가 고통의 보편성을 증명하듯 사실은 역설적으로 육체적 고통이 얼마나 만연한지를 보여준다. 이런 모든 학파는 설령 악을 뿌리 뽑지 못하더라도 고통을 덜어주기만 한다면 설 자리를 잃지 않을 것이다. 수많은 치유 학파가 존재함에도 죄와 슬픔이 여전히 남아 있듯이 질병과 고통이라는 현실이 우리 곁에 남아 있기 때문이다.

죄와 슬픔이나 마찬가지로 질병과 고통은 너무 깊이 자리 잡고 있어서 임시방편으로는 제거할 수 없다. 질병에는 마음속에 깊이 뿌리내린 윤리적 원인이 있다. 그렇다고 해서 육체적 조건이 질병에 전혀 관여하지 않는다는 뜻은 아니다. 육체적 상태는 인과 관계의 사슬에서 도구로서 중요한 역할을 담당한다. 흑사병을 퍼트린 미생물은 불결함의 도구였고 불결함은 일차적으로 도덕적 장애다. 물질은 눈에 보이는 정신이며, 질병이라는 육체적 갈등은 죄와 관련된 정신적 갈등과 인과관계가 있다.

인간의 정신은 현새 상대나 자의식에서 폭력적으로 충돌하는 욕망들로 인해 끊임없이 혼란을 겪고, 인간의 육체는 병적인 요소들로부터 공격을 받는다. 그래서 인간은 정신적 부조화와 육체적 불안의 상태에 놓여 있다. 야생적이고 원시적인 상태의 동물은 부조화가 없으니 질병에 걸릴 염려가 없다. 그들은 주변 환경과 조화를 이루고 도덕적 책임과 죄의식이 없으며 인간의 조화와 행복을 파괴하는 후회, 슬픔, 불만 등의 격렬한 혼란을 겪지 않는다. 그렇기 때문에 그들의 육체는 질병에 걸리지 않는다.

신성한 상태나 우주를 의식하는 상태로 올라갈 때 인간은 이런 모든 내적 갈등을 등지고 죄와 모든 죄의식을 극복하며 후회와 슬픔을 몰아낼 것이다. 이렇게 정신적 조화의 경지로 회복된 그는 육체적 조화와 온전함, 즉 건강의 상태로 회복될 것이다.

육체는 정신의 모습이다. 숨겨진 생각의 가시적인 특징들을 육체에서 추적할 수 있다. 외면은 내면에 복종한다. 따라서 미래의 지혜로운 과학자는 모든 육체적 장애를 추적해 정신의 윤리적 원인을 밝힐 수 있을 것이다.

정신적 조화, 즉 도덕적 온전함은 육체적 건강의 바탕이 된다. 내가 이를 '바탕이 된다'고 표현한 것은 마치 (누군가 약 한 병을 마시고 나서 온전하고 자유로워지듯이) 마술처럼 건강해지는 것이 아니기 때문이다. 정신이 더 차분하고 평온해지는 중이라면, 도덕적인 수준이 높아지고 있다면, 이는 온전한 육체의 확실한 기초가 마련되고 힘이 보존되며 방향감각과 조정능력이 향상되기 때문이다. 그리고 어떤 형태든 간에 육체적 혼란은 비록 완벽하게 건강해지지는 못할지라도 이제 강화되고 고양된 정신을 약화시킬 힘을 잃기 때문이다.

물론 육체적으로 고통받는 사람이 도덕적이고 조화로운 원칙에 따라 정신을 형성한다고 해서 곧바로 치료되지는 않을 것이다. 실제로 한동안은 육체가 위기에 처하고 이전의 부조화가 끼친 영향을 떨쳐버리는 동안 병적인 상태가 오히려 악화되는 것처럼 보일 수 있다. 의로운 길에 들어선다고 해서 곧바로 완벽한 평화를 얻는 것은 아니다. 드문 경우를 제외하고는 고통스러운 적응 기간을 거쳐야 한다.

이와 마찬가지로 완벽한 건강도 단번에 얻지 못한다. 육체와 정신이 적응하기까지는 시간이 필요하다. 이처럼 적응하는 동안 육체와 정신은 설령 완벽한 건강에 이르지 못하더라도 최소한 가까워질 것이다.

정신이 튼튼해지면 육체적 상태는 부차적이고 하위적인 위치에 머물 테고, 그러면 많은 사람이 육체에 부여하는 일차적인 중요성을 잃을 것이다. 신체에 장애가 있더라도 정신은 그것을 뛰어넘어 굴복하지 않을 수 있다.

건강 전문가들은 육체가 건강하지 않으면 유용하고 행복한 삶이 불가능하다고 말한다. 하지만 위대한 업적을 남긴 수많은 사람(모든 분야에서 천재성과 뛰어난 재능의 소유자)이 육체적으로 고통에 시달렸다는 사실은 이들의 말을 반증하며 오늘날에도 산 증인이 많다. 이따금 육체적 고통이 정신 활동에 자극제로 작용하면서 방해가 되기는커녕 도움이 된다. 유용하고 행복한 삶이 건강에 좌지우지된다고 생각한다면 이는 정신보다 물질을 우선시하고 정신을 육체에 종속시키는 것이다.

정신이 튼튼한 사람은 어떤 식으로든 육체적 상태가 흐트러져 있어도 그것에 연연하지 않는다. 아무렇지도 않다는 듯이 *무시하고* 계속 일하고 살아간다. 이처럼 육체를 무시하는 태도는 정신을 건전하고 튼튼하게 유지할 뿐만 아니라 육체를 치유하는 최고의 자원이 된다. 육체가 완벽히 건강하지 않더라도 정신은 건강할 수 있으며 건강한 정신이야말로 건강한 육체로 향하는 가장 좋은 길이다.

정신의 병은 육체의 장애보다 더 비참하며 그렇기 때문에 육체의 병을 초래한다. 정신적인 환자는 육체적인 환자보다 훨씬 더 애처롭다. (의사라면 누구나 알듯이) 정신적인 환자라도 강하고 이타적이며 행복한 마음 상태로 자신을 끌어올리기만 하면 육체가 온전해지고 유능해진다.

인간이라고 일컬어지는 모든 존재는 자신과 자신의 몸, 그리고 음식에 대한 병약한 생각을 몰아내야 한다. 지금 먹고 있는 건강에 좋은 음식이 나를 상하게 할 것이라는 생각이 든다면 정신의 힘을 통해 육체의 활력을 얻어야 한다. 가정에서는 좀처럼 먹지 않는 특정한 종류의 음식에 신체 건강과 안전이 달려 있다고 생각한다면 소소한 혼란을 자초하게 된다. 어떤 채식주의자가 감자는 차마 먹을 수 없고, 과일은 소화불량을 일으키고, 사과는 신맛이 나고, 콩은 독이고, 녹색 채소는 두렵다고 말한다면 그는 지금껏 자신이 신봉한다고 공언했던 그 숭고한 대의를 훼손하고 있는 것이다.

배가 고파서 음식이 필요할 때 대지의 열매가 건강과 생명을 파괴한다고 생각한다면 그것은 음식의 본질과 기능을 완전히 오해하는 것이다. 음식의 임무는 신체를 유지하고 보존하는 것이지 훼손하고 파괴하는 것이 아니다. 식이요법으로 건강을 추구하는 많은 사람은 이상한 망상(그리고 틀림없이 육체에 해로운 망상)에 사로잡혀 있다. 즉 그들은 가장 단순하고, 자연스럽고, 순수한 어떤 음식이 그 *자체로 나쁘고* 그 안에 생명이 아니라 죽음의 요소가 들어 있다는 망상에 사로잡혀 있다. 이런 음식 개혁가들 가운데 누군가가 자신의 병(그리고 다른 수천 명의 병)이 빵을 너무 많이 먹어서가 아니라 빵 자체 때문이라고 믿노라고 말한 적이 있다. 그런데 이 사람의 주식은 고소한 통밀로 만든 수제 빵이었다.

우리의 질병을 이 같은 무고한 원인으로 돌리기 전에 우리의 죄, 병적인 생각, 자기 방종, 어리석은 과잉부터 몰아내자. 품성이 약한 사람이 사소한 문제와 질병에 집착한다. 그런 생각을 곱씹다보면 자주 입에 올리게 되고 그러면 마음에 더 생생하게 각인되어 머지않아 정신이 의기소침해진다. 행복과 건강에 대해 생각하는 것은 어렵지 않으며 불행과 질병에 대해 생각하는 것보다 훨씬 더 즐겁고 유익하다.

"우리를 미워하는 사람들을 미워하지 말고 행복하게 살자.

우리를 미워하는 사람들 사이에서 미움을 버리고 살자.

병약한 사람들 사이에서 병에 걸리지 말고 행복하게 살자.

탐욕스러운 사람들 사이에서 탐욕 없이 행복하게 살자."

도덕적 원칙은 건강뿐만 아니라 행복을 위한 가장 건전한 토대다. 그것은 행동의 참된 규제자이며 삶의 모든 세세한 것들을 포용한다. 이 원칙을 마음으로 받아들이고 머리로 이해하면 삶을 재구성하게 된다. 식단을 확실히 규제하면서 까다로운 입맛, 음식 공포증, 미련한 변덕, 음식의 해로움에 대한 근거 없는 의견에 종지부를 찍을 것이다. 도덕적 건강이 방종과 자기 연민을 근절하면 모든 자연 식품은 육체의 파괴자가 아니라 자양분으로 인식될 것이다.

육체적 조건을 고려하면 정신은 물론이고 무적의 방책으로서 정신을 강화하는 도덕적 미덕으로 돌아갈 수밖에 없다. 도덕적으로 옳은 것은 육체적으로 옳은 것이다. 확고부동한 원칙을 갖지 않고 일시적인 견해와 근거 없는 추측에 따라 삶의 세부 사항을 끊임없이 바꾸면, 혼란에 빠질 것이다. 반면에 도덕적 원칙에 따라 세부 사항을 정리한다면 새롭게 눈을 뜨고 올바른 위치에서 올바른 순서로 삶을 볼 수 있을 것이다.

오직 도덕적 원리 안에만 원인을 꿰뚫어보는 통찰력이 있다. 자석이 쇠붙이를 끌어당기고 극성을 띠게 하듯이 모든 세부 사항에 순서와 위치를 지키라고 명령할 수 있는 힘 또한 도덕적 원리와 함께 한다.

육체를 치료하는 것보다 더 나은 것은 육체를 초월하는 것, 육체의 주인이 되어 육체의 지배를 받지 않는 것, 육체를 남용하지 않는 것, 육체에 아부하지 않는 것, 육체의 주장을 덕보다 앞세우지 않는 것, 육체의 쾌락을 통제하고 절제하는 것, 육체의 고통에 압도되지 않는 것이다.

도덕적 힘의 균형과 힘 안에 사는 것이야말로 육체를 치료하는 것보다 더 안전한 치료법이며 정신적 활력과 영적 안식의 영원한 원천이다.

인간에게 가난이란

시대를 막론하고 수많은 위인이 부를 포기하고 가난을 택해 고귀한 목적을 더 훌륭하게 달성했다. 그렇다면 왜 가난을 그토록 끔찍한 악이라고 생각하는 것일까? 이 위대한 사람들이 축복으로 여기고 반려자로 택한 가난이 왜 대다수 인류에게는 불행과 재앙으로서 멸시당해야 하는 것일까?

답은 간단하다. 한편으로 가난은 고귀한 마음을 연상시킨다. 이 고귀한 마음은 악의 모습을 띤 모든 것을 고양시켜 선하고 아름다워 보이게 만들뿐만 아니라 부와 명예보다 더 매력적이고 바람직한 모습으로 탈바꿈시킨다.

그렇다보니 존엄하고 행복한 고귀한 수도사의 모습을 보고 수천 명의 사람이 그의 삶의 방식을 모방한다. 다른 한편으로 대도시에 만연한 가난은 욕실, 주취, 불순함, 게으름, 거짓, 범죄 등 비열하고 불쾌한 모든 것을 연상시킨다.

자, 어떤 것이 일차적인 악일까? 가난일까, 아니면 죄일까? 답은 당연히 죄이다. 가난에서 죄를 제거하면 그 괴로움이 사라진다. 가난은 더 이상 엄청난 악이 아닐뿐더러 오히려 선하고 고귀한 목적으로 바뀔 수 있다.

공자는 부유한 제자들에게 안회라는 가난한 한 제자를 높은 덕의 본보기로 들면서 이렇게 말했다. "그는 밥과 물로 연명해야 할 만큼 가난하고, 움막과 다를 바 없는 곳에 기거했지만 불평 한마디 하지 않았다. 다른 사람들이라면 가난 때문에 불평하며 비참해할 상황에도 그의 평정심은 조금도 흔들리지 않았다." 가난은 고귀한 품성을 훼손할 수 없으며 오히려 더 큰 장점으로 승화시킬 수 있다. 안회의 미덕은 흙 속에 파묻힌 눈부신 보석처럼, 가난 속에 놓여 있어서 한층 더 밝게 빛났다.

흔히 사회 개혁가들은 가난을 그것과 연관된 죄의 원인으로 간주하는 동시에 부자들의 부도덕한 행위들이 그들의 부에서 야기된 것이라고 말한다. 원인이 있는 곳에 결과가 나타나기 마련이니, 만일 부유함이 부도덕의 원인이고 가난이 타락의 원인이라면 모든 부자는 부도덕해지고 모든 빈자는 타락할 것이다.

악을 행하는 자는 부유하든 가난하든, 또는 이 두 조건의 중간쯤에 있든 상관없이 어떤 상황에서도 악을 자행한다. 옳은 일을 행하는 자는 어떤 상황에 놓여 있더라도 옳은 일을 행할 것이다. 극단적인 상황이 이미 그곳에서 기회를 기다리던 악을 이끌어내는 데 일조할 수 있으나 악을 야기하거나 창조할 수는 없다.

재정 상태에 대한 불만은 가난과 다르다. 하는 일은 별로 없이 연봉이 수백 파운드, 경우에 따라 수천 파운드에 이르는데도 스스로 가난하다고 여기는 사람이 많다. 그들은 고통을 가난이라고 생각하지만 실상 그들의 문제는 탐욕이다. 그들이 불행해지는 것은 가난이 아니라 재물에 대한 갈증 때문이다.

지갑보다는 마음 때문에 가난하다고 생각하는 경우가 더 많다. 더 많은 돈을 갈망하는 사람은 일생을 가난하다고 여길 것이다. 탐욕은 마음의 가난이니, 그런 의미에서 그는 가난하다. 인색한 사람이 백만장자가 될지 모르나 그는 무일푼이었을 때만큼이나 가난하다.

한편, 가난과 타락 속에서 살아가는 많은 사람의 문제는 그들이 *자신의 상태에 만족하고 있다는* 점이다. 불순함과 무질서, 게으름과 추잡한 방종 속에 살면서 더러운 생각과 더러운 말과 불순한 환경에서 흥청거리며 스스로 만족한다면 안타까운 일이 아닐 수 없다.

다시금 말하지만 '가난'은 마음가짐에서 온다. 그렇기 때문에 가난이 '문제'라면 그 해결책은 외적 조건이 아닌 내적 조건을 개선하는 데에서 찾아야 한다. 내면이 정화되고 깨어 있는 인간이라면 더 이상 더러움과 타락에 만족하지 않을 것이다. 마음을 정돈한 사람은 집도 정돈할 것이다. 그러니 누군가 어지러운 주변을 정돈했다면 그 사람을 포함해 모든 사람이 그가 자신을 정돈했다는 사실을 알게 될 것이다. 변화된 마음은 변화된 삶에서 그대로 나타난다.

물론 자신을 기만하거나 타락시키지 않았는데도 가난하게 사는 사람들이 있다. 이런 사람 중에는 가난한 삶에 만족하는 사람이 많다. 그들은 만족하고, 부지런하고, 행복하고, 다른 무엇도 원하지 않는다. 만일 이들 가운데 가난한 삶에 불만스러워하며 더 나은 환경과 더 넓은 영역으로 나아가겠다는 야망을 품은 사람이 있다면, 가난을 재능과 에너지를 발휘할 발판으로 삼는다. 그들은 자기를 계발하고 본분에 집중함으로써 스스로 원하는 더 풍요롭고 책임을 다하는 삶에 이른다.

본분에 대한 헌신은 굴레처럼 여겨지는 가난에서 벗어나는 길일뿐만 아니라 풍요로움, 영향력, 지속적인 기쁨, 심지어 완벽함 자체에 이르는 왕도이다. 가장 깊은 의미에서 이 헌신은 삶의 가장 훌륭하고 고귀한 모든 것과 관련된 것으로 보인다. 이를테면 에너지, 산업, 자기 삶에 대한 몰두, 전념, 용기와 충실함, 결단력과 자립심, 그리고 모든 참된 위대함의 열쇠인 **자기애**가 있다. 누군가 성공한 어떤 사람에게 '성공의 비결'을 묻자 그는 '아침 6시에 일어나서 내 일에 집중하는 것'이라고 답했다. 성공과 명예, 영향력은 삶의 과업에 부단히 관심을 기울이고, 다른 사람의 본분을 방해하지 않는 사람에게 찾아온다.

이때 긴 시간 노동을 해야만 하는 가난한 사람들은 대부분 특별한 일을 할 시간이나 기회가 없다고 하소연할 수 있다. 하지만 이는 잘못된 생각이다. 시간과 기회는 언제나 가까이에, 모든 사람의 곁에 있다. 앞서 언급한 가난한 사람들 가운데 현재에 만족하는 사람들은 공장에서 부지런히 노동하고 집에서도 착실하고 행복하게 생활할 수 있다. 그러나 다른 영역에서 더 훌륭하게 제 몫을 다할 것이라는 생각이 든다면 여가 시간에 독학으로 새로운 일을 준비할 수 있다.

열심히 일하는 가난한 사람들은 무엇보다 시간과 에너지를 절약해야 한다. 그런 가난에서 벗어나기를 바라는 젊은이라면 술, 담배, 문란한 성생활, 야심한 시간에 클럽이나 파티에서 보내는 어리석고 헛된 방종 따위는 애초에 멀리해야 한다. 저녁 시간을 할애해 발전에 필요한 교육을 받으며 정신을 향상시켜야 한다. 역사 속 영향력 있는 수많은 사람, 개중에서도 위대한 사람은 바로 이런 식으로 가난 속에서 자신을 성장시켰다. 이 사실로 판단하건대, 궁핍한 시간은 기회의 파괴가 아니라 기회의 창조를 위한 시간이며 자신에게 만족하지 않고 성취를 갈망하는 사람들에게는 가난할수록 행동의 동기가 커진다.

사람의 품성과 마음 상태에 따라 가난은 악이 되기도 하고 그렇지 않기도 한다. 부도 마찬가지다. 톨스토이는 부유한 환경에서 괴로워했다. 그에게 부는 큰 악이었다. 그는 탐욕스러운 자들이 부를 갈망하듯이 가난을 갈망했다. 그러나 악을 저지르는 개인을 타락시키고 사회에 위협이 되는 악은 언제나 악이다. 가난을 논리적이고 심오하게 연구하다보면 개인과 인간의 마음으로 되돌아가게 된다. 사회 개혁가들이 지금 부자들을 비난하듯이 악덕을 비난할 때, 저임금 폐지를 열망하듯이 잘못된 삶을 폐지하고자 할 때, 우리는 문명의 어두운 한 단면인 타락한 형태의 가난이 줄어들 것이라고 기대할 수 있다.

그런 가난이 완전히 사라지기 전까지 인간의 마음은 진화의 과정에서 급격한 변화를 겪을 것이다. 마음에서 탐욕과 이기심을 씻어내고 주취와 나태, 방종을 이 땅에서 영원히 쫓아낼 때 가난과 부는 자취를 감출 것이다. 모든 사람이 충만하고 깊은 기쁨 속에서 본분을 다하고, 숭고한 자기 존중과 완벽한 평화 속에서 노동의 열매를 음미할 것이다.

인간은 자신의 마음을
다스릴 수 있다

인간이 영향력을 확실히 발휘해 지배해야 할 왕국은 **자기의 마음과 삶**이라는 왕국이다. 이미 살펴보았듯이 이 왕국은 우주와 분리되거나 독자적으로 존재하지 않는다. 그것은 온 인류와 자연, 한동안 그것이 연루된 사건의 흐름, 그리고 광대한 우주와 밀접하게 관련되어 있다.

따라서 이 왕국을 지배하는 과정에는 삶에 대한 인식을 완성하는 과정이 포함된다. 인간은 이 과정을 거치면서 지혜의 최고 수준까지 올라가 마음을 꿰뚫어보는 통찰을 얻음으로써 선과 악을 구별하고 선과 악을 초월한 무언가를 이해하며 행위의 본질과 결과를 인식한다.

현재 인간은 다소 반항적인 생각의 지배를 받고 있다. 지혜롭지 못한 자는 자신을 제외한 모든 것을 지배할 수 있다고 생각하고 외적인 것을 변화시켜 자신과 다른 사람의 행복을 추구한다. 외적인 것만 바꾸어서는 영원한 행복과 지혜를 얻을 수 없다. 죄에 찌든 몸을 수습하고 어른다고 해서 건강과 안녕을 얻지는 못한다.

지혜로운 사람은 자아가 정복되기 전까지는 참된 정복이란 존재하지 않음을 안다. 자아를 진압할 때 마침내 외부의 것들을 지배할 수 있고, 신성한 미덕의 고요한 힘 속에서 영원히 솟아나는 행복을 발견할 수 있음을 안다. 그들은 죄를 떨쳐내고 격정의 지배를 초월해 몸을 정화하고 강화한다.

인간은 자신의 마음을 다스릴 수 있다. 자신의 주인이 될 수 있다. 그래야만 비로소 그의 삶이 만족스럽고 완벽해진다.

영적 지배는 본성을 구성하는 정신력의 제국이다. 육체에는 그런 힘이 없다. 육체, 다시 말해 식욕과 정욕을 다스려야 정신력을 다스릴 수 있다. 내면의 적대적인 영적 요소들을 진압하고, 수정하고, 방향을 바꾸고, 변화시키는 것은 모든 사람이 언젠가 수행해야 할 놀랍고도 강력한 과업이다. 오랫동안 인간은 자신을 외부 세력의 노예로 여겼지만, 언젠가 영혼의 눈을 뜨면 스스로 오랫동안 통제받고 순수하지 못한 노예로 살았음을 목도하게 될 것이다. 바로 그날 그는 힘차게 일어나 영혼의 왕좌에 오르고, 그때부터는 욕망과 식욕, 격정에 복종하는 대신 이들을 신하처럼 다스린다.

그간 구걸하는 거지와 채찍질 당하는 노예로서 방황하던 정신의 왕국을 이세는 군주로서 통제할 권리를 발견한다. 불화, 고통스러운 모순투성이었던 정신의 질서를 바로 세우고, 조직하고, 조화시켜 평화로운 상태로 만든다. 그리하여 힘차게 일어나 정당한 영적 권위를 행사하면서, 무지와 어둠과 정신적 고통을 극복해 진리를 향해 승천한 자들, 왕의 자리에 어울리는 자들의 무리에 입성한다.

악을 정복할 수 있는 존재

자신을 극복하는 숭고한 임무를 완수한 사람은 악한 것에 몸을 맡기지 않고 오직 선한 것에만 복종한다.

악에게 몸을 맡기는 것은 가장 큰 약점이고 선에 복종하는 것은 가장 큰 힘이다. 죄와 슬픔, 고난과 고통에 몸을 맡긴다면 이는 "나는 포기한다, 나는 패배했다, 인생은 악하다, 나는 복종한다."라고 말하는 것이나 다름없다.

악에 몸을 맡기는 것은 종교와 반대된다. 그것은 선을 부정하고 악을 우주의 최고 권력의 자리로 올리는 것이다. 악에 몸을 맡기면 이기적이고 서글픈 삶, 유혹에 맞설 힘이 없는 삶, 선이 지배하는 마음의 발현인 기쁨과 평온이 없는 삶을 살게 된다.

인간은 영원한 체념과 슬픔이 아니라 최후의 승리와 기쁨을 위해 태어났다. 우주의 모든 영적 법칙은 선한 사람과 함께하며, 선한 보호막과 방패가 된다.

악의 법칙이란 존재하지 않는다. 악의 본질은 파괴와 황폐이므로.

악에서 선으로, 품성을 의식적으로 변화시키는 방법은 학교에서 배울 수 없다. 종교적 스승마저도 이런 지식과 습관을 잃어버린 터라 가르치지 못한다. 대다수 인간에게 도덕적 성장은 무의식적인 과정으로서 삶 속에서 스트레스와 투쟁을 통해 완성되어왔다. 그러나 언젠가 의식적으로 품성을 형성하는 과정이 청소년 교육에서 중요한 부분을 차지할 날이 올 것이다. 습관적인 자제력과 흠 잡을 데 없는 참됨, 고귀한 순수함을 갖추고 품성에 대해 건전한 가르침을 베풀 수 있는 사람이 아니면 설교자의 직책을 맡을 수 없는 날이 올 것이다.

악의 정복과 죄의 소멸, 선에 대한 지식과 영원한 평화 속에 인간을 영원히 세우는 교리는 시대를 막론하고 모든 종교의 대가들이 설파해왔다. 깨달음을 얻지 못한 사람들의 손에서 어떤 식으로 위장되고 왜곡되었는지 모르지만

이 교리는 과거에 존재한 모든 완전한 것들의 교리이며 앞으로 존재할 모든 완전한 것들의 교리가 될 것이다. 그것은 진리다.

정복의 대상은 외부의 악, 다시 말해 악한 사람이나 영혼, 사물이 아니라 내부의 악, 즉 악한 생각과 욕망, 행위다. 모든 사람이 자기 마음속의 악을 멸한다면, 누가 이 방대한 우주에서 어느 곳을 가리키며 "악이 있다"고 말할 수 있겠는가! 모든 사람이 내면에서 선해지는 그 위대한 날에는 모든 악의 흔적이 땅에서 이미 사라져 죄와 슬픔은 존재하지 않고 보편적인 기쁨이 영원히 존재할 것이다.

6장

--- ♣ ---

행복과 성공의 초석

--- ♣ ---

Foundation Stones to Happiness
and Success, 1913

인간은 어떻게 집짓기를 시작할까?
먼저 설계도를 확보해서 설계도에 따라 기초부터
모든 세부 사항을 꼼꼼하게 따라가며 건축을 진행한다.
만일 시작(수학적 계획에 따른 시작)을 무시한다면
노동력은 낭비되며 설령 완성된다 하더라도
언제 무너질지 모르는 쓸모없는 건물이 될 것이다.
인생에도 이와 똑같은 법칙이 적용된다.
자기 인생에 행복과 성공, 운이 깃들길 바란다면
명확한 정신적 계획이 있어야 한다.
수학적 요소를 무시하는 이는 곧바로 실체성과
완전성, 행복과 성공을 박탈당할 것이다.
- 제임스 앨런

이 장은 제임스 앨런의 말년 원고 가운데 하나이다.
그의 모든 작품과 마찬가지로 이 장의 내용 또한
매우 실용적이다. 제임스 앨런의 다른 글과 마찬가지로
몸소 실천함으로써 증명한 사실을 글로 썼기에
이 장의 가르침을 삶의 모든 부분에서
충실히 실천한다면 행복과 성공을 넘어
축복과 만족, 평화에까지 닿을 수 있다.
- 영국 일프라콤 '빛의 언덕'에서, 릴리 앨런, 편집자 서문

James Allen

올바른 원칙

무엇이 먼저인지, 그리고 무엇을 먼저 해야 하는지 아는 자는 지혜롭다. 무엇이든 중간이나 끝에서 시작하면 뒤죽박죽이 되기 마련이다. 결승선부터 끊으면서 출발한 선수는 우승할 수 없다. 출발 신호원의 신호에 따라 출발선에 발을 맞추고 출발해야 하며, 우승하려면 기필코 출발이 좋아야 한다.

학습은 고급수학과 문학작품이 아니라 산수와 알파벳부터 시작한다. 삶에서 가장 밑바닥에서 시작해 더 오래도록 성공을 거두는 사업가나 영적 지식과 지혜의 가장 높은 경지에 도달하는 종교인은 변변찮은 일이라도 참을성 있게 배우는 자세로 봉사하고 인류의 일반적인 경험을 경멸하거나 그로부터 배울 점을 간과하지 않는다.

건전한 삶(그리고 그에 따르는 진정으로 행복하고 성공적인 삶)의 으뜸은 올바른 원칙이다. 처음부터 올바른 원칙이 없다면 잘못된 행태가 그 뒤를 따르고 종국에는 삶이 엉망진창으로 비참해질 것이다.

세계의 상업과 과학을 구성하는, 무한대로 다양한 계산은 모두 열 개 숫자에서 시작되었다. 세계의 문학을 구성하고 그것의 사상과 천재성을 영구적으로 보존하는 수십만 권의 책은 모두 스물여섯 글자로부터 만들어졌다. 제아무리 위대한 천문학자라도 이 열 개의 단순한 숫자를 무시할 수 없다. 제아무리 심오한 천재라도 스물여섯 개의 단순한 문자(알파벳)를 배제할 수 없다.

만물의 원리는 극히 소수이고 단순하지만, 원리가 없으면 지식과 성취가 있을 수 없다. 삶이나 참된 생활의 원리(기본 원칙)는 극히 소수이고 단순하다. 이를 철저히 익히고 삶의 모든 세세한 부분에 적용하는 법을 배우려면 혼란을 피해야 한다. 절대 굴하지 않는 품성을 차곡차곡 쌓으면서 영원한 성공을 거두기 위한 기반을 확보해야 한다. 행동이라는 미궁의 수없이 많은 갈림길에서 그 원리를 이해할 때 삶의 스승으로 거듭날 수 있다.

삶의 원칙 가운데 첫 번째는 행동의 원칙들이다. 이것을 말로 표현하기는 그리 어렵지 않다. 인간은 누구나 행동의 원칙을 운운하지만 타협을 용납하지 않는 확고한 행동의 원천으로서 이 원칙을 배운 사람은 드물다. 여기에서는 이 원칙 가운데 다섯 가지만 살펴볼 것이다.

그 다섯 가지는 삶의 근본 원칙들 가운데 가장 단순하지만 일상생활과 가장 가까운 것들이다. 장인, 사업가, 가정주부, 시민 할 것 없이 누구에게나 영향을 미치기 때문이다. 이 원칙 가운데 어느 하나라도 빼놓는다면 혹독한 대가가 따를 것이다. 이 원칙을 완벽하게 실천하는 자는 삶의 숱한 문제와 실패를 뛰어넘어, 지속적인 성공의 영역으로 조화롭게 흘러가는 생각의 샘과 흐름 속으로 들어올 것이다.

첫 번째 원칙은 본분이다. 이것이 상당히 진부한 단어라는 점은 인정한다. 하지만 이 단어에는 성실하게 실천하며 간구하는 사람을 위한 귀한 보석이 담겨 있다. 본분의 원칙은 자신의 일은 철저하게 고수하고 다른 사람의 일에 관해서는 철저하게 간섭하지 않는 것이다. 대가는 바라지 않지만 특정한 방식으로 관리하라며 남의 일에 사사건건 간섭하는 사람은 대체로 자신의 일에서는 가장 형편없는 관리자다.

본분은 또한 당면한 과제에 온전히 관심을 기울이고 해야 할 일에 정신을 집중하는 것을 의미한다. 철저함, 정확성, 효율성이 의미하는 모든 것이 여기에 포함된다. 본분의 세부 요소는 사람마다 다르며 개개인은 이웃의 본분보다는 내 본분을 더 잘 알고, 이웃보다 내가 내 본분을 더 잘 알아야 한다. 세부 사항은 달라도 원칙은 언제나 같다. 어떤 사람이 본분에 따르는 필요조건을 완전히 정복할까?

다음 원칙은 정직이다. 정직이란 다른 사람을 속이거나 바가지를 씌우지 않는다는 뜻이다. 말과 표정, 몸짓으로 사기를 치거나 거짓을 전하거나 속임수를 쓰지 않는다. 정직에는 말과 행동이 일치하는 진정성이 포함된다. 비굴한 술수와 현란한 칭찬을 경멸한다. 훌륭한 평판이 훌륭한 사업의 바탕이 되고, 빛나는 기쁨에는 제 힘으로 일군 성공이 따른다. 어떤 사람이 정직의 고지를 드높일까?

세 번째 원칙은 경제성이다. 재정적인 자원을 절약하는 것은 참된 경제성이라는 더 넓은 방으로 향하는 현관일 뿐이다. 육체적 활력과 정신적 자원을 잘 관리하는 일 또한 경제성이다. 경제성은 기력을 빼앗는 자기 방종과 육욕적인 습관을 피하여 에너지를 보존하라고 요구한다. 아울러 인내심, 힘, 지구력, 경계심, 성취 능력을 요구한다. 이를 잘 익히는 사람에게 큰 힘을 부여한다. 어떤 사람이 경제성의 지고한 힘을 온전히 깨달을까?

네 번째 원칙은 후함이다. 후함과 경제성은 반대되는 개념이 아니다. 경제적인 사람만이 후할 수 있다. 돈, 활력, 정신적 에너지 등 어떤 것에든 씀씀이가 헤픈 사람은 자신의 가련한 쾌락에 너무 많은 것을 낭비하다보니 다른 사람에게 베풀 만한 것이 전혀 남지 않는다. 돈을 베푸는 것은 후함의 일부분일 뿐이다. 후한 사람은 생각과 행동, 동정, 선의를 베풀며, 심지어 나를 비방하거나 내게 반대하는 사람에게도 이런 것들을 베푼다. 이것이야말로 고귀하고 폭넓은 영향력을 발휘하는 원리다. 사랑하는 친구와 충실한 동지를 얻을 수 있는 후함은 외로움과 절망의 적이다. 어떤 사람이 후함의 넓이를 헤아릴까?

자제는 다섯 가지 원칙 가운데 마지막이지만 가장 중요하다. 자제를 소홀히 하면 어마어마한 불행과 무수한 실패, 수만 번 반복되는 재정적, 육체적, 정신적 파탄이 따른다. 사소한 일로 고객에게 화를 내는 사업가라면 실패할 수밖에 없다. 모든 사람이 자제의 초기 단계만이라도 실천한다면 소모적이고 파괴적인 불길을 품은 분노는 설 자리를 잃을 것이다. 인간은 자제의 원칙에 담긴 인내, 순수함, 온화함, 친절함, 굳건함의 가르침을 천천히 배운다. 하지만 진정으로 자제를 배우기 전까지는 인간의 품성과 성공은 불확실하고 불안정하다. 자제를 스스로 완성한 사람은 어디에 있을까? 어디에 있든 상관없이 그는 참으로 스승이다.

다섯 가지 원칙은 다섯 가지 실천 사항인 동시에 성취에 이르는 다섯 가지 길이며, 지식을 얻기 위한 다섯 가지 원천이다. '연습할수록 완벽해진다'는 오랜 명언이자 훌륭한 규칙을 기억하라. 다섯 가지 원칙에 내재된 지혜를 자기 것으로 만들고자 한나면 이것을 그저 입에만 올리기보다는 몸과 마음에 새겨야 한다. 이 원칙을 행하고 행동으로써 나누어야 한다.

건전한 방법

앞서 언급한 다섯 가지 **올바른 원칙**을 제대로 이해하고 실천할 때 그 원칙에서 *건전한 방법*이 탄생한다. 올바른 원칙은 조화로운 행동으로 발현되며, 방법과 삶의 관계는 법칙과 우주의 관계와 같다.

우주에는 부분들의 조화로운 조정 작용이 존재한다. 혼돈과 구별되는 우주의 질서를 드러내는 것은 바로 이런 조화와 균형이다. 따라서 인간의 삶에서 참된 삶과 거짓된 삶, 목적과 효력이 있는 삶과 목적이 없고 무력한 삶의 차이가 있다면 그것은 방법이다. 거짓된 삶에는 생각과 열정, 행동이 지리멸렬하게 뒤섞여 있는 반면, 참된 삶에는 모든 부분이 질서정연하게 조정되어 있다. 이는 잡동사니 덩어리와 매끄럽게 작동하는 효율적인 기계의 차이와 같다. 매끄럽게 작동하는 기계는 유용할 뿐더러 감탄스럽고 매력적이다. 하지만 부품들이 어긋나 다시 조정할 수 없는 기계는 유용성과 매력이 없고, 고철 취급을 받는다.

이와 마찬가지로 모든 부분이 완벽하게 조정되어 최고 수준의 효율을 달성하는 삶은 강력할 뿐만 아니라 탁월하고 아름답다. 반면에 혼란스럽고 일관성이 없으며 조화롭지 않은 삶은 에너지를 낭비한 애처로운 사례가 된다.

삶을 참되게 영위하려면 우리가 일부분을 구성하는 경이로운 우주의 모든 세부 요소로 들어가서 그것을 조절하듯이, 방법이 그 모든 세부 요소로 들어가서 조절해야 한다. 지혜로운 사람과 어리석은 사람의 뚜렷한 한 가지 차이는 지혜로운 사람은 가장 사소한 것에까지 주의를 기울이는 반면 어리석은 사람은 그것을 대충 훑어보거나 완전히 무시한다는 점이다. 지혜는 사물을 적절한 관계 속에 유지하고 가장 사소한 것이든 가장 중대한 것이든 상관없이 모든 것을 적절한 장소와 시간에 놓게 한다. 질서를 어기면 혼란과 불화가 일어나며, 따라서 불행이란 불화의 다른 이름에 지나지 않는다.

훌륭한 사업가는 시스템이 성공을 구성하는 필수 요소이고 시스템이 질서를 잃으면 실패한다는 사실을 안다. 지혜로운 사람은 규칙을 따르는 체계적인 생활이 행복을 구성하는 필수 요소이고 생활이 체계를 잃으면 불행해진다는 사실을 안다.

경솔하게 생각하고 성급하게 행동하며 방종하게 사는 사람이 어리석지 않다면 누가 어리석은 사람이겠는가? 신중하게 생각하고 침착하게 행동하며 일관성 있게 살아가는 사람이 지혜롭지 않다면 누가 현명한 사람이겠는가!

참된 방법은 물질적인 것들의 질서정연한 배열과 삶의 외적 관계로 끝나지 않는다. 이는 시작일 뿐이다. 그것은 (격정을 절제하고, 이야기를 나눌 때 단어를 신중하게 선택하고, 생각을 논리적으로 배열하고, 올바른 행동을 선택하며) 마음을 조정하기 시작한다.

건전한 방법을 추구함으로써 성공적이며 유쾌하게 살기 위해서는, 일상의 사소한 일을 소홀히 하지 않고 세심하게 주의를 기울이는 것부터 시작해야 한다. 잠자리에서 일어나는 시간, 쉬는 시간, 수면 시간과 규칙성이 중요하다. 식사 시간이 규칙적인지 아닌지, 먹는 음식을 세심하게 선택하는지 아닌지에 따라 소화 상태와 마음가짐이 달라지고 그에 따라 결과가 결정된다. 식사 시간과 방식에 의미를 부여하는 것은 생리적으로나 심리적으로 중요하다.

일과 놀이를 위한 시간의 적절한 배분, 일과 놀이의 구분, 일을 구성하는 세부 요소의 체계적인 계획, 그리고 고독, 조용한 생각, 효과적인 행동, 금욕을 위한 시간 이 모든 것이 정당한 자리를 차지해야 한다. 그래야만 마찰을 최소화하면서 '일상적인 생활'을 영위하는 동시에 삶에서 유용성과 영향력, 즐거움을 최대한 얻을 수 있다.

그러나 이 모든 것은 삶과 존재 전체를 아우르는 포괄적인 방법의 출발점일 뿐이다.

이 매끄러운 질서와 논리적 일관성이 말과 행동, 생각과 소망에까지 확장되면 어리석음에서 지혜가 나타나고 나약함에서 숭고한 힘이 나온다. 모든 부분이 아름답게 조화를 이루도록 마음을 정돈할 때 최고의 지혜와 효율, 행복에 도달한다.

행복은 종착점이다. 종착점에 이르고자 하는 자는 출발점에서 시작해야 한다. 삶의 가장 사소한 부분까지 체계화하고 논리적이고 원활하게 만들어 완결된 성취를 향해 한 걸음씩 나아가야 한다. 각 단계를 거칠 때마다 힘과 기쁨을 얻을 것이다.

강조하건대 방법은 그런 원활함을 만들어내며, 원활함에서 우리는 힘과 효율을 얻는다. 규율이란 마음에 적용되는 방법이다. 규율은 평온함을 만들어내고, 평온함에서 우리는 힘과 행복을 얻는다.

　방법은 규칙에 따라 움직이는 것인 반면에 규율은 규칙에 따라 생활하는 것이다. 일과 생활은 분리된 것이 아니라 품성과 삶의 두 가지 측면이다. 그러니 일할 때는 순서를 따라라. 말할 때는 정확성을 따라라. 생각할 때는 논리를 따라라. 이런 것들과 무질서, 부정확함, 혼란 사이에 성공과 실패, 음악과 불협화음, 행복과 불행을 가르는 차이가 존재한다.

　건전한 방법으로 일하고, 행동하고, 생각하는 것은 건강과 성공, 마음의 평화를 건전하게 가꾸는 가장 확실하고 안전한 길이다. 건전하지 않은 방식은 불안정하다. 그렇기 때문에 성공하는 것처럼 보일 때조차 두렵고 불안한 마음을 버릴 수 었다. 그러다 실패가 찾아오면 비참해진다.

참된 행동

올바른 원칙과 방법을 따르면 참된 행동이 온다. 참된
원칙을 파악하고 건전한 방법으로 일하고자 노력하는 사
람은 행동의 세부 요소들을 간과할 수 없다는 사실을 인
식할 것이다.

사실 행동의 세부 요소들은 근본적으로 독특하거나 창
조적이며, 그렇기 때문에 깊은 의미와 포괄적인 중요성을
지닌다. 세부 요소를 체득하면 현재 행동의 본질과 힘을
깨달을 수 있고, 내면으로부터 새로운 계시가 열리고 성장
하는 것을 느낄 수 있다. 이 같은 통찰을 얻을 때 발전 속
도가 빨라지고 삶의 길이 더욱 확실해지며 일상은 고요하

고 평화로워질 것이다. 만사에서 주변과 자신을 둘러싼 외부의 힘에 흔들리거나 방해받는 일 없이 참되고 올곧은 길을 갈 것이다. (전혀 다른 문제이기는 하지만) 주변 사람들의 복지와 행복 이외에 그들의 의견과 무지, 통제되지 않은 격정에는 무관심해질 것이다.

참된 행동이란 다른 사람에게 올바르게 행동한다는 뜻이다. 올바르게 행동하는 사람은 진리에 따른 행동이 오로지 주변 사람들의 행복을 위한 것임을 안다. 그래서 가까운 사람이 진리에 어긋나는 행동을 하라고 충고하거나 간청하는 상황이 일어나더라도 그 말을 따르지 않는다.

사람은 누구나 참된 행동과 거짓된 행동을 쉽게 구별할 수 있기를 바란다. 그래야만 거짓된 행동을 멀리하고 참된 행동을 택할 수 있으니 말이다. 물질적인 세계에서 형태, 색깔, 크기 등으로 사물을 구별해 필요한 것을 택하고 쓸모없는 것은 버리듯이, 영적인 행위의 세계에서도 그 성질과 목적, 효과를 파악해 나쁜 것과 좋은 것을 구별하고 좋은 것을 선택하며 나쁜 것은 무시할 수 있다.

학생이 잘못된 방식을 반복적으로 지적받음으로써 올바른 방식을 배우듯이, 어떤 형태든 간에 진보에는 나쁜 것을 피하는 것이 언제나 선한 것을 받아들이고 아는 것보다 우선한다. 무엇이 잘못인지, 어떻게 그것을 피해야 하는지를 모른다면 어떻게 무엇이 옳은지 알고 실천할 수 있겠는가?

나쁘거나 참되지 않은 행동이란 내 행복만을 생각하고 남의 행복을 무시하는 행동, 마음의 격렬한 혼란과 정당하지 못한 욕망에서 비롯되는 행동, 달갑지 않은 말썽거리를 피하기 위해 은폐를 요구하는 행동이다. 선하거나 참된 행동은 다른 사람에 대한 배려에서 비롯된 행동이나 도덕적 원칙에 입각한 냉철한 이성과 조화로운 사고에서 비롯되는 행동, 혹은 만천하에 밝혀지더라도 행위자가 부끄러운 결과에 휘말리지 않는 행동이다.

옳은 일을 하는 사람은 아무리 사소해 보여도 본질적으로 다른 사람에게 짜증이나 아픔 또는 고통을 일으키면서 개인적인 쾌락과 만족을 구하는 행위는 멀리할 것이다. 이기적이고 참되지 않은 것을 먼저 희생함으로써 이타적이고 참된 것을 깨달을 것이다. 분노, 시기, 원한을 품은 채 말하거나 행동하지 않고 마음을 다스리는 법을 배우며 행동하기 전에 마음의 평온을 되찾을 것이다. 그리고 무엇보다도 마치 치명적인 독을 마시듯이 개인적인 이익이나 이득을 얻고자 하는 속임수, 사기, 위선의 행위나 조만간 탄로가 나서 망신을 당할 행위를 멀리할 것이다. 누군가 숨

거야 할 어떤 일이나 합법적이고 정직하게 변호할 수 없는 일을 하라고 부추긴다하더라도 그것이 잘못된 행동임을 알고 한 치의 갈등도 없이 포기할 것이다.

정직과 성실한 행동을 바탕으로 이 원칙을 실천하면 올바른 행동을 신중히 고려하는 길로 들어서 다른 사람의 기만적인 행위에 휩쓸릴 만한 일을 멀리할 수 있다. 서류에 서명하거나 계약을 체결하거나 혹은 어떤 식으로든 다른 사람의 요구에 응하기 전에, (특히 그들이 낯선 사람이라면) 먼저 그 일이나 거래의 본질을 조사할 것이다. 그렇게 해서 정보를 얻으면 어떻게 해야 할지 정확히 파악하고 자신의 행동이 어떤 의미인지 충분히 인식할 것이다.

옳은 일을 하는 사람에게 신중히 고려하지 않는 태도는 일종의 범죄다. 선의로 행한 수많은 행동이 신중이 바탕되지 않은 탓에 참혹한 결과를 초래한다. "지옥으로 가는 길은 선의로 포장되어 있다"는 말은 일리가 있다. 참되게 행동하는 사람은 무엇보다 신중히 고려한다. "그러므로 너희는 뱀같이 지혜롭고 비둘기같이 순결하라.*"

'신중히 고려한다'는 말은 행위의 영역에 폭넓게 적용

* 마태복음 10장 16절-옮긴이

된다. 신중히 고려해야만 행동의 본질을 이해할 수 있고, 그 결과 항상 옳은 일을 할 수 있는 힘을 얻게 된다. 신중히 고려하면서 어리석게 행동하기란 불가능하다. 신중히 고려하면 지혜가 따른다.

참되게 행동하려면 선한 자극이나 의도를 따르는 것만으로는 충분하지 않으니 신중히 고려한 다음 움직여야 한다. 스스로 영원히 행복하고 다른 사람을 위해 선을 베풀고자 하는 사람은 오로지 참된 행동에만 관심을 기울여야 한다. "나는 최선의 의도로 그렇게 했다"는 말은 신중히 고려하지 않고 다른 사람의 악행에 관여한 사람이 늘어놓는 궁색한 변명일 뿐이다. 이런 쓰라린 경험을 통해 앞으로는 더 신중하게 행동해야 한다는 교훈을 얻어라.

참된 행동은 오직 참된 마음에서 나온다. 인간은 거짓과 참을 구별하고 선택하는 법을 배우는 동안 내 마음을 바로잡고 완성함으로써 더 조화롭고 행복하며 더 효율적이고 강력한 마음으로 거듭난다.

삶의 모든 세부 사항에서 옳고 그름을 명확하게 구별하는 '내면의 눈'과 이를 행할 수 있는 믿음과 지식을 얻은 이는 실패의 바람과 박해의 폭풍이 결코 무너뜨릴 수 없는 반석 위에 내 품성과 삶이 깃들 집을 지을 수 있을 것이다.

참된 말

진리는 실천을 통해서만 깨달을 수 있으며, 성실함 없이는 진리를 깨달을 수 없다. 모든 성실함의 시작은 '참된 말'이다.

본연의 아름다움과 본래의 단순함을 간직한 진리는 참되지 않은 모든 것을 버리고, 참된 모든 것을 끌어안고 행한다. 참된 말은 진리의 삶에서 기본이 되는 출발점이다.

조금이나마 영적 깨달음을 얻으려면 거짓과 모든 형태의 속임수, 중상모략과 모든 형태의 험담을 완전히 멈추고 없애야 한다. 거짓말과 중상모략을 일삼는 사람은 어둠 속에서 길을 잃는다. 그의 어둠은 너무 짙어서 선과 악을 구별하지 못한다. 그는 거짓말과 험담이 필요하고, 심지어는 선하다고 여긴다. 그렇게 해서 자신과 다른 사람들을 보호해야 한다고 스스로 설득한다.

'더 숭고한 것'을 배우려는 사람은 자신을 돌아보고 자기기만을 경계해야 한다. 만일 당신이 다른 사람을 속이는 말이나 험담을 일삼는다면(위선과 시기, 악의에 차서 말한다면) 그것은 아직 더 숭고한 것을 배우지 못한 것이다.

형이상학이나 기적, 심령 현상, 영적 세계의 경이로움을 배우고(보이지 않는 존재와 교감하는 법, 잠자는 동안 투명인간처럼 돌아다니는 법, 신기한 현상을 일으키는 법 등을 배우고) 심지어 영성마저도 그저 책을 통해 이론적으로 배울 수 있다. 하지만 속임수와 험담을 일삼는 사람은 더 숭고한 삶에 다가갈 수 없다. 정직, 성실, 순수, 순수함, 친절, 온화, 신실, 겸손, 인내, 동정, 연민, 자기희생, 기쁨, 선의, 사랑은 더 숭고한 것이라서 이를 배우고, 깨닫고, 내 것으로 만들려면 실천하는 것 외에는 다른 방도가 없다. 거짓말과 험담은 가장 저급한 형태의 영적 무지에 속하며 이를 행하는 동안에는 영적 깨달음 같은 것을 기대할 수 없다. 이들은 이기심과 증오의 소산이다.

중상모략은 거짓말과 유사하지만 분노가 담겨 있기에

훨씬 더 교묘하다. 마치 진실인 것처럼 포장하는 탓에 고의적인 거짓을 입에 올리지 않는 많은 사람을 함정에 옭아맨다. 중상모략에는 두 가지 측면이 있다. *직접 만들어서 반복하는 것과 전해 듣고서 그에 따라 행동하는 것이다.* 중상모략을 일삼는 사람이라도 듣는 사람이 없으면 힘을 쓰지 못할 것이다. 악의적인 말은 악을 받아들이고 퍼트리는 귀가 필요하다. 그러니 당신이 중상모략을 전해 듣고, 믿고, 영향을 받아 품성과 평판을 훼손당한 사람을 멀리한다면, 당신은 사악한 소문을 만들거나 퍼트리나 사람과 다를 바 없다. 사악한 말을 입에 올리는 사람은 적극적인 중상모략꾼이다. 악의적인 말을 듣는 사람은 수동적인 중상모략꾼이다. 두 사람은 악을 전파하는 공모자다.

중상모략은 흔한 악덕이자 사악하고 치명적인 악덕이다. 사악한 소문은 무지에서 시작되어 어둠 속에서 보이지 않는 길을 따라간다. 그것은 대개 오해에서 시작된다. 어떤 사람은 홀대받았다고 느낀 나머지 분노와 분개심에 가득 차서 친구와 다른 사람들에게 격한 표현으로 속마음을 털어놓고, 상처받았다는 느낌 때문에 불쾌함의 강도를 과장한다. 이 말을 들은 사람은 *사건의 전모를 듣지* 않은 채 중상모략의 대상이 된 사람을 냉담한 태도로 대한다. 분개한 사람의 격한 말 외에 다른 증거가 없는데도 자신이 들은 말을 다른 사람에게 옮긴다. 정확성이 보장되지 않은 말을 그렇게 옮기다보면 전혀 진실이 아닌 왜곡된 소문이 곧 입에서 입으로 퍼질 수 있다. 악의적인 소문이 치명적인 결과를 초래할 수 있는 것은 (일부러 악행을 저지르지 않지만 자신이 쉽게 빠지는 악의 본질을 의식하지 못하는) 수많은 사람이 그 소문의 영향을 받아 그때까지 존경스럽다고 여겼던 사람을 멀리하게 되기 때문이다. 하지만 이런 일은 진실을 사랑하는 마음의 발로인 참된 말의 미덕을 완전히 습득하지 못한 사람들에게만 일어난다.

다른 사람에 대한 악의적인 소문을 믿거나 옮기는 일에 가담했던 누군가가, 자신에 대한 악의적인 소문을 듣기라도 하면 그의 마음은 분노로 이글거리고 밤잠을 이루지 못하며 마음의 평화는 깨진다. 그는 자신의 고통이 다른 사람과 그 사람이 나에 대해 한 말에서 비롯되었다고 생각한다. 정작 고통의 뿌리와 원인이 다른 사람에 대한 악의적인 소문을 기꺼이 믿는 자신의 태도에 있다는 사실은 알지 못한다. 덕이 있는 사람은 자신에 관한 어떤 악한 소문에도 단련이 되어 흔들리지 않는다. 비록 악한 생각을 쉽게 떠올리는 사람들의 마음속에서 그의 평판이 잠시 얼룩질지라도 그의 성실성은 손상되지 않고 품성은 더럽혀지지 않는다. 자신이 악행을 하지 않았다면 결코 더럽혀질 수 없기 때문이다. 따라서 모든 거짓과 오해, 모욕에도 그는 마음은 어지럽지 않고 앙심도 품지 않는다. 밤잠을 설치는 일이 없고 마음은 계속 평안하다.

참된 말은 순수하고 지혜로우며 질서정연한 삶의 출발점이다. 삶의 순수함에 도달하고 세상의 악과 고통을 줄이고자 한다면 생각과 말에서 거짓과 중상모략을 몰아내고 떠올리는 일조차 멀리해야 한다. 반쪽짜리 진실만큼 치명적인 거짓과 중상모략은 없으니 악담을 귀담아 들음으로써 악담의 공모자가 되는 일은 없어야 한다. 아울러 악한 말을 하는 사람이 얼마나 고통과 불안에 사로잡혀 있는지 이해하고 그에게도 연민을 품어야 한다. 거짓말쟁이는 진리의 축복을 알 수 없다. 중상모략을 일삼는 사람은 평화의 왕국에 들어갈 수 없다.

입에 올리는 말로 사람의 영적 상태가 드러나고, 마침내 틀림없이 심판을 받는다. 기독교 세계의 신성한 스승이 천명했듯이 '네 말로 인하여 네가 의롭다 하실 것이요, 네 말로 인하여 네가 정죄를 받기*' 때문이다.

---

* 마태복음 12장 37절 - 옮긴이

공평한 마음가짐

마음가짐이 한결같으려면 마음이 평온해야 한다. 주변에서 일어나는 일에 마음이 흐트러지고 균형을 잃는 사람은 평안에 이르렀다고 말할 수 없기 때문이다.

지혜로운 사람은 감정에 휘둘리지 않고 편견이 없이 평온한 마음으로 만사에 침착하게 대처한다. 격정을 버린 그는 도당이 아니며, 언제나 자신이나 세상과 화평하고, 누구의 편을 들거나 자신을 변호하지 않으며, 모든 사람에게 공감한다.

도당은 자기네 의견과 자기네 편만 옳고, 그에 반하는 것은 모두 틀렸다고 확신하며, 그렇기 때문에 다른 의견과 다른 편에는 선이 있을 수 없다고 생각한다. 끊임없는 공격과 방어의 열기 속에 살며 공평한 마음의 조용한 평화를 알지 못한다.

마음가짐이 공평한 사람은 마음속에 격정과 편견의 징조만 보여도 점검하고 이를 극복하기 위해 자신을 살핀다. 그래서 다른 사람에 대한 동정심을 키우고 그들의 입장과 특정한 마음 상태를 이해한다. 다른 사람을 이해함에 따라 그를 정죄하고 그에게 맞서는 것이 어리석음을 깨닫는다. 따라서 그의 마음속에는 한계를 정할 수 없는 신성한 자애가 자라난다. 마음속의 신성한 자애는 살고, 노력하고, 고통받는 모든 존재에 확장된다.

격정과 편견에 사로잡힌 사람은 영적으로 눈이 먼다. 자기편에서는 선만 보고 상대편에서는 악만 보니, 자기편은 물론이고 어떤 것도 있는 그대로 보지 못한다. 자신을 이해하지 못하니 다른 사람의 마음을 이해하지 못할 뿐더러 그들을 정죄하는 것이 옳다고 생각한다. 따라서 그의 마음속에는 그와 뜻이 다르고 그를 정죄하는 사람들에 대한 사악한 증오가 자라나 다른 사람들과 분리되고 스스로 만든 좁은 고문실에 스스로 갇힌다.

마음가짐이 공평한 사람의 나날은 유쾌하고 평화로우

며, 선의 열매가 풍성하고, 축복이 넘친다. 지혜의 인도를 받는 그는 증오와 슬픔, 고통으로 이어지는 길을 멀리하고 사랑과 평화, 행복으로 이어지는 길을 택한다. 인생만사에 괴로워하지 않을 뿐더러 자연의 평범한 과정에서 누구에게나 반드시 일어나는 일을 다른 사람은 슬프다고 생각해도 그는 슬퍼하지 않는다. 성공에 기뻐하지 않고 실패에 좌절하지 않는다. 인생만사가 공평하다는 것을 깨닫고 이기적인 소망이나 헛된 후회, 헛된 기대와 유치한 실망이 들어설 여지를 남기지 않는다.

그렇다면 이런 공평한 마음가짐(마음과 삶의 축복받은 이상태)은 어떻게 얻을 수 있을까? 자아를 이겨야만, 자기 마음을 정화해야만 한다. 마음을 정화하면 편견 없는 이해에 이르고, 편견 없는 이해는 공평한 마음가짐에 이르고, 공평한 마음가짐은 평안에 이르기 때문이다.

순수하지 않은 사람은 격정의 파도에 속수무책으로 휩쓸린다. 순수한 사람은 안식의 항구로 자신을 인도한다. 어리석은 사람은 "내 의견이 있다"고 한다. 지혜로운 사람은 자기 일을 한다.

뿌린 대로 거둔다

사람들은 인생만사 가운데 상당 부분은 내가 직접 선택하지 않아도 일어나고 일반적으로 우리의 의지나 성격과는 아무런 관련이 없으며 우연하게 아무 이유 없이 발생한다고 생각한다. 따라서 누군가에게 "운이 좋았다"거나 "운이 나빴다"고 말하는 것은 개개인이 노력한 결과나 원인에 따른 결과가 아닌 무언가를 받았다는 의미다. 그러나 더 깊이 생각하고 삶에 대해 더 명확한 통찰을 얻으면, 원인이 없이 일어나는 일은 없고 원인과 결과가 언제나 완벽한 조정과 조화 속에서 연결되어 있다는 사실을 납득하게 된다.

내게 직접적인 영향을 미치는 모든 일은 내 의지나 성격과 밀접한 관계가 있고 실제로 내 의식에 자리 잡은 원인과 정당하게 관련된 결과다. 살면서 내 본의와 상관없이 일어났다고 생각하는 사건조차도 실상 내 생각과 행동의 결과다.

물론 이것이 표면적으로 명백하게 드러나지는 않는다. 하지만 물리적인 우주까지 동원하더라도 그렇게 명백한 근본적인 법칙이 존재하겠는가. 한 물질 원자를 다른 물질 원자와 관련시키는 원리를 발견하기 위해 생각하고 조사하며 실험해야 한다면, 한 정신 상태를 다른 정신 상태와 관련시키는 행동 양식을 인식하고 이해할 때 역시, 그런 과정이 필요하다. 그리고 올바르게 행동하는 자, 참된 행동을 실천함으로써 이해심을 얻은 자라면 그런 양식과 법칙을 이미 알고 있다.

뿌린 대로 거둔다. 내게 일어나는 일은 비록 직접 선택하지는 않았어도 내가 원인을 제공한 것이다. 술주정뱅이가 술에 취해 제정신이 아닌 상태를 스스로 선택하지는 않았어도 그는 자신의 행위로써 원인을 제공했다.

누구나 법칙을 명확하게 이해할 수 있는 경우도 있지만 그렇지 않은 경우에도, 이는 의심할 여지 없이 참된 법칙이다. 내 모든 고통의 뿌리 깊은 원인, 내 모든 기쁨의 샘은 나의 내면에 존재한다. 생각의 내적 세계를 바꾸면 외적 사건의 세계가 내게 슬픔을 안기지 않을 것이다. 마음을 정화하면 만물이 순수해지며 만사가 행복하고 참된 질서를 따를 것이다.

너희는 너의 안에서 구원을 간구해야 하나라,
사람은 누구나 스스로 감옥을 만드노니.
사람은 누구나 지위가 가장 높은 자들과 똑같은 주권을
가지나라.
아니, 위와 주위, 아래의 힘으로써
모든 육체와 모든 생명과 마찬가지로,
행위가 기쁨이나 슬픔을 만드노라.

삶은 생각에 따라 선하거나 악해지고, 구속당하거나 자유로워진다. 생각에서 모든 행위가 이루어지고, 모든 행위에서 결과가 나타나기 때문이다. 마치 도둑처럼 선한 결과를 폭력으로 빼앗아 내 것으로 만들고 누릴 수는 없지만 내 안에 있는 원인을 움직임으로써 선한 결과를 가져올 수 있다.

인간은 돈을 얻고자 노력하고, 행복을 얻고자 한숨지으

며, 지혜를 원하면서 내 것으로 만들지 못한다. 그러면서 왜 다른 이들에게는 이런 축복이 제 발로 찾아가냐고 한탄한다. 소망과 노력이 결실을 맺지 못하는 원인을 스스로 만들고 있다는 것은 깨닫지 못한 채.

개개인의 삶은 인과와 노력(혹은 노력의 부족), 결과물로 완벽하게 짜인 그물망이며 선한 노력, 선한 원인을 발동시켜야만 선한 결과에 도달할 수 있다. 참되게 행동하는 자, 올바른 원칙에 바탕을 둔 건전한 방법을 추구하는 자는 선한 결과를 얻고자 노력하거나 분투할 필요가 없다. 삶을 의롭게 다스리면 선한 결과가 따를 것이다. 그는 행동의 열매를 거둘 것이며 그 열매는 기쁨과 평화 가운데 있을 것이다.

뿌린 대로 거둔다는 진리는 단순하지만 사람들은 이를 이해하고 수용하지 못한다. 한 **현자**는 "어둠의 자녀가 한 창 때에는 빛의 자녀보다 현명하다"고 말했지만 물질세계에서 그 누가 내가 뿌리고 심지 않은 곳에서 거두고 먹을 것이라고 기대하겠는가. 그 누가 볍씨를 뿌린 밭에서 밀을 거두기를 기대하다가 기대가 어긋났다고 울며 불평하겠는가. 그런데 사람들은 영적인 마음과 행동의 영역에서 이런 행동을 서슴지 않는다. 악을 행하고 그로부터 선을 얻기를 기대하며, 쓰디쓴 열매가 무르익을 때 절망에 빠지고 운명의 힘과 불공평함을 한탄한다. 그러면서 대개 그 원인이 다른 사람의 악행에 있다고 탓하며, 나와 내 생각과 행동에 원인이 숨겨져 있을 가능성조차 인정하지 않는다.

당신이 빛의 자녀(지혜롭고 행복한 존재로 거듭나고자 올바른 삶의 근본 원리를 찾는 자들)라면, 정원사가 뿌린 대로 거두는 법칙에 순종하듯이, 생각과 말, 행동으로 이 인과 법칙을 암묵적이고 순종적으로 따르도록 스스로 단련해야 한다. 정원사는 법칙에 의문을 제기하지 않는다. 그저 법칙을 인식하고 순종한다. 정원사가 자신의 정원에서 본능적으로 실천하는 바를 우리 각자가 마음이라는 정원에서 실천할 때(뿌린 대로 거두는 행위의 법칙을 완전히 인식해 더 이상 의심하거나 의문을 가지지 않을 때) 행복과 안녕을 거둘 수 있을 것이다.

물질의 자녀들이 물질의 법칙에 순종하듯이 영혼의 자녀들 또한 영혼의 법칙에 순종해야 한다. 물질의 법칙과 영혼의 법칙은 하나이기 때문이다.

올바른 원칙이나 대의를 따른다면 잘못된 결과가 일어날 수 없다. 건전한 방법을 추구한다면 조잡한 실이 삶의 그물망에 들어갈 자리가 없고, 부실한 벽돌이 품성이라는 건물에 들어가 삶을 위태롭게 만들 수 없다. 참되게 행동한다면 선한 결과가 따를 수밖에 없다. 선한 원인이 악한 결과를 낳을 수 있다고 말한다면 그것은 옥수수 씨앗을 뿌린 곳에서 쐐기풀을 거둘 수 있다고 말하는 것과 다를 바 없기 때문이다.

이처럼 간단하고 명료한 도덕적 노선을 따라 삶을 다스리는 사람은 통찰과 평형상태에 도달해 영원히 행복하고 끊임없이 기뻐할 것이다. 그의 모든 노력은 적당한 계절에 심어질 것이다. 삶의 모든 문제는 선할 것이고, 비록 백만장자는 되지 못할지라도(실제로 그렇게 되고자 하는 욕망이 없으니) 평안이라는 선물을 얻을 것이며, 참된 성공이 그를 주인으로 섬길 것이다.

4부

♣

내면의 평화가
모든 행복의 원천

♣

7장

◆

마음에 평화를
가져오는 시

◆

Poems of Peace,
including the lyrical-dramatic poem
Eolaus, 1907

영감을 주는 책과 시, 자조 운동의 선구자로 알려진
영국의 철학 작가 제임스 앨런이
내면의 평화를 기도하며 쓴 시를 만난다.
시들지 않는 행복을 찾고 있는가?
괴로움에서 벗어나 살아 있는 기쁨을 찾고자 하는가?
사랑과 생명과 평화의 시냇물을 갈망하고 있는가?
제임스 앨런의 시를 조용히 묵상하며
어두운 욕망이 떠나게 내버려두자.
만약 당신이 지금 고통과 슬픔에 잠긴
쓰라린 아픔의 길에서 서성거리고 있다면,
지친 발을 더욱 아프게 하는 길에서 방황하고 있다면,
눈물과 슬픔이 없는 안식처를 찾아 헤매고 있다면,
마음 속의 욕심을 버리고 평화를 회복하여
긍정적인 기운과 운이
깃들 수 있는 방법을 찾게 될 것이다.
이 장에서는 극시인 '평화의 시'를 포함하여
'사람들이 알았더라면', '지혜의 별', '낮은 길',
'바다의 음악', '사랑의 정복',
'딸의 10번째 생일을 위한 시' 등 제임스 앨런이 쓴
최고의 시 작품 36편을 만날 수 있다.

James Allen

평화의 시

서정적 극시 '에올라우스'를 포함한

_____

등장인물

· 에올라우스   · 하늘   · 진실의 목소리

· 예언자   · 우주   · 메아리들

· 땅   · 자연의 목소리

장면

어느 아름다운 섬. 나무가 우거져 있다. 에올라우스가 바닷가 근처 쓰러진 나무에 걸터앉아 있다.

에올라우스

　나, 이 외로운 섬으로 평화를 찾아왔으니

여기서 나를 회복하려 한다.
폭풍우에 시달리고 지친 몸으로
오랜 낮과 밤을 물 위에서 보낸 후,
내 작은 배가 네 항구, 축복받은 섬에 닿았으니.
이제 나는 네 향기로운 가슴에서 쉴 것이며
황홀한 네 영혼에 기꺼이 뛰어들 것이다.
그러면 네 사랑스러움이 나를 사로잡고 네 평온함이
내 생각을 불멸의 평화와 함께 엮어줄 것이다.
너는 고요하고 고독하고 아름답다.
나 또한 외롭다.
그러나 어쩌면 네 고독이 나를 위로하고,
내 외로움과 고통을 가라앉혀 줄 수 있을 것이다.
아, 고독함이여!
너는 온갖 열망하는 심장들이 머무는 곳이며
순수한 사람들의 빛이며 등대이기도 하니.
너는 어둠 속에서 울부짖는 이들을 이끌어준다.
너는 또한 슬픔에 지친 방랑자들의 다정한 친구,
언덕을 오르는 강인한 등반자의
지팡이이자 버팀목이니.
그들은 너를 의지해 진실을 찾는
그 알지 못할 낯선 길을 간다.

또한 교사인 너는 가르침을 받을 줄 아는
진실한 이들의 스승.
그 겸손하고 현명하며 선한 이들의 사랑을 받았으니.
이제는 내 동반자가 되어 내 가슴에서
세상의 아픔을 몰아내라!
나는 헛된 대로를 헤매는 일에 지쳤다.
그 시끄러움과 소란함에 익사하지
않는 건 슬픈 기억들 뿐.
생명의 집에서 불협화음을 이루는
그 온갖 소동과 공포, 눈물에 나는 질려버렸다.
그것들은 마치 바다와 연합하여 해안과 바위로
에워싸인 대륙의 가장자리에 몰아치며 흔들어
대는 폭풍우처럼, 흔들되 부숴버리지는 않는다.
언제까지나 흔드는 것이다.
나는 변하지 않는 평화를 찾고 싶다.
폭풍우를 알지 못하는 고요, 그 뒤의 침묵 같은 것.
쾌락은 훼방 놓을 뿐 충족시켜 주지 않으니,
감각의 흥분이 가라앉으면 슬픔과 고통이
되돌아오고 마음은 다시 가책 속에서 황폐해진다.
버려진 불모의 황무지에서 마도요
한 마리가 외롭게 우짖듯,

물리도록 쾌락에 빠졌던 마음에서
고뇌의 새가 울어대며
비애와 결핍이 불행을 떼로 몰고서
이기심이 도사린 곳으로 되돌아온다.
나는 지혜가 있는 곳으로 찾아갈 것이다.
평화가 머무는 곳, 진실과 위엄, 변하지 않는 것들과
영원성이 세상의 환상에 물들지 않은 그곳.
나는 지식과 진실, 평화가 찾는
이에게 주어질 것을 안다.
이미 무지와 오류와 고통을 겪었으므로 이것들의
존재가 진실을 역으로 증명한다는 것도 안다.
분명히, 어둠이 빛을 만든다는 것,
다만 우리가 보지 못할 뿐이다.
우리는 잠을 자고 깨어나며 깨어나서
간밤의 괴로웠던 꿈을 기억하지만,
꿈의 시작과 그 환영들, 혼란스러움이 끝내
다스려지지 않은 채 마음에 남는다.
어쩌면, 인생의 열정과 거친 욕망(난처하고,
혼란스러우며, 이해되지 않는)도 이와 다르지 않으니.
마음을 통제하지 못해서 꿈속을 살아가는 이는
비참한 악몽에서 깨어날 때 비로소 현실의 기쁨을

알게 될 것이다.

그러나 어떻게 깨어날 수 있을까?

열정에 고삐를 채우고, 의지를 노련하게 다스려

욕망에 재갈을 물리는 것이 아니고서는

어떻게 해야 깨어날까?

만약 열정이 삶의 곤란한 꿈이며

실체도 현실도 아니라면,

열정을 흔들어 떨쳐내는 사람만이

깨어나 진실을 알게 될 것이다.

반드시 그럴 것이다!

그리하여 나는 이 인적이 드문 곳까지

와서 나 자신에게 물었다.

순수함과 강력한 자기통제를 얻고 고통스러운 잠과

밤의 슬픔에서 놓여날 깨어 있는 비전이 무엇이냐고.

결국 나는 보는 이 아무도 없고 홀로 고독한 이곳에서

내 심장을 정화하고 마음을 단련하기로 했다.

달콤한 이기심을 버리고 자아와 열정을 억누르는

진정한 방식으로, 그리하여 우연히라도 변하지 않는

진실이 내게 모습을 드러내면.

나는 나아갈 것이다. 의무가 나를 부르는 곳 어디로든.

평온하게, 슬픔 없이.

게다가 여기엔 나이 많은 예언자 한
분이 살아서 그가 내게 말하기를,
누군가가 말 없는 방식으로 내게 지시를 내릴 텐데,
그 지시를 따라 마음의 늪지를 구불구불 지나면
완성된 진리의 견고한 정상으로 오를 수 있다고 하니,
잠깐 눈을 붙인 후 그를 찾아볼 테지만 지금은
피곤이 밀려와 쉬어야 할 것 같다.

(에올라우스가 눕는다.)

너 제피로스! 너는 달콤하고 시원한 숨결로
6월의 가장 뜨거운 한낮, 끓는 듯한
햇볕을 진정시켜 준다.
그러니 내게 불어와 달콤한 망각을 선사해 줘!
나는 파도와 싸우느라 지쳤으니 이제 잠이 필요해.
물 위에서 기나긴 탐색을 하며 무진 애를 썼지.
그러니 나를 지켜봐 줘, 자연아.
내가 안심하고 잠들 수 있게

(에올라우스는 잠들고, 자연의 목소리가 들린다.)

첫 번째 목소리

내 말 들어, 오, 에올라우스!

우주는 열정으로 짜여 있어.

하찮은 힘으로 그 그물을 찢겠다고 해도 헛일일 뿐.

네 안에서 울어대는 그것에게 무릎을 꿇어

네 본성을 만족시켜 줘. 기쁨을 피하지 마.

에올라우스, 어서! 내가 너를 이끌어 줄게, 에올라우스!

내가 너를 인도할게, 에올라우스!

어서 와, 에올라우스! 에올라우스, 어서!

메아리

에올라우스, 이리로!

두 번째 목소리

이 땅에 있는 쾌락의 집에서 달콤하게 취해버려.

그래, 흥분은 매번 새롭거든.

사랑과 행복과 유쾌함도 그래.

첫 번째 목소리

에올라우스, 어서! 에올라우스, 어서!

메아리

　에올라우스, 어서!

세 번째 목소리

　확실한 건 눈으로 보는 거지.
　느낌이 중요해. 느껴야 알게 되니까.
　쾌락은 안전해 그리고 기뻐해야 해.
　그것만이 사는 거니까.

첫 번째 목소리

　어서, 에올라우스! 에올라우스, 어서!

메아리

　에올라우스, 어서!

두 번째 목소리

　이리 와서 생명의 포도주를 마셔.
　쾌락의 숙성된 맛을 와서 느껴 봐.
　소용없는 탐색과 투쟁은 내버려 둬.
　고상한 밤샘 기도는 젊음을 낭비할 뿐이지.
　사랑과 환락은 억울한 누명을 쓴 거야. 그게 자연인걸.

자연을 무턱대고 비난해선 안 돼!

첫 번째 목소리

어서, 에올라우스! 에올라우스, 어서!

메아리

에올라우스, 어서!

세 번째 목소리

더는 낮고 높은 걸 생각하지 마.

높이 오르는 일 따위 관둬버려.

목표와 투쟁, 의심과 한숨은 잊어버려.

즐거움의 길은 평탄하니까. 더 찾지 말고 여기서 쉬어.

너의 슬픔은 끝났으니까.

첫 번째 목소리

에올라우스, 어서!

내가 너를 이끌어줄게, 에올라우스!

내가 너를 인도할게, 에올라우스!

어서, 에올라우스! 에올라우스, 어서!

메아리

에올라우스, 어서!

땅

헤아릴 수 없는 세월 동안

나는 심연의 공간을 헤매 다녔어.

오랜 영겁에서 새로운 영겁에 이르는 세월,

영원의 손가락이 흔적을 남겼으니.

그게 움직이는 곳으로 따라가야 해.

쉬면 안 돼! 쉴 수 없어!

희망과 두려움, 미움과 사랑을

모두 짊어지다니, 이건 저주야! 비참해!

네 번째 목소리

들어 봐, 오, 에올라우스!

슬픔은 온 우주를 어둡게 해.

우주의 뭇 생명들은 고통과 비애에 빠져 있어.

울어도 소용없고, 듣거나 도와 줄 이도 없지.

사는 건 어둡고, 또 어두워.

삶에 무슨 의미가 있는지 누가 알겠어?

에올라우스, 들어 봐!

아무도 너를 이끌 수 없어, 에올라우스!

그 누구도 너를 인도할 수 없어, 에올라우스!

들어 봐, 에올라우스! 에올라우스, 들어 봐!

에올라우스, 들어 봐!

다섯 번째 목소리

이 땅 위의 병원에는 고통과 고뇌와 슬픔이 있어.

매일 밤과 아침 그리고 내일이 가뭄과 죽음,

기근도 그리로 데려오지.

네 번째 목소리

들어 봐, 에올라우스! 에올라우스, 들어 봐!

메아리

에올라우스, 들어 봐!

여섯 번째 목소리

션(아무개)은 확신이 없어.

감정은 훅 날아가 버리고 자아는

불안정한데, 삶은 고통스럽기만 해.

네 번째 목소리

들어 봐, 에올라우스! 에올라우스, 들어 봐!

메아리

에올라우스, 들어 봐!

여러 목소리

우리는 신음하고 한숨을 쉬어.
우리는 흐느끼고 울부짖어.
우리는 냇물 위로 부는 바람처럼 헤매다녀.
헛되게도 평화를 위해서, 또한 끝나지 않는
꿈의 예리한 아픔에서 벗어나기 위해.

네 번째 목소리

에올라우스, 들어 봐!
아무도 너를 이끌 수 없어, 에올라우스!
그래도 한 사람은 너를 인도할 수 있어, 에올라우스!
들어 봐, 에올라우스! 에올라우스, 들어 봐!

메아리

에올라우스, 들어 봐!

진실의 목소리를.

일어나, 오 에올라우스!

몸을 일으켜! 밤의 꿈들을 떨쳐버리고 눈을 떠 빛을 봐.

열정이 아닌 지혜가, 슬픔 없이

차분하게 너를 기다리고 있어.

그러니 시간의 덧없는 형체는 내버려두고

진실의 험한 길을 숭고하게 걸어가.

두려워하지 않으며, 슬퍼하지 않고, 탐욕 없이.

한낱 티끌로 끝날 자신을 비웃으면서.

일어나, 에올라우스! 에올라우스, 일어나!

목소리의 합창

에올라우스, 일어나!

두 번째 목소리

지식은 찾는 이의 것.

지혜는 노력하는 이의 머리에 왕관을 씌우고,

평화는 죄 없는 침묵 속에서 말하지.

그리고 모든 게 사라져도 남는 건, 진실이야.

첫 번째 목소리

일어나, 에올라우스! 에올라우스, 일어나!

목소리들

에올라우스, 일어나!

세 번째 목소리

미덕이 이끄는 대로 따라가.
높이, 더욱더 높이 올라가.
순수함이 간청하는 말에 귀 기울여.
그녀의 불을 꺼뜨리지 않아야 해,
그래, 결국 너는 현실을 보게 될 거야.
너는 높이 올라
온갖 욕망으로부터 정결해질 테니까.

첫 번째 목소리

일어나, 에올라우스! 에올라우스, 일어나!

목소리들

에올라우스, 일어나!

네 번째 목소리

순수함에 도달하는 사람만이 완전무결한
진실의 파르테논을 보게 될 거야.
이제 일어나! 자아와 죄의 꿈을 쫓아버려!
빛나는 저 문을 바라봐! 그 안으로 들어가!

첫 번째 목소리

일어나, 에올라우스! 에올라우스, 일어나!

목소리들

에올라우스, 일어나!

다섯 번째 목소리

너 스스로를 극복하면 깨닫게 될 거야.
높이 올라가, 아래쪽은 내버려 둬.
죄와 슬픔, 눈물과 고통에 맞서
끝까지 싸워 이긴 사람만이,
해방의 벅찬 기쁨을 누릴 수 있어.

첫 번째 목소리

일어나, 에올라우스! 에올라우스, 일어나!

목소리들

　에올라우스, 일어나!

하늘

　나는 언제나 시대의 비전들 속에 그 모습이 반영되고,

　현자들은 가르침 속에서 나를 언급하고 또한 거부하지.

　나는 왜곡될 수 없는 존재.

　죄와 슬픔이 나를 더럽힐 수 없어.

　고정불변의 흠결 없는 나를 얻고자 하면

　누구든 몸을 굽혀야 하지.

　(에올라우스, 잠에서 깨어난다.)

에올라우스

　누가 나를 이끌어 주지?

　누가 나를 깊은 혼란에서 인도해 주지?

하늘

　섬 한가운데서 네가 찾는 현자가 기다리고 있다.

　부서지지 않는 바위 위에 앉은

　예언자가 너를 인도할 것이다.

(에올라우스, 일어난다.)

에올라우스

마음속에서는 갈등이 서로 충돌하고,

어둠 속을 더듬어 보지만,

내가 찾는 굳건함, 확실함은 어디에도 없어.

아우성이 지배하는 곳에서 침묵은 할 말이 없지.

너무 많은 목소리, 너무 많은 길!

밤낮없이 이어진 숱한 방황!

내가 찾는 건 단 하나의 길.

내가 듣고 싶은 건 단 하나의 목소리.

그러나 진실을 나를 피해 나타나지 않으니,

이제 나는 섬의 한가운데로 가려 한다.

거기 사는 예언자를 찾아서.

(장면이 섬의 한가운데로 바뀐다. 바위에 나이가

많고 덕망 있어 보이는 남자가 앉아 있다.)

에올라우스

당신이 내가 찾는 예언자인가요?

예언자

그렇다네.

에올라우스

나의 안내자가 되어 주세요.

당신은 현명하고 나는 무지합니다.

당신이 말씀하면 내가 듣겠습니다.

당신이 가르쳐 주시면 내가 배우겠습니다.

내게 진실로 향하는 길을 보여주세요.

그 길이 자갈과 가시밭이어도 상관없어요.

거룩한 규율이 그 길을 맨발로 가라 해도,

그게 진실의 목적과 관점을 포기하는 게 아니라면.

나는 기꺼이 벗은 발로 걸어갈 겁니다.

피와 상처, 찢기고 베인 자리를 나의 의지와

용기의 표시로, 지혜의 사명으로 받아들이며.

순례길의 동반자로 반갑게 맞이할 겁니다.

내 귀는 열려 있으니, 이제 내 눈을 뜨게 해주세요.

나는 눈이 멀어 길이 보이지 않아요.

예언자

그는 모든 걸 보는 눈으로 유일한

진실 또한 보려 하지만,

먼저 자신이 눈멀었다는 걸 알아야 해.

보고 싶어 하지 않는 자가 볼 수는 없어.

그는 스스로 이미 본다고 생각하지만,

그의 행동은 영혼의 눈이 멀었음을 증명하고 있어.

진실은 낮은 마음을 지닌 자를 기다리지.

열정에 매여 있으면서도 눈멀었다는 걸 아는 사람은

끝내 사방을 더듬어 지혜로 가는 길을 찾는다네.

그러니 자네 눈에도 보일 거네.

에올라우스

마음속 어둠 외엔 아무것도 보이지 않아요.

그 어둠 속에선 끊임없이 변하는 형체만 일렁거려요.

무섭게 따라다니는 유령 같은 것들이

지식을 피해 다니죠.

나는 무지하지만, 알기 위해 노력해요.

또한 나는 성취할 때까지 이 노력을

멈추지 않을 겁니다.

예언자

어둠이 보인다는 건, 멀리 볼 수 있다는 것.

자신의 무지를 안다는 건,

지식을 얻을 수 있는 곳에 다다랐다는 것.

그러니 찾게나. 반드시 찾아질 테니.

에올라우스

어떻게 찾죠?

예언자

힘과 자립심을 키우게.

마음의 유령들은 자네를 굴복하게 하지.

하지만 자네에게 명령을 내리는 건 자네여야 해.

기분이나 교활한 열정, 빠르게 몰아치는 욕망이

자네를 천박한 방향으로 몰아가게 두지 말아.

또한 만약 그런 일이 생겨도 떨치고 일어나 인간다움을

되찾고, 타락으로부터 겸손과 지혜를 얻어야 하네.

마음의 주인이 되도록 언제나 노력해야 해.

어떤 상황에서도 좋은 걸 찾아낼 줄 알아야 하지.

나쁜 것들과 마주쳐도 극복할 수 있게

힘의 저장고를 채워놓게.

고귀함 외에는 그 앞에 무릎을 꿇어서는 안 돼.

자네의 온 힘이 시험대에 오를 때,

우승을 위해 전력투구하는 강인한
운동선수처럼 때가 왔음에 기뻐하게.
관능과 갈망, 방종, 실망과 비참함, 슬픔,
두려움과 의심, 탄식의 노예가 되지 않으며,
침착하게 자신을 다스려야 하네.
자네가 자네의 주인이니 지금껏 다른 이들을
지배하고, 자네를 지배해 온 것들을 떨쳐내게
열정이 다스리게 하지 말고,
자네가 열정을 다스리는 거야.
열정이 평화로 바뀌고, 지혜의 왕관을
쓸 때까지 끊임없이 자신을 극복해야 해.
그래야 그곳에 이르러, 지식을 얻을 수 있다네.

에올라우스

내 앞에 놓인 길은 험합니다.
가파르고 낯선 오르막길이죠.
그 길이 이끄는 곳은 생소하고 알 수 없는 곳,
시야 너머에 있어 끝이 보이지 않고
절벽처럼 치솟아 있죠.
그러나 갈 수는 있을 겁니다.
그 길을 오르는 이를 기다리는 건,

오르는 이가 아니고서는 알 수 없어요.
영적 등반가가 있어 아무도 모를 아득히 높은 곳에
대해 들려주면, 믿는 마음으로 귀를 열고 듣지만.
더 믿으면 더 많은 걸 알려줄까요?
직접 올라가 보지 않으면, 말과 궁금증,
꿈 외에 얻을 게 뭐가 더 있을까요?
나는 믿음을 뛰어넘어 지식을 향해 올라갈 겁니다.
믿음의 골짜기에서 한가로이 쉬지 않고
등반가가 될 겁니다.
그리하여 지식을 얻을 겁니다.

예언자

등반가는 불굴의 담대함으로 산을 오른다네.

에올라우스

길은 어디로 이어지나요?
눈 닿는 곳 너머는 온통 어둡고,
알 수 없고, 비밀스러워요.
깎아지른 절벽이 대담한 등반가의 생명을
요구하거나, 헐겁게 파묻혀 있던 바위가
그를 죽음으로 내동댕이치거나,

추위와 배고픔이 그에게서 힘을 다 앗아가면.
그러면 힘겨운 등반이 무슨 소용이 있을까요?
열정이 달콤하고 즐겁다는 걸 우리는 압니다.
산기슭의 우리가 사는 곳, 마음의 친숙한 골짜기에는
부드러운 애정을 담은 달콤한 꽃이 만발하여
공기를 향기와 기쁨으로 채우고, 사랑과 노동의
결실이 무르익어 사람들의 손길을 기다리고 있어요.
이것들을 내가 포기해야 할까요?
불확실한 미지를 위해, 확실하고 잘 아는 것들을?
이것들이야말로 안전하고, 실질적이며,
가질 수 있는 것들이 아닌가요?
반면에 내가 찾는 것, 그건 어디 있죠?
이 진실, 내 마음에서 유령처럼 떠나지 않으며
나를 알지 못할 곳으로 밀어붙이는 현실에 대한
이 생각, 이게 헛생각인가요?
우리 곁에 남는 건 뭐죠?
아! 우리가 가진 것, 우리가 알고 있는 것은
모두 덧없어요. 변화가 그치지를 않죠.
마치 우주가 원래 가만히 있지 못하는 것처럼요.
인간은 그런 우주에 던져진 존재예요.
인간의 손에 들어오는 것들도 마찬가지죠.

영원한 기쁨의 얼굴을 하고서 다가왔다가
짧은 희열을 선사하고는 가면을 벗어 버립니다.
계속되는 건 없어요.
만물은 살아 있는 동안에도 죽어갑니다.
삶은 기다리는 것처럼 보이지만 지나가요.
달콤한 소유는 없어요. 별다른 기쁨도, 지켜낼 만한
상황도, 소중한 즐거움도, 사랑스러운 것도 없어요.
그러니 "모든 건 변하고, 사라진다"고 하는 거겠죠.
다가왔다가 지나가고, 지나가고,
그러고는 더는 오지 않죠.
자라나는 것들은 쇠락하고, 오르면 떨어지고,
살며 번성하는 것들은 죽어서 점차 소멸합니다.
그러니까, 확실한 건 어디에 있나요?
지식이 어디에 있죠?
안식과 피난처가 어디에 있다는 거죠?

예언자

진실 안에 안식이 있다네.

에올라우스

죽으면 안식하는 것 아닌가요?

예언자

죽음 속에 안식은 없어.

에올라우스

죽음에도, 삶에도 안식이 없다고요?

예언자

죽음에도 삶에도 안식은 없어.
그러나 죽음과 삶 중 어디에서든지
진실이 있는 곳에 안식이 있는 거라네.

에올라우스

선의의 예언자님, 나를 불변의 땅으로 인도해 주세요.
나의 발을 영원의 도시로 이어지는
크고 거친 길 위에 얹어 놓아 주세요.
불멸의 진실, 그 안식처와 피난처를 찾아 나설 겁니다.

예언자

자네의 내면을 들여다 봐. 변화의 한가운데
변하지 않는 게 있지 않나?
다툼의 중심에도 완벽한 평화가 고요히 깃들어 있고,

세상의 온갖 부단한 노력, 그 뿌리에는 열정이 있지.

또한 열정의 심장부에는 진실이 저장되어 있다네.

법 중의 최고법이 자네의 마음에 있으니

자네 가슴의 현판에 최고법의 영원한

명령이 새겨져 있다는 걸 알아야 해.

자네의 열정을 다스려, 그 안의 진실을

드러내게. 열정을 좇는 이는 고통을 찾아내지만

열정을 정복하는 이는 평화를 얻는다네.

에올라우스

열정에 굴복하지 않고 열정을 지배하는

게 그 길이란 말씀인가요?

예언자

옳은 말이야.

고소한 견과가 딱딱한 껍질 속에 들어 있어

껍질을 부수지 않으면 그 맛을 즐길 수 없듯이,

진실은 열정 속에 보존되어 있다네.

열정을 파괴하여 내다 버릴 때까지

진실을 알 수는 없어.

달콤함과 즐거움을 잃을 게 두려워 열정을

간직하는 이는 진실의 축복을 알 수 없으며,

지혜가 있는 곳을 찾을 수도 없다네.

그는 인생의 겉껍질, 사물의 텅 빈 허울로

살아가는 탕아, 고갱이를 알지 못하고,

불변하는 실체의 본질을 보지 못하지.

그가 아는 건 오로지 누가 악을 정복하는가

하는 것뿐. 그러므로 자기를 다스리는 자가

믿음의 희미하고 흐릿한 등불 너머로 나아가

완벽한 지식의 빛을 밝게 비추니, 끝내 해방과

기쁨, 완전한 평화가 그에게 찾아온다네.

에올라우스

열정 뒤에는 슬픔이 따른다는 걸 알고 있어요.

세상의 모든 기쁨에는 슬픔과 공허함,

비탄이 기다리고 있다는 것도 알아요.

그래서 슬픕니다.

그러나 진실은 존재해야 하고,

존재하므로 찾을 수 있죠.

비록 지금 내가 슬픔에 잠겨 있지만 진실을

발견하면 기뻐하게 되리라는 걸, 나는 알아요.

예언자

진실의 기쁨만큼 큰 기쁨은 없어.

마음이 순수한 이는 행복의 바다에서 헤엄친다네.

거기선 언제까지나 슬픔도 고통도 없지.

누가 질서와 조화의 우주,

즉 코스모스를 발견하고 슬퍼하겠나?

안다는 건 행복하다는 것.

완전함에 이른 이들은 기쁨을 누리지.

바로 삶을 살아가며, 알아내어, 진실을 깨닫는 이들이야.

에올라우스

나도 그 완전함을 위해 노력하고 있어요.

하지만 내가 그 행복한 깨달음의

높이까지 올라갈 수 있을까요?

예언자

안심하게, 자네는 행복한 깨달음의

높이에 가 닿을 거야.

에올라우스

어떻게, 언제, 어디서요? 혼란스러워요.

길이 가까이 있지만 내겐 여전히 보이지 않아요.

예언자

지혜의 동반자가 되고 우주의 찬란함을 알고
싶은 이, 벌레, 두꺼비와도 친해져야 하네.
서고 싶으면 몸을 굽혀야 하며,
일어나려면 넘어져야 하지.
높이 오르려면 낮은 데를 알아야 해.
위대한 것을 알고 싶어 하는 이는 작은 걸 기다리며
부지런히 애쓰는 이를 업신여겨서는 안 돼.
겸손을 아는 사람이 지혜를 얻는 거라네.

에올라우스

예언자님, 말씀해 주세요! 귀 기울여 듣겠습니다.

예언자

짐승은 몸을 굽히거나
똑바로 일어설 수 없어. 짐승이니까.
그러니 짐승의 본능을 버려야 해.
반면 인간은 몸을 굽힐 수도,
똑바로 일어설 수도 있지. 인간이니까.

그러니 순수한 생각으로 깨끗하게 행동해야 해.
해방이 여기에 있어. 인간의 구원은
자기 안에 있지만, 자아의 산물은 아니라네.
진실이 구원의 근원이지. 그래서 자기통제를
통해서만이 진실을 찾을 수 있다는 거라네.

에올라우스

그 말의 의미를 이해하게 될 때
나도 당신만큼 현명해질 거라는 건 알겠어요.
그러나 지금은 말씀을 듣기는 해도
듣지 않는 것과 같네요.

예언자

자네 안에서 내 말의 의미가 잘 섞이고 녹아들어
마음속에 선명하게 잘 반영되었을 때.
자네는 내 말의 본질을 이해하고
의미를 파악하게 될 거야.
이는 오로지 자기를 복종시켜 가장 높은 것을
실천함으로써만 알 수 있지.
모든 실체는 내면에 있다네. 외부의 사물은
모두 덧없는 겉보기, 헛된 환상이니,

지혜로운 이들의 안식도, 피난처도 되지 못하네.

정의를 따르게.

그러면 불의가 평화를 또다시 공격하지 않을 것이며,

더는 오류가 해치려 들지 않을 거야.

마음을 순수함에 맞춰. 그러면 슬픔이 없는 곳,

악이 사라진 그곳에 도착할 수 있어.

거룩한 자들은 죄의 이름을 알지 못하네.

선함과 진실은 착하고 진실한 이들을 기쁘게 해.

완벽한 이들은 완벽한 법칙을 볼 수 있어.

투쟁과 다툼은 진실 안에서 종식되지.

거룩한 마음에는 모든 게 거룩하고, 모든 쓰임이

합법적이며 순수하며, 모든 일이 축복 속에서

신성해진다네. 또한 매일이 안식일이라네.

에올라우스

빛을 초월하는 빛의 어렴풋한 섬광,

아름다움보다 더 아름다운 위대한 원리의

윤곽을 희미하게나마 감지할 수 있어요.

삶보다 더 거대한 삶의 비전이 희미하게 보여요.

우주는 참으로 숭고해요!

내 눈이 열려 진실을 보게 되면 나는,

진실 앞에서 영원히 기뻐할 겁니다!

예언자

조심하게, 자칫 생각이 솟구치다 가라앉을 수 있으니.
몸을 낮추고, 끈기를 가지고, 마음을 잘 가다듬어야 해.
또한 늘 자신을 돌아봐야 하네.
어떤 여정이든 수많은 작은 단계들로 완성되는 법.
하늘을 향해 늠름하게 머리를 들고,
그늘과 안식처를 주는 나무가 작은 씨앗에서
나와 성장의 법칙을 참을성 있게 기다리면서
지금 보이는 장엄한 모습이 된 것처럼 말일세.
하나의 선한 행동에서 나온 지혜도
이처럼 잘 심고, 지켜보고, 물 주다 보면
마침내 숭고한 크기로 자라날 거야.

에올라우스

온 힘을 다해 지혜의 식물을 가꾸겠어요. 그리고
완벽을 향해 성장하는 모습을 지켜볼 겁니다.
내게 아무도 찾지 않는 낮은 길을 보여주세요.
칭찬, 보상, 인기는 이제 내게 달콤하지 않아요.

다시는 그런 걸 추구하지 않겠어요.

이제 나는 자아를 버리고, 진실을 찾아가겠어요.

예언자

이제 잘 듣고 새기게.

비둘기가 건물에 구멍을 내면 그 약해진

부분으로 폭풍우가 몰아치지.

마찬가지로, 작은 결점들이 인격을

이루는 성채의 구멍을 좀먹으면

상황이라고 하는 폭풍우를 감당할 수 없어.

폭풍처럼 몰아치는 유혹 앞에 나약하게 쓰러질 수밖에.

벌이 벌집을 짓고 새가 둥지를 짓듯이,

튼튼한 집을 짓는 이는 조금씩, 완전한 집

한 채가 지어져 성공의 왕관을 쓸 때까지 짚 위에

짚을 얹고 돌 위에 돌을 얹어 집을 완성해 나간다네.

그런 사람이 지혜로운 사람이지.

인격 또한 마찬가지로, 선한 방향으로 생각에 생각을

더하고 행동에 행동을 더해 쌓아나가는 거야.

조금씩, 그는 고귀한 목적을 향해 나아가지.

조용하고 끈기 있게, 부지런히 일한다네.

다른 이들이 잠자거나, 마구잡이로 욕망을

해소할 때 그는 잠시도 중요한 목적으로
가는 길에서 벗어나지 않아.
혼란과 타락, 오류, 실패, 난관, 고통에 빠지지 않지.
매일, 진실의 성전이 완성될 때까지
그가 마음과 정신에 쌓아 올리는 건
순수한 생각, 높은 열망, 이기적이지 않은 행동뿐.
그러면 마침내 완벽의 사원이 우뚝 솟아
그의 눈앞에 모습을 드러내게 된다네.

에올라우스

초라하고 이끼 낀 작은 문 하나를 찾았어요.
어둡고 버려진, 아무도 신경 쓰지 않는 길로
들어가는 문이죠.
그렇지만 그 너머에는 환한 산책길과
찬란한 언덕이 있어요.
어리석은 사람들은 이 낮은 데를 가지 않으려
하면서 정작 훌륭한 걸 잃어버리죠.
작은 걸 무시하느라 장엄한 광경을 놓치고 보지 못하죠.
선함과 진실의 예언자님, 당신은 나에게
지혜롭게 좋은 교훈을 주셨습니다.
평화의 길을 보여주셨기에 내 눈이 뜨이고,

마침내 내가 낮은 길을 볼 수 있게 되었어요.
이제 나는 그리로 들어갈 겁니다.

예언자

완벽의 길이 자네의 불굴이 발걸음을 기다리고 있네.
높이, 가파르지만 웅장하게 솟은 미덕의 언덕들을 봐.
그보다 더 높은 곳, 그 너머에는 행복의 봉우리들이
있고, 다시 그 너머에 진실의 높은 정상들이 있어.
구름도 어둠도 없고, 영원한 빛만 있는
높은 정상, 거기서 기쁨이 자네를 기다리고 있어.
그러니 나아가 자아의 어두운 망상을 떨쳐내게.
악은 선의 부정일 뿐이며 어둠에 지나지 않아.
자아를 무위로 돌리고 진실이 전부가 되게 해.
그러면 고통이 잦아들고 평온해진다네.
지혜는 평온함과 함께 오는 것이니,
자아를 정복하면 시들지 않는 영광을 알게 돼.
늘 삼가며, 두려움 없이, 충실하게,
끈기 있게, 순수할 것!
진지한 명상을 통해 삶의 깊은 심연의 소리를 듣고,
사랑과 지혜의 숭고한 높이를 가늠할 수 있어야 해.
명상의 길을 찾지 못한 자는 해방과

깨달음에 이르지 못하므로.

그러나 자네는 거룩한 생각의 길을 찾게 될 거야.

마음을 차분하고 굳건히 하면 변덕스러운 것들

한가운데서 영원한 걸 보게 될 것이며,

변화하는 것들 속에서 불변의 진실을 보게 될 거야.

자네는 완벽한 법칙을 보게 되는 거라네.

인간이 정복된 자아를 발아래에 둘 때,

비로소 혼돈으로부터 코스모스가

일어날 테니 부디 강인해지기를.

열정으로 고통받는 무리를 굽어보며

그들을 불쌍히 여기기를.

자네의 오랜 슬픔을 끝내고 저들의 고통에 공감하기를.

자네는 완전한 평화에 이르러 이 세상을

축복할 것이며, 진실을 찾는 이들의 발걸음을

높고 거룩한 길로 이끌게 될 거야.

자, 이제 나는 내 집으로 갈 테니,

자네는 자네 일을 하러 가게.

에올라우스

평화의 예언자님, 나는 떠납니다.

진실의 영이신 당신께로 가겠습니다.

온 세상, 모든 생명에게 영원한 평화가 깃들기를.

코스모스

나는 존재한다. 나는 완벽함이며 또한 평화다.

나를 우러르면 악이 사라진다.

나의 조화로움을 쳐다보면 죄악과 슬픔에서 놓여난다.

결점과 실패가 나의 형상을 찾으려 해도,

더는 어디에도 결점도 실패도 없다!

나는 햇살이면서 폭풍우이며,

속삭임이면서 또한 바다의 포효다!

몰래 다가가는 속임수, 거짓말, 도둑질,

살인의 분노. 이 모든 건 내 용광로로

들어와 하늘의 불에 타서 없어진다.

미신, 오류, 계략, 굽실거리는 술책,

잔인한 갈망. 이 모든 타락과 오염의 뿌리들은

내 손에서 가루가 되어 먼지로 흩어진다.

국가가 일어나고 제국이 몰락하지만

나의 예행 연습은 언제까지나 계속된다.

우주의 드라마, 그 장엄한 광경을 가장 멋지게

보여줄 수 있도록. 영겁의 세월이 흐르고,

체계가 낡아도 변화하는 건 변함 없이 변한다.

저들은 듣고 나는 내 이야기를 들려준다.

나는 저들의 모든 덧없는 형상을 품어 안는다.

나를 아는 이, 내가 될 것이며, 나의 눈을 가진 이,

어둠과 속박에서 놓여날 길을 찾을 것이다.

나는 존재한다. 나는 완벽함이며 또한 평화다.

부처

학교에서 배우는 지혜보다 더 높고,
세상의 철학보다 더 위대한 것

라트나기라 산의 서쪽 그늘 아래,

오랜 진실의 탐구로 지치고 쇠약해진 채

슬픔과 불만족, 수심에 찬 부처가 앉아 있다.

그는 진실을 찾아 어디로 가야 할지 알지 못했다.

그가 그토록 오래 찾아 헤맨 진실은

확고하고 강하며 순수하게 만드는 진실,

평화와 행복한 안식을 가져다주는 진실이었으나

학교에서 배우는 것들은 그를 도와주지 못했고,

고대부터 전해져 내려온 철학들도

그의 가슴 속 열정의 외침을 가라앉히지 못했다.

열정에서 비롯된 슬픔이 가시지 않았다.

경전과 교리, 나라의 자랑이었던 대들보가
그의 슬픔의 무게를 견디지 못해 유혹에 무너져 내렸고.
그는 여전히 욕망과 고통,
우울한 마음의 희생물로 남겨졌다.
고행은 그에게서 기운을 앗아가고
허약해진 몸에 진실의 결핍을 안겨 주었다.
이제 그는 패배자로서 홀로, 무기력하게
운명의 흐름에 떠밀려 다니는 신세가 되었다.

그런데 부처가 그늘에서 시름에 잠겨 있을 때
갑자기 그의 귀에 울음소리가 들렸다.
고통에 겨운 흐느낌, 가엾고 낯선 한숨 소리들.
왜 그런지는 알 수 없었지만 슬픔에 겨워하던 마음에서
알 수 없는 강한 사랑이 솟아 나와,
부처는 몸을 일으켜 그늘 밖으로 이리저리 다니며
울음이 어디서 들려오는지 찾아보았다.
이내 그의 눈에 인도 태양의 강렬한 화염 아래
메마른 먼지가 구름처럼 뿌옇게 일어난 길에서
양 떼를 모는 양치기가 보였다.
그리고 양 무리의 뒤쪽으로 발을 다친 어린 양 한 마리가
가련하고 애처롭게 매매 울고 있는 게 보였다.

어미 양은 어린 새끼를 구해줄 수 없다는 걸 알아서
깊고 쓰라린 고통 속에 울고 있었다.

이 가련한 광경에 부처의 마음에서
깊은 슬픔이 밀려나고 연민이 차올랐다.
부처는 곧장 상처 입은 양에게로 걸어가
어린 양을 품어 안으며 이렇게 말했다.
"헛된 지식을 추구하는 영혼의 수고는 헛된 것이며,
연민할 줄 모르는 학문은 헛된 것이다.
사랑하지 않는 삶도 헛된 것이다.
거짓과 불확실한 것들이 저마다 진실처럼 보이지만
이것 하나는 진실이니, 내가 너를 측은해한다는 것이다.
기도하고 읽고, 읽고 또 기도하는 사제들은 결국
죄 속에서 죽어가며,
내가 애도하는 사랑,
내가 추구하는 깊은 진실을 찾지 못하니.
그들 사이에서 함께 기도하며 찾아도 소용없고
여기서 네 고통을 덜어주는 게 더 낫다.
너를 사랑하겠다.
그래, 아무도 가엾게 여기지 않을 너를
내가 가여워하겠으며, 내가 구하겠다.

사람들의 영혼 없는 이론에 지쳤으니
이제 나, 부처는 너에게 몸을 굽히겠다.
말 못 하는 사람들, 힘없는 존재들,
손가락질당하는 사람들 앞에
몸을 숙이겠다.
이것이 진실임을 알기에.
의심스럽고 불확실한 것들 가운데 옳은 건,
연민하는 마음과 사랑이니.
세상의 온갖 것들이 희미해지고 사라져도
측은지심은 희미해지지 않으며,
사랑은 절대로 사라지지 않는다.”
그가 품어 안자, 약하고 상처 입은 어린 양은
그의 가슴에 깃들었으며, 어느새 조용하고 평온해졌다.
근심에 찬 어미 양은 그의 곁에서 따라 걸으며
그의 얼굴을 올려다보고는
새끼가 복된 팔에 안겼다는 것에 안심했으며
그가 측은지심의 화신, 곧 부처라는 걸 알고
말 없는 우러름 속에 걸음을 옮겼다.

그리고 그 순간 부처는 학교와 교리에서
헛되이 찾아다녔던 그 길에 들어섰다.

어떤 철학도 이끌어 주지 못했으며,

자기를 잊고 온유한 사랑을 나누는 행동이 아니고서는

결코 찾을 수 없는 그 길이었다.

이윽고 그의 가슴에 거룩한 사랑이 자라나고

그의 마음에 새롭고 낯선 지식이 들어왔다.

그는 존재 전체에서 고통 없는 평화를 느꼈다.

슬픔과 아픔은 사라졌다.

그는 알게 되었다. 마침내 거룩한 진실을 찾았다는 걸.

그때부터 부처는 진실을 살았고, 그 실천을 가르쳤다.

멀리서, 가까이서 진실을 추구하던 남자와 여자들이

그에게로 와서 그의 발치에 앉아 우러르며

사랑과 연민을 배우고 영원한 행복과 평화를 찾았다.

그들은 그를 인도자, 구원자, 복된 주인님이라 불렀다.

이해하지 못한 이들조차도 희미하게나마

자신들이 언젠가 이 진실을 알게 되리라는 걸 느꼈다.

배움보다 더 나은 건 사랑하는 마음이다.

학교에서 배우는 지혜보다 더 높고,

세상의 철학보다 더 위대한 건

상처 입은 어린 양을 위로하는 것이다.

사람들이 알았더라면

사람들이 알았더라면,
형제의 그릇된 행동을 또 다른 그릇된 행동으로
맞받아칠 게 아니라
친절함으로 그릇됨을 상쇄해야 한다는 걸.
또한 자신들의 눈이 형제의 눈을 뜨게 할 수 있게
도움이 되어야 한다는 걸.
그러면 다 함께 불멸의 사랑으로 이끄는 천상의 문을
발견할 수 있을 텐데,
사람들이 알기만 했다면.

사람들이 알았더라면,

자신들의 그릇됨으로 결코 다른 이들의
그릇된 행동을 눌러 없앨 수 없다는 걸.
증오는 증오를 키울 뿐
선만이 모든 악을 잠재울 수 있으니
그때가 되면 그들이 마음과 행동을 정화하고
온갖 악랄한 비방을 몰아낼 텐데,
사람들이 알기만 했다면.

사람들이 알았더라면,
죄를 짓는 마음은 반드시 슬픔을 겪는다는 걸.
미워하는 마음은 다음 날 불모의 수확을 하게 된다는 걸.
비탄에 빠져 울고, 굶주리고, 쉴 수 없고
잠들지도 못하는 그런 수확.
그걸 알면 친절함이 그들의 존재를 채우고
세상을 보는 그들의 눈에 연민이 어릴 텐데,
사람들이 알기만 했다면.

사람들이 알았더라면,
잠든 사람들의 온갖 공허와 통증이
깨어 있는 동안 영혼을 너무 무자비하게 판단하고
마음을 가혹하게 찌른 탓이라는 걸.

그랬다면 더 온화한 말, 부드러운 감정으로
치유의 연고를 바를 텐데,
사람들이 알기만 했다면.

사람들이 알았더라면,
그들의 증오와 원망이
평화와 달콤한 만족을 죽이고
스스로를 상처 입히고, 다른 사람을 도와주지 않으며
단 한 명 외로운 형제의 기운조차
북돋아 주지 않는다는 것을.
그랬다면 그들은 더 나은 행동을 추구하며
후회 없는 선행을 쌓았을 텐데,
사람들이 알기만 했다면.

사람들이 알았더라면,
사랑이 얼마나 강한지.
사랑의 힘이 얼마나 널리 퍼져
잔혹한 증오를 몰아내는지.
측은해하는 마음이 어떻게 슬픔을 끝내며
지혜롭게 만들고
격정으로 인한 고통을 자초하지 않는지.

그러면 그들은 결코
미움이 아닌 사랑 안에 살게 될 텐데,
사람들이 알기만 했다면.

04

실천과 인식
신의 눈으로 신을 보다

___

삶과 운명, 진실에 관해 물으려
어두운 미로를 헤치며 스핑크스를 찾아갔더니.
스핑크스가 들려준 기이하고 놀라운 말.
"은폐는 보이지 않는 눈에만 존재하며
신만이 신의 형상을 볼 수 있다."

이 말의 숨은 뜻을 알기 위해 헛되이
보이지 않는 눈으로 고통의 통로를 헤매었다.
어느 날 사랑과 평화의 길을 찾아내자
은폐가 저절로 중단되었고 더는 눈이 멀지 않았다.
그리고 나는 신의 눈으로 신을 보았다.

550 · 운의 법칙

자유

자기가 뿌린 것을 거두는 자세

미련한 자들은 이렇게 말한다.

"우리의 고통은 부당하다.

우리의 고난과 비애는 이미 먼지가 되어 흩어진

죄 많은 조상에게서 비롯된 것이다.

우리는 자유롭지 않다.

우리는 아버지 대의 그릇된 행위 때문에 자유를 빼앗겼다.

그들의 잘못으로 우리는 약하고 무르다.

그들이 쓰러졌으니 우리도 실패할 수밖에 없다."

"우리가 술에 빠져 사는 건

그들이 와인을 너무 좋아했기 때문이며

우리를 호색이라고 하면 그들에게서 물려받은 것이다.
사실 우리는 신성하다.
우리에게 여러 질병이 나타나는 건
그들의 행적을 따라 걸었기 때문이다.
그들이 자기 발로 미로를 만들어 걸었다면
우리도 그럴 수밖에 없다.
왜냐하면 우리는 죽은 이들에게 묶여
이리저리 끌려다니기 때문이다."

사람들아, 너희 죄는 너희 것이다!
너희의 인생 그 모든 행복과 불행이
너희의 행동에서 비롯되니,
너희가 묶인 건 다른 사람이 아닌 너희 자신에게다.
평안의 결핍, 그 근원은 너희 자신의 의지와
마음속에 있다.
눈을 뜨고 죽은 과거를 떠나 내면을 들여다보길
그리하여 부디 현명해져라.

마음을 정화해라,
그러면 인생이 풍요롭고 달며 아름다워져
다툼으로 상처 입지 않을 것이다.

마음을 삼가라, 그러면 고귀하고 강하며 자유로워져
무엇도 너희를 해치고 어지럽히며 정복하지 못할 것이다.
모든 적은 너희 가슴과 마음에 있으니
구원 또한 거기서 찾아야 할 것이다.

마음은 빚고 만드는 주인의 것이므로,
인간이 곧 마음이다.
인간은 언제나 생각의 도구를 가지고 뜻하는 것을
만들어내며,
천 가지 기쁨과 천 가지 불행이 다 거기에서 나온다.
생각은 은밀하지만, 생각하는 대로 실현되므로
환경은 인간을 비추는 거울일 뿐이다.

인간은 자기 가슴에서 어두운 욕망을 키운다.
그리고 선을 위한 노력이나 고상한 열망도 키운다.
인간은 삶에서 자기가 뿌린 것을 거둔다.
그리고 고통이나 평화도 스스로 거두어들인다.
물려받은 형질을 숭배하는 사람들아, 이걸 알아야 한다.
삶의 법칙은 자유라는 걸.

생각으로 우리는 일어나고, 생각으로 쓰러지며,

생각으로 우리는 서거나 간다.
운명도 생각의 빠른 힘이 만들어 내는 것.
그러므로 생각의 주인이며
자신의 욕망에 명령을 내리는 이,
기꺼운 마음으로 사랑과 힘의 생각을 엮어내는 이가
진실의 오류 없는 빛 속에서 자신의 높은 목적을
만들어낸다.

오랫동안
당신을 찾았습니다

───────────────────────────

오랫동안 당신을 찾았습니다, 성령이시여.

온유하고 겸손한 나의 위대한 영이시여.

나는 다른 사람들의 비애를 곰곰이 되새기며

침묵 속에 그저 당신을 찾았습니다.

비탄과 나약함의 굴레 아래에서

당신의 온유함만 헛되이 찾아다녔습니다.

실패하고 또 실패하며 몇 번이고 당신을 찾아다녔습니다.

나는 내내 불안과 의심과 슬픔의 나날을 살았지만

어딘가에서 당신의 기쁨이 기다린다는 걸 알았습니다.

나처럼 찢기고 비탄에 찬 가슴을 반길 곳이 있다는 것을.

어떻게 해서든 당신을 찾기만 하면
죄와 슬픔을 뒤로하고, 마침내 당신의 사랑이 명하는
성스러운 안식으로 들어갈 수 있을 것을.

증오와 조롱, 욕설로
당신을 찾아다니던 내 영혼이 그을렸습니다.
당신께서 움직이며 거처해야 했을,
당신의 성전이어야 했을 그곳이 더럽혀졌습니다.
그러나 기도하고, 분투하고, 바라고,
고통스러워하고, 실패에 슬퍼하며
여전히 나는 당신을 찾았습니다.
지옥의 깊은 어둠 속을 무작정 더듬었습니다.

마침내 나는 당신을 찾았습니다. 그 순간
나를 온통 감싸던 어두운 힘이 사라졌습니다.
당신에 대한 의심을 멈추자, 나의 내부와 외부에서
그것들이 사라지고, 고요함과 평화만 남겨졌습니다.
그리고 나는 그 한가운데서
당신의 거룩한 주제들을 생각합니다.
영광 속에서 찾은, 내 꿈의 힘센 주인이신 당신!

네, 나는 당신을 찾았습니다.

거룩하고 아름다우며 순수하고 겸손하신 영이시여!

나는 당신의 기쁨과 평화, 환희를 찾았으며

안식의 집에 계신 당신을 보았고

사랑과 온유함에서 당신의 힘을 찾았습니다.

나의 고통과 슬픔, 나약함은 나를 떠났습니다.

마침내 나는 축복받은 이들의 길을 걷게 되었습니다.

현실
평화를 갈망하는 이들에게

사람들은 먼 하늘을 올려다본다.

거기, 닿을 수 없는 헛된 이상을 바라보며

가까이 있는 거룩한 길,

매 순간 죄와 고통을 정복하는 길을 놓친다.

사람들은 손을 높이 들어 애원한다.

텅 비어 있는 고통의 손,

거기 스스로 만든 오랜 슬픔의 원인이 보인다.

그들 손의 속박은 스스로 짓고 스스로 묶은 것,

스스로 깨트린 법칙이다.

지혜는 우리의 일상에 숨어 있다.

제대로 물어보기만 하면 지혜를 찾을 수 있다.
성마른 열기, 다툼이 있는 곳, 거기에 진실이 있으며
매일의 일과에도 진실은 깃들어 있다.

영원한 사랑이 숨어 안식하는 곳을 보라!
(아득히 멀어 보이는 불멸의 사랑!)
마음을 낮추는 이,
또한 오늘 죄 없는 삶을 살아가는 이에게는
그 사랑이 모습을 보일 것이다.

우리의 가장 가까운 의무 속에
천국의 문을 열어줄 열쇠가 들어 있다.
너무 이르지도, 너무 늦지도 않게 오는 이의 앞에
천국의 모습이 베일을 벗을 것이다.

진실의 영광 안에서는
눈물로 얼룩진 눈으로도 미래가 가려지지 않으며
과거 또한 지워지지 않는다.
많이 걸어 지친 발로 좁고 잡초 우거진 길을 걸어
한발 한발 성장해 가면 기쁨의 문으로 이어지는
평범한 길에 들어설 수 있다.

우리가 어디로 가든 불멸의 빛이 함께 하지만
스스로 멀어버린 눈은 그 빛을 보지 못한다.
그럼에도 영원한 영광은
언제까지나 사람들의 슬픔 위를 비추고
그의 불행한 어둠의 밤을 꿰뚫는다.
보라. 그림자 하나 없이 찬란히 빛나는 곳을!
그곳은 잘 수행된 과업, 더럽혀지지 않은 생각과 행동,
사랑과 연민의 말들이 있는 곳,
미래의 보상을 약속하며 허공에 매달린 꿈과는
상관없는 곳이다.

평화는 오직 평화로운 영혼에게만 찾아오며
고통 없는 사랑은 사랑을 타고난 가슴에만 깃든다.
기쁨은 자아 전체가 가라앉는 곳에서 샘솟으며
죄를 정복하는 데서 불멸의 아름다움이 시작된다.
우리의 사명은 우리에게 있다. 또한 숭고한 길은
우리 자아의 늪에서 떠올라 의무의 길을 지나며
시간의 가파른 언덕을 오르는 명확한 여정으로
완벽한 날을 향해 이어진다.

내일과 오늘
내일은 암흑의 땅이니

암흑의 땅, 내일. 나는 그곳에서 고통에 잠겨 있었다.

힘껏 달려도 내게서 빠져나가는

기쁨과 행복을 아쉬워했다.

어둠이 내내 내 주위로 모여들어

나는 언제까지나 내일의 손아귀에 붙잡혀 있었다.

나에게 내일은 *내가 할 수 있는 일*이 아니라

'내가 해야 하는 일'의 삶이었다.

나는 어둡고 캄캄한 맹목의 소굴에서

사랑의 친절함을 찾아다녔고,

빛도 없는 자아의 동굴에서 행복과 안식을 갈구했으며,

호소하는 손길로 안타까이 빛과 치유를 더듬었다.
그러나 내가 애써 찾아다닌 건
참되고 최선인 것이 아니었으니,
정작 나는 '내가 하고 싶은 것'을 찾아다녔다.

어느 날 나는, 내 소망이 이기적이라는 걸 알았다.
음울하게 추구하며, 맹목적으로 더듬는 게 헛일이라는 걸,
또한 삶의 영광을 찌푸린 얼굴로 쫓아다닌 걸 후회했다.
마침내 나는 이기적인 조바심에서 벗어나
사랑으로 옮겨갔고, 어느 순간 자아를 잊었다. 그리하여
'얻고 싶고 지니고 싶은 것'을 내려두고
지금 내 모습을 찾았다.

이제 나는 자아에게서, 또 슬픔에게서 달아나
암흑의 땅, 내일에서 벗어났다.
이제 나는 매일 어떤 선한 행동을 할까,
어떤 사랑스러운 말을 할까 궁리한다.
어느 순간 평화와 기쁨의 빛이
슬픔의 구름을 몰아내더니
과거와 미래가 사라지고 오늘이라는 밝은 세상이
펼쳐졌다.

09

지혜의 별

진실을 가르치는 자들

비슈누의 탄생, 크리슈나, 부처, 예수 탄생의 별이여.
밤의 암흑 속에서,
깊은 밤 별도 없는 어둠 속에서
의로운 왕국이 오고 있음을 알리는
빛나는 전령이여.
신비로운 이야기를 들려주는 이야기꾼인
너는 지혜로운 이들,
하늘을 올려다보며, 별빛의 섬광을 기다리며
지켜보는 이들에게
마구간 구유, 비천한 곳에서 탄생하는
신성한 존재의 이야기를 들려주었다.

이제 너는 슬픔에 짓눌린 가슴, 기다림에 지친 영혼에

깊고 거룩한 연민의 비밀을 소리 없이 노래하고

뭇별 중에서도 가장 밝게 빛나

다시 한번 한밤의 하늘을 장식한다.

너는 또한 현명한 이들을 다시 한번 격려하니,

교리의 암울함을 지켜보는 그들

날 선 칼날 같은 오류와의 끝없는 다툼에 지친 그들

생명 없고 쓸모없는 우상들과

죽은 종교의 모습에 지친 그들

너의 빛을 올려다보며 기다린 그들,

그들의 삶에서 너는 절망을 그치게 한다.

또한 너는 그들의 길을 밝혀주고

너를 우러르는 그들 모두의 가슴에 다시금

오래된 진실을 불어넣는다.

너를 사랑하는 그들의 영혼에게

너는 슬픔을 끝내는 평화,

그 기쁨과 즐거움의 이야기를 들려준다.

한밤, 지쳐 헤매는 이들이 너를 볼 수 있다면

그 얼마나 축복인지.

또한 네 찬란하고 위대한 힘이

누군가의 내면을 깊은 사랑으로 휘저어,

그 사랑 때문에 그의 가슴이 새삼 두근거린다면
그는 또 얼마나 축복인지.
그러니 우리에게 너의 진실을 가르쳐 줘.
성실하게, 겸손한 마음으로 배울 테니.
온유하게, 현명하게, 기꺼이 배울 테니.
거룩한 비슈누, 태고의 별,
크리슈나, 부처, 예수의 빛이여!

10

가장 높은 천국에 오르고 싶은가
빛과 어둠, 죄와 악은 생각에서 자라난다

가장 높은 천국에 오르고 싶은가?
가장 낮은 지옥을 꿰뚫고 싶은가?
그건 변치 않는 아름다움의 꿈속에서 살거나
아니면 지극히 기본적인 생각 속에 머무르는 것.

너의 생각이 네 위의 천국이고,
너의 생각이 저 아래 지옥이니.
행복은 생각이 아닌 곳에 있지 않고
고통 또한 생각만 알 수 있다.

생각만 남기고 세상은 사라질 것이며

영광은 꿈에서만 존재하게 될 것이다.
오로지 생각에서 비롯된 드라마만이
대를 이어 영원히 흐를 것이다.

존엄, 수치, 슬픔, 고통, 번민, 사랑, 미움
이 모든 건
운명을 지배하며 강력하게 맥동하는
생각의 이런저런 가면에 지나지 않는다.

무지개의 여러 색이
무색의 광선 하나를 만들 듯
우주의 온갖 변화들은
영원한 꿈 하나를 만든다.

그 꿈은 모두 네 안에 있으며
꿈꾸는 이는 오래 기다리고 있다.
살아 있는 생각과 강인함을.
자신을 깨워 줄 아침을.

그러면 이상이 현실이 되며
가장 높고, 가장 거룩한 천국.

순수하고 완벽한 사람들이 사는 그곳에서
지옥의 꿈은 사라질 것이다.

악은 악을 궁리하는 생각이며
선은 선하게 만드는 생각이다.
빛과 어둠, 죄악과 순수함도 마찬가지로
생각에서 자라난다. 그러므로
가장 위대한 것을 생각하며 살면
가장 위대한 것을 볼 것이며,
가장 높은 것을 마음에 새기면
가장 높은 존재가 될 것이다.

11

최고의 선을 추구하는 이들에게는
모든 건 지나가는 걸음이다

최고의 선을 추구하는 이들은 세상 모든 것들로부터
지혜로운 목적을 이루도록 도움받는다.
나쁜 것들은 다가오지 않으며
사악한 무리의 온갖 형태에도 지혜의 날개가 얹힌다.

어두운 슬픔이 별을 가리는 날에도
별은 기쁨의 빛으로 반짝거릴 순간을 기다리며,
지옥은 천국이 오기를 기다린다. 그리하여
밤이 지나면 먼 곳에서 황금빛 영광이 찾아온다.

고귀한 목적을 바라보며 순수한 마음으로

산을 오르는 이들에게
패배란 밟고 지나가는 걸음이다.
잃는 것 같지만 얻게 되며,
시간의 언덕을 오르는 진실한 발걸음에는
기쁨이 따라간다.

생각과 말과 행동이 순결한 사람들에게
고통은 거룩한 행복으로 가는 길이 되어 주며,
먹구름과 햇살조차 이 사람들의
상승하는 인생을 따라 높은 곳에서 서로 입 맞춘다.

밝은 성공의 하늘에 있는 목적, 그 정상으로
가는 길에는 불운의 구름이 드리우기도 하지만.
그러나 그곳, 햇살 가득하고 높은 그곳은,
우리가 찾아와 머무르기를 기다리고 있다.

희망의 계곡을 자욱하게 덮은
의심과 두려움의 무거운 장막
영혼에 내려 덮이는 그림자
눈물의 쓰디쓴 수확,

또한 비탄과 불행, 슬픔, 끊어진 인연의 상처.
이 모든 건 지나가는 걸음이다.
건전한 믿음의 삶으로 나아가기 위해
더 위로 오르는 계단이다.

연민으로 지켜보던 사랑이 달려 나와
믿음의 땅에서 오는 순례자를 맞이한다.
영광 그리고 온갖 좋은 것들이
순종하는 발걸음의 도착을 기다린다.

12

부족한 한 가지
진정으로 내려놓음

세속의 소망에 대해 알지 못하고
욕심도 없는 이가 찾아와,
위대한 스승의 발아래 무릎을 꿇었다.
진실을 추구했으나 결실을 보지 못한 그는
슬픔에 잠겨 세상의 스승에게서 축복을 구했다.
그의 간청은 부드럽고 겸손했다.
"선한 스승님, 저의 내면에서 다툼을 가라앉혀
주시겠어요?
스승님이 인도하시는 높은 길을 제게 보여주시겠어요?
영원한 삶을 얻으려면 어떻게 해야 할까요?"

생명의 주인이신 그분은 무릎 꿇은 이의 모습을
인자하게 굽어보며 말했다.
"너는 율법을 아는 자이니, 그것들을 마음에 새겨라.
그러면 너는 죽었어도 살 것이다."
무릎 꿇은 이가 답했다.
"어릴 때부터 이 모든 걸 지키며 살았으나
오늘 당신을 찾게 된 건,
제가 아직도 못 깨어나 잠든 채로 헤매고 있어서입니다.
저는 높고 거룩한 길을 찾지 못했습니다."

"네게 부족한 한 가지는, 욕망을 내려놓는 것이다.
움켜쥐지 말고 내주어라.
네가 가진 걸 팔고, 자유로운 열망으로 와 나를 따르면
진실하게 살게 될 것이다.
나를 따르는 이는 온갖 이기적인 집착을 내려놓고
순수하고 온전한 마음을 지니게 될 것이므로,
아무것도 부족하지 않게 될 것이다.
지상에서부터 가져온 것들로
반드시 하늘의 보물을 찾게 될 것이다."

사실 무릎을 꿇은 이는 매우 부유했으며

마음 깊은 데서는 지상의 보물을 소중히 아꼈다.
여기까지 와서도 그의 영혼은 멈춰서
내려놓음을 실천하지 못한 채 사그라져 갔다.
스승은 떠났고, 고귀하지만 완전하지 않은 그는
사그라지는 날에 매달리기로 했다.
그는 스쳐 지나가는 것들과 슬픔의 여정을 택했으며,
여전히 비탄에 잠겨 외로운 길을 떠났다.

야샤스*

스승의 발걸음을 따르다

━━━━━━━━━━━━━━━━━━━━━━━━━━

봐, 온 세상이 잠든 한밤

고귀하고 열망에 찬 젊은이 야샤스가

진실로 가는 거룩한 길을 찾아 헤매다가

세상 가장 큰 슬픔에 잠겨 울면서 고민하고 있어.

"그동안 찾아다닌 건 헛수고였어.

이제 축복받은 분께 가서 해방을 빌어야겠어.

슬픔의 치유자이신 그분이라면, 어쩌면 나를

깊은 해탈의 평화에 참여하게 해주실지 몰라."

---

* Yashas, 명성, 영광 등을 의미하는 산스크리트어. 사람 이름으로도 쓰인다.—옮긴이

젊어서 발걸음조차 빠른 젊은이는 그 빠른 걸음으로
인류의 축복받은 스승 앞으로 나아가
쓰러져 울며 말했어.
"거룩한 주인님, 찾아다녔지만 찾지 못했습니다.
고통과 시련이 너무 큽니다!
저의 모든 슬픔과 고통을 아시는 당신께서
부디 제게 구원의 거룩한 향유를 내려주세요.
그리하여 다시는 당신 곁을 떠나지 않게 해주세요."

축복받은 분이 젊은이의 혼란을 굽어보고
인자하게 말씀하셨어.
"봐라, 여기에는 고통도 시련도 없다.
내게로 오면 진실을 보여주마.
진실이 너에게 기쁨을 주고 슬픔을 몰아내 줄 것이다.
밝은 빛이 오기 전, 밤이 달아나 사라지는 것처럼
기쁨이 솟아오르면 슬픔과 고통,
걱정은 쫓겨 달아날 것이다."

그분은 순수하고 높고 거룩한 이야기를 들려주며
지혜의 저장고를 아낌없이 풀어내 주었어.
야샤스는 정신없이 몰두하여 들으며

한껏 온순하고 겸손한 태도로
스승의 놀라운 지식을 깊이 빨아들였어.
그랬더니, 지혜의 서늘한 숨결이 부드럽게 내려앉아
그의 온갖 시름을 씻어 냈고,
슬픔이 떠난 자리에 측은지심이 채워져 그를
스승의 발길을 따라 길이 난 곳으로 데려갔어.

낮은 길
내가 걸어야 할 길

모든 길은 내가 걷기를 기다린다.
빛과 어둠의 길, 산 자와 죽은 자의 길,
넓고 좁은 길, 높고 낮은 길, 좋은 길, 나쁜 길,
이제 나는 내 뜻대로 빠른 걸음으로 걷든
느리게 걷든 어느 길로도 들어설 수 있다.
또한 이미 걸어봤기에 어느 길이 좋고 나쁜지를 안다.

그러니 내가 순수한 마음에서 우러나,
틀림없는 맹세와 함께 좁고 높고 거룩한 길을 따라가
거기 머물면,
온갖 좋은 것이 먼 길을 돌아온 내 발길을 기다릴 것이다.

그러므로 이제 나는 비웃고 조롱하는 이들과
안전한 거리를 두고
가시밭길을 가로질러 꽃핀 들판을 향해 간다.

그리하여 나를 기다리는
건강, 성공, 권력의 자리에 설 것이다.
만약 흘러가는 매 순간에 사랑과 인내를 놓치지 않는다면,
또한 흠결 없는 태도를 유지하기만 한다면
반드시 그렇게 될 것이므로,
나는 높은 무결함에서 한 발도 물러서지 않고서
끝내 불멸의 땅을 볼 것이다.

또한 나는 구하고, 찾을 것이며,
어쩌면 손에 잡을 수도 있을 것이다.
잡았다고 하여 권리를 주장할 수야 없겠지만,
잃어버리면 되찾을 수는 있을 것이다.
만약 내가 고난의 끝에 도달하여
내 영혼을 빛과 삶으로 되돌려놓고 더는 울지 않으려면
나는 법칙을 따르며 그 앞에 머리를 조아릴 것이다.
법칙이 내게 굽히지는 않을 것이므로.

오만하게 굴며 모든 좋은 것에 권리를 주장하는 건
내 일이 아니다.
구하고 찾는 일에 몸을 낮추고 임하는 것,
알고 이해하는 게 내가 할 일이다.
또한 모든 거룩한 발걸음이 지혜를 향해 나아갈 때
내가 주장하거나 명령할 일은 아무것도 없다.
내가 할 일은 오로지 알고 이해하는 것이다.

바다의 음악

슬픔을 위로하는 노래

나는 바다의 음악을 듣는 걸 좋아한다.
영원의 바닷가에 서면, 연주하듯
이상하고도 심오하며 신비로운 멜로디가
언제까지나 사람의 영혼을 노래한다.

마구잡이로 거칠게 바위를 때릴 때는
파괴적인 열정을 노래하다가,
다음 순간, 스스로 입힌 충격의 고통에
흐느끼며 구슬프게 뒤로 물러나기도 한다.

조용히 신음하며 기운 없이 구를 때는

순교와 소리 없는 고통에 대해 들려주며,
바위에 부딪혀 무시무시하게 울부짖을 때는
영혼의 죽음과 절망을 이야기한다.

그러나 자갈 가득한 해변이 반짝거리면서
햇볕, 장난스러운 산들바람과 어울리면
거품이 몽글거리는 듯한 흥겨움과 유쾌함이 일어
더도 덜도 아닌 보이는 대로의 기쁨을 준다.

거의 속삭이지도 않고 잔잔히 누운 바다는
평화의 고요한 심장 소리를 들려주는 것 같다.
열정이 가라앉은 뒤, 말로 표현 못할 그런 상태.
그런 때 우리 인간들의 슬픔은 간 곳이 없어진다.

장난스럽다가 요동치기도 하고,
평화롭다가 사납게 몰아치면서
바다는 제 가슴, 제 평화, 제 안의 다툼을 보여주지만.
그건 곧 우리 안의 낯선 열정과 평화,
우리 인생의 광기와 지혜다.

인간 영혼의 상징, 너 바다!

나는 외로운 바닷가에서 네 음악을 듣는 걸 좋아한다.

네 영원의 멜로디로

언제까지나 우리의 영혼을 노래해 주렴.

16

사랑의 정복

부드럽게 계속하는 힘

나는 바닷가에 서서 바위들이
거센 바다의 맹공격을 견디는 것을 보았다.
그리고 영원의 시간 동안 셀 수도 없을 충격을
견뎌낸 바위를 생각하면서 이렇게 말했다.
"파도가 이 견고한 바위를 침식하기 위해
그토록 쉼 없이 노력했지만 헛일이었구나."

그러나 파도가 바위에 틈을 내 갈라놓은 게 보였고,
또한 내 발밑의
모래와 자갈(저항이 지나간 뒤의 가련한 잔재들)이
물을 만나 이리저리 휩쓸리는 게 눈에 들어왔다.

그리고 파도 아래로 고대의 흔적이 눈에 띄었다.
그때야 나는 알게 되었다.
물은 돌들을 노예처럼 붙들고 있었음을.

나는 참을성 있는 부드러움과 끊임없는 흐름으로
물이 이루어 낸 대단한 일을 보았다.
물이 어떻게 하여 그 웅장한 낭떠러지를 발치로 가져오고,
숱한 언덕을 야트막하게 만들었는지.
어떻게 하여 연약한 물방울이
다이아몬드 같은 철벽을 정복하여 끝내 무너뜨렸는지.

나는 알게 되었다. 고집스럽게 저항하는 죄악들이
부드럽게 끊임없이 밀려드는 사랑의 힘에
끝내 굴복해야 한다는 것을.
왜냐하면 사랑의 힘은
인간의 영혼에 박힌 오만한 바위를 향해
언제까지나 밀려들었다 물러갔다 할 것이므로.
결국 모든 저항은 지나가, 과거가 될 것이며,
모든 심장은 사랑의 힘에 무릎을 꿇을 것이므로.

17

열 번째 생일을 맞은
나의 딸 노라에게

태어나는 순간부터 어여뻤던 내 딸.

너는 엄마 품에 안겨 울고 있었어.

어느덧 십 년이 흘러

네 머리가 내 가슴께에 닿을 만큼 너는 훌쩍 자랐구나.

너를 사랑한 지 십 년이 지나갔지만,

그간에 쌓은 순수함과 행복은

너와 함께 우리 곁에 고스란히 간직되어 있지.

네 엄마도, 나도 네게 키스를 보낸다.

우리의 키스를 영원히 봉인해 버리렴!

너의 걸음으로, 네 순한 날들을 가득 채웠던

순수한 길들을 언제까지나 간직하길.
또한 네 순결한 네 마음을 언제나 간직하길.
그리하여 어떤 사악한 화살도
네 마음을 고통으로 뚫지 못하길.
후회와 고통이 너의 순결한 몸과 마음에서
한없이 위축되며,
네가 입은 평화의 흰옷에 티끌 하나도 묻지 않길.

오! 내 딸,
행복은 순수한 이들의 발걸음을 따른다는 걸 명심하렴.
그릇됨, 다툼의 유혹이 있을 때는
무구한 삶이 네게 전해준 보석을 단단히 잡아야 한다.
놓치지 말고, 가볍게 쥐지도 말고, 네게 묶어둬야 해.
그건 값을 매길 수 없는 네 순수함의 표상이니까.

내면의 순수함

고통으로부터 자유로워지는 법

삶이 번민이며 자기애가 사슬인 것을,

너희는 알고 있는가?

그 사슬이 너희의 흔들리는 영혼을 속박하고

살을 베어 고통으로 몰아넣는 것을 보며,

신뢰의 아름다운 꽃밭 아래 비방의

뱀들이 도사린 것을 보며.

너희 슬퍼하는가?

아니면 증오의 자욱한 먼지 아래 묻혀 버린

우정 때문에 울고 있는가?

그렇다면 들어라.

이기적인 단맛은 짧고, 자기본위로 만든 관계는 덧없다.

시들지 않는 사랑, 결코 죽어 사라지지 않는 삶,

한 번도 뱀의 점액으로 더럽혀진 적 없는 길,

지친 발이 휴식과 평화를 얻고,

더는 기만에 휘둘리지 않는, 그런 곳은 있다.

용서하지 못함, 그릇된 판단, 자기 위주,

적개심을 품은 삶에서 벗어나

마음 깊은 곳에서 자유로워지면,

너희는 이 순수한 사랑과 삶을 가질 수 있다.

기억 속에 과거 상처의 얼룩이 남지 않은 사람은

평화의 아름다운 길을 가게 될 것이다.

마음에 흠결이 없는 이에게 더 이상 고통은 없다.

자기희생

영원한 빛과 기쁨, 평화에 이르는 길

━━━━━━━━━━━━━━━━━━━━━━━━━━━━━

고된 싸움에서 이겨 차지한
희망의 정상에는 큰 영광이 있다.
위대한 업적을 이루며
세월을 보낸 이의 백발은 찬란한 명예로 빛난다.
황금을 얻기 위해 분투한 이에게는
합당한 부유함이 찾아오며
명석한 두뇌로 열심히 일한 이에게는 명성이 주어진다.
그러나 더 큰 영광은,
피를 흘리지 않는 싸움에서 자아에 맞서
잘못에 대항해 분투하며 사랑 속에서
희생적인 삶을 사는 이를 기다린다.

또한 더 큰 명예는 자기를
맹목적으로 숭배하는 이들의 멸시 속에서
기꺼이 가시 면류관을 받아들이는 이의
머리 위에서 빛날 순간을 기다린다.
그리고 더 합당하며 더 순수한 부유함은
더 나은 인류의 삶을 위해
대단히 분투하며 사랑과 진실의 길을 걷는 이에게
찾아온다.
또한 인류를 잘 섬기는 사람은 덧없는 명성을 초월하여
영원한 빛과 기쁨, 평화를 얻으며,
정화의 불꽃 속에 예복을 단정히 하고 자리한다.

흰옷

눈에 보이지 않는

━━━━━━━━━━━━━━━━━━━━━━━━━━━━━━━━

보이지 않는 마음의 흰옷은
죄와 슬픔, 비탄과 고통으로 얼룩져 있다.
회개의 물웅덩이가 차고 넘쳐도, 기도가 샘물처럼 솟아도
그 옷이 씻겨 다시 희게 될 수는 없다.

내가 무지의 길을 걸어갈 동안은
내내 내가 저지른 잘못의 얼룩이 들러붙어 있을 것이며,
자아의 뒤틀린 길을 표시해 주는 오염된 얼룩 속에는
번뇌와 실망이 고통스럽게 도사리고 있을 것이다.

오직 지식과 지혜만이 내 옷을 정화하여

깨끗하게 만들 수 있다.
그 속에 사랑의 물이 가득 차 있기 때문이다.
그 속에 흔들리지 않으며, 영원하고, 잔잔한
평화가 깃들어 있기 때문이다.

죄와 회개는 고통의 길, 지식과 지혜는 평화의 길이다.
실천이라는 가까운 길을 택해 나는 찾을 것이다.
어디서 행복이 시작되지, 어떻게 고통과 슬픔을 끝내는지.

자아가 사라지고 그 자리는 진실이 차지할 것이다.
불변하는 단 하나,
불가분의 존재인 진실이 내 안에 자리 잡고서,
보이지 않는 마음의 흰옷을 정화해 줄 것이다.

의로운 사람

영원을 아는 자

의로운 사람에게는 어떤 해로운 화살도 닿을 수 없다.
그는 증오의 폭풍 한가운데 의연히 서서
온갖 위해와 상처, 방해에도 아랑곳하지 않으니
운명의 노예들조차 벌벌 떨며 그를 둘러싸고 있다.

장엄한 침묵의 힘 속에 고요히 서서.
변하지도, 돌아보지도 않고, 인내하며
고통의 가장 어두운 시간을 굳건히 견디니.
시간이 그 앞에 엎드리고, 죽음과 파멸이 그를 외면한다.

분노의 섬광 같은 번개가 그의 주위를 맴돌고,

지옥의 깊은 천둥소리가 그의 머리 위에서
우르릉거리지만
그는 신경 쓰지 않는다.
땅과 시간과 공간이 달아나 버린 곳
거기 버티고 선 이를 누구도 해칠 수 없기 때문이다.

불멸의 사랑이 보호하는 그에게 무슨 두려움이 있을까?
불멸의 진실로 무장한 그가
무얼 잃고, 무얼 얻는 걸 알 수 있을까?
영원을 알기 때문에,
그는 온갖 그림자들이 왔다가 또 가도 움직이지 않는다.

그를 불멸이라 부르고, 진실과 빛이라 불러라.
그는 또한 예언자의 위엄으로 빛나는 영원한 존재이니.
밤의 권능 한가운데 머물며
거룩한 영광을 옷처럼 두르고 있다.

22

선택

선과 악 사이에서

악을 향한 의지와 선을 향한 의지,

둘 다 우리 안에 존재한다.

어느 쪽을 선택할 텐가?

또한 우리는 옳은 것과 그른 것을 안다.

어느 것을 사랑하고 북돋우며, 어느 것을 파괴할 텐가?

우리는 생각과 행동을 선택하는 자이며

내적 상태를 스스로 만드는 자이니.

원하는 사람이 될 수 있는 능력 또한 우리에게 있다.

진실과 사랑, 거짓과 증오 중

무엇을 지어올릴지 선택하는 건 우리다.

만약 악을 선택하고 자기애를 고르면
선을 향한 외침과 기도는 모두 헛되이 사라지고 만다.
우리의 생각과 행동이 선하거나 악한 결과를 가져오며
기쁨과 고통을 만드는 것도 우리의 깊은 내면이다.

우리가 선을 추구하며, 악을 물리치려 애쓴다면
우리는 기뻐서 이렇게 말할 것이다.
"봐! 빛과 사랑, 평화가 내 곁에 있어.
진실은 시들지 않고, 선한 기운이 넘쳐나."

그러므로 생각과 말, 행동을 스스로 선택하라.
선택하는 대로 그 삶을 살 것이다.
선을 향해 살기로 하면 기쁨과 평화를 누릴 것이고,
악을 향해 살기로 하면 불행과 분란이 찾아갈 것이다.

23

진실의 승리
이루지 못할 일은 없다

당신이 올라가지 못할 높이란 없다.

당신이 보지 못할 장엄한 광경도 없다.

만약 당신이 유한한 시간을 넘어선다면,

그리하여 순수함, 아름다움, 진실에 다다른다면.

거룩한 자의 눈에만 보이는 광경,

선견자만이 누리는 행복한 모습, 현자들이 꾸는 꿈

당신에게 없는 이 모든 게 당신 것이 될 수 있다.

아니, 하늘이 당신에게 권능을 내릴 것이다.

만약 당신이 정당한 권리를 얻기만 하면

당신이 전복시키지 못할 죄는 없다.
문어가 희생자를 옭아매듯, 비열한 일이 온몸을 휘감아도
당신은 이내 강력한 적을 물리칠
방법과 무기를 알아낼 것이다.

당신은 죄와 슬픔, 수치를 위해 만들어지지 않았다.
당신은 진창을 구르기 위해 태어나지 않았다.
당신은 일어서는 존재, 이름을 부여받은 존재이며,
당신에게는 닿을 수 있는 손, 열망할 수 있는 정신이 있다.

영광과 강인함 그리고 승리, 이것들이 당신의 것이다.
떨치고 일어나 내면의 적을 모두 정복하라.
하늘을 올려다보라. 그 빛이 얼마나 찬란한지!
일어서 공격하라. 당신은 비탄을 종식하는 정복자다!

24

가르치려 드는 사람들에게

진실이 이렇고 저렇고 하며 가르치려 드는 사람들이여.

당신은 의심의 사막을 건너보았는가?

슬픔의 불길 속에서 당신의 마음을 정화했는가?

당신의 가슴이 연민으로 가득 차

의견의 탈을 쓴 악마가 쫓겨 나갔는가?

당신의 영혼이 깨끗하여

거짓된 생각은 아예 숨어들 수 없는가?

사랑이 이렇고 저렇고 하며 가르치려 드는 사람들이여.

당신은 절망의 땅을 지나왔는가?

어두운 밤 내내 슬픔으로 울어 보았는가?

그릇된 일, 미움, 끊임없는 스트레스를 바라보면서도
당신의 인간적 마음이 온화한 연민에 차서 움직이는가?
(이제 슬픔과 걱정에서 놓여났으므로)

평화가 이렇고 저렇고 하며 가르치려 드는 사람들이여.
당신은 다툼의 광활한 바다를 가로질러 보았는가?
삶의 온갖 거친 불안을 잠재우는
고요의 바다를 찾아냈는가?
당신의 인간적 마음에서 모든 다툼이 가라앉고
오로지 진실과 사랑, 평화만 남아 있는가?

만약 세상을
바로잡으려 한다면

만약 세상을 바로잡아
그 안의 사악함과 비애를 내쫓아버리려 한다면,
황량한 땅에 꽃을 심어
음울한 사막이 장미처럼 살아나게 하려면,
자기 자신을 바로잡아라.

만약 세상을 바꾸어
오랫동안 고독하게 갇혀 있던 죄에서 벗어나
모든 상처 입은 가슴을 회복시키며
슬픔을 파괴하고 달콤한 위로를 주려 한다면,
자기 자신을 바꾸어라.

만약 세상을 치유하여
오랜 병을 고치고 슬픔과 고통을 끝내려 한다면,
온갖 치유의 기쁨을 불러와
괴로워하는 이들에게 다시 안식을 주려면,
자기 자신을 치유하라.

만약 세상을 깨워
죽음과 어두운 투쟁의 꿈에서 깨어나게 하고,
사랑과 평화를 불러일으켜
불멸의 삶, 그 빛으로 환하게 하려면,
자기 자신을 깨워라.

26

오늘 밤은 어떤가요?

죽음을 두려워하지 않는 자여,
오늘 밤은 어떤가요?
산꼭대기에 희미한 새벽빛이 어리는 걸
아직 보지 못했나요?
빛 가운데서도 황금색 빛의 전령 말입니다.
그의 아름다운 발이 언덕 꼭대기에 닿았나요?

그가 어둠을 내몰고,
밤의 온갖 악마들도 함께 물리치겠죠?
그의 화살 같은 빛이 눈앞을 스치나요?
그의 목소리가 들리나요?

잘못된 것들의 종말을 고하는 그 목소리 말입니다.
빛의 연인, 아침이 오네요.
이제 그가 산의 이마를 금빛으로 칠하고 있어요.
내 눈에도 그의 빛나는 발이
밤을 향해 놓인 길을 걸어가는 모습이
희미하게 보입니다.

어둠은 사라질 테고, 어둠을 사랑하는 온갖 것들
그리고 빛을 싫어하는 것들까지 모두
밤과 함께 영원히 사라질 겁니다.
기뻐합시다! 전령이 빠르게 다가오며 노래하고 있어요.

27

지식

진실을 통해 진실을 발견하기

우리는 선한 행동을 하여 선을 발견하며,

진실해져서 진실을 발견한다.

또한 우리가 애착하던 환상을 녹여 없애고

우리 눈을 가렸던 그림자를 뚫고 나아가

실체를 알아냄으로써 실재를 발견한다.

그렇게 마음을 굳게 가지면 얻을 수 있고,

얻고 나면 알게 된다.

알게 된 이에게 누가 슬픔을 주고 해를 끼칠까?

덧없는 겉보기의 세상에서, 어떤 희생자가 바들바들 떨며

지혜의 방패로 무장한 이의 마음을 뚫거나

팔을 찌를 수 있을까?

어떤 사건, 어떤 상황, 어떤 변덕스러움이
불변의 정신을 지닌 사람을 흔들 수 있을까?
자신의 삶을 변하지 않는 선과 융합시킨 사람은
지식 속에 굳건히 서서
아무것도 두려워하지 않고 그 무엇도 미워하지 않는다.
그의 심장과 마음은 사랑으로 만들어져
지혜로 다듬어졌으므로.

악의 종말
선은 언제나 우리와 함께 있다

선한 길을 찾으면 모든 악이 지나가 버리며,
말과 행동, 마음이 진실과 지혜로 이루어지면
속박과 감금은 종말을 맞는다.

선은 언제나 우리와 함께 있다.
단지 선을 얻기 위한 지혜가 필요할 뿐.
우리가 가난하고 모자란 건 지혜가 부족해서이니,
지혜를 얻으면 그토록 오래 바랐던 선이 우리 것이 된다.

그러므로
가만히 있어라, 모든 영혼아. 평화가 네 것이니.

굳건해라, 심장아. 강인한 거룩함이 네게 속해 있으니.

불안해하지 말아라, 마음아.

영원한 안식처를 찾게 될 테니.

29

신성한 사람
사람은 굴복하지 않는다

사람이 죄와 수치심보다 우월하다.

사람은 악과 그릇됨을 권좌에서 몰아내며,

자기 안의 짐승을 눌러 길들이니.

야만은 가고 천사가 나타날 것이다.

지금도 신성한 사람이

정복의 왕관을 쓰고서 모든 두려움을 물리치고 있다.

영원하여라, 신성한 사람이여!

죄와 수치와 슬픔의 정복자여!

당신은 이제 약하지 않으며,

더는 벌레같이 비굴하지 않다.

아니, 당신은 다시는 징벌과 죽음으로 모는 것들에
절대 굴복하지 않는다.
당신은 당신의 힘으로 승리하여 일어난다.
선함과 순수함, 지혜로!

인내

우주의 비밀을 아는 이여, 조용히 기다려라

목적을 이루기 위해 이처럼 치열하게 다투는 건 왜일까?

원한에 불을 붙이고, 후회에 재를 뿌리는

이토록 이기적인 논쟁.

논쟁으로 진실과 자연을 굴복시킬 수 있단 말인가?

몸을 굽혀, 일하면서 기다려라.

굳건히 또한 조용히 기다려라.

맹렬한 힘보다 부드러운 성장이 더 강한 법이니.

꽃이 되어라.

존재하는 것에 만족하며

매일 달콤함 속에서 자라는 것에 만족해라.

저주처럼 보이는 것 속에

숨은 행복을 아는 것에 만족해라.

사랑의 아이는 논쟁하려 들지 않는다.

네가 사는 대로 존재하고 살아가는 것에 만족해라.

그게 우주의 단순한 비밀이며, 너는 그걸 안다.

회복

이기적인 마음에서 벗어나기

―――――――――――――――――――――――

우리는 다투고 발버둥치며 이기적으로 얻으려 하고,
진실의 부드러운 음성에는 귀를 닫고
고통의 어두운 길에서 기를 쓰고 씨름한다.
또한 우리는 열정에 눈멀고 길 잃었으며
사랑과 연민의 소박한 길을 함부로 대한다. 그래서,
우리는 슬픔과 비애 속에 살아가며
안식을 찾지 못하고 행복한 기쁨도 알지 못한다.

우리는 다툼과 분노, 미움과 고통에 지쳤으며
학자들이 벌이는 논쟁에도 염증을 느낀다.
사랑하는 형제자매여,

우리는 뒤돌아 다시 당신들의 얼굴을 바라본다.
더 순수해진 눈으로 세상을 탐색한다.
물웅덩이를 들여다보듯 부드럽고, 깊게,
조용히 응시하여 안식을 찾아낸다.
이제 생기를 되찾아 축복 가득해진 우리는
서둘러 우리의 갈 길을 나선다.

32

잡힌 새를 풀어주다

무자비한 손의 올가미에 걸려
단단히 옭아매진 작은 새를 보았다.
온순한 희생자는 겁에 질린 채 애처롭게
자유를 갈망하며 온몸을 푸드덕거리지만,
발버둥만 칠 뿐 빠져나와 창공으로 날아가지 못했다.

나는 공포에 질린 작은 새를 안아 들었다.
파닥거리는 심장에서 거센 절망의 소리가 울렸다.
"자, 봐. 너와 나는 오늘
위대한 신들의 저녁 식사에 함께하게 될 거야."
그런 다음 나는 새를 하늘로 날려 보냈다.

새는 솟구쳐 올라, 한 차례 빙 돌고는 멀리 날아갔다.
그 큰 기쁨에 내 마음 역시 축복받은 듯 행복했다.
그렇게, 우리는 그날 함께 높으신 신들의 만찬에서
신의 감로주를 맛보고 신의 포도주를 마셨다.

슬픔에 잠겨 있나요?

슬픔에 잠겨 있나요? 의심과 깊은 혼란에 싸여
절망에 빠져 있나요?
자기를 내려놓고, 당신이 가진 좋은 걸 동료와 나누세요.
그러면 당신에게 축복이 내릴 겁니다.

사랑의 밝은 햇살을 가슴으로 받아들이세요.
그리하여 기쁨, 평화, 안식을 누리세요.
이기심의 어두운 그림자가 떠나게 하세요.
그리하여 영원히 진정한 축복을 받으세요.

내가 순수해지면

내가 순수해지면, 그때는
삶의 신비를 풀 수 있을 것이며
미움과 욕망, 다툼에서 해방될 것이다.
내가 진실 안에 있으며
진실이 내 안에 머문다는 걸 확신하게 될 것이다.
또한 나는 안전하고 온전하며 한껏 자유로울 것이다.
내가 순수해지면.

불멸
진실의 길을 찾는 이들에게

진실의 길을 찾는 사람은 죽지 않으며
결백한 발로 순수의 길을 걷는 사람에게는
타락이 보이지 않는다.
선의 문을 찾아 그 안으로 들어가는 사람은
비탄에 빠진 어두운 세상을 헤매지 않는다.
그는 주인의 식탁에서 축제를 즐기며
불멸을 맛볼 것이기에.

찾고 있나요?

사라져 버리지 않는 행복을 찾고 있나요?
슬픔 없이 오래 지속되는 기쁨을 찾고 있나요?
사랑, 인생, 평화의 샘물을 숨찰 만큼 절실하게 찾고 있나요?
그렇다면 어두운 욕망을 모두 버리고,
이기적인 탐색을 멈추세요.

슬픔에 시달리며 상처 입은 채
고통의 길을 한없이 걷고 있나요?
지친 발에 상처를 덧입히며 이리저리 헤매고 있나요?
눈물과 슬픔이 그치는 안식의 장소를 간절히 원하나요?
그렇다면 자아의 심장을 희생하여 평화의 심장을 찾으세요.

8장

***

마음, 몸, 영혼을
회복하는
31일의 명상

***

Morning and Evening
Thoughts, 1909

제임스 앨런이 한 달 동안 아침저녁으로
묵상한 내용을 엮었다.
투쟁과 논쟁, 서두름, 의식과 의식이 난무하는
이 시대에 제임스 앨런은 명상의 메시지를 가지고 와서
사람들이 다툼에서 벗어나 영혼의 평화와
고요함을 찾을 수 있도록 인도한다.
세상의 소음에 휘둘리지 않고
신념에 따라 정진하며 고요한 마음을 지닌 자에게
운과 축복이 깃든다고 여겼던 그는
이른 아침과 해질녘, 세상이 잠들어 있는 동안
하느님과 단둘이 소중한 시간을 보냈다.
이 장에 실린 글은 출판되거나 출판되지 않은
제임스 앨런의 많은 저작들에서 수집되었으며,
매일 아침저녁으로 읽으며 묵상할 수 있게 구성되었다.

James Allen

진보와 성취

첫 아침

행복한 삶을 향해 나아갈 때
가장 단순하게 시작하려면 고려할 것.
바른 길을 매일 만드는 것,
매일 새로운 삶을 시작하는 것.

'매일'에는 '새로운 삶의 시작'이라는
의미가 깃들어 있으니.
새로운 생각과 행위, 새로운 일상
더 현명하고 나은 정신이 그것이다.

옳은 하루를 시작하면
밝은 힘이 두루 끼쳐
유쾌한 기운이 집안에 감돌고,
그날의 일, 해야 하는 일들이
굳세고 자신감 있는 정신으로 이루어지니.
결국 하루를 온전히 영위하게 되는 것이다.

첫 저녁

희생 없이 얻어지는 진보와 성취는 없으며,
우리가 얻는 세상의 성공은
혼란한 동물적 사고를 걷어내고
계획한 것들을 향해 마음을 다잡아
결심과 자립의 의지를 굳건히 하는 데 달려 있다.

생각이 드높을수록
우리는 더 강하고, 바르고, 의로워질 것이고,
성공의 몫 또한 더 커질 것이며,
더 큰 행복, 더욱 오래 이어지는 성취를
누릴 것이다.

바른 생각

___

둘째 아침

바른 생각에는 반드시 바른 행동이 따르고,
바른 행동은 반드시 바른 삶으로 이어지며,
바른 삶에서 온갖 축복이 이루어지니.
마음이야말로 빚고 지어내는 참된 주인의 힘이다.

사람이란 곧 그의 마음이며 둘은 늘 함께하니,
생각의 도구, 자기가 뜻한 대로 빚어내는 것들이
천 가지 기쁨, 천 가지 불행을 낳는 법.
남은 모르는 혼자만의 생각이 결국 현실이 되므로,
환경이란 자신을 비추는 거울에 지나지 않는다.

둘째 저녁

마음의 평온은 지혜가 빚어내는 아름다운 보석이니,
인간은 사고가 진화하는 존재임을 스스로 이해하는 만큼
평온을 얻는다.

바른 이해가 깊어갈수록,
그리하여 인과의 작용에 따라 흐르는
세상일의 내적 연관을
더 선명히 들여다볼수록
더는 초조해하거나 노여워하지 않게 된다.
걱정, 슬픔도 그치게 되며
평온한 채로 흔들림 없이 고요해진다.

마음의 소리 듣기

셋째 아침

어떤 상황에서든

내부의 가장 깊은 곳에서 울리는 소리에 따르라.

언제든

고결한 자아에 충실하며 내면의 목소리,

내부의 빛에 응답하라.

두려워 말고 편안히 뜻한 바를 향해 나아가라.

또한 믿어라.

미래는 온갖 사고와 노고를 필요로 할 것이며

우주의 법칙은 결코 어긋나지 않을 것임을.

또한 본래 우리에게 속했던 것들은 수학과도 같이

정확하게
다시 우리에게로 돌아온다는 것을.
이것이 바로 믿음이며, 믿는 삶이다.

셋째 저녁
자신의 일을 충분히 이해하여
자기 것으로 만들어라.
일을 해나갈 때는 언제든 내면의 인도자,
오류 없는 그 목소리를 따르라.
그러면 승리에서 승리로 나아가며
한 걸음 한 걸음 더 높은 안식처로 올라갈 테니.
또한 시야가 한층 넓어져
삶의 본질적인 아름다움과 목적이
차차 눈앞에 펼쳐질 것이다.
자신을 정결히 하면 건강해지고,
스스로 절제하면 권세가 찾아오니.
이런 삶에서는 하는 일마다 번성한다.

덧없이 흐르는 시간 속에서도 내내 사랑과 인내 속에
오염되지 않는 삶을 살기를!

그리하여 어떤 순간에도 높은 도덕성을 훼손하지 않으면
건강과 성공, 권세가 우리를 기다리며
마침내 우리는 불멸의 땅에 이를 것이다.

겸손

─────────────────────────

넷째 아침

혀를 잘 다스려 지혜롭게 누를 수 있으면,

이기적인 충동과 가치 없는 생각에 들볶여

혀를 함부로 놀리지 않게 되면,

하는 말마다 해롭지 않고 순수하며

너그럽고 온화하여 진중하면,

또한 성실하고 진실한 말 외에 다른 말을 하지 않게 되면,

비로소 고결한 언어의 다섯 단계가 완성된 것이다.

진리에 관한 위대한 교훈의 두 번째로

우리가 익혀 숙달할 것은

바로 순수한 마음을 지니는 것.

이것으로 삶이 풍성하고, 달콤하며,
아름다워질 것이다.

넷째 저녁

겸손의 옷을 갖춰 입은 사람이
자신에게 하는 첫 질문은 이런 것이다.

"나는 다른 이들에게 어떻게 행동하고 있나?"
"나는 다른 이들에게 뭘 하고 있나?"
"나는 다른 이들을 어떻게 생각하나?"
"다른 이들에 대한 내 생각과 행동은
이기적이지 않은 사랑에서 비롯된 것인가?"

이런 깊은 질문을 자신에게 하는 이는
지금껏 어디에서 실패했는지 분명히 깨닫게 된다.

선한 마음

다섯째 아침

언제나 사랑 안에 살며 모두를 사랑하는 것은

참된 삶을 사는 것. 또한 삶 자체를 소유하는 것이다.

선한 이는 이것을 알아서

사랑의 정신에 자신을 남김없이 내어주며

모두를 품는 사랑 안에서 살아간다.

그는 누구와도 다투지 않고 아무도 비난하지 않으며

그저 모두를 사랑할 뿐이다.

이는 마치 그리스도의 사랑과도 같아서

온갖 죄악은 물론 온 세상의 분열과 다툼마저

그치게 한다.

다섯째 저녁

죄악과 이기적인 마음을 버리면

사그라지지 않는 기쁨이 심장에서 되살아나고,

스스로 비워버렸던 마음에 기쁨이 차오른다.

이 기쁨은 평화로운 이들 곁에 머물며

순수한 이들을 이끈다.

또한 기쁨은 이기적인 곳을 피하고

다툼을 물리치며

불순한 것을 멀리한다.

기쁨은 이기심과 함께할 수 없으며

오로지 사랑과 맺어질 뿐이다.

진실과 마주하기

여섯째 아침

순수한 마음에는 저 혼자만의 판단,

미움이 자리 잡을 수 없으니

거기엔 다정함과 사랑이 차고 넘치기 때문이다.

순수한 마음은 죄악을 알지 못한다.

우리도 다른 이들에게서 죄악을 보지 않게 될 때

비로소 죄와 슬픔, 고통에서 놓여난다.

죄를 지으면 마음으로 슬퍼하게 된다는 것을

우리가 이해할 때,

미워하는 마음은 아무 수확 없이 울며불며 굶주린 채

쉬지도, 잠을 자지도 못하게 될 것이다.

어느덧 그 자리에는 다정함이 깃들 것이며,
이해하는 마음을 가진 이들의 시선에
동정심이 어릴 것이다.

여섯째 저녁

진실과 똑바로 마주하는 것.
수많은 방황과 고통 끝에 지혜와 행복에 이르는 것.
내면의 온갖 적을 상대로 끝내 패배하여 물러나지 않으며,
결국 승리하는 것.
이것이 사람에게 주어진 신성한 운명,
영광스러운 지향점이며
모든 성자, 현인, 구원자들의 한결같은 선언이니.
징징대며 욕하는 것을 멈출 때 비로소
우리는 사람이 되기 시작하며
삶을 규정하는 숨겨진 정의를 찾아 나선다.
그리하여 삶을 규정하는 요소에
마음을 조화시킬 수 있으면,
그때 우리는 자신이 처한 상황을
다른 이의 탓으로 돌리지 않고
굳세고 고귀한 생각으로 삶을 일군다.

더는 환경을 핑계 대지 않고

오히려 더 빠른 발전에 도움이 되리라 여기게 되며,

자신 안에 숨겨진 힘과 가능성을 발견하는 도구로 삼는다.

실천

일곱째 아침

악을 향한 의지와 선을 향한 의지

둘 다 우리 안에 존재한다.

어느 쪽을 선택할 텐가?

또한 우리는 옳은 것과 그른 것을 안다.

어느 것을 사랑하고 북돋우며,

어느 것을 파괴할 텐가?

우리는 생각과 행동을 선택하는 자이며

내적 상태를 스스로 만드는 자이니

원하는 사람이 될 수 있는 능력 또한 우리에게 있다.

진실과 사랑, 거짓과 증오 중

무엇을 지어 올릴지 선택하는 건 우리다.

일곱째 저녁

예수의 가르침은 단순한 진리로 돌아가는 것이다.

바른 일 또는 옳은 일을 하는 건

온전히 개인의 행동 문제이며

생각이나 행동과 분리되는 신비로운 행위가 아니라는 것.

평온함과 인내를 몸에 깃들이기 위해서는

노력하여 깨닫는 게 먼저이며

평온과 인내를 꾸준히 생각하며

삶에서도 실천하는 것이 그다음이니.

그리하여 마침내 '실천이 제2의 본성이 되면'

분노와 조급함은 영원히 사라진다.

스스로 바로 서기

여덟째 아침

우리는 자신을 만들기도, 허물기도 한다.

생각의 대장간에서 무기를 벼려

자신을 파괴하는가 하면

기쁨과 강인함, 평화가 가득한

천상의 집을 짓느라 연장을 다듬기도 한다.

바른 생각을 선택하여 참되게 사용하면

높이 올라 신성한 완성을 이룰 수 있지만

생각을 남용하고 그릇되게 사용하면

짐승 아래로까지 격이 떨어질 수 있다.

이 두 가지 극단적인 성격 사이에도

무수한 등급이 있으며,
그 모든 게 우리에게 달려 있으니.
우리가 바로 그 제작자이자 주인이다.
우리야말로 힘과 지력,
사랑을 지닌 존재이자 자기 생각의 주인이므로
모든 상황의 열쇠가 우리 손에 있다.

여덟째 저녁

마음속 가장 깊은 방에 숨겨둔 것.
그게 무엇이든, 머지않아
외적인 삶에서 형태를 띠고 나타나기 마련이다.
반작용의 법칙을 피할 수는 없으므로.

모든 영혼은 자신에게 속한 것들을 끌어당기며,
그렇지 않은 무엇도 영혼에 다가갈 수 없다.
이것을 깨달을 때 비로소
거룩한 법칙의 보편성을 깨우치는 것이다.

그러니 세상을 바로잡아
그 안의 사악함과 비애를 내쫓아버리려 하면

황량한 땅에 꽃을 심어 음울한 사막이
장미처럼 살아나게 하려면,
자기 자신을 바로잡아라.

자기를 정복하기

아홉째 아침

삶의 부담을 가중하는 상황이 생길 때
변화를 일으키는 내면의 힘을 개발하고 활용하여
지나쳐가거나 뛰어넘을 수 있다.
그 힘이란 자기 정화와 자기 정복이다.

순수한 마음의 고결한 빛 앞에서는
온갖 어둠이 사라지고
사방의 먹구름이 눈 녹듯 자취를 감춘다.
자기를 정복한 이가
우주를 정복하기 때문이다.

그러므로 자기 정복의 길에 굳건히 나서서
믿음을 지팡이 삼아
자기희생의 높은 길을 걸어 나가면
반드시 최상의 번영을 얻을 것이며
풍성하고 오래가는 기쁨과 축복을 누릴 것이다.

아홉째 저녁

세상 만물을 실현하는 것은
조용하게 정복하는 사고의 힘이다.
우주도 사고에서 뻗어나왔다.

자신의 사고를
전능하고 비할 바 없는 선을 향한
완벽하고 변함없는 믿음에 맞추려면
선과 협력해야 하며
진심으로 악을 해소하고 파괴하는 일에
나서야 한다.

정신적으로 악을 부정하는 것
이것으로는 충분치 않으니,

반드시 매일의 실천을 통해
악을 넘어서고 악에 통달해야 한다.
정신적으로 선을 긍정하는 것
이것만으로는 충분치 않으니,
흔들림 없는 노력을 다하여
선의 내부로 들어가 선을 이해해야 한다.

긍정 확언

열째 아침

생각이란 그게 무엇이든 밖으로 내보내지는 힘이다.
지금 인생에서 차지하는 위치가 어떻든
성공, 유능함, 힘의 어떤 단계에라도 들어서기를 원하면
그 전에 평온과 평정심을 기를 수 있도록
사고의 힘을 집중하는 법을 배워라.

아무리 큰 어려움도
침착하며 방향이 분명한 사고 앞에서는
무너지기 마련이며,
그 일이 합당한 목표일 때는

지적 능력을 쓰고 영혼의 힘으로 방향을 지시하면
얼마든지 빠르게 실현할 수 있다.

선한 사고를 하라.
그러면 그 사고가 좋은 상황의 형태로
빠르게 외적 삶에 나타날 것이다.

열째 저녁

당신이 되고 싶고, 소망하는 존재가 있다면
지금이 그럴 수 있는 때이다.
소망대로 이룰 수 없는 건 오로지
언제까지나 미뤄와서 그런 것일 뿐.
미룰 힘이 있다는 건
그 일을 이룰 힘도 있다는 것.
심지어 영속적으로 이룰 수 있다.
그러므로 이 진실을 깨달아,
바로 오늘 그리고 매일
꿈꾸던 그 이상적인 존재가 되기를.

이제 자신에게 이렇게 말하라.

"나는 지금 당장 나의 이상대로 살 거야.

지금 당장 나의 이상을 실현할 거야.

지금 당장 내가 나의 이상이 될 거야.

나의 이상으로부터 멀어지게 하는 어떤 유혹에도

귀 기울이지 않을 거야.

오로지 나의 이상이 들려주는 목소리만 들을 거야."

사랑과 아름다움

열한째 아침

꽃이 되어라. 존재하는 것에 만족하며
매일 달콤함 속에서 자라는 것에 만족해라.

완벽한 지식을 갖춰 자신을 완성하고 싶은가?
그러면 사랑으로 완성을 이루어라.
가장 높은 곳까지 오르고 싶은가?
그러면 사랑하고 연민하는 마음을 끝없이 키워라.

선함을 선택한 이에게
그러기 위해 자신을 남김없이 내어주는 이에게

내어준 걸 뛰어넘으며, 모든 걸 포함하는
포상이 주어질 것이다.

열한째 저녁

위대한 법칙은 결코
당연한 것으로 인간을 속이지 않는다.

옳게 살아가는 인간의 삶은
아름답고 단순하다.

삶이 온전히 단순하다는 것.
이것을 이해하는 이는
이 법칙에 순응하여
이기적인 욕망의 어두운 길과
복잡한 미로에 발을 들이지 않으니,
그가 있는 데는 해악이 미치지 못한다.

거기엔 기쁨이 충만하고
풍요가 넘쳐나며
넉넉하고 완전한 행복만 있다.

부정적인 감정으로부터
멀어지기

열두째 아침

누구나 자기 생각과 행동의 결과를 거두며
자기 잘못으로 고통받는다.

바르게 시작하여 내내 바르게 살면,
굳이 좋은 결과를 욕망하거나 찾아다니지 않아도 된다.
그것들이 이미 가까이 와 있으므로.
그것들이 내 삶을 자연스럽게 따라오므로.
그것들은 바로 삶의 확실성, 곧 현실이다.

그러므로 탐욕, 증오, 어두운 욕망을 내려놓은 이의

안식은 달콤하고 행복은 깊을 것이다.

열두째 저녁

우리는 자신의 그림자를 만든다.

우리는 무언가를 바라고, 이내 슬퍼한다.

포기하고 풀이 죽었다가도 금세 기뻐한다.

영혼에 관한 온갖 아름다운 진실 가운데

… 거룩한 약속과 확신의 결실을

그 무엇보다 기쁘고 풍요롭게 만드는 건,

인간이야말로 생각의 주인, 인격의 형성자이며,

품성은 물론이며 환경과 운명을 다듬고 빚어내는

제작자라는 사실이다.

고난을 극복하기

열셋째 아침

어둠은 스쳐 지나가는 그림자이며

빛은 물질로 남는다.

슬픔은 덧없지만 기쁨은 언제까지나 곁에 머문다.

진실한 것은 스쳐 지나가지도 사라지지도 않으며

거짓된 것은 머물지도 보존되지도 않는다.

슬픔은 거짓이라 살아남을 수 없고

기쁨은 진실이라 죽을 수 없다.

기쁨이 잠깐 감춰질 수 있으나

반드시 되살아난다.

슬픔이 한동안 머물 수 있으나

딛고 넘어서서 흩어버릴 수 있다.

슬픔이 계속되리라 생각하지 말아라.

공중의 구름처럼 지나갈 것이니.

죄의 고통이 영원할 것이라 믿지 말아라.

끔찍한 악몽이 그렇듯 사라질 것이니.

그러니 깨어나라! 일어나라!

경건한 마음으로 기뻐하라!

열셋째 저녁

고난은 자아의 왕겨가 남았을 때,

없애야 할 것들이 남았을 때까지만 계속된다.

왕겨가 모두 벗겨지고 알곡만 남으면 탈곡기가 멈추듯,

마지막 불순물이 영혼에서 벗겨져 나가면

제 할 일을 마친 고난이 더 머물 필요가 없으며

그 자리를 기쁨이 오래도록 메운다.

고통의 유일하고도 특출난 쓰임은

무가치하고 불순한 온갖 것을 정화하고 태워 없애는 것.

순결한 이에게는 고통이 그친다.

불순물을 제거한 금을 새삼 태울 일이 없으니.

자기 통제

━━━━━━━━━━━━━━━━━━━━━━━━━━━━━━

열넷째 아침

자기 통제에 대해 말하면 오해를 사기 쉽다.
자기 통제는 파괴적인 억압이 아니라
건설적인 표현과 연관되어야 한다.

사람은 자기를 통제하는 만큼 행복해지며,
동물적인 본성이 생각과 행동을 지배하도록 내버려두면
딱 그만큼 비참하고 어리석으며 초라해진다.

자기를 통제하는 이는
자신의 삶과 상황, 운명을 스스로 조절하므로

가는 곳마다, 마치 영원한 소유물처럼
행복과 동행한다.

그러므로 거듭나려면 자기 극복이 먼저다.
사람들은 유흥과 흥분, 무가치한 쾌락에 빠져
영속하는 행복을 추구하지만
정작 그것은 이 모두를 뒤집는 삶에서 찾아지니,
바로 자기를 통제하는 삶이다.

열넷째 저녁

우주가 돌아가는 이치는 혼란이 아니라 법칙이다.
삶의 영혼, 곧 삶의 실체는 불의가 아니라 정의다.
세상의 영적 정부를 구성하고 움직이는 힘은
타락이 아니라 바름이다.
또한 인간은 우주가 바르다는 걸
스스로 알아챌 권리를 지닌 존재다.

나는 순수해짐으로써
삶의 신비를 풀 수 있을 것이며,
미움과 욕망, 다툼에서 놓여나

내가 진실 안에 있으며, 진실이 내 안에 머문다는 것을
확신하게 될 것이다.
그리하여 순수해진 나는
안전하고 온전하며 한껏 자유로울 것이다.

선행

_____

열다섯째 아침

사람들이 알았다면,

그들의 증오와 원망이

평화와 달콤한 만족을 죽이고

스스로 상처 입히고, 다른 사람을 도와주지 않으며

단 한 명 외로운 형제의 기운조차

북돋아 주지 않는다는 것을.

그랬다면 그들은 더 나은 행동을 추구하며

후회 없는 선행을 쌓았을 텐데,

사람들이 알기만 했다면.

사람들이 알았다면,
사랑이 얼마나 강한지
그 힘이 얼마나 널리 퍼져 잔혹한 증오를 몰아내는지
측은해하는 마음이 어떻게 슬픔을 끝내며
지혜롭게 만들고
격정으로 인한 고통을 자초하지 않는지.
그러면 그들은 결코 미움이 아닌 사랑 안에 살게 될 텐데,
사람들이 알기만 했나면!

열다섯째 저녁

예수 안에 자리했던 은혜와 아름다움이
당신에게는 아무런 가치가 없을지 모른다.
그것들을 당신 안에 깃들이지 않고서는
이해할 수 없을 테니까.
또한 실제로 행하지 않는 한 그것들이
결코 당신 안에 깃드는 일은 없을 테니까.
왜냐하면 실제로 행하는 걸 제외하면
선을 이루는 특질들이 당신 안에 존재하지 않으므로.
예수의 선하심을 이유로 흠모하는 것만으로는
진리로 가는 길이 멀고 험하지만,

예수의 선하심을 그대로 실천하면
그것이 곧 진리가 되며.
마찬가지로 다른 이의 완벽함을 온전히 흠모하는 이는
불완전하다는 핑계로 주저앉지 않고
영혼을 다해 그 사람과 닮아갈 것이다.

그러므로 예수의 거룩하심을 흠모하는 이
예수의 미덕을 실천하라.
당신도 거룩해질 수 있다.

마음먹은 대로 이루기

열여섯째 아침

삶 전체가 마음에서 비롯된다는 걸 깨닫는 이에게
행복의 길이 열린다.
그는 스스로 마음을 다스리며
마음이 숭고한 목적을 따라가도록 매만질 힘이 있다는 걸
알게 될 것이므로.

그리하여 그가 선택하는 길은
생각과 행동 모두가 훌륭한 삶의 길이 될 것이며
그 길을 굳건하고 흔들림 없이 가게 될 것이다.
그의 삶은 아름답고 신성할 것이며

이르든 늦든 그는 온갖 악과 혼란, 고통을
쫓아버릴 것이다.
그는 지칠 줄 모르는 근면함으로
스스로 마음의 문을 지키는 사람.
그런 그가 자유와 깨달음, 평화에 닿지 않을 일은 없다.

열여섯째 저녁

끊임없이 자기를 극복하는 사람만이
얽히고설킨 제 마음을 알게 되며
이 신성한 지식을 얻은 뒤에야 비로소
그는 평온함을 지켜나간다.

자기를 알지 못하면
마음의 평화는 오래가지 않으며,
사나운 열정에 휩쓸리는 채로
거룩한 평온의 땅으로 들어갈 수는 없다.

나약한 이는 질주하는 말 위에 앉은 것과 같아서
말과 함께 달리면서
어디로든 말이 가고 싶어 하는 곳으로 끌려간다.

강한 이는 말 위에 앉아

능숙하게 말을 다루며

지시하는 방향과 속도로 말을 달리게 한다.

사랑과 행복으로 충만한 삶

열일곱째 아침

다툼과 이기심이 없는 왕국

그곳에는 완벽한 화합과 균형, 휴식이 있다.

이 사랑의 왕국에 사는 이들은

사랑의 법칙으로 모든 게 충족된다.

온갖 다툼과 고통이 자기로부터 비롯되듯

온갖 평화와 행복은 사랑에서 비롯되니,

이 왕국에서 휴식하는 이는

바깥의 소유에서 행복을 찾지 않으며

근심, 걱정에서 놓여나

오로지 사랑 안에서 쉰다.

그가 곧 행복의 화신이다.

열일곱째 저녁

왕국의 아이들이 태평하고 게으르게 산다고

여기지 않기를.

(이 두 가지는 왕국으로 들어가는 이들이 가장 먼저

내다 버리는 죄이므로)

아이들은 그저 평화롭게 활동하며 살아간다.

그 삶은 참된 삶이다.

걱정, 슬픔, 두려움이 이어지는 이기적인 삶은

진짜 삶이 아니므로.

왕국의 아이들은 삶으로 말을 대신한다.

삶에서 신성한 정신의 열매를 체현體現해 보이니

그 열매란 어떤 상황에서도,

온갖 부침 가운데에서도 한결같은

사랑과 기쁨, 평화 오래 참음,

친절, 선함, 성실함, 온유함 그리고 절제다.

힘에 굴복하지 않기

열여덟째 아침

예수의 복음은 살며 행하라는 말씀이다.

그래서 그분의 말씀이 영원한 진리가 되었다.

그분의 성전은 품성을 정화한 이에게만 허락되며

그 안에 든다는 건 온 마음으로 무릎을 꿇는 것이다.

성전에 들려고 하는 이는 죄를 떨어내고,

그 보상으로 기쁨과 행복, 완전한 평화를 약속받는다.

천국에는 완벽한 믿음, 완벽한 지식,

완벽한 평화만 있으니.

그곳에 죄악은 들어갈 수 없고,

자기 본위의 생각이나 행동도
천국의 황금 성문을 통과할 수 없다.
불순한 욕망이 그곳의 빛나는 예복을 더럽힐 수 없으며,
원하는 누구나 그곳으로 들어갈 수는 있지만
반드시 대가를 치러야 하니.
바로 조건 없는 자기 포기다.

열여덟째 저녁

상황이 당신에게 영향을 미치는 건
당신이 허용하는 한에서다.
그리고 나는 이게 진실이라는 걸 알고 있다.
당신이 상황에 휘둘리는 건,
생각의 본질이나 쓰임, 그 힘에 대해
당신이 올바르게 알지 못해서다.
당신은 외부의 사물이 삶을 만들거나
망칠 수 있다고 믿는다.
(또한 '믿음'이라는 이 작은 단어에
우리의 온갖 기쁨과 슬픔이 달려 있다.)

그 믿음 때문에,

당신은 바깥의 사물에 무릎을 꿇고 엎드려
당신이 저들의 노예라고,
그것들이 당신의 조건 없는 주인이라고 고백한다.
그 믿음 때문에 당신은 저들에게
저들이 애초에 소유하지도 않았던 힘을 가져다 바친다.
그러나 실제에서 당신이 굴종하는 대상은
상황이 아니라 당신의 생각이 그 주변에 던진
어둠 또는 기쁨, 두려움 또는 희망,
강점 또는 약점 같은 것들일 뿐이다.

가진 것에 행복하기

열아홉째 아침

만약 당신이 무덤 너머의 더 행복한 세상을 위해
기도하고, 기대하는 사람이라면
당신이 기뻐할 만한 소식이 있으니,
그건 당신이 지금 당장 행복한 그 세상으로 들어가
행복을 실현할 수 있다는 것.
왜냐하면 그 세상은 온 우주에 가득하며
바로 당신 안에도 있기 때문이다.
그 세상은 지금도
당신이 찾아내어 알아봐 주기를,
그리고 소유하기를 기다리고 있다.

존재에 깃든 법칙을 이해하는 사람은 이렇게 말한다.
"사람들이 여기 있다, 저기 있다고 할 때.
그 말을 따르지 마라.
하느님의 왕국은 당신 안에 있으니."

열아홉째 저녁

천국도 지옥도 내면의 상태이니.
자기에게 빠져 온통 자기만족에만 몰입하면
그것이 지옥으로 떨어지는 것이며,
자기를 뛰어넘어 자기를 철저히 부정하고 잊어버리는
그런 의식의 상태에까지 오르면
그것이 천국으로 들어가는 것이다.

이기적인 마음으로
자신만의 행복을 추구하는 한
아주 오랫동안
행복은 당신을 피해 갈 것이며 또한
당신은 불행의 씨를 뿌리게 될 것이다.
다른 사람을 위한 일을 하느라
자신을 잊고 살아가다 보면

그만큼의 행복이 당신을 찾아갈 테니,
그때 당신은 행복의 수확을 거둘 것이다.

타인을 향한 연민

―――――――――――――――――――――――

스무째 아침

연민은 결코 낭비되는 일이 없다.

괴로워하고 고통받는 사람들을 가엾게 여기는 마음이

연민의 한 가지 모습이라서

연민하는 이는 상대의 고통을

덜거나 도와주고 싶은 마음을 지니게 되니.

세상에는 이 고귀한 자질이

더 많이 필요하다.

약한 이에게는 연민이 세상을 부드럽게 만들어 주며

강한 이에게는 연민이 품격을 높여 준다.

자신보다 더 성공한 다른 이와 함께 기뻐하는 것.
그 성공이 마치 우리 것인 것처럼 그렇게 기뻐하는 것.
이것은 연민의 또 다른 모습이다.

스무째 저녁
동료애, 쾌감, 물질적 편리함.
이것들은 달콤하지만 변하고, 더러 사라진다.
순수함, 현명함, 진실의 깨달음.
이것들은 더 달콤하지만
결코 변하거나 사라지지 않는다.

영적인 것을 소유한 사람에겐 결코
행복의 원천을 빼앗기는 일이 생길 수 없으며,
행복과 멀어질 일 또한 생기지 않는다.
온 우주 어디에 가든 그는
자신의 소유물을 지니고 다닐 것이며,
그의 영적 여정의 완성은
충만할 기쁨이 될 것이다.

순수한 마음

스물한째 아침

사랑을 더 키워, 그것이 당신의 마음을 자라나게 하라.

모든 미움과 격정, 비난으로부터 자유로워질 때까지.

그러면 사랑이 온 우주를

다정하고 온유하게 감싸안을 것이다.

꽃이 아침 햇살을 받기 위해 꽃잎을 열듯이

그렇게 당신의 영혼을 점점 더 활짝 열어,

진실의 찬란한 빛을 점점 더 많이 맞이하라.

열망의 날개를 달고 창공으로 날아올라라.

두려워 말고 가장 고귀한 가능성을 믿어라.

스물한째 저녁

마음은 스스로 지은 옷을 입고서
삶을 중재하며, 상황을 창조하고 빚어낸다.
그리고 그 결과를 받아들인다.
환상을 창조하는 힘, 그리고
현실을 인식하는 힘 모두를
마음은 지니고 있다.

마음은 흠 없는 솜씨로 운명을 짠다.
생각이 그 실이며,
선하거나 악한 행동은 씨실과 날실,
삶의 베틀 위에 직조된 천은 품성이다.
그러므로 마음이 순수하면
삶이 풍요롭고, 즐겁고, 아름다워질 것이고,
다툼으로 훼손되지 않을 것이다.

꿈을 간직하기

스물두째 아침

당신의 비전을 소중히 간직하라.

당신의 이상을 소중히 간직하라.

당신의 마음을 휘젓는 음악,

당신의 마음에서 빚어지는 아름다움,

당신의 가장 순수한 생각을 감싸는 사랑스러움

이 모두를 소중히 간직하라.

온갖 기쁜 일, 천국 같은 환경이 이에서 비롯되므로,

당신이 변함없이 충실하다면 이로부터

마침내 당신의 세상이 건설될 것이니.

마음을 고귀하고, 강하며, 자유롭게 잘 간직하라.

그 무엇도 당신을 해치고, 훼방 놓거나 정복할 수 없도록.
당신의 적은 모두 마음속에 있고
당신이 구원을 찾을 곳 또한 마음이다.

스물두째 저녁

한껏 드높게 꿈꾸어라, 꿈꾸는 대로 될 것이다.
당신의 비전은 언젠가 이뤄질 꿈의 약속이며
당신의 이상은 마침내 베일을 벗게 될 미래의 예언이니.

가장 위대한 성취도 처음 한동안은 꿈이었다.
참나무는 도토리 속에 잠들어 있으며
새는 알이 깨기를 기다린다.
또한 영혼의 가장 높은 비전에서는 천사가 깨어나
움직인다.

상황이 마음같지 않다고 해도
그 시간이 오래가지는 않을 것이니.
당신은 오로지 이상을 깨닫고
거기에 가 닿기 위해 노력하면 된다.

나약한 마음 극복하기

스물셋째 아침

의심과 두려움을 이겨낸 사람은

실패를 이겨낸다.

그가 하는 생각에는 반드시 힘이 합쳐지니

그는 온갖 어려움을 용감하게 맞이하여

현명하게 극복한다.

그는 알맞은 시기에 목표의 씨를 뿌리므로,

그의 씨앗은 꽃을 피우고

너무 이르게 땅에 떨어지지 않는 열매를 맺는다.

두려움 없이 목표에 합쳐진 생각은 창조적인 힘이 되니,

이것을 알면 그는
더 높고 더 강한 존재가 될 준비가 된 것이다.
이제 그는 한낱 흔들리는 생각과 오르내리는 감각의
꾸러미가 아니며,
의식과 지성으로 정신력을 자유자재로 사용할 줄 아는
존재다.

스물셋째 저녁
우주에서 인간의 진정한 자리는 왕의 자리다.
노예가 아니라
또한 선의 법칙에 따르는 지휘관이다.
악의 영토에 있는 무력한 도구가 아니라.

내가 글을 쓰는 건 사람들을 위해서다.
덜 자란 아기가 아니라
배우려는 열망에 찬 사람들,
이루고 싶은 열망에 찬 사람들,
(세상을 이롭게 만들기 위해) 사소한 개인적 탐닉,
이기적인 욕망, 비열한 생각을 물리치고
원래 그런 게 없었던 것처럼

갈망과 후회 없는 삶을 살아갈 사람들을 위해
나는 글을 쓴다.

인간이 주인이다.
그러니 법칙을 거스르는 행동은 할 수 없을 것이다.

악하고 나약한 것은 스스로 무너진다.
우주는 선함과 강함으로 에워싸여 있으며
선하고 강한 것을 보호한다.

성내는 사람은 나약한 사람이다.

부정적인 상황에 처한 날

스물넷째 아침

배움으로 악을 이기지 못하며

학식을 쌓는 것으로 죄와 슬픔을 극복하지 못한다.

악은 오로지 자신을 정복함으로써만 정복할 수 있다.

슬픔은 오로지 의로움을 실천할 때만 끝낼 수 있다.

영리하거나, 많이 배우거나, 자신감에 찬 이가

삶의 승리자가 아니며.

순수한 이, 덕을 쌓은 이, 지혜로운 이가

삶에서 승리한다.

앞의 사람들은 특별한 성공을 거둘지 몰라도

뒤의 사람들은 그들만의 위대한 성공을 거둔다.

이 성공은 너무 강력하고 또한 완전해서

뚜렷한 패배조차도 뒤이은 승리의 빛에 감싸인다.

스물넷째 저녁

진정한 침묵은

단지 혀를 가만히 두는 게 아니라

고요한 마음이다.

혀를 묶어둔 채

불안하고 사무친 마음을 지니고 있으면,

그건 나약함을 치유하는 게 아니며

거기서 힘을 얻을 수도 없다.

침묵이 힘을 가지려면 마음 전체를 감싸야 하며

심장 구석구석에 스며드는 평화의 고요라야 한다.

이 넓고도 깊고, 또한 오래가는 침묵은

자신을 극복한 이에게만,

자신을 극복한 만큼 주어진다.

말을 줄여야 할 때

스물다섯째 아침

혀를 잡아둘 줄 아는 이가 자기 마음의 소유자가 된다.

바보는 마구 지껄이고, 소문을 떠들어대고,
논쟁하고, 말을 주고받는다.
그러다 마지막 한 마디로 상대를 침묵시키면
그걸 뻐기며 자랑삼는다.
그는 어리석게도 우쭐거리고
언제까지고 방어적으로 굴며
아무런 도움도 안 되는 데에다 에너지를 써버리니,
그는 마치 불모의 땅을 계속해서 파고 식물을 심는

정원사와도 같다.

지혜로운 이는 헛소리와 소문, 쓸모없는 논쟁,
자기방어를 멀리한다.
그는 패배한 것처럼 보여도 그러려니, 하며
패배했을 때 오히려 기꺼워한다.
그 자신의 오류를 또 하나 찾아 없앨 수 있다면
그로써 좀 더 지혜로워질 수 있음을 알기 때문이니,
마지막 한 마디를 던지려고 노력하지 않는 이가
축복받는 사람이다.

스물다섯째 저녁
욕망은 소유에 대한 갈망이며
열망은 평화를 바라는 마음의 허기다.

사물을 갈망할수록 평화로부터는 점점 멀어지며
결핍으로 끝나지 않고
끝없이 바라는 상태에 빠지니.
갈망의 끝이 오기까지는
안식과 만족은 없다.

사물에 대한 허기는 결코 만족함이 없으나
평화에 대한 허기는 채워질 수 있으니,
이기적인 욕망을 모두 버리고 나면
평화가 온전히 충족되며, 거기에
기쁨이 충만하고, 풍요로우며, 풍부하고
완전한 축복이 깃든다.

이기심 버리기

스물여섯째 아침

자기 성찰과 자기 분석의 과정을 추구하여

스스로 정화한 사람만 왕국에 이를 수 있으니,

무엇보다 이기심을 찾아내고 파악하여 제거해야 한다.

이기심은 무력하여 스스로 제거할 수 없으며

저절로 사라지지도 않으므로,

또한 이기심은 사랑으로만 물리칠 수 있다.

오로지 빛만이 어둠을, 무지는 지식으로만 몰아내듯이.

자기(신성한 자아)를 발견하려 하면

먼저 자신(이기적인 자아)을 잃어버릴 의지를 갖추어라.

그러면 깨닫게 될 것이다.
이기심이란, 매달릴 가치가 없으며
자신의 봉사를 받을 자격이 없는 주인이라는 것을.
또한 신성한 선함만이 마음의 왕좌에 앉을 가치가 있으며,
인생 최고의 주인이라는 것을.

스물여섯째 저녁

가만히 있어라, 내 영혼아
평화가 네 것이니.
굳건해라, 심장아
강인한 거룩함이 네게 속해 있으니.
불안해하지 말아라, 마음아
영원한 안식처를 찾게 될 테니.

누군가 평화를 원하면 평화의 정신을 익히게 하라.
그가 사랑을 찾고 싶어 하면 사랑의 정신 속에 살게 하라.
그가 고통에서 벗어나고 싶어 하면
남에게 고통을 주는 걸 멈추게 하라.
또한 그가 인류를 위해 고귀한 일을 하고 싶어 하면
자신만을 위한 비열한 행위를 멈추게 하라.

그가 자기 영혼을 위한 광석을 캐내려고만 하면

거기서 무엇을 지으려 하든

필요한 모든 자재를 찾게 될 것이며

안전하게 지어올릴 반석 또한 찾을 수 있을 것이다.

속세에서 벗어남

스물일곱째 아침

사람들은 동료들과 어울리고

새로운 흥분을 찾아 나서지만,

정작 평화와는 친하지 않다.

또한 이곳저곳으로 쾌락의 길을 걸으며

행복을 추구하지만

정작 쉴 곳은 찾지 못한다.

웃고 떠들며 열에 들뜬 황홀경의 여러 갈래에서

기쁨과 삶을 따라 방황하지만,

정작 많은 눈물을 흘리며 슬퍼할 뿐

결국 죽음에서 벗어나지 못한다.

이기적인 탐닉을 찾아 생명의 바다를 표류하면
폭풍우에 휩싸이기 마련이며
그렇게 숱한 폭풍우와 고난을 겪은 후에야 그들은
자기 존재의 깊은 침묵 속
피난의 바위로 날아갈 수 있다.

스물일곱째 저녁

신성한 현실에 집중하며 명상하는 것이
기도의 진정한 본질이며 영혼이다.
곧 영혼이 영원을 우러르며 고요히 가 닿는 것이다.

명상은 대상을 속속들이 이해하며,
그것에 대한 사상 또는 주제에 관해 깊이 생각하는 것.
그러므로 끊임없이 명상한다는 건
그게 무엇이든 이해하게 될 뿐 아니라
대상과 점점 닮아간다는 것.
그리하여 어느 순간 대상이
당신의 존재 자체와 통합하게 될 것이며,
실제로 당신의 자아가 될 것이다.

그러므로 당신이 끊임없이 이기심과 저속함을 생각하며
그 속에 빠져 있으면
당신은 끝내 이기적이며 저속할 것이며,
반대로 순수하고 욕심 없는 생각을 그치지 않으면
당연히 순수하고 욕심 없어질 것이다.

꾸준히 계속하기

스물여덟째 아침

아무리 크고 어려운 과업도

차분하고 강력한 집중 앞에서는 무너지고 마니.

하물며 목표가 정당할 때는

영혼의 힘을 지능적으로 사용하고 지시하여

빠르게 실현할 수 있다.

맡은 과업이 무엇이든

온 마음으로 집중해라.

끌어모을 수 있는 에너지를

온통 쏟아부어라.

작은 일을 흠결 없이 완수하면
반드시 더 큰 과업으로 이어진다.

또한 쉬지 않고 힘써 올라가면
절대로 넘어지지 않을 것이다.

스물여덟째 저녁

사랑이 만물의 중심에 있다는 것을 아는 사람.
사랑의 힘으로 모든 게 온전히 충족된다는 걸
깨달은 사람.
그의 마음에는 비난이 차지할 자리가 없다.

당신이 누군가를 사랑하고 칭찬했는데
그가 당신을 훼방 놓고 비난한다고 하여
당신이 그를 싫어하며 헐뜯는다면,
당신은 신의 사랑을 품지 않은 것이다.
당신의 마음이 계속하여
다른 사람들을 단죄하고 꾸짖는다면,
이타적인 사랑은 당신 깊숙이 숨겨져
보이지 않는 것이다.

강하고도 공정하며 온화한 생각으로 마음을 단련하라.

순수함과 연민으로 심장을 단련하라.

침묵할 수 있게 혀를 단련하여

진실하고 흠결 없이 말하게 하라.

그러면 당신은 거룩하고 평화로운 길로 들어설 것이며

마침내 불멸의 사랑을 깨닫게 될 것이다.

신념

스물아홉째 아침

진정한 성공을 실현하고 싶다면, 그렇다면

모든 걸 바르게 하면 오히려 잘못되리라는

그릇된 믿음을 내려놓아라.

다들 그런다 해도 당신은 그러지 말아라.

정의가 가장 훌륭하다는 신념을

'경쟁'이라는 말이 흔들게 두지 말아라.

나는 사람들이 떠드는 '경쟁의 법칙'에 신경 쓰지 않는다.

언젠가 모두를 패배시킬 불변의 법칙을

나는 잘 알고 있으므로.

지금도 정의로운 사람의 심장과 인생에서
패배를 종용하는 법칙. 나는 이 법칙을 아는 사람으로서
평온을 방해하는 온갖 부정직의 한가운데서도
차분히 바라볼 수 있다.
어디서 파멸이 기다리는지 똑똑히 알기 때문이다

어떤 상황에서든 옳다고 믿는 것을 행하라.
큰 법칙을 믿어라.
우주에 깃든 신성한 힘을 믿어라.
그러면 그 힘이 당신을 버리는 일은 없을 것이며
당신은 언제든 그 힘의 보호 아래 있게 될 것이다.

스물아홉째 저녁

다른 이의 슬픔에 자신을 온전히 잊으면
또한 그렇게 다른 이들에게 봉사하면
고결한 행복이 찾아와 온갖 슬픔과 고통에서
당신을 해방해 줄 것이다.
"선한 생각으로 첫발을 내디디고, 선한 말로 둘째 발을,
선한 행동으로 셋째 발을 내디디니, 어느덧 나는 낙원에
들어서 있었다."

당신이 낙원에 다다를 수 있는 길 또한 이것과 똑같다.

자신을 잊고 다른 이의 안녕을 위하며
다른 모든 일에서도 자신을 잊는 것.
이것이 풍요로운 행복의 비결이다.
이기심을 경계하는 일을 한결같이 하며
내적 희생의 고결한 교훈을 성실히 배워라.
그러면 당신은 행복의 가장 높은 곳에 올라
영원불멸의 빛나는 천으로 지은 옷을 입고,
우주의 기쁨인 환한 햇살 속에 머물 것이며,
그 햇살이 구름에 가리는 일은 결코 없을 것이다.

남기고 버림

서른째 아침

농부는 땅을 갈고 정돈하여 씨를 뿌리고 나면

할 수 있는 모든 걸 했다는 것을, 스스로 안다.

이제는 자연의 힘을 믿고

참을성 있게 기다릴 때라는 걸.

시간의 흐름이 수확을 가져다줄 것이며,

또한 그가 아무리 기대해도

결과에 아무런 영향을 미치지 않으리라는 걸 안다.

진실을 깨달은 사람도 딱 이와 같아서

선함과 순수, 사랑, 평화의 씨를 뿌리고서

아무런 기대 없이, 결코 결과를 구하지 않고 나아간다.
때가 되면 위대한 섭리에 따라 수확할 수
있으리라는 걸 알기 때문이다.
또한 이것이 남김과 버림의 원리에 따른다는 것도
그는 안다.

서른째 저녁

미덕을 갖춘 이는 스스로 경계하며
자신의 열정과 감정을 스스로 감시한다.
이렇게 그들은 자기 마음을 소유하며
점점 더 평온해진다.
또한 이렇게 그들은 인생에서
영향력과 힘, 위대함과 변치 않는 기쁨,
충만함과 온전함을 얻는다.

자신을 이기고, 날마다 더 침착해지며,
더 자기를 통제하며 더 마음의 평온을 추구하는 사람만
평화를 찾을 수 있다.

평온한 마음이 있는 곳에 힘과 휴식이 있으며

거기에 사랑과 지혜도 있다.

또한 거기에는 자신을 상대로 수없이 많은 전투를

성공적으로 치른 이들이 있으니,

그 전부터 실패에 맞서 오랫동안 숨은 노력을

기울였던, 바로 그들이 마침내 승리한 것이다.

마음 해방

서른한째 아침

동정하는 마음은 우리 마음속 창고를 늘려주며
우리 자신의 삶을 풍요로운 결실로 채운다.
동정을 베풀면 행복으로 되돌아오며
동정하지 않는 마음은 행복을 잃는다.

동정심을 키우고 넓히면,
그 크기만큼 이상적인 삶, 완벽한 행복에 가까워지며,
마침내 심장이 더할 나위 없이 부드럽게 둥글어진다.
더는 힘들고 비참할 일이 없거나,
잔인한 생각이 들지 않으니,

영원한 달콤함을 훼손할 일이 없으면
그는 참으로 풍요롭고 거룩한 축복을 받은 것이다.

서른한째 저녁

탐욕, 증오, 어두운 욕망으로부터
자신의 마음을 해방한 이.
그의 휴식은 달고, 행복은 깊다.
한치의 신랄함도 없는 시선으로,
또한 무한한 동정과 사랑으로 세상을 보는 이.
그의 호흡은 심장 가장 깊은 데서 우러나오며
그의 날숨에는 축복이 깃들어 있다.

"살아 있는 모두에게 평화를."

그에게는 어떤 예외도 구분도 없다.
그는 결코 빼앗길 수 없는 해피엔딩에
이미 이르렀는데, 그건
이것이야말로 삶이 완성되고 평화가 가득한,
완전한 행복의 완결이기 때문이다.

아포리아 03

제임스 앨런 운의 법칙

1판 1쇄 발행 2024년 8월 28일
1판 2쇄 발행 2024년 10월 10일

지은이 제임스 앨런
옮긴이 박은영, 이미숙
펴낸이 김영곤
펴낸곳 (주)북이십일 21세기북스

정보개발팀장 이리현
정보개발팀 이수정 강문형 이종배 박종수 최수진 김설아
교정 교열 박혜연 **디자인 표지** 수란 **본문** 이슬기
출판마케팅팀 한충희 남정한 나은경 최명열 정유진 한경화 백다희
영업팀 변유경 김영남 강경남 황성진 김도연 권채영 전연우 최유성
제작팀 이영민 권경민
해외기획팀 최연순 소은선 홍희정

출판등록 2000년 5월 6일 제406-2003-061호
주소 (10881) 경기도 파주시 회동길 201(문발동)
대표전화 031-955-2100 **팩스** 031-955-2151 **이메일** book21@book21.co.kr

ⓒ 제임스 앨런, 2024
ISBN 979-11-7117-768-4 03320
KI신서 12990

(주)북이십일 경계를 허무는 콘텐츠 리더

21세기북스 채널에서 도서 정보와 다양한 영상자료, 이벤트를 만나세요!

페이스북 facebook.com/jiinpill21 **포스트** post.naver.com/21c_editors
인스타그램 instagram.com/jiinpill21 **홈페이지** www.book21.com
유튜브 youtube.com/book21pub

제임스 앨런 콜렉션
작품 목록